漳浦年鉴

（2020）

中共漳浦县委党史和地方志研究室 编

方志出版社
Publishing House of Local Records

图书在版编目(CIP)数据

漳浦年鉴. 2020 / 中共漳浦县委党史和地方志研究室编. 一北京:方志出版社,2020.9

ISBN 978-7-5144-4371-4

Ⅰ. ①漳… Ⅱ. ①中… Ⅲ. ①漳浦县一2020一年鉴 Ⅳ. ①Z525.74

中国版本图书馆 CIP 数据核字(2020)第 194406 号

漳浦年鉴 (2020)

编　　者: 中共漳浦县委党史和地方志研究室
责任编辑: 李志瑜

出 版 者: 方志出版社
地址　北京市朝阳区潘家园东里 9 号(国家方志馆 4 层)
邮编　100021
网址　http://www.zgfzcb.cn
发　　行: 方志出版社图书经销中心
电话 (010) 67110500
印　　刷: 漳浦县金浦新闻发展有限公司

开　　本: 889×1194　　1/16
印　　张: 20
字　　数: 588 千字
版　　次: 2020 年 9 月第 1 版　　2020 年 9 月第 1 次印刷
印　　数: 001～700 册

ISBN 978-7-5144-4371-4　　**定价:** 180.00 元

《漳浦年鉴》编纂委员会

《漳浦年鉴》编辑室

编辑说明

一、《漳浦年鉴(2020)》以马克思列宁主义、毛泽东思想、邓小平理论、“三个代表”重要思想、科学发展观、习近平新时代中国特色社会主义思想为指导，坚持辩证唯物主义和历史唯物主义的立场、观点和方法以及实事求是的原则，力求全面、客观地记载2019年漳浦县自然、政治、经济、社会、文化发展等方面的基本情况，反映各行各业一年中的新成就、新事物、新经验、新问题、新趋势，体现时代特征、地方特色和年度特点。

二、《漳浦年鉴(2020)》采用条目体结构编辑，主体部分由类目、分目、条目组成，个别层次较多的在分目之下增设二级分目。类目按行业或归口管理部门编排，类目下的分目除少数特殊行业外，按县辖一级单位编排。

三、《漳浦年鉴(2020)》采用规范化的语体文记述，力求言简意赅，通俗易懂。书中单位名称首次出现用全称，再次出现用简称。计量单位以国家法定计量单位为准。采用的资料和数据，除大事记外，其余均由全县各级机关、人民团体、企事业单位提供。

漳浦县地图

截至时间为2019年12月　审图号：漳S〔2020〕002号

数知漳浦 2019

漳浦县总面积：2146.22 平方千米

森林覆盖率：55%

年末户籍人口：94.43 万人

常住人口：86.05 万人

地区生产总值：520.3 亿元

第一产业增加值：83.68 亿元

第二产业增加值：188.57 亿元

第三产业增加值：248.05 亿元

人均地区生产总值：61061 元

社会消费品零售总额 249.1 亿元

外贸出口额：42.45 亿元

进口总额:17.80 亿元

实际利用外资(验资口径):2.57 亿元

地方一般公共预算收入:26.01 亿元

一般公共预算支出:57.32 亿元

城镇居民人均可支配收入:39447 元

农村居民人均纯收入:21700 元

城镇居民人均生活消费支出:26514 元

城镇居民人均生活消费支出:13645 元

各类学校在校生:12.19 万人

医院、卫生院床位数:3504 张

全年接待旅游总人数:605.87 万人次

梁山鹿水 滨海新城(邱志民 2019 年 1 月 10 日摄)

2019 年 1 月 29 日，漳浦县城东线排洪渠综合整治项目建设现场（洪锦城/摄）

2019 年 3 月 29 日，漳浦县汽车中心站大楼落成投用（交通运输局/供图）

2019 年 5 月 1 日，漳江湾特大桥及其连接线全线贯通（邱志民/摄）

2019 年 8 月 15 日，省级重点建设项目漳浦港城大道一期工程施工现场，图为工人正在摊铺路面级配碎石（洪锦城/摄）

2019 年 1 月 16 日，漳浦玮柏自行车有限公司的工人在制造脚踏板（洪锦城/摄）

2019 年 2 月 15 日，福建万辰生物科技股份有限公司菌类生产车间一角（洪锦城/摄）

2019 年 5 月 20 日，福建泰庆皮革有限公司技术人员用拉力试验机测试皮革撕裂强度(洪锦城/摄)

2019 年 6 月 17 日，漳浦竹屿近海光伏发电站(邱志民/摄)

2019 年 8 月 16 日，教育部网站发布了《2019 年全国足球特色幼儿园名单》，漳浦县第三实验幼儿园榜上有名。图为幼儿园小朋友在踢足球(洪锦城/摄)

2019 年 12 月 23 日，霞美镇刘坂垦区虾池竞投现场(霞美镇政府/供图)

2019 年 1 月 24 日，漳浦县文化科技卫生“三下乡”启动仪式在官浔镇举行（林杜鸿/摄）

2019 年 4 月 23 日，“全民阅读·书香漳浦”系列活动启动仪式在绥安镇城西社区广场举行（林杜鸿/摄）

2019 年 4 月 30 日，漳浦县开展“青春心向党 建功新时代”纪念“五四运动”一百周年暨“传承红军精神 万人徒步长征”活动（洪锦城/摄）

2019 年 4 月 7 日，中华一家亲·2019 海峡两岸各民族欢度“三月三”节暨福建省第八届“三月三”畲族文化节、第十二届海峡两岸少数民族丰收节在漳浦县举行。

开幕式（林杜鸿/摄）

赤岭乡雨霁顶盛况（林杜鸿/摄）

传统民俗——跑辇艺（林杜鸿/摄）

2019年11月18—24日，“第十一届海峡两岸现代农业博览会·第二十一届海峡两岸花卉博览会”在马口花博园举办。

开幕式（林杜鸿/摄）

生态农业，美丽漳浦展示馆（洪锦城/摄）

项目签约仪式（林杜鸿/摄）

1	2
3	4

1. 漳浦县城新貌(游裴渊/2019 年 1 月 8 日摄)
2. 美丽乡村轧内村古樟园(林杜鸿/2019 年 12 月 28 日摄)
3. 天福石雕园杜鹃花(洪锦城/2019 年 3 月 23 日摄)
4. 六鳌翡翠湾(吴琨瑜/2019 年 7 月 1 日摄)

2019 年 3 月 11 日，龙湖公园花海(融媒体中心/供图)

诒安堡俯瞰(黄镜亮/2019 年 10 月 3 日摄)

滨海火山地质公园全景(林琦墅/2019 年 8 月 1 日摄)

2019 年 4 月 7 日,漳浦县佛昙镇举办第一届河豚文化节(林杜鸿/摄)

2019 年 7 月 11 日,漳浦县举办乡村旅游文化节暨首届“六鳌地瓜丰收节”(林杜鸿/摄)

2019 年 9 月 5 日,漳浦县举办“厦一站·漳浦”漳浦县旅游(内蒙古)推介会(文化体育和旅游局/供图)

2019 年 1 月 26 日，第二届穿越龙溪古镇乡村定向挑战赛开幕（融媒体中心/供图）

2019 年 7 月 16 日，漳浦海峡骑行队队员林长丰骑行旅游近万千米后凯旋归乡（洪锦城/摄）

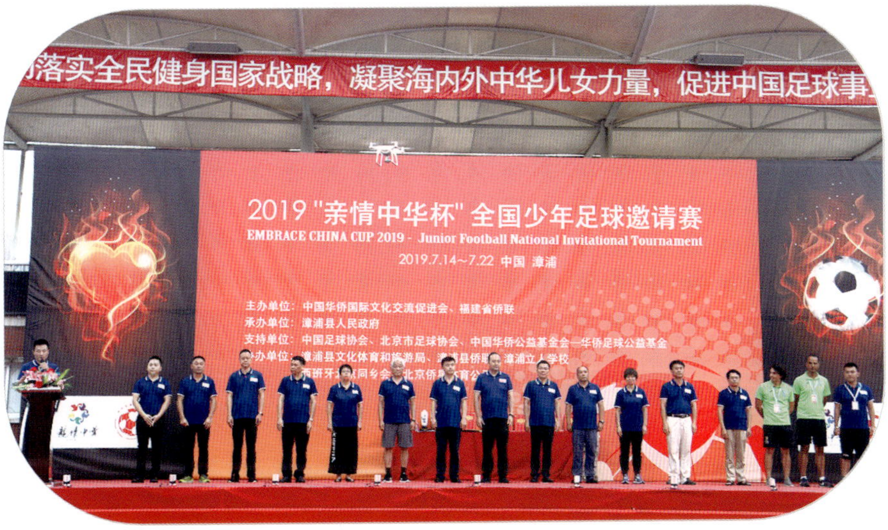

2019 年 7 月 14—22 日，2019“亲情中华杯”全国少年足球邀请赛在漳浦县举行（文化体育和旅游局/供图）

漳浦县实施乡村振兴战略掠影

2019 年 6 月 16 日，官浔镇溪坂村村容村貌一瞥（农业农村局/供图）

深土镇东平村俯瞰(邱志民/2019年6月28日摄)

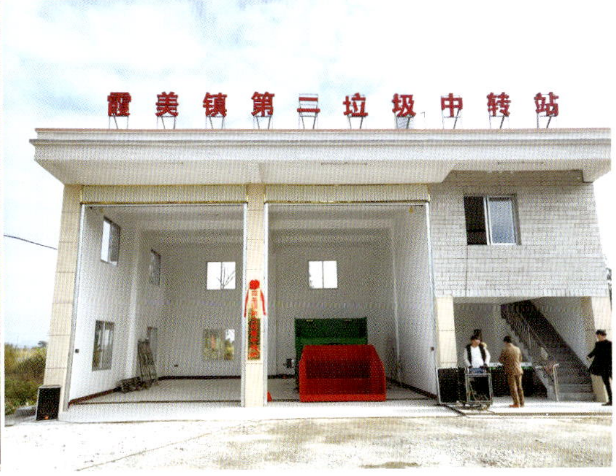

2019年12月20日，霞美镇第二垃圾中转站建成投用(霞美镇政府/供图)

生态宜居

2019年1月10日，官浔镇生态水系一角(县乡村振兴办/供图)

2019年8月4日，美丽乡村官浔镇鸟瞰(县乡村振兴办/供图)

2019 年 6 月 5 日，石榴镇攀龙村火龙果标准化生产示范基地一角(农业农村局/供图)

深土镇蔬菜生产基地(林杜鸿/2019 年 11 月 19 日摄)

脱贫增收

2019 年 12 月 20 日，官浔镇花卉苗木种植园一角(县乡村振兴办/供图)

县科协聘任的科技特派员(右)在果园与果农交流火龙果栽培技术
(洪锦城/2019 年 6 月 13 日摄)

"六鳌紫菜"加工晾晒(邱志民/2019 年 11 月 8 日摄)

2019 年 6 月 6 日，深土镇山尾村入选第五批中国传统村落(林杜鸿/摄)

2019 年 6 月 6 日，六鳌镇鳌西村入选第五批中国传统村落(六鳌镇政府/供图)

美丽乡村

2019 年 6 月 4 日,“闽南井冈山”——车本村村容(声线传媒/供图)

2019 年 12 月 24 日,绥安镇大埔村入选全国乡村治理示范村名单(县乡村振兴办/供图)

目 录

专 记

“不忘初心、牢记使命” …………………………… (1)
——漳浦县主题教育活动纪实
为了生活更幸福更安逸 ………………………… (5)
——漳浦县实施乡村振兴战略纪实

大事记

1 月 …………………………………………… (9)
2 月 …………………………………………… (9)
3 月 …………………………………………… (9)
4 月 ………………………………………… (10)
5 月 ………………………………………… (10)
6 月 ………………………………………… (11)
7 月 ………………………………………… (11)
8 月 ………………………………………… (12)
9 月 ………………………………………… (12)
10 月 ………………………………………… (12)
11 月 ………………………………………… (13)
12 月 ………………………………………… (13)

县情概览

自然地理

地理位置 …………………………………… (14)
地形地貌 …………………………………… (14)
水文 ………………………………………… (14)
气候 ………………………………………… (14)
矿藏 ………………………………………… (15)

人文地理

建置沿革 …………………………………… (15)
行政区划 …………………………………… (15)
人口 ………………………………………… (16)
文物古迹 …………………………………… (16)
旅游胜地 …………………………………… (17)

经济社会发展

概况 ………………………………………… (18)
农业 ………………………………………… (18)
工业 ………………………………………… (18)
固定资产投资 ……………………………… (18)
国内贸易 …………………………………… (18)
对外及对港澳台经济 ……………………… (18)
交通与邮电 ………………………………… (18)
旅游 ………………………………………… (18)
金融 ………………………………………… (18)
教育 ………………………………………… (18)
科技 ………………………………………… (18)
文化 ………………………………………… (19)
体育 ………………………………………… (19)
环境保护 …………………………………… (19)
民生保障 …………………………………… (19)

中国共产党漳浦县委员会

综述

思想政治建设 ……………………………… (20)
全面深化改革 ……………………………… (20)
生态文明建设 ……………………………… (21)

全面从严治党 …… (21)
督查成效 …… (22)

主要会议

中共漳浦县委全体会议 …… (22)
中共漳浦县委常委(扩大)会议 …… (23)

组织工作

概况 …… (27)
主题教育 …… (27)
党内政治生活 …… (28)
思想教育培训 …… (28)
基层组织设置 …… (28)
选拔任用 …… (28)
队伍监管 …… (28)
公务员管理 …… (28)
村级干部管理 …… (29)
软弱涣散基层党组织整改 …… (29)
阵地建设 …… (29)
示范载体 …… (29)
各领域党建机制完善 …… (29)
人才精准引进 …… (29)
党员干部身心健康咨询室成立 …… (29)

宣传工作

概况 …… (29)
党的创新理论大学习 …… (29)
宣讲宣传 …… (30)
意识形态工作责任制落实 …… (30)
对外宣传 …… (30)
中华人民共和国成立 70 周年宣传教育活动 …… (30)

统战工作

概况 …… (31)
侨益依法维护 …… (31)
服务定居台胞 …… (31)
工商联组织建设 …… (31)
民营企业引才引智 …… (31)
漳浦县新社会阶层人士联谊会成立 …… (31)

机构编制

概况 …… (32)
县级党政机构改革 …… (32)
乡镇机构改革 …… (32)
机构改革后续工作 …… (32)
古雷港区机构编制划转 …… (32)
承担行政职能事业单位改革 …… (33)
生产经营类事业单位改革 …… (33)
规范公益类事业单位名称 …… (33)
综合行政执法改革 …… (33)
事业单位登记管理服务 …… (33)
重点领域编制保障 …… (33)
民生领域编制方式创新 …… (34)
领导职数规范管理 …… (34)
机构编制法定化 …… (34)

精神文明建设

概况 …… (34)
文明县城创建 …… (34)
移风易俗开展 …… (34)
未成年人思想道德建设 …… (35)
志愿服务 …… (35)
文明单位创建 …… (35)

机关党建

概况 …… (35)
“大学习”热潮 …… (35)
党建指导 …… (36)
党建示范点建设 …… (36)
纪律检查督查 …… (36)

巡察工作

概况 …… (36)
市委第七轮县级交叉巡察 …… (36)
县委第七轮常规巡察 …… (36)
县委第八轮常规巡察 …… (36)
县委第九轮常规巡察 …… (37)

县委专项巡察 …………………………… (37)

党校(行政学院)工作

概况 …………………………………… (37)
专题培训 ……………………………… (37)
送教下乡 ……………………………… (37)
对外培训 ……………………………… (37)
科研与调研 …………………………… (38)
教学基地建设 ………………………… (38)

老干部工作

概况 …………………………………… (38)
老干部思想政治工作 ………………… (38)
服务信息库建立 ……………………… (38)
精准服务 ……………………………… (39)
社区服务老干部 ……………………… (39)
离退休党组织建设 …………………… (39)
老年大学建设 ………………………… (39)
中华人民共和国成立 70 周年活 ……… (39)

信访工作

概况 …………………………………… (39)
网上信访受理 ………………………… (39)
初信初访办理 ………………………… (39)
信访积案化解 ………………………… (40)
信访矛盾化解 ………………………… (40)
基础业务规范化 ……………………… (40)
信访法治宣传 ………………………… (40)
重大活动期间维稳工作 ……………… (40)
信访评理室建设 ……………………… (40)

脱贫攻坚

概况 …………………………………… (41)
资金保障 ……………………………… (41)
教育保障 ……………………………… (41)
医疗保障 ……………………………… (41)
就业保障 ……………………………… (41)
社会帮扶 ……………………………… (41)
产业助力 ……………………………… (41)

动态管理 ……………………………… (42)
整改落实 ……………………………… (42)

漳浦县人民代表大会

综述

决定和决议 …………………………… (43)
审议意见 ……………………………… (43)
人事任免 ……………………………… (44)
公告颁布 ……………………………… (44)
专题调研、视察督查 ………………… (44)

主要会议

县第十七届人民代表大会第四次会议
……………………………………………… (44)
县十七届人大常委会会议 …………… (45)

人大监督

法律法规实施监督 …………………… (47)
依法行政监督 ………………………… (47)
社会民生监督 ………………………… (48)

人大建议决策

建议办理质量提升 …………………… (48)
决策部署落实 ………………………… (48)

代表工作

代表依法履职服务保障 ……………… (48)
代表履职平台拓展 …………………… (48)

漳浦县人民政府

综述

农业发展 ……………………………… (49)
工业经济 ……………………………… (49)
第三产业 ……………………………… (49)
社会民生 ……………………………… (49)
项目建设 ……………………………… (50)
城乡建设 ……………………………… (50)

生态建设 …………………………………… (50)

主要会议

县政府全体会议 ………………………… (50)
县政府常务会议 ………………………… (50)

重要活动

“三月三”畲族文化节 …………………… (52)
组团参加第十五届海峡旅博会 ………… (52)
第十一届海峡论坛·第六届海峡(漳州)茶会 ……………………………………………… (52)
全国少年足球邀请赛在漳浦县举行 …… (52)

政务监督

概况 ……………………………………… (53)
综合性工作督查 ………………………… (53)
领导批示件督查 ………………………… (53)
议案、建议、提案办理 …………………… (53)

政府信息公开

概况 ……………………………………… (53)
政府信息主动公开 ……………………… (53)
政府信息依申请公开 …………………… (53)
县档案馆、图书馆信息公开查阅点公开情况 ……………………………………………… (53)

智慧漳浦建设

概况 ……………………………………… (53)
“雪亮工程”“数字城管”实施 …………… (53)
政府网站和政务新媒体统一平台建设 ……………………………………………… (54)

行政审批

概况 ……………………………………… (54)
“五个一”服务实施 ……………………… (54)
自选动作创新 …………………………… (55)
监督检查 ………………………………… (55)
首推“行政审批＋金融服务” …………… (55)

应急管理

概况 ……………………………………… (55)
安全隐患排查 …………………………… (55)
危险化学品安全综合整治 ……………… (55)
非煤矿山安全监管 ……………………… (55)
烟花爆竹安全监管 ……………………… (56)
工贸行业安全监管 ……………………… (56)
“打非治违”专项行动 …………………… (56)
消防救援 ………………………………… (56)
安全生产宣教 …………………………… (57)
“安全生产月”活动 ……………………… (57)
安全培训 ………………………………… (57)
漳浦县消防指挥中心项目开工 ………… (57)

退役军人事务

概况 ……………………………………… (57)
退役官兵安置 …………………………… (57)
退役士兵社保接续 ……………………… (57)
退役士兵高职扩招 ……………………… (57)
优抚褒扬 ………………………………… (57)
抚恤优待 ………………………………… (58)
《烈士英名录》编撰 ……………………… (58)
慰问部队和漳浦籍现役军人 …………… (58)
拥军优属 ………………………………… (58)
军休所事务 ……………………………… (58)
光荣院管理 ……………………………… (58)

政协漳浦县委员会

综述

调研与考察 ……………………………… (59)
文史征集编写 …………………………… (59)
联谊交流 ………………………………… (59)

主要会议

政协第十四届漳浦县委员会第四次会议 ……………………………………………… (59)
政协十四届常委会会议 ………………… (59)
政府、政协联席会议 …………………… (60)

政治协商

民主协商 …………………………………… (60)
参政议政 …………………………………… (60)
民主监督 …………………………………… (60)
提案工作 …………………………………… (60)

纪检监察

综述

概况 ………………………………………… (61)
县纪委十三届四次全体会议 ……………… (61)

监督检查

监督全面覆盖 ……………………………… (61)
监督首责强化 ……………………………… (61)

专项整治

漠视群众利益问题整治 …………………… (61)
正风肃纪整治 ……………………………… (62)
治理体系创新 ……………………………… (62)
纪检队伍建设 ……………………………… (62)

外事·侨务·港澳台事务

外事

概况 ………………………………………… (63)
外事工作机制建立健全 …………………… (63)
来访接待 …………………………………… (63)
对外文化教育交流与合作 ………………… (63)

侨务

概况 ………………………………………… (64)
困难归侨侨眷帮扶 ………………………… (64)
接待与服务 ………………………………… (64)
侨胞参与家乡公益事业 …………………… (64)
《漳浦华侨史》编印完成 ………………… (65)
漳浦籍爱国侨领王加禄事迹图片展在漳州图书馆开展 ……………………………………… (65)
新加坡侨生到漳浦开展文化交流活动 ……………………………………… (65)

台港澳事务

概况 ………………………………………… (65)
浦台宗亲交流 ……………………………… (65)
浦台宫庙文化交流 ………………………… (65)
浦台港澳体育交流 ………………………… (66)
到漳浦考察团对接服务 …………………… (66)
人才引进 …………………………………… (66)
服务台胞台商 ……………………………… (66)
海峡两岸少数民族交流会在浦召开 ……… (66)
浦台青年创新创业大赛举行 ……………… (66)
“天福杯”海峡两岸名茶邀请赛颁奖典礼在浦举行 ……………………………………… (66)

群众团体

漳浦县总工会

概况 ………………………………………… (67)
工资集体协商 ……………………………… (67)
送温暖活动 ………………………………… (67)
关爱帮扶女职工 …………………………… (67)
劳动竞赛 …………………………………… (67)
劳模事务 …………………………………… (67)
职工素质建设 ……………………………… (67)
财务、经审工作 …………………………… (67)

共青团漳浦县委员会

概况 ………………………………………… (68)
青年交流平台创建 ………………………… (68)
关爱困境青少年 …………………………… (68)
基层团组织建设 …………………………… (68)
浦台青年就业创业能力提升 ……………… (68)
五四运动100周年系列活动 ……………… (69)

漳浦县妇女联合会

概况 ………………………………………… (69)
漳浦县妇女第十七次代表大会 …………… (69)

"两纲"目标达标促推 …………………… (69)
巾帼大学习活动 …………………… (69)
乡村振兴巾帼行动 …………………… (70)
建设生态家园巾帼行动 …………………… (70)
关爱妇女身心健康 …………………… (70)
贫困女大学生帮扶 …………………… (70)
儿童关爱 …………………… (70)

漳浦县科学技术协会

概况 …………………… (70)
科普中国乡村(社区、校园)e站建设 …… (70)
基层科普阵地创建 …………………… (70)
院士站建设 …………………… (71)
学会服务站 …………………… (71)
青少年科学工作室创建 …………………… (71)
创新大赛参与 …………………… (71)
科普活动 …………………… (71)

漳浦县归国华侨联合会

概况 …………………… (71)
侨益维护 …………………… (71)
联络联谊 …………………… (71)

漳浦县台湾同胞联谊会

概况 …………………… (71)
台胞帮扶 …………………… (72)
接待联谊 …………………… (72)
征文活动参与 …………………… (72)

漳浦县工商业联合会(总商会)

概况 …………………… (72)
调查研究 …………………… (72)
服务平台完善 …………………… (72)
商会组织建设 …………………… (72)

漳浦县文学艺术界联合会

概况 …………………… (73)
作品创作 …………………… (73)
协会活动 …………………… (74)
志愿服务 …………………… (74)

漳浦县残疾人联合会

概况 …………………… (75)
第三代残疾人证换发 …………………… (75)
残疾人就业保障金征收 …………………… (75)
扶残助残 …………………… (75)
扶残助学 …………………… (75)
就业创业 …………………… (75)
"安居工程" …………………… (75)
残疾人康复 …………………… (75)
残疾人专项调查 …………………… (75)

漳浦县红十字会

概况 …………………… (75)
人道救助 …………………… (76)
红十字宣传 …………………… (76)
"99 公益日"活动 …………………… (76)
应急救护培训 …………………… (76)
漳浦首例大器官捐献成功 …………………… (77)

漳浦县社会科学界联合会

概况 …………………… (77)
资料收集 …………………… (77)
社科普及宣传周 …………………… (77)
基地建设 …………………… (77)
课题调研 …………………… (77)
学会管理 …………………… (77)

漳浦县关心下一代工作委员会

概况 …………………… (77)
队伍建设 …………………… (78)
主题教育 …………………… (78)
法制教育 …………………… (78)
为青少年办实事好事 …………………… (78)

漳浦县老区建设促进会

概况 …………………… (78)
革命遗址修复及重建 …………………… (78)

老区村贫困帮扶 …………………………… (78)
科技培训 ………………………………… (78)
教育扶贫 ………………………………… (78)

漳浦县企业与企业家联合会

概况 …………………………………… (79)
第三届企联理事大会 …………………… (79)
政策法律宣传 ………………………… (79)
为企业搭建融资平台 ………………… (79)
企业项目申报 ………………………… (79)
企业展示展销 ………………………… (79)
协调解决企业难题 …………………… (79)

漳浦县计划生育协会

概况 …………………………………… (80)
协会基层建设 ………………………… (80)
法律援助 ……………………………… (80)
健康成长培训 ………………………… (80)
关怀服务 ……………………………… (80)
计生宣教 ……………………………… (80)

法 治

综述

概况 …………………………………… (81)
政治风险防范 ………………………… (81)
安全风险细化 ………………………… (81)
重点矛盾处置 ………………………… (81)
重点时段防范稳控 …………………… (81)
扫黑除恶 ……………………………… (81)
“打伞破网” …………………………… (82)
治安整治 ……………………………… (82)
行业整治 ……………………………… (82)
多元调解机制 ………………………… (82)
治安防控 ……………………………… (82)
基层治理模式建设运行 ……………… (83)

法治政府建设

概况 …………………………………… (83)
全面依法治国新理念新思想新战略宣传贯彻 …………………………………… (83)
党对全面依法治县的领导 …………… (83)
法治建设体制完善 …………………… (83)
规范性文件管理制度落实 …………… (84)
行政审批项目清单清理规范 ………… (84)
行政复议 ……………………………… (84)
行政应诉 ……………………………… (84)
公共法律服务体系健全完善 ………… (84)
法律服务进企业(园区) ……………… (85)
“宪法宣传周”活动 …………………… (85)
服务“古雷体制机制创新” …………… (85)

公安

概况 …………………………………… (85)
突出问题整治 ………………………… (85)
扫黑除恶 ……………………………… (85)
治安乱点净化 ………………………… (86)
公共安全 ……………………………… (86)
交通安全 ……………………………… (86)
生态环境执法 ………………………… (87)
社会治安防控 ………………………… (87)
城乡社区网格治理“2+N”模式暨“社区(乡村)110”建设 ……………………………… (87)
立体联动巡防体系 …………………… (87)
户政管理 ……………………………… (87)
警务改革 ……………………………… (87)
2000多辆涉案机动车辆集中销毁 ……… (88)

检察

概况 …………………………………… (88)
社会稳定维护 ………………………… (88)
诉讼监督 ……………………………… (88)
认罪认罚从宽制度落实 ……………… (88)
未成年人检察品牌培育 ……………… (88)
社会治理参与 ………………………… (89)
检察改革 ……………………………… (89)
接受监督 ……………………………… (89)
扫黑除恶专项斗争推进 ……………… (89)

"三大攻坚战"检察服务 …………………… (90)
"大抓工业、抓大工业"服务保障 ……… (90)

法院

概况 ………………………………………… (90)
法治营商环境营造 ……………………… (90)
刑事犯罪依法惩治 ……………………… (90)
民商纠纷化解 …………………………… (90)
依法行政助力 …………………………… (91)
执行攻坚 ………………………………… (91)
信访诉求回应 …………………………… (91)
利民举措优化 …………………………… (91)
审判管理 ………………………………… (91)
诉源治理 ………………………………… (91)
司法数据资源共享 ……………………… (91)
司法体制综合配套改革 ………………… (92)
司法能力培训 …………………………… (92)

司法行政

概况 ………………………………………… (92)
基层司法三大平台建设 ………………… (92)
矛盾排查与多元调解 …………………… (92)
社区矫正与安置帮教 …………………… (92)
法治宣传教育 …………………………… (93)
公共法律服务 …………………………… (93)

军　事

人民武装

概况 ………………………………………… (94)
战备建设 ………………………………… (94)
按纲施训 ………………………………… (94)
基层武装机构规范化建设 ……………… (94)
国防动员潜力数据核查 ………………… (94)
征兵工作 ………………………………… (95)
民兵整组 ………………………………… (95)
安全管理 ………………………………… (95)

人民防空

概况 ………………………………………… (95)
人防工程建设 …………………………… (95)
人防工程质量监督 ……………………… (95)
人防工程维护管理 ……………………… (95)

农业　农村

综述

概况 ………………………………………… (96)
农村改革创新 …………………………… (96)
农村饮水安全 …………………………… (96)
农产品质量安全管控 …………………… (96)
森林县城、乡村创建 …………………… (96)
牛蛙养殖整治 …………………………… (96)
水稻生产全程机械化示范县创建 ……… (97)

种植业

概况 ………………………………………… (97)
粮食生产 ………………………………… (97)
特色现代农业暨农业绿色发展项目竞赛
…………………………………………… (97)
省级优质农产品(食用菌)标准化示范基地创建
…………………………………………… (98)
龙头企业、农业品牌数量递增 ………… (98)
果蔬一、二、三产业融合发展项目建设
…………………………………………… (98)
省级水果产业园项目建设 ……………… (98)
畜禽粪污资源化利用 …………………… (98)
化肥、农药使用实现零增长 …………… (98)

林业

概况 ………………………………………… (98)
营林造林 ………………………………… (98)
林业体制改革 …………………………… (98)
林木采伐限额管理 ……………………… (99)
林业产业 ………………………………… (99)
林业科技 ………………………………… (99)
森林防火 ………………………………… (99)

森林病虫害防治 …………………………… (99)
林业执法 ………………………………… (99)

海洋与渔业

概况 ……………………………………… (99)
现代渔业 ……………………………… (100)
渔港建设 ……………………………… (100)
渔业安全监管 ………………………… (100)
渔业违法行为查处 …………………… (100)
水产品质量安全 ……………………… (100)
水域滩涂养殖证审核 ………………… (100)
海洋生态改善 ………………………… (101)
漳浦县开展海域增殖放流行动 ……… (101)

水利

概况 …………………………………… (101)
水利规划 ……………………………… (101)
水利投入 ……………………………… (101)
安全生态水系建设 …………………… (101)
中小河流治理 ………………………… (101)
朝阳水库项目建设持续推进 ………… (101)
水利改革 ……………………………… (101)
水土保持 ……………………………… (102)
水库安全 ……………………………… (102)
农村水利水电安全生产 ……………… (102)
水资源管理 …………………………… (102)
河长制施行 …………………………… (102)
水质监测 ……………………………… (102)
依法治水 ……………………………… (102)
水利行政审批 ………………………… (103)
库区移民工作 ………………………… (103)
中央环保督察反馈问题整改 ………… (103)

农机推广与服务

概况 …………………………………… (103)
重要农时机械化生产活动 …………… (103)
农机化统计 …………………………… (103)
农机购置补贴政策落实 ……………… (103)
农机业务办理 ………………………… (104)
农机安全宣传教育 …………………… (104)
“平安农机”创建 ……………………… (104)

畜牧卫生监督

概况 …………………………………… (104)
生猪养殖场建设标准制定 …………… (104)
畜禽粪污染资源化利用整县推进项目实施 …………………………………… (104)
动物卫生监督执法 …………………… (105)
动物产品检疫 ………………………… (105)
病死猪无害化处理 …………………… (105)
秋季重大动物疫病防控 ……………… (105)
非洲猪瘟防控 ………………………… (105)
违禁药物使用专项整治 ……………… (106)
屠宰行业监管 ………………………… (106)

漳浦台湾农民创业园

概况 …………………………………… (106)
园区项目建设 ………………………… (106)
蝴蝶兰产业融合 ……………………… (106)
两岸产学交融 ………………………… (106)
两岸技术交流 ………………………… (107)
台农生产资金帮扶 …………………… (107)
台农用电优惠政策落实 ……………… (107)
台资企业钜宝公司 33 个植物品种获国家授权保护 ……………………………… (107)

农博会·花博会

概况 …………………………………… (107)
花卉展区 ……………………………… (108)
现代农业“五新”展区 ………………… (108)
“花样漳州”文旅展区 ………………… (108)
“一带一路”展区 ……………………… (108)
农业产业化龙头企业展区 …………… (108)
老区苏区奔小康展区 ………………… (109)

工　业

综述

概况 …… (110)
招商引资 …… (110)
工业技改 …… (110)
民企制造业项目对接 …… (110)
工业设计创新 …… (110)
窗口服务优化 …… (110)
民爆生产销售企业监管 …… (111)
电力行业管理 …… (111)
石材加工行业管理 …… (111)
安全生产检查 …… (111)
服务平台完善 …… (111)
惠企政策宣传 …… (111)
拖欠民营企业、中小企业账款清偿 …… (111)
节能减排 …… (112)
二轻联社 …… (112)

电力工业

概况 …… (112)
电网建设 …… (112)
电力营商环境优化 …… (112)
电力服务提质提升 …… (112)
电力安全生产 …… (113)

工业园区

绥安工业开发区 …… (113)
万安生态产业园 …… (114)
赤湖工业园 …… (115)
前亭工业园 …… (115)

商务　贸易

对外及对港澳台经济贸易

概况 …… (116)
出口贸易 …… (116)
进口贸易 …… (116)
亿元项目签约 …… (116)
外贸政策落地落实 …… (116)
出口企业回归引导 …… (116)
参展观展 …… (116)
外贸指标监测 …… (117)

商业贸易

概况 …… (117)
“线下”市场拓展 …… (117)
“线上”拓展市场 …… (117)
特色品牌打造 …… (117)
农村市场体系建设 …… (117)
城市商业提档升级 …… (117)
农产品流通体系 …… (117)

供销贸易

概况 …… (117)
综合改革推进 …… (118)
“惠农工程”建设 …… (118)
农民专业合作社发展 …… (118)
销售服务 …… (118)
“三农”服务渠道拓展 …… (118)
食品安全整治 …… (118)
安全生产经营检查 …… (118)

粮食储备

概况 …… (118)
库存粮食大清查 …… (118)
粮食联合储备库启用 …… (119)
储备粮轮换 …… (119)
储备粮管理 …… (119)

烟草专卖

概况 …… (119)
精准营销 …… (119)
品牌培育 …… (119)
零消终端升级 …… (119)
专卖规范建设 …… (119)
净化市场 …… (119)

打假追刑 …………………………………… (120)
精益管理 …………………………………… (120)
法治烟草建设 ……………………………… (120)

盐业管理

概况 ………………………………………… (120)
“闽盐”宣传 ……………………………… (120)
食盐质量专项检查 ………………………… (120)
市场巡查 …………………………………… (120)
假冒“闽盐”牌加碘盐查处 ……………… (120)

城乡建设

规划与建设

概况 ………………………………………… (121)
规划编制 …………………………………… (121)
项目报批管理 ……………………………… (121)
施工许可和竣工备案 ……………………… (121)
城市功能完善 ……………………………… (121)
园林管理 …………………………………… (122)
绿地养护 …………………………………… (122)
市政设施维护 ……………………………… (122)
停车场建设 ………………………………… (123)
“厕所革命”推进 ………………………… (123)

建筑业

概况 ………………………………………… (123)
有形建筑市场规范 ………………………… (123)
工程质量安全监督 ………………………… (123)
专项检查 …………………………………… (123)

住房保障与房地产

概况 ………………………………………… (123)
公租房配租与租金收缴 …………………… (124)
行政许可事项办理 ………………………… (124)
房屋征收 …………………………………… (124)
房地产项目建设 …………………………… (124)
房地产市场运行 …………………………… (124)
物业管理 …………………………………… (124)

住房公积金管理

概况 ………………………………………… (124)
归集扩面 …………………………………… (124)
提取管理 …………………………………… (125)
贷款发放 …………………………………… (125)
资金监管 …………………………………… (125)

市政管理

概况 ………………………………………… (125)
市容秩序整治 ……………………………… (125)
违章行为查处 ……………………………… (125)
路灯夜景维护 ……………………………… (125)
建筑垃圾清理 ……………………………… (125)
“两违”整治 ……………………………… (125)
燃气安全保障 ……………………………… (125)
室内装饰装修规范 ………………………… (126)
卫生设施投入 ……………………………… (126)
市场环境清洁 ……………………………… (126)
民生服务项目落实 ………………………… (126)
管理机制创新 ……………………………… (126)

交通 邮电

交通运输

概况 ………………………………………… (127)
交通项目建设 ……………………………… (127)
农村公路桥梁建管养 ……………………… (128)
运输行业规范 ……………………………… (128)
安全生产监管 ……………………………… (128)
重大节日客运保障 ………………………… (128)
交通行政执法 ……………………………… (128)
漳江湾特大桥全线贯通 …………………… (128)

邮政

概况 ………………………………………… (129)
寄递业务 …………………………………… (129)
邮务业务 …………………………………… (129)
代理金融业务 ……………………………… (129)

电信

电信漳浦分公司 ………………………… (129)
移动漳浦分公司 ………………………… (130)
联通漳浦分公司 ………………………… (130)

资源环境保护

自然资源管理

概况 ………………………………………… (131)
耕地保护 …………………………………… (131)
土地开发整理 ……………………………… (131)
建设用地保障 ……………………………… (131)
闲置土地清理 ……………………………… (131)
土地出让与收储 …………………………… (131)
集约节约用地 ……………………………… (132)
不动产登记 ………………………………… (132)
矿产资源管理 ……………………………… (132)
非法采矿领域整治 ………………………… (132)
海域海岛管理 ……………………………… (132)
地质灾害防治 ……………………………… (132)
地籍管理 …………………………………… (132)
自然资源执法监察 ………………………… (133)
土地例行督察反馈问题整改 ……………… (133)
土地卫片执法督查 ………………………… (133)
矿产资源生态整治修复“百日行动” …… (133)

生态环境保护

概况 ………………………………………… (134)
饮用水水源保护 …………………………… (134)
大气污染治理 ……………………………… (134)
土壤污染治理 ……………………………… (134)
污染源普查 ………………………………… (135)
环保督察 …………………………………… (135)
生态项目申报 ……………………………… (135)
环保审批 …………………………………… (135)
环境保护宣传 ……………………………… (135)
县城东线排洪渠污水处理站建成运行 …………………………………………… (135)

经济管理

发展规划

概况 ………………………………………… (136)
规划编制 …………………………………… (136)
“五个一批”项目 ………………………… (136)
赶超项目 …………………………………… (136)
重点项目 …………………………………… (136)
PPP 项目 …………………………………… (137)
项目竞赛 …………………………………… (137)
向上争取资金 ……………………………… (137)
简政放权 …………………………………… (137)
统筹协调 …………………………………… (137)

市场监督管理

概况 ………………………………………… (137)
食品安全“一品一码”追溯体系建设 …… (138)
食品药品安全监管 ………………………… (138)
特种设备安全监管 ………………………… (138)
工业产品质量监管 ………………………… (138)
事中事后监管 ……………………………… (138)
专项整治 …………………………………… (138)
商标品牌战略实施 ………………………… (138)
“一窗受理、并行办理”新模式施行 …… (139)
预包装食品经营许可“告知承诺制”改革 …………………………………………… (139)
企业一般程序注销上线运行 ……………… (139)
消费维权 …………………………………… (139)

价格管理

概况 ………………………………………… (139)
价格监测 …………………………………… (139)
价格认定 …………………………………… (139)

统计

概况 ………………………………………… (140)
业务指导培训 ……………………………… (140)
统计数据审核 ……………………………… (140)
统计服务 …………………………………… (140)

"四上"企业申报 …………………… (140)
统计法规宣传教育 …………………… (140)
统计执法监督检查 …………………… (141)
经济普查 …………………… (141)

审计

概况 …………………… (141)
重大项目审计 …………………… (141)
重大政策落实情况审计 …………………… (141)
财政审计 …………………… (141)
经济责任审计 …………………… (142)
固定资产投资审计 …………………… (142)
企业审计 …………………… (142)
专项资金审计 …………………… (142)

财政　税务

财政

概况 …………………… (143)
财政收入保障机制 …………………… (143)
财政推动经济高质量发展 …………………… (143)
财政推促乡村振兴战略实施 …………………… (143)
地方政府债务风险防范 …………………… (143)
精准扶贫攻坚战经费投入 …………………… (143)
污染防治经费投入 …………………… (143)
民生支出倾斜力度加大 …………………… (144)
教育硬件基础设施经费投入 …………………… (144)
文体惠民事业经费投入 …………………… (144)
社会保障经费投入 …………………… (144)
公共服务经费投入 …………………… (144)
国库集中支付改革 …………………… (145)
财政预算绩效管理 …………………… (145)
财政存量资源配置优化 …………………… (145)
财政监管长效机制构建 …………………… (145)

税务

概况 …………………… (145)
鼓励科技创新企业所得税政策减税效应增强 …………………… (145)
农产品增值税进项税额核定扣除办法落实 …………………… (145)
出口退(免)税管理 …………………… (146)
城居"两险"征缴 …………………… (146)
增值税改革减税效果明显 …………………… (146)
小微企业普惠性减税效果向好 …………………… (146)
个人所得税改革受惠面扩大 …………………… (146)
优化金三系统 …………………… (146)
办税场所升级 …………………… (146)
办税服务 …………………… (146)
办税辅导 …………………… (147)
漳浦 OTO 税收主题公园融平台上线 …………………… (147)

金　融

综述

概况 …………………… (148)
综合评价 …………………… (148)
支付结算管理 …………………… (148)
外汇业务 …………………… (148)
电信网络新型违法活动防范和查处 …………………… (149)
脱贫攻坚成果巩固提升 …………………… (149)
乡村振兴助推 …………………… (149)
金融服务台创园 …………………… (149)
金融领域"扫黑除恶"和反洗钱 …………………… (149)
省农行"筑梦第一家园·我们在行动"发布会在漳浦举行 …………………… (149)

金融监管

概况 …………………… (150)
金融风险监管 …………………… (150)
风险防控 …………………… (150)
技术手段监测 …………………… (150)
引领信贷投放 …………………… (150)
小微企业金融服务 …………………… (150)
县域保险监管 …………………… (150)
消费权益维护 …………………… (150)

银行业

概况 …………………………………… (150)
中国人民银行漳浦县支行 ………… (150)
中国银行漳浦支行 ……………… (152)
中国工商银行漳浦支行 ………… (153)
中国农业银行漳浦支行 ………… (153)
中国建设银行漳浦支行 ………… (154)
中国农业发展银行漳浦县支行 …… (154)
中国邮政储蓄银行漳浦县支行 …… (154)
漳浦县农村信用合作联社 ………… (155)

保险业

概况 …………………………………… (156)
中国人寿保险漳浦支公司 ………… (156)
中国人保财险漳浦支公司 ………… (156)
中国太平洋人寿保险漳浦支公司 …… (156)

教育　科技

教育事业

概况 …………………………………… (157)
学前教育 ……………………………… (157)
小学教育 ……………………………… (157)
初中教育 ……………………………… (158)
高中教育 ……………………………… (158)
职业教育 ……………………………… (158)
成人教育 ……………………………… (158)
师资队伍建设 ………………………… (158)
办学条件改善 ………………………… (158)
教育惠民政策落实 …………………… (159)
学校德育 ……………………………… (159)
平安校园创建 ………………………… (159)
课后延时服务实施 …………………… (159)
家校共育 ……………………………… (159)

科学技术

概况 …………………………………… (159)
企业科技研发投入 …………………… (160)
高新技术企业申报 …………………… (160)
技改项目申报 ………………………… (160)
国家科技优惠政策落实 ……………… (160)
科技和人才项目申报 ………………… (161)
科技特派员下派 ……………………… (161)
台胞科技特派员黄瑞宝获科技部表扬 ………………………………………… (161)

气象

概况 …………………………………… (161)
气象防灾减灾服务 …………………… (161)
气象灾害监测预警服务 ……………… (161)
气象项目审批监管 …………………… (162)
气象科普宣传 ………………………… (162)
季节气候状况评价 …………………… (162)
气象灾害 ……………………………… (163)

防震减灾

概况 …………………………………… (163)
应急避难场所建设 …………………… (163)
建设工程抗震设防管理 ……………… (164)
地震预警信息发布终端建设 ………… (164)
地震监测设施维护 …………………… (164)
地震宏观监测点管理 ………………… (164)
地震应急响应与处置 ………………… (164)
防震减灾宣传 ………………………… (164)
防震减灾培训 ………………………… (164)
防震减灾科普示范点创建 …………… (164)

文化　旅游

文化

概况 …………………………………… (165)
群众文化活动 ………………………… (165)
文化项目建设 ………………………… (165)
图书馆文化惠民工程 ………………… (165)
文物保护 ……………………………… (166)
竹马戏(芗剧)创作 …………………… (166)
漳浦县开启“全民阅读·书香漳浦”系列活动 ………………………………………… (166)

档案工作

概况 …… (166)
档案资源建设 …… (166)
档案安全管理 …… (167)
档案信息化 …… (167)
完成与古雷开发区档案对接 …… (167)
业务培训 …… (167)
调研指导 …… (167)
档案利用 …… (167)
档案宣传 …… (167)
档案馆新馆建设 …… (168)

党史研究和地方志编纂

概况 …… (168)
调查研究 …… (168)
执政纪要和年鉴编纂出版 …… (168)
中华人民共和国成立70周年系列宣传活动 …… (168)
漳浦县革命历史纪念馆教育活动 …… (169)
爱国主义教育“三进”活动 …… (169)
史志资料审核查阅服务 …… (169)

新闻传媒

概况 …… (169)
主题专栏开辟 …… (169)
矿山整治宣传 …… (169)
海峡两岸畲族文化节•少数民族丰收节宣传 …… (170)
全国重点网络媒体漳州行大型采风活动 …… (170)
海外华文媒体漳州行(漳浦站)活动 …… (170)
向上合作与供稿 …… (170)
创优精品工程实施 …… (170)

旅游业

概况 …… (170)
旅游产业升级 …… (171)
旅游品牌推介 …… (171)
旅游文化活动 …… (171)
旅游景区质量提升 …… (171)

卫生　体育

综述

概况 …… (172)
公立医院管理制度改革 …… (172)
医药费用严控 …… (172)
县域医疗单位综合改革 …… (172)
医德医风建设 …… (172)
医疗补短板项目建设 …… (173)
医院感染预防与控制 …… (173)
公共卫生保障 …… (173)
省级慢性病综合防控调查 …… (173)
综合监管与服务 …… (173)
省级卫生乡镇(村、社区)创建 …… (173)
健康扶贫 …… (173)
计划生育 …… (173)
卫技人才建设 …… (174)
漳浦成立首批名医工作室 …… (174)
公共体育设施建设 …… (174)

爱国卫生运动

概况 …… (174)
爱卫月宣传活动 …… (174)
病媒生物防治 …… (174)
创卫工作通过省级技术评估 …… (175)
控烟工作 …… (175)

疾病防控

概况 …… (175)
疾病监测 …… (175)
疾病控制 …… (175)
艾滋病感染者及病人管理 …… (176)
免疫规划实施 …… (176)
结核病防治 …… (176)
地方病、慢性病防治 …… (176)
基本公共卫生服务 …… (177)
卫生监测 …… (177)

从业健康体检 …… (178)
健康教育 …… (178)

县级医疗体系

漳浦县人民医院 …… (178)
漳浦县中医医院 …… (180)
漳浦县妇幼保健院 …… (180)

体育

概况 …… (181)
群众体育 …… (181)
竞技体育实力提升 …… (182)
陈桂玲摘取世界特奥会金牌 …… (182)
卢云秀取得东京奥运会入场券 …… (182)

社会民生

人民生活

概况 …… (183)
城镇居民生活收入与消费支出 …… (183)
农村居民生活收入与消费支出 …… (183)

民政事务

概况 …… (183)
规范城乡低保 …… (183)
特困人员供养 …… (183)
临时救助 …… (183)
残疾人两项补贴发放 …… (184)
防灾救灾 …… (184)
儿童关爱服务 …… (184)
养老补短板 …… (184)
敬老院社会化运营 …… (184)
养老服务设施专项整治 …… (184)
失能老人护理补贴发放 …… (184)
优抚金发放 …… (184)
社区建设 …… (184)
农垦改革及社区居委会选举 …… (184)
界线管理 …… (184)
婚姻登记 …… (185)
社会组织管理 …… (185)
殡葬改革 …… (185)
村规民约修订 …… (185)
流浪乞讨救治救助 …… (185)

人力资源和社会保障

概况 …… (185)
就业服务 …… (185)
就业援助 …… (186)
稳岗就业优惠政策兑现 …… (186)
社会保障体系健全完善 …… (186)
机关事业单位工资管理 …… (186)
机关事业单位人员管理 …… (186)
人才引进 …… (187)
大中专毕业生人事管理 …… (187)
劳动关系监管 …… (187)
劳动监察执法 …… (187)
审核审批服务 …… (187)

医疗保障

概况 …… (187)
征缴扩面提升参保率 …… (187)
健康扶贫 …… (188)
基本医疗保险待遇 …… (188)
医保基金监管 …… (188)
服务效能提升 …… (188)

民族宗教事务

概况 …… (188)
少数民族经济发展帮扶 …… (188)
宗教工作机制加强 …… (188)
慈善捐助 …… (189)
浦台宗教文化交流 …… (189)
宗教活动场所管理 …… (189)
海峡两岸少数民族交流座谈会在漳浦召开 …… (189)

老龄事业

概况 …… (189)

养老服务体系完善 …………………… (189)
老年法律法规宣传 …………………… (189)
老年人权益保护 …………………… (190)

老区建设

概况 …………………… (193)
关爱革命"五老"及遗偶 …………………… (193)
老区水泥路建设帮扶 …………………… (193)
革命遗址重建重修 …………………… (193)

乡镇场

绥安镇

概况 …………………… (194)
营商环境保障 …………………… (194)
农业产业 …………………… (194)
脱贫攻坚 …………………… (194)
"创卫创城" …………………… (194)
生态环境 …………………… (195)
村级办公条件改善 …………………… (195)
社会事业 …………………… (195)
社会治理 …………………… (195)
绥安镇上榜"中国乡镇综合竞争力百强" …………………… (195)
大埔村入选全国乡村治理示范村镇 …………………… (195)

旧镇镇

概况 …………………… (195)
项目建设 …………………… (195)
现代特色农业 …………………… (196)
扶贫攻坚 …………………… (196)
乡村卫生 …………………… (196)
河道管理 …………………… (196)
古村落修缮保护 …………………… (196)
基础设施建设 …………………… (196)
社会事业 …………………… (196)
安全生产 …………………… (197)
第六届漳浦(乌石)荔枝采摘节举办 …………………… (197)

六鳌镇

概况 …………………… (197)
临港工业 …………………… (197)
现代农业 …………………… (197)
全域旅游 …………………… (197)
公共服务 …………………… (198)
人居环境改善 …………………… (198)
生态保护 …………………… (198)
漳浦乡村文化节暨首届"六鳌地瓜"丰收节举办 …………………… (198)
中国•漳浦翡翠六鳌首届紫菜美食节在六鳌镇举办 …………………… (198)

深土镇

概况 …………………… (198)
综合实力增强 …………………… (198)
脱贫攻坚 …………………… (198)
美丽乡村建设 …………………… (199)
镇区镇容整治 …………………… (199)
"两违"管控 …………………… (199)
环境卫生治理 …………………… (199)
生态环境整治修复 …………………… (199)
社会事业 …………………… (199)
社会治理 …………………… (199)
山尾村入选第五批"中国传统村落"名录 …………………… (199)

赤湖镇

概况 …………………… (199)
生态环境治理 …………………… (200)
七星海文旅小镇建设 …………………… (200)
滨海旅游景区基础设施完善 …………………… (200)
生态水系示范工程打造 …………………… (200)
平安镇村建设 …………………… (200)

佛昙镇

概况 …………………… (200)
项目用地征迁 …………………… (201)
招商引资 …………………… (201)

精准扶贫 ……………………………… (201)
美丽乡村建设 ……………………………… (201)
生态环境保护 ……………………………… (201)
环境卫生治理 ……………………………… (201)
“两违”整治 ……………………………… (202)
民生项目建设 ……………………………… (202)
计生关怀 ……………………………… (202)
首届河豚文化节成功举办 ……………… (202)

前亭镇

概况 ……………………………… (202)
发展要素保障 ……………………………… (202)
镇容村貌改善 ……………………………… (202)
生态环境治理 ……………………………… (202)
农业基础设施完善 ……………………… (203)
精准扶贫 ……………………………… (203)
学校基础设施建设 ……………………… (203)
卫健事业 ……………………………… (203)
平安建设 ……………………………… (203)
安全生产 ……………………………… (203)

马坪镇

概况 ……………………………… (204)
重点项目推进 ……………………………… (204)
现代农业 ……………………………… (204)
脱贫攻坚 ……………………………… (204)
乡村环境 ……………………………… (204)
民生事业 ……………………………… (204)
教育公益事业 ……………………………… (205)
社会治理 ……………………………… (205)
工业产业实现“零”的突破 ……………… (205)

官浔镇

概况 ……………………………… (205)
项目建设 ……………………………… (205)
土地确权后续工作完善 ………………… (205)
食品农产品质量安全 …………………… (205)
农业技术推广 ……………………………… (205)
帮扶政策落实 ……………………………… (205)
美丽乡村建设 ……………………………… (206)
环境卫生整治 ……………………………… (206)
水流域环境整治 ……………………………… (206)
农村面源污染环境保护 ………………… (206)
“两违”综合治理 ……………………………… (206)
社会治理 ……………………………… (206)
村集体产权制度改革完成 ……………… (207)

长桥镇

概况 ……………………………… (207)
脱贫攻坚推进 ……………………………… (207)
农村基础设施建设 ……………………… (207)
文明乡风提升 ……………………………… (207)
人居环境整治 ……………………………… (207)
生态治理 ……………………………… (207)
泗洲岩民俗文化节举办 ………………… (208)

石榴镇

概况 ……………………………… (208)
村级集体经济发展 ……………………… (208)
脱贫攻坚 ……………………………… (208)
污染防治 ……………………………… (208)
矿山修复 ……………………………… (208)
乡村振兴 ……………………………… (208)
“两违”整治 ……………………………… (208)
民生工程实施 ……………………………… (209)
安全生产 ……………………………… (209)
平安建设 ……………………………… (209)

盘陀镇

概况 ……………………………… (209)
重点项目建设 ……………………………… (209)
脱贫攻坚 ……………………………… (209)
乡村振兴 ……………………………… (209)
人居环境改善 ……………………………… (209)
“河长制”落实 ……………………………… (209)
土地资源管控 ……………………………… (210)
矿产资源秩序整治 ……………………… (210)
教育基础设施建设 ……………………… (210)

平安建设 …………………………… (210)
产山村、东林村党群活动服务中心揭牌 …………………………… (210)

大南坂镇

概况 …………………………… (210)
经济发展 …………………………… (210)
生态环境整治 …………………………… (211)
乡村振兴推进 …………………………… (211)
水资源整治 …………………………… (211)
“两违”查控 …………………………… (211)
公共服务设施完善 …………………………… (211)
大南坂镇 13 个建制村改为社区 ……… (211)

古雷镇

概况 …………………………… (212)
征迁遗留问题扫尾 …………………………… (212)
项目用地管控 …………………………… (212)
封关运行加快 …………………………… (212)
社会保障 …………………………… (212)
转型就业 …………………………… (212)
民生项目 …………………………… (212)
平安建设 …………………………… (212)
古雷“新港城 110”勤务启动 …………… (213)

杜浔镇

概况 …………………………… (213)
现代农业提质增效 …………………………… (213)
精准扶贫 …………………………… (213)
项目征迁遗留问题解决 …………………………… (213)
生态环境整治 …………………………… (213)
基础设施建设 …………………………… (213)
惠民政策落实 …………………………… (214)

霞美镇

概况 …………………………… (214)
农业生产条件改善 …………………………… (214)
民生事业 …………………………… (214)
脱贫攻坚 …………………………… (214)
生态环境治理 …………………………… (214)
环境卫生整治 …………………………… (214)
安全生产 …………………………… (214)

沙西镇

概况 …………………………… (214)
项目建设 …………………………… (215)
脱贫攻坚 …………………………… (215)
人居卫生整治 …………………………… (215)
水环境治理 …………………………… (215)
“两违”整治 …………………………… (215)
社会综合治理 …………………………… (215)
沙西镇教育事业发展促进会成立 …… (215)

南浦乡

概况 …………………………… (215)
脱贫攻坚 …………………………… (215)
矿山整治 …………………………… (215)
村容村貌提升 …………………………… (216)
生态环境保护 …………………………… (216)
乡风文明建设 …………………………… (216)
社会事业 …………………………… (216)
“建设富美新南浦”系列文化活动 …… (216)

赤土乡

概况 …………………………… (216)
经济发展 …………………………… (216)
园区建设用地征迁 …………………………… (217)
城镇建设 …………………………… (217)
环境污染治理 …………………………… (217)
生态环境改善 …………………………… (217)
民生事业 …………………………… (217)

湖西畲族乡

概况 …………………………… (217)
规模工业 …………………………… (217)
现代农业 …………………………… (218)
旅游产业 …………………………… (218)
矿产资源生态修复 …………………………… (218)

污染防治攻坚 ……………………… (218)

赤岭畲族乡

概况 ……………………… (218)
项目建设 ……………………… (218)
“两违”整治 ……………………… (219)
贫困户救助帮扶 ……………………… (219)
乡村环境整治 ……………………… (219)
农产品安全监管 ……………………… (219)
生态环境保护 ……………………… (219)
文化事业发展 ……………………… (219)
安全生产 ……………………… (220)
赤岭畲族乡获评“全国民族团结进步模范集体” ……………………… (220)

万安农场

概况 ……………………… (220)
工业园收地扫尾 ……………………… (220)
农垦农场改革 ……………………… (220)
国有土地管控 ……………………… (220)
矿山堆场复绿 ……………………… (220)
人居卫生整治 ……………………… (220)
道路交通安全 ……………………… (220)

玳瑁山茶场

概况 ……………………… (221)
农业农村工作 ……………………… (221)
农场办社会职能改革 ……………………… (221)
作业区卫生维护 ……………………… (221)
平安建设 ……………………… (221)

南山华侨茶果场

概况 ……………………… (221)
产业结构优化 ……………………… (221)
排污排水建设 ……………………… (221)
村道维修改造 ……………………… (221)
职工社保代缴标准提高 ……………………… (221)

漳浦盐场

概况 ……………………… (221)
技术升级 ……………………… (222)
项目建设 ……………………… (222)
社会民生 ……………………… (222)
打造全省最大渔光互补光伏发电站 ……………………… (222)

中西国有林场

概况 ……………………… (222)
营林生产 ……………………… (222)
木材生产及销售 ……………………… (222)
国家级良种基地管理 ……………………… (222)
速生丰产林示范片建设 ……………………… (222)
病虫害防治 ……………………… (222)
“一场一景”建设 ……………………… (223)
防灾减灾 ……………………… (223)

下蔡国有防护林场

概况 ……………………… (223)
林场改革通过国家验收 ……………………… (223)
“一场一景”建设 ……………………… (223)
森林资源管护 ……………………… (223)

附　录

文献选编

在漳浦县第十七届人民代表大会第四次会议闭幕式上的讲话 ……………………… (224)
漳浦县人民代表大会常务委员会工作报告（节选） ……………………… (226)
政府工作报告（节选） ……………………… (229)
政协第十四届漳浦县委员会常务委员会工作报告 ……………………… (232)
漳浦县2019年预算执行情况及2020年预算（草案） ……………………… (235)
漳浦县2019年国民经济和社会发展计划执行情况及2020年国民经济和社会发展计划草案（节选） ……………………… (236)

2019 年漳浦县国民经济主要指标情况表 ……………………………………………… (237)

重要文件(通知)目录

县委(县政府)出台的部分重要文件(通知)目录 ……………………………………………… (238)
县政府出台的部分重要文件(通知)目录 ……………………………………………… (239)
县委办出台的部分重要文件(通知)目录 ……………………………………………… (241)
政府办出台的部分重要文件(通知)目录 ……………………………………………… (242)

机构领导人名录

中共漳浦县委员会 ……………………… (243)
漳浦县人大常委会 ……………………… (245)
漳浦县人民政府 ………………………… (245)
政协漳浦县委员会 ……………………… (248)
纪检　监察 ……………………………… (248)
群众团体 ………………………………… (249)
法院　检察院 …………………………… (250)
省、市驻县机构 ………………………… (250)
金融 ……………………………………… (251)
直属教育、卫生单位 …………………… (251)
乡镇场 …………………………………… (252)

副高级以上专业技术职务人员名表 ……………………………………………… (256)

荣 誉

2019 年获市厅级以上表彰的单位名表
获省部级以上表彰的先进单位名表 ……………………………………………… (259)
获市厅级表彰的先进单位名表 ……… (259)

2019 年获市厅级以上表彰的个人名表
获省部级以上表彰的先进个人名表 ……………………………………………… (261)
获市厅级表彰的先进个人名表 ……… (261)

2019 年漳浦县纳税 500 万元以上企业名录 ……………………………………………… (263)

索 引 ……………………………………… (264)

“不忘初心、牢记使命”

——漳浦县主题教育活动纪实

2019年9月至12月，漳浦县开展“不忘初心、牢记使命”主题教育活动，范围覆盖17个乡镇、3个工业园区(场)和63个县直机关及企事业单位，计83个参学单位、1300多个党组织、29000多名党员。漳浦县始终坚持抓住主线、聚焦主题、夯实责任，把学习教育、调查研究、检视问题、整改落实贯穿始终，推动主题教育走深走实。

紧盯责任落实，坚持高点站位 做到标准不降、工作不松

突出高标准严要求，强化责任落实，着力在组织领导、压实责任上下功夫，推动真学、真做、真改。

强化一个领导。全省主题教育第一批总结暨第二批部署会议召开后，县委立即组织深入学习，并多次召集有关单位研究谋划主题教育工作。在多方听取基层党(工)委、基层党员干部群众意见和建议的基础上，及早谋划工作方案。及时成立由县委书记担任组长的主题教育领导小组，加强对全县主题教育的统一领导，领导小组共先后召开10次工作会议，深入学习上级要求、总结研究、部署推动阶段性工作。领导小组下设办公室，内设综合、材料、宣传、专项、联络等5个工作组；并抽调45名精干力量组建9个巡回指导组，由具有丰富党务工作经历的正科级干部担任组长，有序有效推动全县主题教育深入开展。

夯实两个责任。聚焦“关键少数”，研究出台《夯实主题教育工作“两个责任”的意见》，明确党委(党组)主体责任和党委(党组)书记第一责任，强化带头学习提升、带头联系群众、带头检视问题、带头化解难题，形成一级带一级、一级促一级的示范效应，推动主题教育工作向纵深发展。同时，在县有线电视台、“漳浦初心•使命”公众号等网络媒体开设党委(党组)书记“谈初心使命”专访栏目，制作播放44期党委(党组)书记谈主题教育，营造了比学赶超浓厚氛围。

落实三线督导。建立指导组督导、综合组抽查、专项组巡查“三线督导”机制。9个县委巡回指导组严审把关各参学单位的实施方案、党课提纲、调研报告、找差距发言提纲、对照检查等材料，并采取列席会议、随机抽检、实地走访调研等方式下沉一线，加强工作督促指导。县教育办综合组加强综合指导和协调，开展不定期调研督导，并联合县融媒体中心，采取实录跟拍的方式，随机抽查暗访参学单位集中学习情况。县教育办专项组不定期对各参学单位查摆问题及整改情况进行跟踪巡查，现场指出问题、立行立改，确保主题教育不走过场。

紧扣主题主线，坚持学深悟透 做到融会贯通、知行合一

坚持读原著、学原文、悟原理，力求全面系统学、深入思考学、联系实际学，确保学深悟透，筑牢思想根基。

确保学习经常化。坚持集中学习与个人自学相结合，采取现场体验、中心组学习、举办读书班、专题研讨、个人自学等方式，让学习成为党员行为自觉。县委常委坚持学深一步、悟深一层，通过举办“弘扬谷文昌创业精神，践行初心使命”“弘扬龙江大局精神、加强政治建设”专题读书班，“黄志丽同志先进事迹”报告会、县委理论中心组学习扩大会，到车本红军纪念馆、女排腾飞馆现场调研等方式开展集中学习，带头做实六个专题和十九届四中全会精神的学习研讨。主题教育期间，举办第12、13期科级干部研修班，近90名科级干部参加集中培训；依托县委党校，分9期举办全县基层党组织书记培训班，共有1322名基层党组织书记参加了集中培训。同时，盯紧党员自学这一基础环节，各参学单位每周安排不少于4个小时的集中自学，参学党员主动填报《漳浦县“不忘初心、牢记使命”主题教育自学情况登记表》，党委（党组）书记、支部书记分别对班子成员、普通党员的自学情况进行把关，切实抓严抓实学习。全县统一购买下发主题教育学习用书2.6万多册。

确保学习覆盖面。注重分类指导、因人施策，积极创新贴近基层、方便党员的学习方式，打通送学最后一公里。持续开展“送教下乡”活动，由党校教师、乡村讲师团成员、先模人物等组成“金浦党教轻骑队”，依托党群活动服务中心、“农村党校”，广泛开展专题辅导、学习宣讲50多场次。基层党支部从实际需要出发，组建“送学小分队”为年老体弱行动不便党员开展上门送学290多次；建立外出流动党员“微信群”150个，及时传送教学内容、发布教学动态，便于流动党员参与学习。紧贴非公企业的实际，发挥好园区党群活动中心和阵地联盟的作用，开展党建强企之“送教进企业”“送法律进企业”等活动，为非公企业党员员工提供面对面送学服务。同时，充分运用“漳浦初心·使命”公众号这一网络平台，积极拓展线上送学，开展网上答题活动，进一步巩固学习成果。

确保学习入人心。活用本地资源，以群众喜闻乐见的形式推动学习教育深入人心。将“车本——闽南井冈山”革命精神、“蓝氏三杰”所向无前精神、“两帝师”廉洁从政精神等漳浦精神融入学习研讨，认真组织编撰《漳浦革命史简编》等本土教材、制作《学习漳浦革命精神》等10个优秀党课，持续提升中共漳浦县委机关旧址等10个教学点，开展“体验式”党性教育。各参学单位也纷纷挖掘特色资源，提升学习的感染力。如大南坂镇新民村用南音快板唱响《廉政两帝师》；长桥镇长桥村把传承黄氏家训、弘扬“文英堂”老区革命精神和打造“党群连心窗”紧密结合起来。同时，积极在全县营造浓厚的学习氛围，加大全方位的宣传报道，提升学习的“共鸣”。主题教育期间，全县在各媒体刊播稿件1834篇，其中省级以上媒体刊播稿件187篇。

确保学习显实效。积极搭建党员展示作为、体现担当的学用平台，促进广大党员联系实际学、扎根实践学。广泛开展“不忘初心、牢记使命”优秀主题党日征集活动，结合“4+N”主题党日活动要求，重点围绕爱国情怀再深化、矿山治理众参与、党内关怀暖人心、志愿服务解民忧等四个主题，推动主题党日的深入开展，让党员先锋作用彰显在关键处。各地各单位纷纷开展“为党员过政治生日”“矿山生态修复党员义务植树”“过党日，办实事”捐资助学、“为退役老兵、优抚对象免费体检送温暖”等丰富多彩的主题党日活动，引导党员从“身边事”模范做起，模范带头、知行合一。

紧贴工作实际，坚持深入调研 做到求真务实、更接地气

坚持实事求是，聚焦工作中存在的问题短板，深入基层广泛调研，切实把调查研究的过程转化为推动工作的实际行动。

找准症结。持续深化“追问题、解难题、促落地、当先锋”活动，县处级领导带头通过上门走访、现场调研、座谈交流等方式，

重点围绕涉及群众关心的热点难点堵点问题开展调研，共排查出 12 件群众期盼、急需解决的难题积案。各参学单位结合各自岗位职责，紧贴民生问题持续开展调研。如，深土镇以改善民生为出发点和落脚点，积极推动墩柄村村庄亮化美化、河道清淤以及道路硬化等项目建设；县城管局通过走街入户，深入了解群众及沿街店主的需求，彻底解决中心市场、八幢楼下沿街店面无序搭盖的“老大难”问题，让群众看到实实在在的变化。

摸清实情。结合环保督察、海洋督察、森林督查等重点工作，直面问题、举一反三，由县领导带队以点拓面进行全面调研核查，逐一列出溯源清单。其中，针对中央第二生态环境保护督察组重点反馈问题，全县调研核实下达 7 批整治任务清单，涉及 16 家持证矿山、4 家重点整治对象、98 个非法矿山、31 个矿产卫片图斑、23 个废弃矿山、101 个非法洗砂场、集中区内外 299 个石板材加工厂。对照中央 8 个方面突出问题的整治，从夯实基层组织建设着手，在基层党(工)委初步排查的基础上，由县处级领导挂钩到镇，下沉到村逐一走访调研，经县委常委会研究确定 11 个软弱涣散基层村级党组织。由县直机关单位科级领导干部带队组成 9 个县委调研考核组，对全县 216 个行政村、51 个社区党组织开展“三个一遍”全面“体检”。

有效转化。及时梳理调研情况，在推动调研成果的转化上下真功夫。一方面，各级领导在学习调研的基础上扎实开展专题党课宣讲。全县县处级党员领导干部共到基层单位开展 28 场次党课宣讲，各参学单位领导班子成员共讲党课 668 场次。另一方面，在认真组织开展调研成果交流会的同时，针对我县环保督察反映存在的干部作风不实、创新精神不足、工作标杆不高等问题，广泛开展“我要为建设富美金漳浦做什么”大讨论。县委常委立足于漳浦发展大局，带头谈体会、谈经验、谈思路，各参学单位立足本地区、本部门实际，找准涉及全县或本地本单位发展的关键问题，通过多层面的讨论，综合各方意见，向县委至少提出 2 条有建设性的建议（议案），切实把大讨论的成果转化为推动建设新时代富美金漳浦的具体举措。经梳理汇总，全县各级领导干部在深入调查研究和成果交流的基础上形成调研报告 637 篇，开展集中大讨论 126 场，收集到建议（议案）148 条(篇)。

紧抓检视问题，坚持深挖细查
做到刀刃向内、自觉深刻

坚持问题导向，着力查深问透问题，边查边改促提升。

直面基层主动问。主题教育开展以来，县委常委领导班子始终坚持以上率下，先后通过召开由“两代表一委员”、离退休老干部、企业代表、党风政风监督员等对象参加的征求意见座谈会 7 场，并采取发出书面征求函，设立意见箱、电话来访、邮箱来信等方式，广泛征求党内外干部群众的意见和建议，经梳理汇总后共形成意见建议 38 条。

对标对表重点查。认真围绕“8+7+4+X”专项整治问题表现形式，点对点直面问题，敢于亮丑揭短，全县共查摆出中央 8 个方面突出问题 337 个，省委 7 个方面难题积案 12 件，“4+X”专项行动存在问题 5 个。认真对照党章党规找差距，全县各级党员领导干部通过召开对照党章党规找差距专题会议，按照“18 个是否”逐条逐项进行剖析查摆，累计查摆问题 8400 多条。认真按照“四个对照”“四个找一找”，深刻检视问题，认真对照岗位职责和服务对象的需求找不足，梳理查摆需要着手改进或强化落实的工作。如，实验小学党总支对照学生、家长需求，全面检视校园安全和师德师风问题，并通过“校企共建”“爱心巡防”、打通“连心门”等综合整治，让百年老校展新颜。

系统梳理深入找。组织召开领导班子专题民主生活会和基层党组织专题组织生活会。各级党员领导干部对在调查研讨中发现的问题、群众反映的问题和自身对照查摆及检视的问题等，进行综合梳理，特别是对环保督察等反馈的问题主动认领，以点带面、举一反三，深挖根源。广泛开展谈心谈话，相互听取意见建议。县委书记带头与常委班子成员、支部党员代表等开展谈心谈话；其他常委同志互相之间、与

所分管单位主要负责同志、与其所在党支部党员代表也分别进行谈心谈话，把问题谈开、把道理谈透、把思想谈通。各参学单位领导班子成员间也紧扣初心使命，重点谈参加主题教育的收获体会，谈守初心、担使命方面的差距不足，谈对整改落实的具体措施和意见建议。在此基础上，县委常委班子和常委以身作则，切实开好专题民主生活会，常委班子及个人共查摆问题120多条，提出整改措施近110条。常委个人还以普通党员身份参加所在支部组织生活会，带头开展自评、互评。全县共评议优秀党员5400多名。

紧推整改落实，坚持严抓严改做到立行立改、长效整改

牢固树立"一盘棋"思想，坚持把整治成效作为衡量主题教育的主要标志，狠抓整改落实。

不等不靠抓紧改。坚持自我加压，主动靠前，精准施策，提速化解。紧盯"8+7+4+X"查摆出的354个问题，制定整改措施644条，340个问题已完成整改，完成率96.04%。其中，针对中央8个方面问题的整治，共制定整改措施625条，337个问题中已有325个问题完成整改，另有12个问题已完成阶段性整改并将长期坚持；针对"找差距、抓落实、解难题、化积案"行动7个方面难题积案12件，逐一制定针对性整改措施12条，并全部完成整改；针对"4+X"专项行动制定7条整治措施，5个问题已完成3个问题整改，2个问题已完成阶段性整改。如，在漠视侵害群众利益问题专项整治中，加强督促调度、统筹推进，督促扶贫、教育、医疗、环境保护、食品安全等方面问题相关部门全面铺开专项整治工作，共梳理问题30个，制定整改措施79条。在村级党组织软弱涣散整治工作中，坚持上下联动，建立30名县处级领导、61名基层党（工）委班子成员、11名驻村第一书记、33个县直机关、33名机关干部挂点联村机制。注重综合治理，在"一村一策"精准改的同时，推动制度的规范落实，并鼓励各村挖掘自身优势，在乡村振兴、综治维稳、乡风民风治理等方面积极探索。

聚焦重点严落实。突出中央环保督察等重点整治项目，强化以上率下，县委主要领导亲自部署，下沉到问题一线和整改现场靠前指挥，亲自协调解决重要环节，各职能部门和各乡镇(场)密切配合，联动推进整改落实。迅速开展矿产资源秩序整治工作专项行动和矿产资源生态整治修复"百日行动"，组建13个整治工作专班和4个督查组，列出7批核查整治任务清单，逐项整改销号。截至目前，已完成738.76公顷治理面积，完成率89.51%，无证矿山和非法洗砂场全部关闭取缔，持证矿山关停整改，基本完成全县污染源头排查并着手建立大数据库。有32家持证石板材加工企业完成整改验收。同时，从严从实做好"景观亮化工程"过度化等"政绩工程""面子工程"的排查和整治工作。

注重长效强保障。坚持边查边改、立行立改，围绕问题整改清单，在抓好当前问题整改的基础上，持续在抓实、抓细、抓长上下硬功夫。突出廉政思想教育，以身边典型案例为素材拍摄《贪欲的黑洞》，提高警示教育针对性和洗礼思想作用，一体推进不敢腐、不能腐、不想腐机制建设。督促各参学单位制定内容科学、配套完善、运行有效的体制机制，推动用制度管经常、管长久。如，围绕矿山整治问题，从当前整改和长久坚持双向发力，建立《漳浦县深入开展矿产资源秩序整治工作专项行动实施方案》等6份工作方案，为下一步推进环保督察整治提供坚实保障。至12月底，县级层面针对查摆的问题，已建立相关制度性文件24份，各参学单位结合自身实际，针对查摆问题，制定长效整改相关配套制度143份。

（县委"不忘初心、牢记使命"主题教育领导小组）

为了生活更幸福更安逸

——漳浦县实施乡村振兴战略纪实

“产业兴旺、生态宜居、乡风文明、治理有效、生活富裕”，从2018年起，漳浦县按照中央、省委省政府、市委市政府关于实施乡村振兴战略的决策部署，落实《关于实施乡村振兴战略的工作意见》和《实施乡村振兴战略规划(2018－2022年)》，推进《福建省乡村振兴试点示范工作方案》和《漳州市乡村振兴“345”示范工程实施方案》。立足漳浦县实际，在各乡村拉开实施乡村振兴战略序幕，既有条不紊又轰轰烈烈地推进乡村振兴战略的有序施行。

健全领导，搭建实施乡村振兴战略工作联动机制

为确保乡村振兴战略顺利实施，2018年，漳浦县成立了以县委书记为组长，县委副书记、县长为第一副组长，党政分管领导为副组长，52个县直单位主要领导为成员的县委实施乡村振兴战略领导小组领导小组下设12个专项小组，分别由县委、县政府分管领导同志挂钩，由县直牵头单位主要负责人担任专项小组组长。同期，先后出台《关于实施乡村振兴战略的工作意见》《关于印发〈漳浦县乡村振兴“345”示范工程实施方案〉的通知》《漳浦县实施乡村振兴战略规划(2018－2022年)》等，对乡村振兴战略的具体目标任务，对全县实施乡村振兴战略进行全面部署，宏观指导，明确漳浦县乡村振兴的路线图、施工图和时间表。同时，将实施乡村振兴战略列入县对乡镇年终考评内容，做到职责明确，责任分明，以推动乡村振兴政策落地落实，提高乡村振兴战略实施成效。

按照实施乡村振兴战略的要求，12个专项小组随即制定具体工作方案，确定工作重点、把握时间节点，明确工作目标、重点任务和保障措施；各司其职、各负其责，衔接协调、同向发力，推动全县乡村振兴战略全面实施。

示范带动，构建实施乡村振兴战略工作推进机制

建立健全推进机制。按照“五级同抓、示范引领、正向激励、全面推进”的思路，2019年，漳浦县制定《漳浦县实施乡村振兴战略工作考评办法与激励机制(试行)》，营造比学赶超、争先创优的良好氛围。按照“分类考核、滚动提升”的要求，通过考核督导、滚动考核等方式，建立正向激励机制，在年终乡村振兴考评中，示范乡镇前2名、非示范乡镇前3名，分别奖励40万元至120万元不等；示范村前16名确定为年度样板村并授牌，分三档奖励，奖励金额40万元至100万元不等。

强化试点示范建设。2019年，漳浦县以各部门项目配套作为启动资金，镇村多方面统筹资金，切实落实项目资金保障，加大乡村振兴特色镇、试点村建设投入。与此同时，为加大乡村振兴试点示范建设推进力度，县财政给予2个省级特色镇各补助100万元；给予18个省级试点村各补助50万元。其中，参加全市“三抓三比、十项竞赛”乡村振兴竞赛的东厝村、大埔村、溪坂村各补助150万元，县委乡村振兴办也给予这3个村乡村振兴项目建设启动资金各50万元。重点用于支持省级乡村振兴试点村产业振兴、补齐农村基础设施、生态环境保护修复和公共服务短板等全面发展建设。发挥财政资金撬动作用，引导社会资本参与乡村振兴，加快试点村全面振兴进程。推进官浔镇、盘陀镇等2个省级特色镇，东厝村、大埔村、溪坂村等18个省级试点村以及官浔镇、盘陀镇、长桥镇、深土镇、六鳌镇、佛昙镇、湖西乡等7个市级示范乡镇，红霞村、

东坂村、近院村等77个市级示范村的乡村振兴建设，以产业发展为基础，抓好人居环境整治，做到工程化实施、项目化推进，推动乡村振兴任务落地见效。乡村振兴战略实施后：

——绥安镇大埔村以“四个坚持”推进依法治村工作，在群众培训指导、宣传引导、志愿劝导、主题活动等乡村文化上下足功夫，创新组织设置和活动方式，引导农村党员发挥先锋模范作用，助推乡风文明建设。2019年，大埔村获“全国乡村治理示范村”称号。

——官浔镇紧盯“生态官浔花木名镇”建设，立足资源优势和产业基础，全域推进花木产业转型升级，深层次塑造南溪古渡口文化品牌，树立文明古镇新风，狠抓人居环境提升，多棱打造和谐生态官浔。该镇溪坂村坚持“留田园风光、建现代都市”的生态理念，借助农博会花博会平台，形成花卉产业“全国买，卖全国，全国买卖”新格局，把党建工作和企业经营紧密结合，150家企业建立联合党支部，带动中小企业壮大发展。

——旧镇镇后垅村打造“田园变乐园、家园变公园”“古厝变讲堂、庙宇变学堂”，在不断调整优化农业产业结构的基础上，以“中国传统古村落”秀才村为依托，结合荔枝和妈祖文化，抓好农村人居环境整治，为发展“旅游+农业”打好开篇之战。

——佛昙镇东坂村聚力河豚产业一、二、三产融合发展，村党组织从品种改良、技术优化、市场扩展全链多层次组织参与，推动经济高速发展，农村居民年人均可支配收入2.45万元。统筹1200万元建设民生项目、解决群众热点需求，村财投入500多万元支持文化教育事业配套，全面振兴初具雏形。

——深土镇以特色产业为抓手、以环境整治为底色、以乡风文明为手段，谋划乡村振兴新思路，改善农村新面貌，全镇范围内大力开展环境卫生综合整治，以治脏、治乱、治差为重点，提升农村水污染和农村面源污染治理水平，形成良好的环境治理常态机制。该镇近院村以党建为引领，挖掘百年“工匠精神”（精于工、匠于心、品于行），将组织优势转化为执行优势，近两年中，投入大量人力物力，不断改善农村人居环境，其中包括全村3.48千米道路的单改双工程，做到“家园全村共建，成果全村共享”，激发农村发展新活力。

——赤湖镇北桥村以“荒山变公园、公园出效益”的发展理念，村党总支为主体，依托象山公园这一载体，打造“清新北桥”标签，创新“无职党员＋群众代表”网格化服务，组建农村党建服务队、困难帮扶队、巾帼助力队、纠纷调解队、抢险突击队、政策宣传队，挂钩服务群众，为实现乡村振兴提供可靠保障。

完善多重挂钩机制。建立县处级领导挂钩乡镇、县直部门与乡镇领导挂钩试点示范村的工作机制。由18个县处级领导挂钩省级试点村并下派一名驻村第一书记，64个县直单位挂钩指导77个示范村。挂钩联系的领导和县直部门负责指导挂钩镇村厘清发展思路，帮助向上争取项目建设资金，协调解决乡村振兴项目建设用地、资金、人才等要素保障问题，确保试点示范工作有序推进。

聚焦产业兴旺，推动农业高质量发展

稳定粮食生产。全面落实粮食安全责任考核制度，2019年完成市下达漳浦县粮食计划播种面积1.79万公顷、总产11.5万吨的指导性计划；新建育秧工厂5家，育秧供应大田机插面积达1公顷以上；实施建设高标准农田3473.33公顷。

推进产业融合发展。在粮食生产有保障的基础上，做强做优做大9个乡村特色优势产业，培育乡村旅游、乡村物流业。建设蔬菜清洗、预冷、分选分级生产线建设的产后商品化处理中心3个和果蔬冷藏库10座，建设容量5400立方米，提高农产品初加工能力900吨。铺开信息进村入户工程，建成县级运营中心、228个益农信息社，选聘信息员228人，为农民提供农业公益服务、便民服务、电子商务、培训体验“四类服务”。

加快建设生态农业。打好农业农村污染治理攻坚战，巩固提升治理成效，实施农业绿色发展行动和地力提升工程，加强耕地土壤污染监测与管控。2019年，全县推广使用商品有机肥3334公顷、稻田秸秆还田1334公顷，种植绿肥2000公顷，测土配方施肥4.33万公顷，主要农作物测土配方施肥技术覆盖率达90%；绿色防控技术推广面积5.87万公顷次、农作物专业化统防统治推广服务面积3万公顷次、农药使用总量比减3.1%。

保障农产品质量安全。全县419家农业生产主体入驻省级追溯监管信息平台，其中有415家的生产主体完成了赋码8189批次，完成24.51万件农产品一品一码贴码销售工作。全县纳入平台监管的企业有299家(其中农药261家、兽药18家、肥料5家、种子15家)，实现全县范围内农资产品购、销、用可追溯，形成农药、兽药、肥料和种子信息化监管网络。

聚焦生态宜居，推动农村人居环境改善

加快村庄分类及规划编制。成立乡村规划编制委员会，编制工作方案，对辖区内各村按照“集聚提升类、城郊融合类、特色保护类、搬迁撤并类”等进行分类，全县完成228个建制村分类，同步推动村庄规划编制修订工作。

构建良好宜居环境。“厕所革命”完成79座镇村公厕建设、6618户农村户厕新建改造任务。农村生活垃圾整治行动，完善村庄垃圾治理常态机制，实现农村生活垃圾有效治理全覆盖和生活垃圾日产日清，生活垃圾收集率93%；新建3座乡镇生活垃圾转运设施，完善乡镇生活垃圾转运系统，无害化处理率95%以上。完成142个村庄生活污水整治，建设乡镇污水处理设施14个。结合沿海大通道裸房整治，以点带面抓好农房整治试点乡镇前亭镇全镇农房整治；结合铁路沿线整治有序推动8个农房整治试点村农房整治工作，投入2240.72万元，拆除违建乱搭5125平方米，裸房开工整治136栋，立面整治提升12栋，“平改坡”开工285栋，屋顶水箱整治344个，绿化美化花化1.56万平方米；推进17条镇区主要街道综合整治，投入3250万元对全县17个乡镇镇区一条主要街道整治，实现农房整治“镇镇有示范”。

打造良好乡村生态。以“绿盈乡村”创建为抓手，推动富有绿化、绿韵、绿态、绿魂的乡村生态振兴村建设，完成225个建制村的基本信息收集录入工作。创建绥安镇大埔村、长桥镇东升村、佛坛镇岱嵩村、湖西乡顶坛村、南浦乡后坑村、旧镇镇东厝村、赤湖镇前湖村7个高级版绿盈乡村。加快乡村农业绿色发展，秸秆综合利用率达96%以上、全县标准化规模养殖比重达到95%、畜禽粪污综合利用率达到98%以上。

聚焦乡风文明，推动乡村文化振兴

开展“晒家训，扬家风”活动，引导民风社风建设初现成效。开展家训征集活动，征集漳浦各姓氏祖训、现代家训、家风故事等，同时，广泛发动干部群众寻找家训、撰写家训、悬挂家训、传播家训、继承家训。各地利用宗祠、家庙建设一批家训馆、家风堂，使家训成为家风建设的重要法宝。

开展移风易俗结对共建活动，丰富乡村文化内涵。组织50多个文明单位与50多个文明村共建，健全“五定”“四带”“四捆绑”制度，“五定”即定共建规划、定共建协议、定挂村领导、定发展项目、定工作措施；“四带”即带着责任、带着感情、带着点子、带着项目；“四捆绑”即实行责任、工作、任务、目标捆绑。

开展“一镇(乡)一示范”活动，突出示范引领。为推进移风易俗在基层扎根，把移风易俗工作作为检验村级组织战斗力的重要内容，在各乡镇开展“一镇一示范”建设，通过树立典型和榜样，党员带头，干群联动，重点问题，重点整治，带动移风易俗工作开展。极力推广“做节不请客，不请客也不吃节”，过年过节期间，每个村不请客，也不接受其他村、社做年节的宴客邀请。全县推进移风易俗、弘扬文明新风取得了阶段性成果。

聚焦治理有效，推动乡村和谐发展

不断完善基层治理体系坚持“三长责任背书”“庭审重点攻坚”“涉黑涉恶案件相对集中管辖”等机制做法，全面提升依法依规办案水平，推进快侦、快

捕、快诉、快审、快判。持续深化平安乡村建设创建，推进乡村“雪亮工程”建设，创新城乡社区网格治理“2+N”模式，打通乡村治理最后一公里。截至2019年年底，全县群众安全感达98.17%，有11个乡镇群众安全感100%；执法满意率98.65%，15个乡镇达到100%；乡镇综治中心100%进行规范化建设，结案率达到100%；2019年，推行“一村一法律顾问”，开展线上法律服务850次，现场法律服务914次，撰写法律文书232篇；设立10个品牌人民调解工作室，2个县级金牌调解工作室，聘任专(兼)职行业性人民调解员68人，全县调处各类纠纷案件1053件，调处成功1049件，调处成功率达99.60%。

着力推动组织振兴。安排3500万元专项资金，采取“委托经营、固定利润分红、分类分配”的形式，将2019—2021年三年间每年所得利润分红330万元，逐年全额分配给48个“消薄”重点村(每村4元)、41个“消薄”难点村(每村3元)、16个“消薄”一般村(每村2万元)村及18个“领跑”试点村(每村10万元)。举办“五星、四星”村级党组织书记“擂台赛”，促进交流推介、取长补短；分批录制村党组织书记“微讲坛”，并通过电视、视频、微信等平台滚动播放，营造“班长”带头抓党建的浓厚氛围。坚持内外兼修、长短结合的培育方式，持续培育党建示范点。绥安镇大埔村党建“三引领”打造“中国最美休闲乡村”；长桥镇东升村党建兴村“四个一”提升农村人居环境；深土镇近院村党建“三个着眼”推动乡村振兴；赤湖镇北桥村激发党建活力打造“清新北桥”等，以点带面构建县域党建示范体系。

推进人才振兴。开展校企对接，组团外出招聘人才。县直单位联合组织用人单位到福建中医药大学公开招聘急需紧缺卫技人才，成功签约2名硕士研究生；组织7家重点企业赴四川大学、重庆大学、泉州师范学院参加校园专场招聘会及人才交流大会，重点着力引进人才，现场初步达成就业意向30人。推行科技特派员制度，县工信局组织42名科技人员与18个乡镇场的建制村、作业区、企业签订三方协议；向上申请配置省级科技特派员乡镇全覆盖，配套工作经费84万元；选聘16名台籍科技特派员，发挥台籍科技人员的技术优势、渠道优势、理念优势，帮助解决农业生产发展难题。

聚焦生活富裕，推动脱贫增收

落实就业、创业扶持。加大就业创业政策、惠企政策、人才政策宣传力度，促进城乡劳动者就业创业。发放创业扶持补贴、“985工程”高校全日制毕业生在漳就业创业补贴、小微企业创业带动就业补贴、企业吸纳就业困难人员社保补贴、企业稳岗补贴、一次性稳定就业岗位奖补等累计48.67万元。

切实解决劳动力就业。通过“政府搭台，企业唱戏”方式搭建有效的用工服务平台，为企业和求职者提供对接服务，举办“春风行动”、退役军人、精准扶贫、职业院校毕业生等16场现(专)场招聘会，有341家企业参会，提供2146个就业岗位，求职人数4386人，达成就业意向1126人。

扎实推进脱贫攻坚。广泛发动社会能人和企业参与扶贫活动，累计筹集社会资金1000多万元，对贫困户生产生活、教育医疗、意外保险等进行有效的资助，大大激发贫困户创业发展致富的信心。此外，由社会热心人士组成的大众公益联盟、微益联盟等社会公益组织，在全县开展慰问贫困户活动，形成全民参与、全民帮扶的脱贫攻坚浓厚氛围。紧盯贫困村集体收入短板，加大资金支持，指导贫困村整合扶贫资金500万元建立受益长效机制，分别建设光伏发电站、投资小水电站稳定收益项目，投资龙睿集团固定收益10%项目，确保每个贫困村经营性收入5万元以上，村财收入10万元以上。同时，探索“商会+贫困村”“村党支部+乡贤企业”等集体经济增长模式，发动北京、上海、深圳、泉州、厦门等5个漳浦异地商会分别挂钩5个贫困村，落实帮扶资金250万元，实施11个基础设施项目和5个村集体经济发展项目。

(县委乡村振兴办)

大事记

1月

8日　福建省台湾同胞联谊会会长江尔雄一行到漳浦县看望慰问困难台胞。

11日　漳浦县"车驾管社会服务站"正式启用。可就近为辖区群众提供更加便捷的简易事故交通受理、六年车辆免检受理、补换机动车检验合格标志等车驾管相关服务。

23日　漳浦县与阿里巴巴集团签署合作协议，在构建农村现代物流体系、电子商务人才培训体系等方面开展合作。

24日　漳浦县2019年文化科技卫生"三下乡"集中服务活动启动仪式在官浔镇举行。

2月

9日　福建省人大常委会副主任、漳州市委书记檀云坤，市长刘远带队到漳浦县开展工作调研。

11日　漳浦县在县人力资源市场举办为期1个星期的春季企业招聘现场会，51家企业提供岗位252个，提供就业人数1319人。

19日　漳浦县举办第八届开漳圣王巡安民俗活动。

20日　菲律宾漳厦龙同海总会、商会经贸考察团一行25人到漳浦县经贸考察。

21日　福建中医药大学国医专家到漳浦县开展义诊活动。

27日　福建省委统战部副部长翁雄宇、省民宗厅副厅长蓝秀珍到漳浦县工作调研。

3月

1日　河北省博野县委书记刘志刚带领博野考察团到漳浦县考察花卉苗木产业。

7日　安徽省六安市考察团一行在安徽省委常委、六安市委书记孙云飞带领下，到漳浦县考察现代农业产业。

12日　漳浦县与宁夏回族自治区海原县劳务协作培训班（第二批劳务协作暨劳务工作人员提升脱贫攻坚能力培训班）在天福科技学院开班。

12日　漳浦县成立党员干部身心健康咨询室。

13日　福建省财政厅巡视员孙婷婷带队到漳浦县，就惠台政策落实情况进行专题调研。

14日　福建省交通运输厅厅长黄祥谈一行到漳浦县开展码头建设工作调研。

15日　台盟福建省委副主任柯连妹一行到漳浦县台农企业调研。

16日　在阿联酋举办的有195个国家和地区7500多名运动员参加的第十五届世界夏季特殊奥林匹克运动会上，漳浦县运动员陈桂玲获田径女子100米和200米2枚金牌。

21日　漳浦县举行中国工农红军闽南独立第三团成立旧址重建开工奠基典礼。该项目规划总投资250万元，占地432平方米，建筑面积293平方米。红三团于1932年5月在漳浦县成立，旧址位于绥安镇马坑村。

23日　闽南功夫茶研究会在漳浦天福服务区揭牌成立。

24日　闽南佛教文化交流促进会成立大会在漳浦县举行。

28日　台湾中华道教古公三王弘道协会张明华董事长带领古公三王庙230人到湖西乡古公三王庙谒祖进香和过火仪式。

28日　福建地区连锁业校企合作座谈会在漳州科技学院举行。合作座谈会由中国连锁经营协会主办，来自永辉超市、大润发等15家连锁企业及闽南师范大学、福建农业职业技术学院等12所高校代表参加。

29日　漳浦县汽车中心站大楼落成投用，汽车中心站按一级汽车客运站设计，占地面积3.86万平方米，建筑面积2.67万平方米。

同月　国家民委港澳台办副主任蓝海滨到漳浦县，调研“三月三”畲族文化节筹备工作，省民宗厅副厅长蓝秀珍参加。

4月

7日　中华一家亲•2019海峡两岸各民族欢度“三月三”节暨福建省第八届“三月三”畲族文化节•第十二届海峡两岸少数民族丰收节在漳浦县举行。国家民委副主任郭卫平，福建省委常委、统战部部长邢善萍，福建省人大常委会党组副书记、副主任雷春美，省人民政府副省长郑建闽、省政协副主席阮诗玮、中央统战部二局三处处长倪智泉、全国台联副会长许沛、中华两岸少数民族知识经济交流协会理事长廖国栋及漳州市、漳浦县领导等出席开幕式，与来自海峡两岸的上千名少数民族同胞共同欢庆节日。

8日　海峡两岸少数民族交流座谈会在漳浦县召开，国家民委港澳台办副主任蓝海滨、福建省委统战部副部长翁雄宇、福建省民宗厅副厅长蓝秀珍出席会议。台湾盘氏、蓝氏宗亲，漳浦、福鼎、连江、上杭等4个海峡两岸少数民族交流与合作基地负责人参加座谈会。

9日　司法部社区矫正局局长姜爱东一行到漳浦县调研社区矫正工作。

10日　福建省政协副主席王惠敏一行到漳浦县调研台创园建设与发展情况。

11日　福建省广播电视局党组书记、局长李强一行到漳浦县调研融媒体中心建设情况。

12日　漳浦籍印尼爱国侨领王加禄事迹图片展在漳州图书馆开展。

15日　福建省人大常委会副主任吴洪芹带领有关部门负责人到漳浦县调研革命老区建设工作。

18日　由中信重工机械、铂奥特集团、福建能源集团等企业组成的考察团，到漳浦县考察投资环境，寻求合作项目。

18日　漳浦县在黄道周公园举行第十一届“全民饮茶日”暨“金浦茶会”活动。

19日　漳浦县组团参加在厦门国际会展中心举办的第十五届海峡旅游博览会及2019年第五届中国（厦门）国际休闲旅游博览会。

27日　以“相约河豚村 共筑海洋梦”为主题的漳浦县首届河豚文化节暨河豚产业人才论坛在佛昙镇东坂村松江书院开幕。

29日　宁夏回族自治区副主席、固原市市长马汉成率领固原市考察团到漳浦县开展考察活动。

同月　漳州市2018年“三抓三比、十项竞赛”活动综合评比揭晓，漳浦县评比总分蝉联全市各县市区第一名。

5月

1日　漳江湾特大桥及其连接线全线贯通。工程全长6.30千米，起点于漳浦县沙西镇埔里村，终点位于云霄县东厦镇郊洋村，其中漳江湾特大桥全长3554米，按一级公路标准建设，路基宽32米，为双向六车道沥青混凝土路面，设计时速80千米／小时，是漳州市首座跨海大桥。通车后，漳浦县沙西镇埔里村至云霄县东厦镇郊洋村两地海线车程由原来40分钟缩短至8分钟。

8日　漳州市委、市政府下发《关于古雷港经济开发区体制机制改革创新的意见》，漳浦县古雷、霞美、杜浔、沙西4个镇成建制委托古雷港经济开发区管理，实行“区地合一”的委托管理体制。

8日　由福建天马科技集团、中国水产流通与加工协会石斑鱼分会、福建省水产技术推广总站联合主办的天马科技•2019中国石斑鱼（国鱼）产业发展论坛在漳浦县举行。中国水产流通与加工协会石斑鱼分会副会长隋广胜、福建省水产技术推广总站高级工程师吴斌等200多名业内知名专家、学者及石斑鱼主要产区的养殖户代表出席活动。

14日　由漳浦县人民政府主办的第四届全国“万步有约”健走激励大赛漳浦赛区启动仪式在金浦大桥举行。来自县直各机关单位的40支参赛队600多人参加活动。

15日　总投资15亿元的长德商贸城正式开业。商贸城总建筑面积35万平方米，是一座集专业市场、商业贸易、电子信息、电子商务、仓储物流和休闲娱乐于一体的现代商贸物流城。

16日　福建省政协副秘书长、民革福建省委员会专职副主委董良瀚带队到漳浦县，开展“加快渔港经济区建设，助推福建海洋经济高质量发展”专题调研。

17日　中国台湾桃园市保障民俗文化推进会主委张瑞雄、魏进益、吴冠希率会员宜兰县南方澳进安宫、新竹市竹堑真后妈祖会等宫庙理事信众代表326人到旧镇乌石天后宫、威惠庙参访进香。

21日　菲律宾长和郎君社到漳浦县开展南音文化交流活动。

同月　县委常委、宣传部部长林苏洪带领漳浦县考察团到宁夏回族自治区海原县考察结对扶贫协作工作。

同月　漳浦同溢堂药业有限公司“同溢堂”获“中国驰名商标”认定，为漳浦县第五枚驰名商标。

6月

1—2日　由漳州市体育局、漳浦县人民政府共同主办的福建省全民健身运动会（漳浦赛区）暨“欧唐杯”2019年第二届海峡两岸游泳邀请赛在漳浦县举行，来自福建、广东、浙江、江西、香港、澳门、台湾等地的36支游泳队近400名运动员参加。

3日　天福集团和金门酒厂在漳州科技学院举行战略合作签约仪式，两家企业协定共同开发喜宴金门高粱酒、黄龙金门高粱酒等6款酒品，首笔订单6.90万瓶。

4日　漳浦县举行第二季度项目集中签约仪式，项目8个，总投资113.90亿元，涉及古镇文旅、创业园、混凝土方桩生产、皮革、养老产业园、科技有机肥、药业等产业。其中，民企项目7个，总投资110.90亿元；外企项目1个，总投资3亿元。

5日　四川省泸州市政协党组成员、副主席李锋带领县域经济调研组到漳浦县调研现代农业。

6日　住建部、文化和旅游部、国家文物局、财政部、自然资源部、农业农村部发布《第五批中国传统村落名录》，漳浦县官浔镇红霞村、深土镇山尾村、六鳌镇鳌西村名列其中。

13日　海峡两岸新型农民茶业培训班在漳浦台湾农民创业园培训基地开班，来自漳浦、平和、南靖、华安等茶叶主产县、在漳州的台资茶业企业及从事茶文化推广企业的代表71人参加。

14日　以“绿色食品•融合发展”为主题的第十一届海峡论坛•第六届海峡（漳州）茶会在漳浦马口东南花都花博园开幕，来自海峡两岸的专家学者、茶界精英、茶企、茶农参加。茶会设置8个展区，展览面积5000平方米，汇集乌龙茶、白茶、黑茶、绿茶、红茶等及新疆、西藏、宁夏等地企业带来的特色养生茶；漳浦县10多家茶企、茶食品企业参展。

17日　来自中国台湾桃园市的36名台胞到佛昙镇杨氏大宗祠开展续缘之旅，进行族谱对接、宗姓联谊。

20日　十二届全国人大常委会副委员长、两岸企业家峰会副理事长张平到漳浦县调研。峰会综合合作交流推进小组副召集人比美家、能源及环保节能产业合作小组副召集人赵小平，峰会副秘书长王宪、张金铸，福建省人大常委会原副主任庄先、省台港澳办副主任郑一贤等参加相关活动。

25日　福建省人大常委会委员、农业农村工委主任委员陈则生一行到漳浦县开展渔业法和福建省实施办法执法检查。

29日　第六届漳浦（乌石）荔枝采摘节在旧镇乌石妈祖旅游区广场开幕。

7月

2日　交通运输部副部长戴东昌带领调研组一行到漳浦县调研“四好农村路”建设，福建省交通运输厅厅长黄祥谈及漳州市、漳浦县相关领导陪同调研。

10日　福建省人大常委会财经工委主任梁晋阳一行到绥安镇人大代表联系群众活动室，开展走进“代表联系群众活动室”活动。

10日　福建省政协原副主席、海峡两岸茶业交流协会会长陈绍军一行到漳浦调研茶产业。

11日　2019年漳浦县乡村旅游文化节暨首届“六鳌地瓜”丰收节在六鳌镇举行。

14—22日　2019“亲情中华杯”全国少年足球邀请赛在漳浦

县举行。来自8个省、市的14支代表队256名运动员参加。邀请赛由中国华侨国际文化交流促进会、福建省侨联主办，漳浦县人民政府承办。中国侨联文化交流部部长刘奇、北京市足球运动协会常务副主席兼秘书长刘军、西班牙北京同乡会会长邵诚，中国青年队、中国少年队原主教练郭瑞龙，中国国家女子足球队原队长刘爱玲等参加相关活动。江苏省南通市北城小学代表队获冠军队。

19日　福建省人民政府副省长郭宁宁到漳浦县调研台资企业。

25日　经福建省爱卫会组织的国家卫生县城评估评审组评估评审认定，漳浦县创建国家级卫生县城工作通过省级评估评审。

8月

8日　漳浦县在县城西湖公园南大门广场举行全国第十一个"全民健身日"系列活动启动仪式。

15日　福建省老区建设促进会调研组在常务副会长罗万荷带领下，到漳浦县调研革命老区乡村特色产业发展情况。

22日　由福建省人大常委会委员、侨(台)工委主任陈雄带队的省人大常委会执法调研组到漳浦县，开展《福建省促进闽台农业合作条例》贯彻实施情况调研活动。

23日　福建省自然资源厅厅长叶敏一行到漳浦县调研指导矿山复绿工作。

9月

1日　由福建省人大社会建设委员会和农工党福建省委会指导，厦门南普陀寺慈善会与厦门南普陀中医院承办的"不忘初心，牢记使命——助力革命老区扶贫义诊"漳州地区启动仪式在漳浦县中医院举行。福建省人大常委会副主任邓力平，全国人大代表、中国佛教协会副会长则悟，福建省人大社会建设委主任委员张立先，漳州市人民政府市长刘远，漳浦县委书记戴平忠，县人大常委会主任刘达文，县人民政府县长黄庆华等出席启动仪式。

3日　福建省人民政府副省长李德金带领省直相关部门负责人到漳浦县调研矿山复绿工作。

3日　闽宁协作海原名特优农产品展销中心在漳浦县挂牌开业。

5日　福建省委政策研究室副主任卢沛伦带领调研组一行到漳浦县调研台企推进惠台政策落实情况。

18日　由商务部主办的2019年"一带一路"国家茶文化与茶产业发展官员研修班开班仪式在漳州科技学院举行，来自8个国家的38名官员参加研修，商务部驻福州副特派员赵平出席开班仪式。

26日　宁夏回族自治区海原县考察团在宁夏中卫市委常委、海原县委书记徐海宁带领下，到漳浦县开展互学互助扶贫协作工作。

27日　全国民族团结进步表彰大会在北京举行，赤岭畲族乡获评全国民族团结进步模范集体。

29日　农业农村部办公厅台湾处处长张国庆、农民日报国际部(港澳台部)主任彭瑶、中央电视台农业农村频道《乡村剧场》栏目制片人刘雁虹、省农业农村厅对外合作处处长张敏岩一行，到漳浦县开展工作调研。

10月

4日　黄道周讲学处被公布为第八批全国重点文物保护单位。

13－15日，第九届国际茶文化研讨会暨2019年国际茶学教育论坛在漳州科技学院举行。来自美国、韩国、意大利、埃及等国，及中国大陆和台湾地区的专家学者参加活动。

16日　来自美国、英国、澳大利亚、加拿大等12个国家和地区的20多家海外华文媒体"行走中国•海外华文媒体漳州行"参访团一行到漳浦县开展参观采访活动。

18日　福建省政府发展研究中心主任陈秋平带队到漳浦县，开展闽台文化交流工作调研。

19日　漳浦县新的社会阶层人士联谊会成立。

22日　农业银行福建省分行"深化闽台农业融合发展金融服务——筑梦'第一家园'我们在行动"发布活动在漳浦县举行，福建省人民政府副省长郭宁宁、中国农业银行副行长湛东升出席活动。

31日　国家统计局人口和就业司副司长黄红艳一行到漳浦县调研2019人口变动抽样调查工作。

11月

1日　漳州市交通运输系统党建引领“四好农村路”建设现场观摩交流会在漳浦县召开。

7日　“2019全国重点网络媒体漳州行大型采访活动”采访团一行到漳浦县开展采风活动。

8日　2019年“一带一路”沿线国家无公害茶叶生产技术培训班和2019年斯里兰卡茶叶生产技术培训班在漳州科技学院开班，来自“一带一路”沿线的埃及、格鲁吉亚、肯尼亚等8个国家的59名官员学者参加培训。

11日　西藏自治区边坝县委副书记、县长夏冰带领党政代表团在到漳浦县开展考察交流活动。其间，漳浦县与其签订对口支援工作签约书。

13日　漳浦县朝阳水库PPP项目《投资合作协议》在北京市签约，漳浦县人民政府县长黄庆华、副县长郑世然参加签约仪式。

17日　福建省林业局局长陈照瑜一行到漳浦县调研指导矿山复绿工作。

18日　第十一届海峡两岸农博会•第二十一届海峡两岸花博会在漳浦县马口花博园开幕。

22日　2019年漳浦县企业家人才专题研修班在漳浦县委党校开班，县委常委、组织部部长沈顺来出席开班仪式。

24日　2019年“天福杯”海峡两岸名茶邀请赛颁奖典礼在漳州科技学院举行。来自海峡两岸近千名茶农选送参赛茶样4673个，其中台湾参赛茶样682个。大赛评出名茶类的一、二、三名各1个及优质奖若干个，奖牌数共215个。

25日　漳浦县举办宁夏海原县深度贫困村脱贫攻坚能力提升培训班，来自海原县31名深度贫困村支部书记、村委会主任参加。

27日　福建省生态环境厅副厅长虞平和带队到漳浦县开展中央生态环保督察案件整改情况和乡村振兴战略工作暨推进“绿色乡村”建设工作调研。

同月　福建省体育局副巡视员侯玉珠带队到漳浦县调研体育发展情况。

12月

11日　中央党校2019拉美国家公务员公共行政管理研修班(第二期)11个拉美国家的32名司处级官员、与阿根廷公共管理研修班20名中高级公务员一行到漳浦县参观考察。

11日　福建省海洋与渔业局局长林锡能带队到漳浦县调研海洋渔业工作。

17日　来自澳洲及巴西华侨青年的——寻根之旅冬令营在漳州科技学院开营。

21日　2019第二届海峡两岸海钓基地交流赛在漳浦县举办，来自金门、厦门、漳浦的海钓爱好者参加活动。

24日　绥安镇人埔村被中央农村工作领导小组办公室、中央宣传部、农业农村部、民政部、司法部评为“全国乡村治理示范村”。

24—26日　政协第十四届漳浦县委员会第四次会议在绥城召开。

25—27日　漳浦县第十七届人民代表大会第四次会议在绥城召开，参加大会的代表286人。

26日　经漳州市旅游景区等级评定委员会评定，位于漳浦县六鳌半岛的龙美湾旅游区被评为国家AAA级旅游景区。

31日　中央台办、国台办副主任刘军川到漳浦县，走访看望在漳浦投资置业的台商。

县情概览

· 自然地理 ·

【地理位置】 漳浦县位于福建省南部沿海，漳州市东南部，介于北纬 23° 36′ ～24° 21′，东经 117° 24′ ～118° 01′。东及东南濒台湾海峡，南偏西与东山县隔海相望，西南与云霄县相连，西及西北与平和县毗邻，北及东北与龙海市接壤。全境东西最宽距离 62.80 千米，南北最宽距离 71 千米。县域总面积 2146.22 平方千米（航拍）。海岸线长 216 千米（航拍 267 千米）；凸出部形成整美、六鳌、古雷 3 个半岛，凹岸形成东山（古雷）湾、浮头湾、将军澳、佛昙湾、后蔡湾等垵澳。

【地形地貌】 漳浦县境属博平岭山脉的延伸，在鹿溪上游河谷分野，分为梁山山脉和石屏山脉，派分出灶山山脉。梁山山脉绵亘于县境西南 150 多千米，西半部是漳浦与云霄两县的界山，东半部为县境中部盆地与南区沿海的分水岭。梁山山脉多山峰，有“梁山九十九峰”之说，主要有洞仔尖、雀目山、狮石尖、金刚山、莲花峰等。石屏山山脉绵亘于县境西北部，其极顶海拔 1006 米，是漳浦县境内的最高峰；石屏山山脉崇高险峻，海拔 800 米以上的山峰有 7 座，900 米以上的有 5 座，主要有石屏峰、玳瑁山、五牙山、摩顶山、海云山等。灶山山脉是石屏山支脉溪坂五牙山－长桥横内山从县境中部腹地向沿海的延伸，山脉的南北两侧形成赤土、湖西两个盆地。主要山脉：胶丢尾山、乌龟山、朝天马山、灶山、南峰等。县域地势由西北向东南倾斜，各山脉之间为大小不同的平原、盆地，其间夹有许多丘陵。

【水文】 漳浦县境内主要溪流有鹿溪、南溪、浯江溪、赤湖溪、佛昙溪、杜浔溪，六条溪流各成水系，主河道总长 204.88 千米，流域面积 1460.4 平方千米。河网（含 13 条一级支流）密度 0.19 千米／平方千米，年平均径流量 13.88 亿立方米，年排涝量 16.83 亿立方米，年最大排涝量 23.33 亿立方米。鹿溪是境内最长的溪，源自平和侯门，入县域后，纳盘龙溪、胜利溪、东山溪、盘陀溪、马坑溪、查岭溪、罗山溪、万安溪、后井溪，至旧镇镇城内村入东海，主河道 57 千米，境内长 43.9 千米，流域面积 631.9 平方千米，年均径流量 5.95 亿立方米，平均流量 15.33 立方米／秒。境内有西湖、鉴湖两个淡水湖，水域面积 5.55 平方千米。全县有水库 89 座，其中中型 8 座，小（1）型 20 座，小（2）型 61 座，总库容 25154.7 万立方米，集雨面积 362.02 平方千米。水库年可供水 2.3 亿立方米，有效灌溉面积 133 平方千米。

【气候】 漳浦县属南亚热带海洋性季风气候。2019 年，年平均气温 22.0℃，比历年平均偏高 0.7℃，属显著偏高。年≥35℃高温日数 18 天，年极端最高气温 37.7℃（2 天），出现在 8 月 9 日、10 日。10 月 2 日，县气象站最高气温 36.8℃，破历史同月最高值 35.3℃；年极端最低气温 4.6℃，出现在 12 月 8 日，10 月 20 日出现“23 型”、11 月 26 日出现“20 型”寒露风。无倒春寒和“五月寒”天气。10 月最高气温创历史同期新高。年降雨量 1451.20 毫米，比历年平均偏少 153.70 毫米约 10%，属正常。全年降雨日数 161

天，>=0.1 的日数 127 天。年日照时数 1916.4 小时，比历年平均偏多 91 小时，属正常。年日照百分率 43%。播期平均气温 17.5℃，比历年平均高 1.3℃，总雨量 301.1 毫米，比历年平均约偏多 108.3 毫米约 56%，降水主要集中在 3 月上旬。总日照时数 165.7 小时，比历年偏多 9.1 小时约 6%。汛期（4—9 月）总降水量 1043.7 毫米，与历年同期偏少 208 毫米 17%，其中前汛期（梅雨季 4—6 月）降水量 680.5 毫米，比历年平均偏少 27.9 毫米约 4%，后汛期（台风季 7—9 月）降水量 363.2 毫米，比历年同期偏少 235.9 毫米 39%。台风季有 4 次台风影响漳浦县，影响程度较轻，降水量 363.2 毫米，比历年同期偏少 235.9 毫米 39%。2019 年，漳浦县平均温度比历年平均偏高，降水偏少，日照偏多，台风影响偏弱，出现秋冬旱天气，气候年景较差。

【矿藏】 漳浦县境内已探明矿产有 23 种，其中金属矿有铁矿、铅锌矿、铝土矿、钨锡矿等 6 种。铝土矿储量 81.9 万吨（已开采 36.235 万吨），钨矿储量 602 吨、锡矿 112 吨。非金属矿有砂矿、花岗岩、玄武岩、辉绿岩、高岭土、陶瓷土、硅藻土、石英等。其中，玻璃砂储量两亿吨以上，铸型用砂 1.27 亿吨，水泥用标准砂 94.69 万吨，硅藻土储量 198.7 万吨，高岭土储量 500 万吨，饰面用花岗岩 2.15 亿立方米以上，饰面用辉绿岩 500 万立方米，陶瓷土 101.9 万吨，建筑用花岗岩资源达 5 亿立方米以上。地下淡水常年储量 2.6 亿立方米，每年利用 0.8 亿立方米；地下热水有石榴象牙、东山村温泉，盘陀雀埔温泉，沙西院前，土楼埔头温泉，均已局部开发建温泉浴室；另有旧镇狮头海水温泉，一个钻孔自喷涌水量 1000 立方米 / 日以上，孔口水温 52℃。

· 人文地理 ·

【建置沿革】 漳浦县秦前属七闽地。秦并入版图属闽中郡。汉部分属东冶县，部分属南海郡。晋义熙九年（413 年）置绥安县，属义安郡。隋大业三年（607 年），并入建安郡的龙溪县。唐武德元年（618 年），属领南道建州龙溪县。唐武德五年（622 年），属江南道丰州龙溪县。唐贞观元年（627 年），属岭南道泉州龙溪县。唐垂拱二年（686 年），置岭南道漳州，漳浦属漳州。五代后梁开平三年（909 年），属闽王国漳州。南唐保大四年（946 年），改漳州为南州，属南州。宋乾德四年（966 年），复南州为漳州，属漳州。元至元十六年（1279 年），改漳州为漳州路，属福州行中书省漳州路。明洪武元年（1368 年），改漳州路为漳州府，属漳州府。清代，均属漳州府。民国元年（1912 年），属福建省漳州府。民国 2 年（1913 年），废除府州制度，福建设东、西、南、北四路，属南路。民国 3 年（1914 年），改设闽海、厦门、汀漳、建安四道，属汀漳道。民国 23 年（1934 年），全省设 10 个行政督察区，属第六行政督察区。民国 24 年（1935 年），全省设七个行政督察区，属第五行政督察区。

1949 年 9 月，漳浦县解放，属福建省第六行政专区。1950 年 4 月，第六行政专区改称漳州行政督察区，属漳州行政督察区；同年 8 月，漳州行政督察区改为龙溪地区，属龙溪地区。1955 年 3 月，龙溪地区改为龙溪专区，属龙溪专区。1985 年 6 月，龙溪专区改称漳州市，属漳州市至 2009 年不变。

【行政区划】 宋乾德四年（966 年），漳浦县城区设坊，城区外设乡。元至元十六年（1279 年），县域设一坊三乡。明洪武元年（1368 年），县域设坊、都、图，有一坊 13 都 76 图。清初，县域设坊、都、保，有一坊九都 175 保；嘉庆三年（1798 年），县域有一坊九都 135 保。民国 23 年（1934 年），推行保甲制度，县域设 306 保，编为 50 个联保。民国 29 年（1940 年），联保改为乡镇，编为 30 个乡镇 301 保。

1949 年 9 月，漳浦县解放，设立 7 个区，后增设至 12 个区，分辖 6 个镇，135 个乡。1958 年 9 月后，撤销区（乡镇）建制，成立 10 个人民公社；之后，分设为 26 个人民公社，再合并为 17 个人民公社。1984 年 9 月后，人民公社改为乡（镇），原生产大队改为行政村（建制村），全县共有 3 个镇，18 个乡。1988 年 5 月起，漳浦县陆续撤乡改镇。至 2018 年，全县有绥安、旧镇、霞美、杜浔、沙西、古雷、六鳌、深土、赤湖、佛昙、前亭、马坪、官浔、长桥、石榴、盘陀、大南坂17个镇，南浦、赤土2个乡，湖西畲族乡、赤岭畲族乡2个少数民族乡，共21个乡镇。2019年5月，古雷、霞美、杜浔、沙西4个乡镇成建制委托古雷港经济开发区管理。

【人口】 2019年年末，漳浦县人口为240323户、944319人，其中，男性485599人、女性458720人，城镇人口485465人、乡村人口458854人。全年办理户口迁入3791人、迁出9201人，办理出生入户14067人（男性7244人，女性6823人），办理户口注销4573人，解决重复户口注销81人，解决因历史原因造成无户口人员的入户申请48人。登记暂住人口43430人，其中务工28355人、务农455人、经商454人、服务1人、因公出差4人、借读培训22人、治病疗养38人、保姆2人、投靠亲友2人、探亲访友322人、其他13775人。

【文物古迹】 漳浦县是漳州市置县时间最早的县份，1300多年的历史积淀，为漳浦县留下一批文物古迹。其中，全国重点文物保护单位的6个。

赵家堡　赵家堡位于湖西畲族乡硕高山下，系宋朝皇室后裔闽冲郡王赵若和的第九世孙、进士赵范于明万历二十八年（1600年）始建；第十世孙赵义续建而成的一座仿宋朝建筑建造的城堡。是世界上独有的一个灭国王族聚族而居数百载的古城堡。赵家堡由内城和外城组成。内城主体建筑完璧楼，取“完璧归赵”之意；外城主体建筑是四座五进并列的同式建筑赵范府第（俗称官厅），辟有荷花池、汴派桥、辑卿小院、聚佛宝塔、墨池、禹碑、三堂和武庙等八大景观。赵家堡有“国之瑰宝”之美誉，被载入《中国旅游名胜大辞典》；是10个“漳州市城市名片”之一，也是10个“福建最美的乡村”之一。2001年6月，被公布为第五批全国重点文物保护单位。

诒安堡　俗称湖西城，位于湖西畲族乡城内村，系清康熙二十六年（1687年）由曾任广西按察使、湖南布政使和太常寺卿的黄性震为家族抵御寇患而捐资兴建，是一座全国罕见、保存最完好的清代典型闽南民居古城堡。诒安堡平面为锁形，城墙周长1200米；城内有95座民宅和黄氏大小宗祠各一座。诒安堡是闽南一带珍贵的人文古迹，被载入《中国旅游名胜大辞典》。2001年6月被公布为第五批全国重点文物保护单位，与赵家城、新城（蓝廷珍府第）统称为“湖西五里三城”。

漳浦文庙　漳浦文庙位于县城区龙湖中路与金浦大道交叉口，始建于南宋庆元四年（1198年），重建于明洪武二年（1369年），之后，明成化、清康熙、民国年间均做过修缮。2006年5月，漳浦文庙大成殿被公布为第六批全国重点文物保护单位。2013年，重修文庙大成殿，并根据县志记载，在原址复建棂星门、大成门、文昌宫、道义门、明伦堂等建筑，2014年5月开工重建，2017年9月23日竣工，占地1.33万平方米，建筑面积2500平方米，工程投资5000万元。重修后的漳浦文庙，是福建省规格较高、规制完整的县级文庙之一。

锦江楼　锦江楼位于深土镇锦东村，是一座防盗防匪防地震的闽南沿海古民居土楼。楼分内、中、外三圈，三层内通廊式土圆楼。内圈楼于清乾隆五十六年（1791年），由江头村林生泽建，中圈楼及外圈护厝由其妻李灿于清嘉庆八年（1803年）续建，迄今200多年。全楼有房间120多间，鼎盛时期曾居住400多人。锦江楼以其多圈建筑而独具一格，电影故事片《欢乐英雄》《阴阳界》中的许多镜头曾在该楼拍摄。2006年5月被公布为第六批全国重点文物保护单位。

蓝廷珍府第　蓝廷珍府第位于湖西畲族乡顶坛村新城自然村，是清康熙、雍正年间历任澎湖副将、南澳总兵、福建水师提督的蓝廷珍，于康熙末年间在家乡动工修建，雍正五年（1727年）落成的府第式城堡。府第建筑群呈纵向五落对称分布，沿中轴线依次为门厅、正堂、后堂、主楼与后厢。府第规模宏大，布局对称，构思巧妙，工艺手段多样，是闽南地区官家府第的杰作。府第内建造土楼，形成院城格局，在闽南民居中甚为罕见，是蓝廷珍府第独特之处。2013年3月，蓝廷珍府第被公布为第七批全国重点文物保护单位。

黄道周讲学处　位于县城东郊石斋村，系明代大儒黄道周故居。黄道周25岁居此施教，称“东皋书舍”，后扩建成四合院，改称“明诚堂”，南明隆武朝赐“文明书院”，1961年辟为纪念馆。是典型的明代闽南古民居建筑。馆内以丰富的图片和翔实的文字，展示黄道周一生的贡献和生平事迹。馆中存有天地盘，是黄道周释天论地、研究和讲授易学数理的仪器，其中的奥秘至今无人能破解，为稀世罕见的科技史信物，被载入《中国旅游名胜大辞典》。2019年10月，黄道周讲学处被公布为第八批全国重点文物保护单位。

【旅游胜地】　漳浦县依山傍水，大自然的造化，使漳浦县山清水秀，风光旖旎，引人入胜，其中国家AAAA级旅游景区有5个。

漳州滨海火山国家地质公园　位于前亭镇至前湖湾滨海一带，是国土资源部批准的首批全国11个国家地质公园之一。2004年10月1日正式开园，景区由一山（香山）、二岛（林进屿和南碇岛）、三湾（崎沙湾、江口湾和后蔡湾）组成，是一处典型的第三纪火山地质地貌，主要地质遗迹：柱状玄武岩、古火山口、火山喷气口群和玄武岩西瓜皮构造等4种。滨海火山国家地质公园是全国唯一规模最大、保存最完整、特色最突出的滨海火山地质遗迹，属世界罕见，被省政府列入福建十大旅游品牌。2005年，被《中国国家地理》杂志社评选为“中国最美的十大海岛”之一。2007年，被国家旅游局评为国家AAAA级旅游景区。

东南花都　位于官浔镇马口，国道324线边，是一个集花卉生产、销售、展示、出口、旅游观光、休闲度假、会议培训、科普教育、健身娱乐于一体的综合性旅游度假区。其前身是1995年9月成立的“花博园”，2003年7月，由漳龙公司接管扩建成“东南花都”，辖3个全资子公司，其中“闽南花卉”主营花卉盆景，“阳光山庄”和“策士溪乡村俱乐部”主营游客食宿接待。东南花是每年一次的“海峡两岸（福建•漳州）花卉博览会”的举办地，以花为媒，是海峡两岸农业科技与经贸合作示范基地，闽台风俗文化互动的平台。景区依山傍水，群花锦簇，生机盎然，四季花香横溢，是一个集花展会务、休闲度假、生态观光、户外拓展训练的多功能综合生态旅游区。2005年，被国家旅游局评为国家AAAA级旅游景区。2006年被授予全国农业旅游示范点。

天福茶博物院　位于盘陀镇，国道324线边，距县城8千米，2002年1月建成开院，是世界上最大的茶博物院。景区内设主展馆、中国茶道教室、日本茶道馆和书画馆四大展馆，还有薪火相传、茗风石刻、明湖垂影、茂林修竹、唐山瀑布、武人茶苑、兰亭曲水、天宫赐福等八大景观。整个茶博物院布局精巧紧凑，立意独具匠心，环境舒心高雅，文化氛围浓厚，是一处善缔茶缘、感受茶情、传播茶文化以及休闲购物的高品位旅游区。2003年3月，被国家旅游局评为国家AAAA级旅游景区。2005年9月，被授予首批全国农业旅游示范点。

唐山过台湾石雕园　位于沈海高速公路漳浦段天福服务区，距县城25千米。景区由高速公路服务区、石雕园、观光茶园和皮定均将军纪念园4部分组成。石雕园主要景观有春潭探幽、夏涧鸣泉、枫林秋韵、曲桥冬雨、闽台民俗馆、石雕园和皮定均将军纪念园、葛洪纪念馆、油茶坊等。景区自然生态与闽台文化兼容并蓄，以石雕形式描述了海峡两岸人民血缘相通、文缘相承、俗缘相近、神缘相似、茶缘相同的渊源关系。2005年9月，被授为首批全国农业旅游示范点。2014年12月，被国家旅游局评为国家AAAA级旅游景区。

翡翠湾滨海度假区　位于六鳌镇鳌西村，是集滨海浴场、沙滩娱乐、沙雕艺术、冰雪娱乐、神兽观赏、风电奇观、海景酒店、特色餐饮服务为一体的滨海生态旅游休闲度假区。翡翠湾素有中国的佛罗里达海岸之称，是中国大陆架最美的海滩之一，这里有迷人的翡翠湾沙滩、天然浴场、帐篷区烧烤区、排球场，更有珍稀神兽草泥马（羊驼）、澳大利亚国鸟鸸鹋，是户外休闲度假和商务旅游会议的天堂。2015年9月，被国家旅游局评为国家AAAA级旅游景区。

·经济社会发展·

【概况】 2019年，漳浦县实现地区生产总值520.3亿元(含古雷经济开发区，下同)，比上年增长7.2%。其中，第一产业83.68亿元，比上年增长3.9%；第二产业188.57亿元，比上年增长5.2%；第三产业204.55，比上年增长9.9%。一般公共预算总收入27.23亿元，比上年增长4.2%；地方一般公共预算收入26.01亿元，比上年下降22.2%。公共财政预算支出57.05亿元，比上年增长15.5%。

【农业】 2019年，漳浦县农林牧渔业总产值152.72亿元，比上年增长3.9%。其中，农业产值49.49亿元，林业产值4.01亿元，牧业产值18.51亿元，渔业产值75.67亿元，农林牧渔服务业产值5.04亿元。实现农林牧渔业增加值86.37亿元，比上年增长10.08%。

【工业】 2019年，漳浦县共有规模以上工业企业262家，完成工业总产值697.28亿元，比上年增长10.9%。其中，采矿业2家，工业总产值0.41亿元，制造业253家，工业总产值692.62亿元，电力、热力、燃气及水生产和供应业7家，工业总产值4.25亿元。

【固定资产投资】 2019年，漳浦县固定资产投资390亿元，比上年增长15.2%。其中，房地产开发投资62.86亿元，按构成分：建安工程投资33.61亿元，比上年增长61.37%；建筑工程投资31.98亿元，比上年增长72.92%；安装工程投资1.62亿元，比上年减少29.59%；设备工器具购置1.03亿元，比上年增长1201%；其他费用29.12亿元，比上年减少5.7%。按工程用途分：住宅投资57.66亿元，比上年增长25.47%；办公楼投资0.92亿元，比上年减少19.1%；商业营业用房投资2.74亿元，比上年减少8.46%；其他投资3.27亿元，比上年增加19.96%。

【国内贸易】 2019年，漳浦县社会消费品零售总额146.72亿元，比上年增长12.3%。其中，限上社会消费品零售总额67.24亿元。

【对外及对港澳台经济】 2019年，漳浦县共签约4个外商及港澳台商投资项目，投资总额1.60亿元。外贸出口总额为42.45亿元，比上年减少13.74%；进口总额17.80亿元，比上年减少4.56%。

【交通与邮电】 2019年，漳浦县有公路里程1695公里，固定电话用户118587户，移动电话用户783139人，互联网宽带接入用户219892户。邮政业务总量7710.43万元。

【旅游】 2019年，漳浦县接待旅游总人数605.87万人次，比上年增长13.6%，实现旅游收入75.43亿元，比上年增长24.2%。至年底，有国家AAAA级旅游景区5个，国家AAA级旅游景区1个；国家五星级旅游饭店1家，国家四星级旅游饭店1家；旅行社分社2家，旅行社服务网点24家。

【金融】 2019年年末，漳浦县有银行业金融机构18家。全县金融机构人民币存款年末余额357.13亿元，比上年增长6.7%；金融机构人民币贷款年末余额296.59亿元，比上年增长15.8%；金融机构人民币储蓄存款年末余额217.91亿元，比上年增长11.6%。

【教育】 2019年，漳浦县有各类学校570所，其中学前教育376所，小学147所，初中32所，高中11所，特殊教育1所，职业教育1所，电大1所，进修学校1所。有在校生151687人，招生41729人。其中，学前教育在校生40554人，招生14734人；小学66559人，招生12565人；初中28115人，招生9932人；高中12589人，招生4239人；特殊教育423人，招生28人；职业教育1966人，招生725人。有专任教师8809人，其中公办专任教师7029人，民办专任教师1780人。

【科技】 2019年，漳浦县科技工作实施科技项目战略，加快科技进步，协助企业申报省级重点技改项目库10个，协助7家企业获省级科技创新券补助经费

33.30万元、11家企业申报企业研发经费补助267.37万元;选聘16名台籍科技特派员派驻到有关乡镇场、建制村、作业区,助力乡村振兴;组织42名科技人员与18个乡镇场签订三方协议,并申报福建省科技特派员,做到省级科技特派员乡镇全覆盖。

【文化】 2019年,漳浦县组织群众性文化活动355场,其中芗剧团演出98场;开展美术、剪纸、器乐、声乐、舞蹈等艺术门类培训,学员400人次,受益学生5000多人次;公布漳浦剪纸、漳浦竹马戏、漳浦芗剧、漳浦大车鼓、漳浦南音等项目县级代表性传承人38人;投入资金300多万元,采购一批新书及完成对图书馆设施的更新普及率达100%,全年放映农村公益电影3530场,县城放映266场;投入108万元,用于设置文化保护单位的防火安全、监控系统等设施改造,日接待量从原来的100人次,增加到500人次以上。

【体育】 2019年,漳浦县投入资金2100万元,用于落实县级"六个一"、乡镇级"四个一"、村级"三个一"体育场地建设;承办2019年"亲情中华杯"全国少年足球邀请赛,承办全国性体育赛事实现零的突破;漳浦籍帆船运动员卢云秀入选2020年东京奥运会。

【环境保护】 2019年,漳浦县生态环境保护以中央第二轮生态环保督察为契机,持续开展"三铁治污、提升三质",突出污染治理,依法行政,解决区域突出环境问题,100%办结中央环保督察转办信访件102件,通过验收,销号74件,完成率72.55%;实施生态项目15个,完成投资5.21亿元;开展第二次全国污染源普查入户调查,完成全县工业源1494家及农业种植、水产养殖综合填报;办结建设项目环保审批15件,污染物排放许可证62件;全县环境质量总体保持良好。

【民生保障】 2019年年末,漳浦县户籍人口94.43万人。其中,0～17岁人口占23.77%,18～34岁占22.17%,35～59岁占38.11%,60岁以上占15.95%。全县常住人口86.05万人,出生率15.6‰,死亡率6.8‰,自然增长率8.8‰,城镇化率54.6%。

城镇居民人均可支配收入39447元,比上年增长9.4%;城镇居民人均生活消费支出26514元,比上年增长11%。农村居民人均可支配收入21700元,比上年增长9.8%;农村居民人均生活消费支出13645元,比上年增长9%。

全年县财政用于民生领域支出39.32亿元,比上年增长4.42%,占公共财政预算支出的81.97%。投资320万元,完成五星级养老服务照料中心建设;投资1362万元,完成养老服务照料中心和23所农村幸福院改扩建。城镇新增就业5549人,城镇登记失业率2.64%。发放稳岗就业补贴资金750.33万元,发放养老保险金38333万元,发放60周岁以上被征地农民社会养老保险金1923万元。

中国共产党漳浦县委员会

·综　述·

【思想政治建设】 2019年，漳浦县委组织学习贯彻习近平总书记重要讲话精神、扎实开展“不忘初心、牢记使命”主题教育、认真学习宣传贯彻党的十九届四中全会精神、坚持党管意识形态。召开县委十三届九次全会，研究出台贯彻落实《决定》，制定营造有利于创新创业创造良好发展环境、探索海峡两岸融合发展新路、做好革命老区中央苏区脱贫奔小康工作、全面推进新时代党的建设等4份实施意见、83项具体措施，以有力有效措施逐条逐项抓好贯彻落实。

学习宣传贯彻党的十九届四中全会精神。党的十九届四中全会召开后，漳浦县委及时召开县委常委会（扩大）会议进行传达学习。县委常委同志带头开展调研宣讲，带动掀起学习宣传贯彻热潮，推动四中全会精神进企业、进农村、进校园、进社区、进网络。聚焦深入学习贯彻习近平新时代中国特色社会主义思想的根本任务，全面落实“十二字”总要求、“五句话”具体目标和“四个贯穿始终”重点措施，坚持“四个到位”“四个注重”，从严从实开展好主题教育。召开工作会议、下发意见，派出9个县委巡回指导组加强督促指导。

坚持党管意识形态。漳浦县委常委会坚持党管宣传、党管意识形态，自觉扛起“举旗帜、聚民心、育新人、兴文化、展形象”的使命担当，推动主旋律更响亮、正能量更强劲。发挥“头雁”作用，组织县委理论学习中心组集体学习15次。建立健全意识形态领域分析研判常态化等机制，开展县委意识形态工作专项巡察6批次。深入开展“扫黄打非”，实施“秋风”“护苗”“净网”等专项行动，查堵和反制政治性有害出版传播活动。组织开展网络生态治理专项行动，重点对属地网站、论坛、微博、微信等平台的负面有害信息进行整治，营造良好的网络舆论空间。

8月27日，中共漳浦县委十三届九次全会在绥城召开　（县委办公室 供图）

【全面深化改革】 2019年，漳浦县委贯彻习近平总书记在庆祝改革开放40周年大会上的重要讲话精神，增强改革自觉，强化开放意识，着力突破体制机制掣肘，努力营造有利于创新创业创造的良好发展环境。

持续深化改革。坚持把服务好古雷港区开发建设作为一项重要政治任务，积极支持推动古雷港区实行“区地合一”，古雷、杜浔、沙西、霞美4个镇成建制委托古雷开发区管理，全力配合做好有关人财物、权责利的划转移交，圆满完成港区体制机制创新各项任务。持续深化"放管服"改革，落实"五个一"工作机制，优化投资项目审批程序，促进项目审批提速提效。进一步降低企业的制度性成本，全面落实减税降费各项政策措施，以及全市"工业企业20条""民营企业18条""稳外贸12条""食品产业8条"等系列政策，全力支持产业做优做大做强。全年补办工业企业不动产证15家，兑现工业政策2750万元，减轻企业负担5000万元。选聘第一批台籍科技特派员16人，派驻有关乡镇场、行政村、作业区，发挥台籍科技人员技术优势，助力农村农业经济发展。

优化开放格局。加大与央企、省企、民企合作力度，主动融入厦漳泉同城化发展布局、闽西南协作区建设和国家"一带一路"建设，不断扩大"朋友圈"，全力打造对外开放新高地。参与第一届中非博览会(长沙)、闽货华夏行上海站、天津糖烟酒会、第十一届海峡论坛茶食品展销、广交会、"漳州味·世界行"等各种展示展洽会，全方位推介漳浦、宣传漳浦，提高漳浦知名度。强化市场化招商、一把手招商、小分队招商、产业链招商，举办项目集中签约3批，开展招商活动120多场，签约合同项目27个、总投资239亿元，特色古镇综合开发、朝阳水库工程、同溢堂国医馆等一批重大项目正式签约，有力提升实体经济发展水平。

【生态文明建设】 2019年，漳浦县委积极践行"绿水青山就是金山银山"的发展理念，持续加强生态保护、生态修复、生态提升，不断满足人民群众日益增长的优美生态环境需要。打响矿山整治歼灭战，对第二轮中央生态环保督察反馈的问题，特别是生态环境部典型案例通报的问题，下发7批核查整治任务清单，组建13个整治工作专班、4个督查组，深化"一矿一案、一领导、一专班"工作机制，深入开展矿山生态治理修复百日行动。完成矿山复垦复绿733.33公顷，完成总任务825.33公顷的89.50%。深入开展石板材加工企业整治专项行动，出台石材加工行业整治方案，对全县范围内299家石板材企业进行全面的"体检"和整治，至12月底，集中区内105家企业已有26家通过整改验收，劝退散、乱、污、小企业12家。健全源头治理机制，建立环保大数据库，实行动态管理，排查污染源头981个，完成治理项目18个，源头治理233个。

【全面从严治党】 2019年，漳浦县委落实习近平总书记"党的建设一刻也不能放松"的重要要求，全面贯彻新时代党的建设总要求，深化落实省委"五抓五看"和"八个坚定不移"具体措施，不断提高党的建设质量，持续推动全面从严治党向纵深发展。

坚定政治立场。坚持把深入学习贯彻习近平新时代中国特色社会主义思想作为首要政治任务，引导全县广大党员干部牢固树立"四个意识"，坚定"四个自信"，坚决做到"两个维护"，在政治立场、政治方向、政治原则、政治道路上始终同以习近平为核心的党中央保持高度一致，真正做到政治上铁心、思想上坚定、行动上紧跟，切实推动中央、省委和市委的决策部署在漳浦落地落实。

牢固党建基础。构建"五台同唱、好戏连台"的党建新格局，以实施十大活动为载体，将党建工作任务细化为17个大项目、37个分项目，党建"软任务"化身为"硬指标"。分级推进150个村(社区)党支部升格，理顺62个社会组织党组织隶属关系，推动6个国有农场33个作业区(行政村)改制社区，并顺利完成社区"两委"班子选举。开展14期基层党组织书记培训班，对全县1300多名基层党组织书记进行了两次轮训，进一步提升党性修养和履职能力。通过扩大先进支部增量、提升中间支部水平、整顿后进支部，使每一个支部都强起来，切实把基层党组织建设成为宣传党的主张、贯彻党的决定、领导基层治理、团结动员群众、推动改革发展的坚强战斗堡垒。

严格管党治党。严格落实主体责任，推进全面从严治党向纵深发展、向基层延伸，共查处落实主体责任不力问题20起31人。健全并及时更新全县264名重要领导干部及851名科级干部廉政档案，动态研判廉政情况和政治生态。聚焦“三类重点人”、关键岗位和重点领域腐败问题，保持反腐败高压态势，运用“四种形态”处理党员572人次，其中第一、第二种形态占比91.96%。织密“四个监督全覆盖”网络，持之以恒查纠“四风”，查处形式主义、官僚主义问题7起9人、违反中央八项规定精神问题13起16人，织密权力监督的笼子。

结合机构改革，在原有“一办两组”的基础上，再增设2个巡察组，加快巡察节奏，优化巡察单位安排，有效扩大巡察面，巡察覆盖率由上年的34.30%提高到84.21%，位居全市前列。全年组织开展常规巡察6个批次、巡察“回头看”2次和专项巡察1次，发现问题446个，发现问题线索122条；整改追缴违规违纪款项4042.29万元，建立健全制度94项；巡察移送问题线索党纪立案审查68人；移送司法机关处理1人，诫勉谈话35人，提醒谈话3人，警示谈话1人，通报批评6人，责令作出书面检查27人。深化廉政教育、警示教育，强化以案促改，推动建章立制，从源头上遏制腐败行为发生。与此同时，按照总揽全局、协调各方的要求，全力支持人大、政协履行职能，注重加强党管武装工作，认真解决驻漳浦部队实际问题，群团、统战、老干部、人民武装和关心下一代工作持续发展，有效调动了各方面的积极性和创造性。

【督查成效】 2019年，县委办公室围绕县委重大决策、重点区域、重点工作及领导关注、群众关心的热点难点问题，采取实地督查、联合督查、跟踪督查等方式，定期开展决策督查和专项督查，推动县委各项决策部署和工作事项落细落实。同年，承办省、市、县领导批示件59件，做到反应迅速、协调有力、落实到位、反馈及时，办结率100%。根据县委决策部署，制订《漳浦县2019年督查检查考核年度计划》，明确各类督查检查考核事项共20项，确保各类督查有依有据。围绕“追问题、解难题、当先锋、创一流”“三抓三比、十项竞赛”等县委、县政府中心工作，制定征迁任务清单59项，开展督查93批次，推动印池公园、中心公园、印石花园南区安置房等一批项目征迁遗留问题得到解决。紧盯中央环保督察和森林督查整改等重点工作，牵头开展矿产资源秩序整治督查，对全县矿山、洗砂厂、石板材加工场、木材加工场等有关问题整改情况进行现场核查，确保全县生态环境修复有力有效。加强督查考核联动，编制实施乡镇绩效考评方案，牵头组织对乡镇进行考核，保证县委、县政府决策部署落到实处。

（县委办公室）

·主要会议·

【中共漳浦县委全体会议】 2019年，中国共产党漳浦县委员会举行3次全体会议。

县委第十三届第八次全体会议　1月3日，中共漳浦县第十三届委员会第八次全体会议在县会议中心召开，县委书记戴平忠主持会议，县委委员、候补委员参加会议。不是县委委员、候补委员的县各套班子领导，县纪委常委、各乡镇党政主要领导，绥安工业区工委书记、台创园党委书记，各工业园负责人及县直各单位主要负责人列席会议。全会主要议题是：学习贯彻习近平总书记在庆祝改革开放40周年大会上的重要讲话、省委十届七次全会和市委十一届八次全会精神；听取县委书记戴平忠代表县委常委会向全会所作的工作报告，审议通过县委常委会工作报告和《中国共产党漳浦县第十三届委员会第八次全体会议决议》。

县委第十三届第九次全体会议　8月27日，中共漳浦县第十三届委员会第九次全体会议在县会议中心召开，县委书记戴平忠主持会议，县委委员、候补委员参加会议。不是县委委员、候补委员的县各套班子领导，县纪委常委、各乡镇党政主要领导，绥安工业区工委书记、台创园党委书记，各工业园负责人及县直各单位主要负责人列席会议。全会主要议题是深入学习贯彻习近平总书记在参加十三届全国人大二次会议福建代表团审议时的重要讲话和对福建工作的重要指示批示精神，全面落实省委十届八次全会和市委十一届九次全会部署，进一步动员全县干部群众牢记使命、开拓创新，勇当先锋、再创一流，加快建设新时代富美金漳浦；听取和讨论县委书记戴平忠的讲话，审议通过《中共漳浦县委关于深入学习贯彻习近平总书记在参加十三届全国人大二次会议福建代表团审议时重要讲话精神的决定》和《中国共产党漳浦县第十三届委员会第九次全体会议决议》。

县委第十三届第十次全体会议　12月30日，中共漳浦县第十三届委员会第十次全体会议在县会议中心召开，县委书记戴平忠主持会议，县委委员、候补委员参加会议。不是县委委员、候补委员的县各套班子领导，县纪委常委、各乡镇党政主要领导，绥安工业区工委书记、台创园党委书记，各工业园负责人及县直各单位主要负责人列席会议。全会主要议题是学习贯彻党的十九届四中全会精神和习近平总书记的重要讲话精神，学习贯彻省委十届九次全会和市委十一届十次全会精神，讨论县委书记戴平忠代表县委常委会所作的工作报告，审议通过《中共漳浦县委关于贯彻落实〈中共中央关于坚持和完善中国特色社会主义制度、推进国家治理体系和治理能力现代化若干重大问题的决定〉的实施意见》和《中国共产党漳浦县第十三届委员会第十次全体会议决议》。

【中共漳浦县委常委（扩大）会议】 2019年，中共漳浦县委常委会举行33次常委(扩大)会议。

1月3日，县委书记戴平忠主持召开县委常委会议。会议传达学习省委十届七次全会、市委十一届八次全会精神；传达学习中央和省市经济工作会议精神；听取关于推荐表彰漳州市安全生产工作先进集体和先进个人名单有关事宜；传达学习全省、全市巡察工作专题会精神，听取2018年巡察工作情况，研究通过《关于漳浦县巡察机构设置及人员编制配备的建议方案》；听取2018年县纪委监委工作情况，研究关于开展2018年度全面从严治党主体责任落实情况检查的建议方案；听取关于联创中心医院土地使用权收回、出让及相关生活配套用地处置等有关事项。会议原则通过《县委常委会工作报告》和戴平忠在县委十三届三次全会上的讲话。

1月21日，县委书记戴平忠主持召开县委常委会议。会议讨论通过《漳浦县委常委班子2018年度民主生活会对照检查材料》；传达学习省人大十三届二次会议及省政协十二届二次会议精神；传达学习全国、全省扫黑除恶专项斗争视频会议精神，听取2018年度综治平安奖考评情况；传达学习中央和省、市关于全面深化改革相关会议精神；听取因机构改革影响2018年度绩效考评工作的相关事项。

1月30日，县委书记戴平忠主持召开县委常委(扩大)会议。会议传达学习市委关于迎接省委2018年度全面从严治党检查部署会议精神；传达学习省、市农村工作会议精神；传达学习贯彻省、市经济形势分析会精神；传达学习省、市宣传部部长会议精神。

1月30日，县委书记戴平忠主持召开县委常委会议。会议传达学习习近平总书记在省部级主要领导干部专题研讨班上的重要讲话精神；传达学习习近平总书记在政治局第十次集体学习时的重要讲话精神、全国全省组织部长会议精神、省委于伟国书记在长汀县委常委班子2018年度民主生活会上的讲话精神和《党政领导干部选拔任用工作条例》《中国共产党农村基层组织工作条例》文件精神；听取经济责任及自然资源资产审计整改情况；听取关于2019年春节前市政建设项目大额资金需求情况。

2月14日，县委书记戴平忠主持召开县委常委会议。会议听取2018年度绩效考评有关事宜；传达学习中纪办发〔2019〕1号文件以及《中共中央办公厅关于印发〈中国共产党纪律检查机关监督执纪工作规则〉的通知》精神；传达学习市委市政府关于《扫黑除恶专项斗争的实施意见》文件精神；研究县领导挂钩乡镇场有关事宜。

3月8日，县委书记戴平忠主持召开县委常委会议。会议传达学习《中共中央关于加强党的政治建设的意见》(中发〔2019〕4号)文件精神；听取漳浦县2019年督查检查考核年度计划汇报；传达学习《中国共产党政法工作条例》精神；听取漳浦县2018年度安全生产工作情况及2019年工作要点汇报；传达学习中央巡视办主任王鸿津到漳浦调研主要精神及全省巡视巡察培训班精神，传达学习《关于在全省推动集中整治形式主义、官僚主义的通知》（闽委办〔2019〕9号）文件精神；听取关于调整朝阳水库工程PPP项目实施方案有关条款事项汇报；听取漳浦特色古镇综合开发项目投资合作变更协议的有关事项汇报；听取关于同溢堂药业有限公司投资"同溢堂国医馆"项目的有关事项汇报；传达学习全市组织部部长会议精神并提出漳浦县初步贯彻意见，传达学习市委人才工作领导小组第一次会议暨全市人才工作专项述职会议精神，讨论通过《县委常委班子2018年度民主生活会查摆问题及征求意见整改方案》。

4月2日，县委书记戴平忠主持召开专题县委常委会议。会议传达学习全市工业发展、开发区建设推进会精神，并提出贯彻意见。

4月23日，县委书记戴平忠主持召开县委常委会议。会议传达学习贯彻省市统战部部长会议精神并提出漳浦县贯彻意见；传达学习全国、全省和全市扫黑除恶专项斗争领导小组会议及全市政法机关维护国家政治安全工作会议主要精神；传达贯彻习近平总书记关于安全生产工作重要指示批示精神和省市领导指示批示及有关会议精神并提出漳浦县贯彻意见；讨论通过《关于加强工业发展工作的实施意见》；听取关于漳浦县城乡供水一体化建设项目前期有关事项汇报；听取关于预拨付鹿溪南岸片区一期开发成本的请示和漳浦县府前街北侧印石路西侧地块有关事项汇报；听取关于六鳌海上风电场项目有关情况汇报；传达学习《党政领导干部选拔任用工作条例》《中华人民共和国公务员法》《公务员职务与职级并行规定》等文件精神，以及中央1号文件关于"坚决把受过刑事处罚、存在'村霸'和涉黑涉恶等问题的村'两委'班子成员清理出去"的规定。

5月27日，县委书记戴平忠主持召开县委常委会议。会议传达学习市委、市政府《关于古雷港经济开发区体制机制改革创新的意见》文件精神；传达学习全国违建别墅清查整治专项行动视频会议精神；听取联创中心医院地块收回补偿有关事项汇报，听取关于智慧城市混合所有制企业组建及运营的汇报；研究讨论关于漳浦县扶持工业发展及招商引资优惠政策、听取关于"漳浦物流科技园"项目和漳浦海岸新城后蔡湾片区海洋文旅及酒店群项目等有关事项汇报；听取漳浦县2019年"三抓三比、十项竞赛"活动工作方案和竞赛手册有关情况汇报；研究讨论宗教工作相关文件；研究讨论推荐全市优秀共产党员、优秀党务工作者和先进基层党组织名单。

6月6日，县委书记戴平忠主持召开县委常委会议。会议听取关于预支付滨海大通道土地一级开发成本投入相关款项情况汇报，传达学习"不忘初心、牢记使命"主题教育相关会议精神，《党政领导干部考核工作条例》和《干部选拔任用工作监督检查和责任追究办法》文件精神。

6月11日，县委书记戴平忠主持召开县委常委会议。会议传达市委密码工作领导小组（扩大）会议和市委保密委员会全体（扩大）会议精神，传达学习习近平总书记在脱贫攻坚省区座谈会上的重要讲话精神。

6月24日，县委书记戴平忠主持召开县委常委会议。会议传达学习中央扫黑除恶督导组督导"回头看"反馈会议精神，全市教育大会会议精神，《地方党政领导干部食品安全责任制规定》和《中共中央国务院关于深化改革加强食品安全工作的意见》文件精神，全市学习贯彻新修订的公务员法暨推行公务员职务与职级并行制度培训班精神，《中国共产党党组工作条例》；研究讨论县委"两优一先"表彰名单。

7月15日，县委书记戴平忠主持召开县委常委会议。会议传达学习中央、省、市解决形式主义突出问题为基层减负工作有关会议精神，《关于贯彻习近平总书记重要批示精神深入落实中央八项规定精神的工作意见》文件精神，全省巡视巡察工作视频会议精神，听取关于2018年度乡镇、县直机关绩效考评结果运用的报告。

7月26日，县委书记戴平忠主持召开县委常委会议。会议传达2019年上半年全市维护稳定和社会治安形势分析会暨城乡社区网格治理会议精神，福建省纪委监委半年工作会议和县（市、区）、开发区纪委书记座谈会精神；听取2019年上半年全县党风廉政建设和反腐败工作情况汇报，绩效考评有关情况，第二轮中央生态环境保护督察工作有关情况汇报，2018年度全市“三抓三比、十项竞赛”活动突出人选暨个人“三等功”有关情况汇报。

8月8日，县委书记戴平忠主持召开县委常委会议。会议传达省纪委办公厅关于开展领导干部配偶、子女及其配偶违规经商办企业问题自查自纠工作的文件精神。

8月9日，县委书记戴平忠主持召开县委常委（扩大）会议。会议传达市委常委会（市委推进中央生态环保督察重点信访件办理和突出生态环境问题整改及源头治理工作专题会）精神，研究部署漳浦县下阶段矿山整治工作。

8月14日，县委书记戴平忠主持召开县委常委（扩大）会议。会议传达市委书记邵玉龙到赤岭乡督导的讲话精神，研究部署全县的中央环保督察工作。

8月19日，县委书记戴平忠主持召开县委常委（扩大）会议。县委常委戴文利传达生态环境部对漳浦矿山非法采矿严重破坏生态环境的通报。县委副书记、县长黄庆华传达市政府专题会议精神并对漳浦县环保督察工作进行部署。要求提高政治站位，扛起政治责任，落实习近平总书记关于生态环境保护的重要思想，要全面解决问题，全力整治，建章立制，要切实转变作风，狠抓作风整治，杜绝虚假整改。

8月27日，县委书记戴平忠主持召开县委常委会议。会议传达省委十届八次全会和市委十一届九次全会精神，讨论审议县委十三届九次全体会议材料。会议原则通过县委十三届九次全体会议相关材料。

9月9日，县委书记戴平忠主持召开县委常委会议。会议听取了落实生态环境部环保督察典型案例通报问题整改工作组汇报工作进展情况汇报，沿海大通道（佛县大桥、旧镇大桥）有关大额资金支付情况汇报；传达学习市委贯彻落实《中华人民共和国国旗法》《中华人民共和国国歌法》《中华人民共和国国徽法》专题协调会议精神、省信访联席会议及市委常委会议精神、省委“不忘初心，牢记使命”主题教育领导小组关于进一步推进软弱涣散基层党组织集中整顿文件精神、全市城市基层党建工作推进会议精神、全市非公企业和社会组织工委会议精神、全市人才工作推进会暨2019年市委人才工作领导小组第二次会议精神，市委第八轮巡察、县级第七轮交叉巡察工作动员部署会暨巡察办主任座谈会会议精神，研究调整县委巡察全覆盖单位名单事宜、中央和省级有关文件精神、漳州市新的社会阶层人士统战工作联席会（扩大）会议精神并提出漳浦县贯彻意见建议、全国上半年安全生产工作会议精神。

9月9日，县委书记戴平忠主持召开县委常委会议。会议传达学习中央、省委、市委有关外事工作会议精神，并召开县委外事工作委员会第一次会议，审议通过《中共漳浦县委外事工作委员会工作规则》和《中共漳浦县委外事工作委员会办公室工作细则》。

9月16日，县委书记戴平忠主持召开县委常委会议。会议传达学习中央、全省“不忘初心、牢记使命”主题教育第一批总结暨第二批部署会议和全市工作会议精神，听取漳浦县主题教育有关工作汇报，研究部署漳浦县主题教育工作；传达学习《中国共产党党员教育管理工作条例》《中国共产党农村工作条例》；听取软弱涣散党组织、后进村（社区）党组织整顿的有关事项。

9月23日，县委书记戴平忠主持召开县委常委会议。会议研究讨论漳浦县2019年度绩效管理工作方案；传达市委办《关于在“不忘初心、牢记使命”主题教育中对照巡察反馈问题推动整改落实工作的通知》精神；听取漳浦县主题教育阶段性成效及下阶段工作安排，关于履行鹿溪北岸一期建设项目合同约定支付项目成本及收益分成款和申请履行漳浦县文体中心及配备用地建设项目合同约定支付项目建设资金及收益分成有关事项，关于石材加工行业整治和给予漳浦县赤湖腾飞工艺石制品厂恢复生产用电、调整福建粤港家居产业园项目规划选址等有关事项，传达学习全国地方政协工作经验交流会及省市政协主席工作座谈会会议精神。

9月29日，县委书记戴平忠主持召开县委常委会会议。会议传达学习市委机动巡察反馈意见并部署整改工作；传达上级《关于做好2019年国庆节期间有关工作的通知》精神；传达学习《中国共产党机构编制工作条例》和全市机关党建工作会议精神；召开主题教育专题会议，听取漳浦县主题教育阶段性成效及下阶段工作安排，传达省委组织部集中整顿软弱涣散基层党组织工作重点等工作要求精神；讨论研究漳浦县主题教育专项整治工作方案；举行县委常委“不忘初心、牢记使命”主题教育第二次研讨。

10月10日，县委书记戴平忠主持召开县委常委会议。会议听取迎接新一轮国家海洋督察组有关工作情况汇报，传达习近平总书记在庆祝中华人民共和国成立70周年大会上的重要讲话精神，中央纪委国家监委贯彻习近平总书记重要批示精神深入落实中央八项规定精神电视电话会议精神，传达市委新时代新担当新作为工作领导小组第三次会议精神并提出漳浦县贯彻意见，传达全市清理规范“一票否决”和签订责任状事项工作推进会议精神并提出漳浦县贯彻意见，传达习近平总书记给寿宁县下党乡乡亲们的回信重要精神，传达全市主题教育工作推进会精神暨整顿软弱涣散基层党组织工作要求，并提出漳浦县贯彻意见。

10月16日，县委书记戴平忠主持召开县委常委会议。会议举行县委常委“不忘初心、牢记使命”主题教育第三次专题研讨会。传达习近平总书记在2019年秋季中央党校中青年干部培训班开班式上的重要讲话精神和习近平总书记在中央政治局第十五次集体学习时的重要讲话精神，听取“不忘初心、牢记使命”主题教育有关工作汇报。

10月23日，县委书记戴平忠主持召开县委常委会议。会议传达《漳州市人民政府办公室关于漳州市违建别墅问题清查整治专项行动的实施意见》精神，并通报漳浦县工作情况；传达市长刘远在《中共漳浦县委、漳浦县人民政府关于中央第二轮生态环保督察典型案例通报问题整改阶段性工作情况报告》上的批示精神并听取省自然资源厅副厅长何南飞调研漳浦县矿山整治10个问题清单整改方案的汇报；听取关于《漳浦县赤岭乡蓝德全矿区和鸿山矿区临时恢复生产为国家重点工程供应石料工作方案》的汇报；传达学习全省、全市乡村振兴战略暨农村人居环境整治工作现场推进会精神，并提出漳浦县贯彻意见；听取蔡坑水库整治工作情况和森林督察准备工作情况汇报；听取关于赤湖石材加工集中区新建固废场选址、漳州亿源石业有限公司引进废石粉加工处理综合利用项目和给予漳浦县联兴石业有限公司等6家集中区石材加工企业恢复生产用电等有关事项的汇报；听取当前主题教育和软弱涣散党组织整顿工作汇报。

10月30日，县委书记戴平忠主持召开县委常委会议。会议举行“不忘初心、牢记使命”主题教育调研成果交流会和第五次专题研讨会，传达学习习近平总书记在中央和国家机关党的建设工作会议上的重要讲话精神及省委机关党的建设工作会议精神，听取主题教育阶段性汇报，传达全市专项整治工作推进会精神，听取国家森林督查工作有关情况汇报。

11月5日，县委书记戴平忠主持召开县委常委（扩大）会议。会议传达学习党的十九届四中全会精神。

11月21日，县委书记戴平忠主持召开县委常委会议。会议传达《关于深化统计管理体制改革提高统计数据真实性的意见》《统计违纪违法责任人处分处理建议办法》《防范和惩治统计造假、弄虚作假督察工作规定》等文件精神，听取2019年漳浦县党政领导落实平安建设（综治）工作责任制考评方案汇报，传达习近平总书记在河南考察时的重要讲话精神和在上海考察时的重要讲话精神、习近平总书记在中央政治局第十七次集体学习时的讲话精神，听取主题教育有关工作汇报，传达上级有关文件精神，听取关于签订漳浦县城区蓝理路等市政道路工程PPP项目补充合同、漳浦县西北片区村镇污水处理PPP项目废除中标人资格及重新招标、漳浦县中心城区路网提升工程PPP项目废除中标人资格的有关情况汇报，关于给予漳浦联佳鑫建材有限公司等5家集中区石材加工企业恢复生产用电有关情况汇报。

12月2日，县委书记戴平忠主持召开县委常委会议。会议听取关于国家林业局驻福州专员办对漳浦县森林督查反馈情况汇报，传达上级有关深化改革委员会会议精神，上级有关财经委员会会议精神，上级有关国家安全委员会会议精神，传达学习《关于加强统计领域数字造假问题监督执纪问责工作的通知》《福建省贯彻＜党组讨论和决定党员处分事项工作程序规定（试行）实施细则》文件精神，听取关于“不忘初心、牢记使命”主题教育有关工作汇报，传达学习省、市委“不忘初心、牢记使命”专题民主生活会的文件精神和《福建省县以上党和国家机关党员领导干部民主生活会实施细则》的精神，审议县委常委“不忘初心、牢记使命”专题民主生活会工作方案，召开县委常委会主题教育十九届四中全会专题研讨会。

12月2日，县委书记戴平忠主持召开县委常委会议。会议听取了关于国家林业局驻福州专员办对漳浦县森林督查反馈情况汇报，传达上级有关深化改革委员会会议精神，上级有关财经委员会会议精神，上级有关国家安全委员会会议精神，传达学习《关于加强统计领域数字造假问题监督执纪问责工作的通知》《福建省贯彻＜党组讨论和决定党员处分事项工作程序规定（试行）实施细则》文件精神，听取了关于“不忘初心、牢记使命”主题教育有关工作汇报，传达学习省、市委“不忘初心、牢记使命”专题民主生活会的文件精神和《福建省县以上党和国家机关党员领导干部民主生活会实施细则》的精神，审议县委常委“不忘初心、牢记使命”专题民主生活会工作方案，召开县委常委会主题教育党的十九届四中全会专题研讨会。

12月12日，县委书记戴平忠主持召开县委常委会议。会议传达省委十届九次全会精神，市委政协工作会议精神，全市基层党建工作推进会精神，全市干部监督干部教育培训工作会精神，审议《县委常委会“不忘初心、牢记使命”专题民主生活会整改方案》和《漳浦县开展“不忘初心、牢记使命”主题教育工作情况总结》。

12月20日，县委书记戴平忠主持召开县委常委会议。会议传达学习中央、省委、市委有关审计工作精神，并召开县委审计委员会第一次会议，审议《中共漳浦县委审计工作委员会工作规则》和《中共漳浦县委审计工作委员会办公室工作细则》。

12月26日，县委书记戴平忠主持召开县委常委会议。会议举行县委常委会“不忘初心、牢记使命”第八专题学习研讨，传达中央、省委、市委经济工作会议精神，听取关于预拨付滨海大通道沿线土地一级开发有关事项汇报。

（县委办）

·组织工作·

【概况】 2019年，漳浦县组织工作强化管党治党，组织全县1300多个党组织、2.90万多名党员开展“不忘初心、牢记使命”主题教育；加强干部培育，抽调329名干部到一线磨炼，从基层一线和急难险重岗位提拔重用科级干部159人，约谈、函询28人次；促进105个薄弱村增收近900万元，全部实现“消薄”。

【主题教育】 2019年，漳浦县“不忘初心、牢记使命”主题教育覆盖17个乡镇、3个工业园区（场）和63个县直机关及企事业单位，参学单位83个，党组织1300多个，党员2.90万多人。参学单位每周开展不少于4个小时的集中学习，通过召开专题读书班、理论中心组（扩大）学习会、现场体验学习等，开展好7个专题研讨。聚焦“痛点”“热点”“难点”，由县直机关单位科级领导干部带队组成9个县委调研考核组，对全县216个建制村、51个社区党组织开展“三个一遍”“体检”，排查出群众期盼、急需解决的难题积案 12 件，全部办结。县委通过开展 7 场座谈会，收集到 8 方面 69 条意见建议；全县各参学单位开展集中研讨 156 场次，收集到建议（议案）近 200 条（篇）。紧盯“8＋7＋4＋X”查摆出的问题，制定整改措施 564 条，完成或阶段性完成整改 295 个问题。

【党内政治生活】 2019 年，漳浦县高标准完成全县处级单位和 89 个乡科级单位党员领导干部年度民主生活会。强化督导推进，重点对“三会一课”、谈心谈话、组织生活会等 11 份规范性文件执行情况进行“回头看”检查。与县纪委联合组建 10 个督导组对各基层党（工）委、县直各单位党委（党组）2018 年度民主生活会开展“回头看”，并督导“不忘初心、牢记使命”主题教育专题民主生活会。丰富党内生活，在全县推行规定动作和自选动作相结合的“4＋N”支部主题党日活动（“4”即集中学习、重温誓词、诵读党章、交纳党费，“N”即其他活动载体），有效破解组织生活随意化、平淡化问题。

【思想教育培训】 2019 年，漳浦县委组织部以学习贯彻习近平新时代中国特色社会主义思想为核心内容，结合“不忘初心、牢记使命”主题教育，分层级、分领域实施党员干部教育培训。县级层面举办 4 期主体培训班、3 期公务员培训班、9 期主题教育基层党组织书记培训班、5 期“一章程两条例”专题培训班和 1 期发展党员专题培训班。各基层党（工）委依托“送教下乡”、农村党校、远程教育等多种载体，创新“1＋1＋1”（党课＋政策宣传＋技能培训）党教模式，培训党员干部、基层党务工作者、党员发展对象等逾 3 万人次。

【基层组织设置】 2019 年，漳浦县委组织部建立完善基层组织调整提醒机制，完成 150 个党员数超 50 人村（居）党组织的设置升格，有效化解“小马拉大车”问题；同时完成 26 个村（作业区）改社区的党组织选举。

7 月 1 日，漳浦县召开庆祝中国共产党成立 98 周年暨“两优一先”表彰大会
（县委组织部 供图）

【选拔任用】 2019 年，漳浦县委组织部聚焦服务“三抓三比、十项竞赛”等中心工作，持续完善一线考察工作机制。抽调 329 名干部到一线捶打磨炼，开展专项考察 7 批次，29 名一线干部获立市级三等功。坚持新时代好干部标准，突出实绩导向、一线导向，结合机构改革、古雷港区体制机制改革等工作需要，完成 5 批次干部人事调整，提拔任用科级干部 159 人，其中提任正科级 59 人、副科级 88 人，重用 12 人。

【队伍监管】 2019 年，漳浦县委组织部深化挂钩联系制度，整合干部年度考核、大走访等工作载体，访谈科级干部 736 人，收集班子问题反映 146 条、干部个人诉求 241 条，精准掌握班子建设情况和干部履职表现。对提拔或重用的干部进行任前公示，举行 5 场领导干部任前廉政知识测试，严格审核任前廉政对照检查材料；用好提醒、函询、诫勉等监管手段，约谈 26 人次，函询 2 人次，有效发现、解决队伍苗头性问题。加强联系巡察工作，聚焦县委巡察反馈的党建、选人用人方面问题，汇总归类，敦促整改落实。

【公务员管理】 2019 年，漳浦县委组织部配合市委组织部做好援宁援藏人选、处级干部推荐考察等工作。做好干部出国境、到龄退休、社团兼职、股级任免、学历更改等审批工作。核对117名边防转置干部的“三龄两历”，做好边防部队集体转置到公安机关公务员登记。

【村级干部管理】 2019年，漳浦县委组织部用好职业化管理抓手，从严督查落实坐班值班、村务公开民主管理等各项制度。对全县21个乡镇（场、园区）所辖的216个建制村、51个社区开展“三个一遍”摸排行动，推进村级干部队伍的精准考核、管理。

【软弱涣散基层党组织整顿】 2019年，漳浦县委组织部确定20个软弱涣散基层党组织，分析“病因病灶”，“一村一策”制定整顿方案；明确30名县处级领导、61名基层党（工）委班子成员、11名驻村第一书记、33个县直机关的33名机关优秀干部等人员及单位齐抓整顿。至年底，完成20个软弱涣散基层党组织整顿。

【阵地建设】 2019年，漳浦县委组织部加大投入保障，协调县财政投入近800万元支持村级组织活动场所修缮；并按照“三有四中心五室六栏”的规范化设置要求，推进全县村级组织活动场所的规范化提升。

【示范载体】 2019年，县委组织部以党组织达标创星为载体，突出“六比六看”标准，培育打造深土镇山尾村（壮大村财示范点）、赤湖镇北桥村（村部提升示范点）等一批不同类型、不同主题的党建示范点，丰富示范体系内涵。

【各领域党建机制完善】 2019年，漳浦县委组织部依托基层市场监督管理所，成立9个非公党建工作指导站，下派非公党建指导员56人；开展非公企业党建工作调研、指导30余场次，实现对非公企业指导全覆盖。

【人才精准引进】 2019年，漳浦县委组织部举办人才政策座谈会4次，走访重点企业90多家，送出人才政策大礼包165份。综合用好各类人才政策，择优筛选申报引才项目，组织24家重点企业参加漳州市第三届海峡两岸人才与项目对接会，签约项目1个，与43名人才达成合作意向。在全市率先以政府购买服务的方式公开招聘人员，新引进省市高层次人才28人，省工科类青年专业人才3人，新增教育卫生领域硕士以上人才18人、持证社会工作者99人，培育省级名校长4人，卓越校长3人，最美教师1人，市首席科技官1人。新建院士专家工作站1家，国家级高新技术企业5家，省级高新技术企业备案7家，市级众创空间3家，技能大师工作室3个，市级企业技术中心1家；申报国家级学会服务站1家，省级学会服务站5家。同时，建立台湾人才之家、浦台青年人才驿站等人才公共服务平台，为各类人才提供合作交流等服务，举办浦台青年人才汇专场活动7期。落实财政保障，安排1000万元专项资金用于人才培养、引进和奖励等。完善“绿色通道”服务机制，解决引进人才的社会保障、住房安居、子女教育等实际问题，新增30套人才公寓，缓解各类人才住房难题。

【党员干部身心健康咨询室成立】 2019年3月12日，漳浦县党员干部身心健康咨询室在县医院举行成立揭牌仪式，投入使用。通过咨询室平台，邀请省内外知名心理专家，开展心理咨询、心理疏导和心理关怀活动，对党员干部身心健康进行积极有效的引导，帮助党员干部提高心理自我调节能力，及时消除心理疲劳，提高抗压能力和耐挫能力。

（石琼城）

·宣传工作·

【概况】 2019年，漳浦县宣传思想文化工作以“举旗帜、聚民心、育新人、兴文化、展形象”为使命任务，在全县推动党的创新理论大学习活动；通过各种媒体和形式，开展新中国成立70周年系列宣教活动；落实意识形态工作责任制，推进省级文明县城创建，通过思想文化各项工作的开展，为加快新时代富美金漳浦建设提供良好的舆论氛围和强大的思想文化保证。

【党的创新理论大学习】 2019年，漳浦县以县委理论学习中心组为龙头，制订出台《中共漳浦县委理论学习中心组 2019 年学习计划》和 2019 年漳浦县理论学习工作要点，组织县委理论学习中心组集体学习 15 次，其中邀请厦门市委党校常务副校长林朝晖、省委党校教授杨小冬，市委党校副教授陈贤滨、洪碧华，全国优秀共产党员黄志丽、龙江精神展示馆馆长林兆明开展专题讲座 5 场。结合“不忘初心、牢记使命”主题教育深入开展，购买《新中国发展面对面》1300 本赠给各单位作为主题教育的辅助材料，向县委理论学习中心组成员赠阅《新中国发展面对面》和《马克思 200 年》各 36 本；以此推动全县征订《习近平新时代中国特色社会主义思想学习纲要》1.30 万本。

【宣讲宣传】 2019 年，漳浦县委宣传部组建十九届四中全会县委宣讲团，分 11 组赶赴全县各地开展宣传宣讲。推动学习强国平台广泛使用，至年底，全县注册人数近 2.50 万人，平台供稿上稿 16 条。推进乡村讲师团建设，完善“1+X”模式，深化“点菜式”宣讲，推动全县乡村宣讲村村覆盖，累计走进村居开展宣讲 88 场次，受众近 2 万人次。

【意识形态工作责任制落实】 2019 年，漳浦县委宣传部落实意识形态工作责任制，压紧压实主体责任。加强各类意识形态阵地的“拉网式”排查，开展为期 3 个月网络安全执法检查。落实新闻媒体“三审”制度，完善县域内各类讲座、报告会的报备审核制度，及对 247 个已建成的农村宣传文化长廊的管理使用。开展“扫黄打非”，实施“秋风”“护苗”“清源”“净网”“固边”五大专项行动，查堵和反制政治性有害出版传播活动。开展网络生态治理专项行动，重点对属地网站、论坛、微博、微信等平台的负面有害信息进行整治，依法查处不良信息。开展扫黑除恶和打击整治涉枪爆违法犯罪专项行动和整治“保健”市场乱象百日行动。发现并上报不良网络信息 3762 条，启动互联网应急响应 6 批次，累计时长 46 天；编辑《网络舆情动态简报》31 期。

【对外宣传】 2019 年，漳浦县委宣传部举办福建省第八届“三月三”畲族文化节、第一届河豚文化节暨河豚产业人才论坛等活动的新闻发布会 3 场，吸引两岸数十家媒体采访报道，其中，“三月三”畲族文化节活动在市级以上媒体报道 125 篇(条)。对接央视七套《致富经》、新华社福建分社、人民网福建分公司微视频摄制团队、民主与法制社、福建综合频道《新闻启示录》等新闻媒体到漳浦县开展采访活动。依托第十一届海峡论坛•第六届海峡(漳州)茶会，推介漳浦县特色茶品牌。围绕“经济高素质”“生态高颜值”主题，向上报送城市特色形象宣传片，宣传漳浦“千年古县”“食品名城”“浪漫之都”文化魅力，提高漳浦知名度和影响力。

【中华人民共和国成立 70 周年宣传教育活动】 2019 年，漳浦县委宣传部以庆祝中华人民共和国成立 70 周年为主线，紧扣主题开展宣传教育，在“报台网微端”同时开设“献礼 70 年•奋进金漳浦”“壮丽 70 年•奋斗新时代”专题专栏，展示漳浦县新气象，新成就及新时期下各行各

9 月 25 日，漳浦县庆祝中华人民共和国成立 70 周年歌咏比赛决赛在漳浦县石斋小学举行 (县委宣传部 供图)

业涌现出来的突出事迹。组织筹划“秦砖汉瓦书法题跋展”、庆祝新中国成立70周年歌咏比赛等漳浦县庆祝新中国成立70周年群众性主题宣传教育活动。参与“礼赞新中国·奋进新时代”巡回宣讲、“我和我的祖国”快闪、“重走红军进漳路”采风等主题活动，营造共庆祖国华诞浓厚氛围。

（县委宣传部）

·统战工作·

【概况】 2019年，漳浦县委统一战线工作牢牢把握新时代新方位新使命，成立新社会阶层人士联谊会，加强党外人士和经济领域统战工作，在北京、上海等地成立7个异地引才工作站，做好针对性的引才、引智和项目招商；做好港澳台侨胞的联络联谊，接待海外华侨华人、港澳同胞14批次216人次，为40名在浦的老台胞、困难台胞申领补助金10.87万元；引导宗教界开展公益慈善活动，捐款842万元。

【侨益依法维护】 2019年，漳浦县委统战部深入侨区调研，协调解决侨益保护事宜，全年接到涉侨来信来访4件，均妥善处理。前亭镇过港村印尼华侨王加禄故居保护工作经协调，被列为省级文物保护单位。多次深入侨资企业同溢堂、延邦管业等，了解企业发展困难，帮助企业解决困难，促进企业发展。

【服务定居台胞】 2019年，漳浦县委统战部开展定居漳浦台胞走访慰问活动，了解台胞在工作、生活中的困难和问题，多渠道为他们提供帮助。为在漳浦定居35名老台胞申请老龄补助9.95万元，为3名定居台胞低保户申请困难补助7200元，为2名定居困难台胞申请困难台胞帮扶金2000元。

【工商联组织建设】 2019年，漳浦县委统战部加强完善基层商会组织，以“四好”商会建设为载体，引导会员树立义利兼顾、以义为先理念，建立“亲、清”新型政商关系。发挥商会作用，搭建政府与企业之间的桥梁纽带。2月，协助漳州市木业商会和漳浦县人造板分会联合在金仕顿大酒店举办“促进民营企业发展·木业产业再行动”2019年新春座谈会，促成木业企业土地办证等问题的有效解决。9月20日，组建成立厦门市同安区漳浦商会，成为漳浦县第8个异地商会。

10月29日，漳浦县新的社会阶层人士联谊会成立　（县委统战部 供图）

【民营企业引才引智】 2019年，漳浦县委统战部成立漳浦异地引才工作站，依托各异地漳浦商会，分别成立北京漳浦商会引才工作站、上海漳浦商会引才工作站等7个工作站。按照“建好引才平台，形成高效团队，引进一批人才，促进产业升级，服务地方经济”总体目标，根据漳浦县经济社会发展、人才引进政策、产业发展、项目需求等情况，做好针对性的引才、引智和项目招商物色与发动工作。

【漳浦县新社会阶层人士联谊会成立】 2019年10月29日，漳浦县新社会阶层人士联谊会成立。以此为平台，发挥其联系广泛、智力密集的优势，引导党外知识分子和新的社会阶层人士关注社会动态和社情民意，参与社会服务和公益慈善活动，协助党委和政府做好协调关系、化解矛盾、凝聚人心的工作。

（戴艺婷）

·机构编制·

【概况】 2019年，漳浦县机构编制工作按照新时代新要求，如期完成县级党政机构改革，设置党政机构36个（党委机构11个、政府工作部门25个），全县挂牌机构减少至21个；并在12月底，向市委、市政府上报《漳浦县乡镇机构改革总体方案》；统筹配置机构编制资源，推进事业单位改革和综合行政执法改革，涉改事业单位192家，更名138家。

【县级党政机构改革】 2019年，漳浦县委编办按照时间节点完成县级机构改革，主要机构及其职能同中央保持基本对应，与市级机构改革有效衔接。机构改革后，设置党政机构36个（党委机构11个、政府工作部门25个），机构规格均为正科级。改革后，除各类开发区管理机构、行政审批服务中心管理机构等派出机构外，全县挂牌机构减少至21个，按时撤销已完成阶段性任务的临时机构。在党政机构改革中，制定印发26个部门"三定"规定和11个部门调整职责的通知，部门机构编制职数严格控制在中央和省确定的总额内，总体实现精简。职能部门、办事机构、派出机构和直属事业单位设置得到优化，理顺了党政职责关系；人大和政协专门委员会设置得到优化；政府机构优化调整，经济调节、市场监管、社会管理、公共服务职能得到加强。"三定"规定印发后，坚持问题导向，理清部门职责边界，对确需多个部门管理的事项，明确牵头部门，分清主次责任，完善工作机制，确保实现职责融合、人员融合，工作无缝对接。

【乡镇机构改革】 2019年，漳浦县委编办根据省、市有关工作部署要求，推进乡镇机构改革。对乡镇机构编制情况进行调查摸底，掌握基础数据，做好乡镇机构改革前期工作。于12月底向市委、市政府上报《漳浦县乡镇机构改革总体方案》。

【机构改革后续工作】 2019年，漳浦县委编办会同县委组织部、县人社局、财政局对全县涉改单位开展机构改革调研，通过单位自查、现场调阅资料、座谈交流等方式，重点对落实三定规定及改革后各部门运转情况，职责、业务整合情况，人员融合、使用情况，下属事业单位职能清理和名称规范使用等情况进行调研，督促各单位严格执行"三定"规定，规范机构编制建设。针对存在的共性问题和难点问题，研究继续深化改革的举措办法，不断增强机构编制刚性约束和工作合力，巩固机构改革成果。

【古雷港区机构编制划转】 2019年，漳浦县委编办切实落实县委、县政府服务古雷港经济开发区体制机制改革创新工作，主动与古雷港经济开发区衔接，配合做好古雷港经济开发区机构编制划转。

乡镇机构编制。将漳浦县古雷镇、杜浔镇、沙西镇、霞美镇4个行政机构及121名行政编制、12名机关工勤事业编制；24个事业机构及125名事业编制成建制移交给古雷港经济开发区管委会。

县直派驻机构编制。将漳浦县市场监督管理局古雷、杜浔市场监督管理所及12名行政编制

11月11日，漳浦县生产经营类事业单位改革工作部署推进会召开

（县委编办 供图）

(含旧镇所3名)移交给古雷港经济开发区管委会管理;将漳浦县司法局古雷、杜浔、沙西、霞美、古雷司法所及10名政法专项编制移交给古雷港经济开发区管委会管理;将漳浦县沙西、霞美国土资源所及7名参公事业编制移交给古雷港经济开发区管委会管理;将古雷港区国土资源服务中心及5名事业编制移交给古雷港经济开发区管委会管理;将漳浦县古雷、杜浔、沙西、霞美林业工作站及10名事业编制移交给古雷港经济开发区管委会管理。

卫生系统机构编制。将漳浦县古雷、沙西卫生院及63名事业核拨编制移交给古雷港经济开发区管委会管理;将古雷港区医院(杜浔中心卫生院)、霞美卫生院及143名事业差额编制移交给古雷港经济开发区管委会管理。

教育系统机构编制。将漳浦县古雷港中学及73名事业编制、古雷中心学校及78名事业编制、实幼古雷开发区分园、第二分园及24名事业编制成建制移交给古雷港经济开发区管委会管理;将漳浦第四中学及193名事业编制、龙山中学及38名事业编制、浔阳中学及41名事业编制、杜浔中心学校(含幼儿园、完小共15个单位)及255名事业编制成建制移交给古雷港经济开发区管委会管理;将沙西中学及50名事业编制、高林中学及38名事业编制、沙西中心学校(含幼儿园、完小共13个单位)及155名事业编制成建制移交给古雷港经济开发区管委会管理;将霞美中学及43名事业编制、霞南中学及52名事业编制、刘坂学校(中学)及17名事业编制及霞美中心学校(含幼儿园、完小共11个单位)及198名事业编制成建制移交给古雷港经济开发区管委会管理。

从县直机关划转的编制。将漳浦县县直机关25名行政编制、45名事业编制移交给古雷港经济开发区管委会管理。

【承担行政职能事业单位改革】 2019年,漳浦县委编办结合党政机构改革,清理划转事业单位承担的行政职能,将其划归相关行政机关,并在“三定”规定中予以明确。之后事业单位主要承担公益性职责,不再承担行政职能,不再作为权责清单中的实施主体及责任主体。

【生产经营类事业单位改革】 2019年,漳浦县委编办根据中央和省市关于“2019年年底前基本完成全省经营类事业单位改革任务”的工作部署,按照积极稳妥,先易后难,一家一策的原则,在生产经营类事业单位改革工作中明确改革思路和方向,落实工作责任要求,坚持问题导向,锁定目标时限,实现生产经营类事业单位平稳改革。至年底,24家涉改单位已全部完成改革工作,其中撤销5家,撤并19家。

【规范公益类事业单位名称】 2019年,漳浦县委编办根据中央和省市文件要求,事业单位名称不再使用“部、委、办、局、处”,不能称“公司、集团”,也不能包含“管理、监督、监察”等字样。对交通、教育、工信等30个部门所属138家事业单位进行更名规范。

【综合行政执法改革】 2019年,漳浦县委编办根据中央和省关于市场监管、文化市场、农业、交通运输等4个领域综合行政执法改革指导意见的精神,完成4个领域的执法职能和机构编制整合,设立4个领域综合行政执法大队,规格相当副科级。并按中央、省、市部署,继续推进后续相关工作。

【事业单位登记管理服务】 2019年,漳浦县委编办落实事业单位登记管理服务标准化规范,实现“全事项”“全流程”网上办理,完成县直303家事业单位年度报告公示,做好县直39家机关、4家群团统一社会信用代码赋码发证和变更。推进全县范围事业单位年度报告制度实现无纸化,适时推进事业单位变更登记无纸化。开展事业单位法人“双随机”抽查,加强事中事后监管,建立“一抽查一通报”制度,推动事业单位“双随机、一公开”监管全覆盖、常态化。推进事业单位登记管理档案电子化。

【重点领域编制保障】 2019年,漳浦县委编办在机构改革期间,严守行政编制总额和事业编制总量管理规定，强化机构编制刚性约束。统筹使用各类编制资源，加大部门间编制调配力度。结合深化机构改革和体制机制改革，创新挖潜，围绕县委、县政府“大抓工业、抓大工业”的部署要求，对有关部门职责、机构、编制和领导职数等方面进行调整优化，充实加强应急管理、退役军人事务、农业农村等新组建、新增工作职责或工作任务繁重的重点领域方面力量。

【民生领域编制方式创新】 2019年，漳浦县委编办重点保障教育、卫生等民生领域发展需要。探索建立中小学编制周转池，在确保不突破2012年年底事业编制基数的前提下，建立中小学临时周转编制专户，专户编制不计入中小学校编制总量，由机构编制部门单列管理，专项用于解决超编或空编少且存在老龄化和结构性缺员问题的中小学校师资补充。中小学教师出现自然减员时，使用专户编制补充的专任教师自动调整为使用中小学校编制，专项编制相应核减。

【领导职数规范管理】 2019年，漳浦县委编办根据各部门“三定”及机构编制调整情况，及时更新机构编制管理信息系统台账。按照中央和省的部署要求，调整规范市级党政部门领导职数配备。根据省里有关事业单位领导职数核定标准，对事业单位领导职数进行从严把关、规范化管理。坚持年度用编计划及领导职数使用审批制度。做好机构编制统计分析工作。

【机构编制法定化】 2019年，漳浦县委编办根据《中国共产党机构编制工作条例》和中央编委、省委编委、市委编委工作规则及编办工作细则、机构编制管理办法等有关规定，结合全县机构编制工作实际，制定《中共漳浦县委机构编制委员会工作规则》《中共漳浦县委机构编制委员会办公室工作细则》《漳浦县机构编制管理办法》，完善机构编制审批程序和相关规定。强化机构编制实名制管理，健全同纪检监察、组织人事、财政、审计等部门的协作联动机制，约束增编、规范用编。持续加大监督检查力度，推动将机构编制管理纳入巡视巡察、审计内容。

（县委编办）

·精神文明建设·

【概况】 2019年，漳浦县精神文明建设以培育和践行社会主义核心价值观为主线，以乡风文明建设为重点，培育践行核心价值观，投入140多万元，补充完善城乡社会主义核心价值观公益广告；开展移风易俗，制定村规民约，整治婚丧喜庆大操大办不良风气；深化志愿服务活动，全县注册志愿服务团体292个，实名认证志愿者16.66万人；推进文明县城群众性创建，做好2019年度省级文明县城暗访考察点的更新、申报，申报38项内容216个实地考察点。

【文明县城创建】 2019年，漳浦县委文明办按照县委创建文明县城的总体部署，加强检查督导，推行问题清单制度，针对创建工作中存在的问题和不足，逐一列出问题清单、任务清单、责任清单，责令责任部门限期整改。推行督查问责制度，创建工作进行到哪里，督促检查和追踪问责就跟进到哪里。举办2场“双创”工作进社区文艺演出，投入40多万元，对县城公益广告进行补缺补漏，做到全覆盖、无死角。联合漳州电视台拍摄2期“文明就在我们身边”节目在漳州新闻播出。做好2019年度省级文明县城暗访考察点的更新、申报，申报38项内容216个实地考察点。

【移风易俗开展】 2019年，漳浦县委文明办在县级主流媒体开辟专栏、宣传乡风文明建设的好经验、好做法。各乡镇场、各村利用村村响、宣传栏、广场舞、演唱会等宣传《村规民约》和移风易俗。印发《倡议书》10万多份，发放至各家各户，组织20多支乡风文明宣讲队赴各乡镇宣讲，提高群众的知晓率、满意率和参与率。编印《漳浦县移风易俗工作“一镇一示范”汇编》《漳浦县各乡镇民俗节日台账》等。各乡镇村还利用春节、农历七月等民俗节日的重要时间节点，组织镇村干部、老同志入户劝导，督导《村规民约》落实，做到“做节不请客”，逐步改掉大操大办、讲排场、比阔气的不良风气。通过移风易俗，办一场丧事可节约1万～2万元，办一场喜事可节约3万～5万元。

【未成年人思想道德建设】 2019年，漳浦县委文明办健全未成年人思想道德建设工作制度，围绕“培养担当民族复兴大任的时代新人”目标，各中小学校、幼儿园均将24字社会主义核心价值观上墙，班班有讲授社会主义核心价值观，引领未成年人树立正确的人生观和价值观。开展“关爱青少年活动月”“网上祭英烈”“向国旗敬礼”等活动，开设未成年人思想道德建设讲堂，将“中国梦”融入未成年人的学习生活。组织4所省级文明校园结对帮扶4所乡村学校少年宫，从师资、经费等方面帮扶乡村学校少年宫建设。推荐县“新时代好少年”48人，并参与推荐省“新时代好少年”。

【志愿服务】 2019年，漳浦县委文明办加强志愿服务站点建设与管理，完善体系，推广“志愿云”志愿服务系统，抓好各单位志愿者的注册，至年底，全县注册志愿服务团体292个，实名认证志愿者16.66万人，形成县志愿协会、乡镇志愿服务站、社区（村）志愿服务点、文明单位志愿服务队的网络体系。志愿服务活动，春节期间，开展“新春送温暖”“新春送文化”“新春送健康”“新春送平安”“新春送新风”主题志愿服务活动。3月，学雷锋活动月期间，全县开展“三个一批”活动（即推出一批学雷锋志愿服务主题标语和口号，策划一批具有地方特色的志愿服务活动，举行一批志愿服务仪式）。同时，动员各级各类文明单位志愿者参与无偿献血。

【文明单位创建】 2019年，漳浦县委文明办以会代训，举办2期省市文明村镇、文明单位、文明社区、文明校园培训班，加强对创建工作的指导。开展年度创建工作届中复查，查找问题，逐一整改，提升创建工作水平。把文明行业、文明窗口创建纳入文明县城考评内容，同部署、同检查、同落实。开展“回头看”活动，对“回头看”发现的问题，责成主管部门立整立改。

（县委文明办）

11月15日，漳浦县召开创建省级文明县城工作推进会

（县委文明办 供图）

· 机关党建 ·

【概况】 2019年，漳浦县直机关党的建设工作以“大学习”“不忘初心、牢记使命”主题教育活动为契机，掀起“大学习”热潮，举办党组织书记轮训班，参训人员528人次；举办集中专项学习、交流讨论1500多场；强化机关党组织建设，指导87个党组织完成换届选举，发展党员37人，对1个软弱涣散党组织进行整改，摘掉“软帽子”，评选五星级党支部11个、四星级党支部14个；表彰先进基层党组织5个，优秀共产党员14人、优秀党务工作者17人，查处违纪案件16件，党纪处分15人。

【“大学习”热潮】 2019年，漳浦县直党工委开展机关群众性主题宣传教育活动，举办县直机关党组织书记“一章程两条例”和“不忘初心·牢记使命”主题教育专题轮训班，参训人员528人次；以书记带支部，系统推进“新思想新精神”党员教育培训。健全“机关讲坛”，党工委领导干部带头下基层讲党课，印制“七一”专刊300份分发到各党组织学习交流；推促县直机关各支部集

10月28日，县直机关党工委举办党组织书记培训班　（县直党工委　供图）

体学习、专项学习、交流讨论1500多场。结合“党员e家”“新福建”“学习强国”等新媒体平台，引导党员干部线上线下同步开展学习教育。

【党建指导】 2019年，漳浦县直党工委以“不忘初心·牢记使命”主题教育为契机，开展机关党建“灯下黑”问题的整治整改，帮助各党组织认清“灯下黑”的表现形式和难点重点，督促指导各党组织对“灯下黑”问题进行专项整改。主题教育开展后，督促指导87个党组织完成换届（成立）选举，同时加强县直机关党组织“三会一课”“主题党日”等制度的落实监督。

【党建示范点建设】 2019年，漳浦县直党工委加大对县直机关党建品牌建设的调研，指导气象局、市场监督管理局完成党建展示厅建设，完善人社局党建示范点建设，拓宽机关党建示范面。推进机关基层党支部达标创星活动，评选五星级党支部11个、四星级党支部14个，以先进带后进，推动后进党支部整顿转化，实现机关党组织整体提升。

【纪律检查督查】 2019年，漳浦县直党工委高标准推进机关廉政教育全覆盖，深化运用监督执行“四种形态”，厉行廉政管理，落实中央八项规定精神，持续强化内部督查力度，在七一、春节等节日节点开展廉政文化建设。同年，县直纪工委审结县直机关党员违纪案件16件，党纪处分15人（其中：警告处分11人，严重警告处分4人），其他处理1人。

（县直党工委）

· 巡察工作 ·

【概况】 2019年，漳浦县委巡察工作巩固深化“巡察＋”、村级巡察“1托N”模式，开展三轮6批次的常规巡察、1次县区交叉巡察、2次巡察“回头看”和1次专项巡察，涉及6个乡镇和40个县直部门（含学校），延伸巡察85个行政村，发现问题446个，移送问题线索122条，党纪立案审查68人，移送司法机关1人，巡察覆盖率达84.21%；对14个单位开展巡察整改情况督查，发现并通报问题100个，对官浔镇、赤岭乡开展巡察“回头看”。运用巡察成果推动建章立制94项。

【市委第七轮县级交叉巡察】 2019年8月26日至9月30日，漳州市委第七轮县级交叉巡察漳浦县司法局，巡察发现问题14个。

【县委第七轮常规巡察】 2019年2月27日至3月27日，漳浦县委第七轮第一批巡察分4个组，巡察文化体育和旅游局、绥安开发区、佛昙镇和南浦乡，巡察发现问题79个。4月2日至5月23日，对官浔镇开展巡察“回头看”，巡察发现问题15个。4月15日至5月15日，县委第七轮第二批巡察分4个组分别巡察工业和信息化局、县妇联、团县委、旧镇镇和沙西镇，巡察发现问题92个。

【县委第八轮常规巡察】 2019年6月24日至7月26日，漳浦县委第八轮巡察第一批巡察分4个组，分别巡察县委办、党史和地方志研究室、档案馆、县政府办、红十字会、县委统战部（民宗局）、工商联、台联、侨联、县委台港澳办和县委党校，巡察发现问题90个。8月7日至9月17日，县委第八轮第二批巡察分5个组，分别巡察漳浦一中、漳浦二中、漳浦三中、漳浦五中、漳浦六中、漳浦达志中学、漳浦道周中学、漳浦职校、漳浦电大、县委宣传部(文明办)、文联、社科联、融媒体中心,巡察发现问题155个。

【县委第九轮常规巡察】 2019年10月21日至11月20日,漳浦县委第九轮第一批巡察分4个组,常规巡察编办、科协、党工委、地震办、供销社,巡察发现问题63个;对赤岭乡开展巡察"回头看",巡察发现问题13个。12月6日至2020年1月6日,县委第九轮第二批巡察分3个组,分别巡察漳浦盐场、南山华侨茶果场、台湾农民创业园,巡察发现问题49个。

【县委专项巡察】 2019年12月6—16日,漳浦县委对统计领域进行专项巡察,巡察发现问题10个。

(县委巡察办)

·党校(行政学院)工作·

【概况】 2019年,漳浦县委党校(行政学院)开展主体班次及其他专题培训班次23期,受训学员人数3244人;"送教下乡"活动36场次,1800多名基层党员干部群众接受教育培训;发挥现场教学基地作用,协助完成中央党校、福建省委党校、新疆昌吉州等单位的干部培训;参加省、市委党校、社科联等有关部门调研课题,完成论文和调研报告16篇。

【专题培训】 2019年,漳浦县委党校(行政学院)坚持党校姓"党"原则,发挥党校作为思想建设主阵地、主渠道的作用,扩大培训规模,增强干训工作职能,开展主体班次及其他专题培训班次23期,受训学员人数3244人。3月18日至5月16日,举办为期2个月的第21期青年干部培训班,学员44人;3月18日至5月17日,举办为期2个月的第11期科级干部进修班,学员46人;4月16—26日,举办五期"一章程两条例"专题培训班,学员871人;6月12—14日,举办第一期党员发展对象培训班,学员122人;9月29—30日,举办基层党组织书记示范班,学员56人;10月24日至11月1日,举办3期科级以下公务员继续教育培训班,学员605人;10月28日至11月20日,举办7期"不忘初心、牢记使命"主题教育基层党组织书记培训班,学员1009人;10月31日至11月1日,举办"不忘初心、牢记使命"主题教育县直书记培训班,学员290人;9月9日至11月8日,举办为期两个月的第12期、第13期科级干部进修班,学员84人;11月25—28日,举办2019年新招录事业干部岗前培训班,学员67人;11月22—27日,承办2019年漳浦县企业家人才专题研修班,学员50人。

【送教下乡】 2019年,漳浦县委党校(行政学院)配合全县"不忘初心,牢记使命"主题教育的开展,联系农村、社区、企业党员干部实际,组建"党教轻骑队"开展送教下乡。讲授《习近平新时代中国特色社会主义思想学习纲要导读》《牢记党章党规,坚守初心使命》《初心不改,使命担肩》等课题。同年,开展"送教下乡"活动36场,1800多名基层党员干部群众接受教育培训。

【对外培训】 2019年,漳浦县委党校(行政学院)依托天福集团党建示范点、天福石雕园党性教

9月17日,漳浦县委理论学习中心组(扩大)学习会在县委党校举办
(许小琴 摄)

育基地、台湾农民创业园展厅、“闽南井冈山”车本村党性锻炼基地优势，分别完成中央党校2019拉美国家公务员公共行政管理研修班（第二期）与阿根廷公共管理研修班、福建省委党校第八期管理系统干部培训班、山东省委党校处级班、新疆昌吉州党政系统干部综合素养培训班（第一期）、福州市年轻干部党性锻炼与党性修养专题培训班等外培班次。

【科研与调研】 2019年，漳浦县委党校（行政学院）组织教师参加省、市委党校、社科联等有关部门调研项目，其中《提高领导干部运用法治思维和法治方式能力研究》《漳浦县在乡村振兴中农村人居环境整治面临的问题与对策研究》等课题成功结项，并获全市党校系统课题评选一等奖。围绕县委、县政府中心工作，指导并参与科级班、青干班学员深入基层，深入实地开展调研，完成论文和调研报告16篇。承办省委党校主办的“庆祝建国70周年——推进八闽文化创新性发展”5•16全省党校系统学术研讨会。与省委党校社文部合作编写《增强文化认同、推动融合发展》县情教材（中央党校出版社出版）。

【教学基地建设】 2019年，漳浦县委党校（行政学院）根据党校教学改革和干部培训需要，加大现场教学基地培育。完成漳浦文庙、黄道周讲学处、蔡新故居、车本村革命教育基地、天福石雕园党性教育基地等五大现场教学基地打造。天福集团（茶学院）党建展厅、天福石雕园党性教育基地、漳浦台湾农民创业园成为谷文昌干部学院一期现场教学点。

（张新媚）

·老干部工作·

【概况】 2019年，漳浦县老干部工作围绕“精准服务”，落实老干部政治、生活待遇，上门送学98余人次、组织部分老干部座谈会6次；通过走访慰问，按照“一人一策”的形式，建立离休干部个性化服务方案，合理调整护理费申请周期，确保离休费足额发放、医药费实报实销，护理费及时到账；加强离退休党组织建设，成立离退休党工委党校，组建成立2个离退休（临时）党支部；发挥老年大学老干部学习活动平台作为，在老年大学设有摄影、诗词等12个专业，学员1200余人。

【老干部思想政治工作】 2019年，漳浦县委老干局为处级老干部订阅党报党刊，给全体离休、“5•12”退休干部订阅《福建老年报》《金浦报》等；为城西社区老干部服务示范点订阅《人民日报》《福建日报》《求是》等多种党报党刊。上门送学98余人次、组织部分老干部座谈会6次。

【服务信息库建立】 2019年，漳浦县委老干局建立老干部和县处级退休领导干部“一人一档”手本，对其家庭住址、联系方式、身体状况、家庭情况、生活需求、意见诉求等信息清楚了解并详细登记。坚持每季度工作例会，各组成员对联系服务情况进行交流报告，梳理共性问题并提出意见建议；定期完善更新服务档案，实现数据的动态管理和全局

3月13日，县老干局组织离退休干部到六鳌一帆重工企业参观指导

（魏晓颖 摄）

互动共享。

【精准服务】 2019年，漳浦县委老干局以“等不起”“慢不得”“坐不住”的迫切心理和工作态度，对中华人民共和国成立前参加革命工作的老干部、老党员普遍进行一次走访慰问；建立每位离休干部的个性化服务方案，按照“一人一策”的办法，合理调整护理费申请周期（分为三个月、半年、一年），确保离休费足额发放、医药费实报实销，护理费及时到账。

【社区服务老干部】 2019年，漳浦县委老干局发挥城西社区省级服务老干部示范社区的作用，做好“四就近”工作，经常组织卫生服务队进行上门医疗服务，为腿脚不方便的离休干部进行体检或医治轻微、常规性的疾病；组织志愿服务队上门为老干部清理环境卫生。

【离退休党组织建设】 2019年，漳浦县委老干局组织离退休干部基层党组织负责人学习培训，召开离退休党支部负责人理论政策学习培训会3次，邀请县委党校老师给离退休支部负责人宣讲党的十九大精神1次。加强活动场所建设，拨款1万元支持县农业局、漳浦一中离退休干部“老党员之家”建设。6月，成立离退休党工委党校。推进离退休党支部建设，同年，组建成立离退休（临时）党支部2个。

【老年大学建设】 2019年，漳浦县委老干局发挥老年大学作为，将其作为离退休干部精神文化建设平台。增设时政课程，把习近平新时代中国特色社会主义思想列入老年大学课程，把社会主义核心价值体系的教育贯穿教学工作的全过程，引导老干部、老同志学习、理解。同年，老年大学设有摄影、诗词、戏剧、舞蹈、音乐班等12个专业，学员1200余人。

【中华人民共和国成立70周年系列活动】 2019年，漳浦县委老干局以纪念中华人民共和国成立70周年为契机，在全县离退休干部中开展“六个一”活动（即一次微视频征集展示、一次调研访谈、一次巡回宣讲、一场文艺会演、一次诗书画影展、一次70年成就展）。组织老干部围绕富美金漳浦建设，开展符合老干部特点、丰富多彩的系列活动。通过座谈访谈、征文抒怀、书画摄影展、文艺会演等形式，引导老干部畅谈新中国成立后党和国家最振奋人心、最有标志性的发展成就，畅谈自己工作生活所在地政治、经济和社会建设中得民心顺民意、经得起历史检验的大事要事，畅谈令人欣喜的民情民意变化和党风政风民风变化。引导组织离退休干部志愿服务队到社区、公园参与助力发展、相互关爱、美化环境、关心下一代、爱心帮扶、政策宣传等活动，为建设美丽新漳浦发挥余热。组织2支离退休干部队伍参与“全闽共舞、礼赞新中国”广场舞比赛。

（郭志成）

·信访工作·

【概况】 2019年，漳浦县受理初信初访100件，办结率100%；市交办“重点问题”案件8件，已化解7件；“重点人员”案件2件，已对接化解。群众到县上访人次、批次与上一年持平；到市、到省、到国家正常访人次、批次略有上升，信访总体态势平稳，没有发生影响社会稳定的严重信访突出问题，没有因信访问题处理不当引发重大群体性事件、个人极端事件和负面炒作事件。漳浦县在2019年各县（市、区）信访工作考核中居全市第一名，连续3年全市第一。

【网上信访受理】 2019年，漳浦县信访局坚持来访、来信必登，第一时间录入信访信息系统，做到内容分类、目的准确，概况完整。及时受理各信访事项，做到不超期、不拖延。同时，利用漳州12345便民服务平台，及时受理诉求件，按时答复办理，实时跟踪督查。

【初信初访办理】 2019年，漳浦县信访局加大初信初访办理解决力度，对来信来访做到及时登记、及时受理、及时交办、快速处理。落实首办责任制，做到“六定五包”，层层压实责任，确保初访案件及时办理，限期办结，控制信访增量，将矛盾纠纷化解在萌芽状态。全年受理初信初访100件，办结率100%。

【信访积案化解】 2019年，漳浦县信访局强化信访积案化解主体责任，促进积案化解。根据具体案情制定信访积案化解具体方案。综合运用法律、行政和思想教育等手段及引导第三方法律工作者参与、召开听证会等办法，上下联动、形成合力，推进积案化解，减少积案存量。同年，省交办积案1件、市交办积案6件均已全部化解。同时，县信访部门通过县级特殊疑难信访问题专项资金推动一大批陈年旧案、集体访有效化解，合计运用资金197.50万元。

【信访矛盾化解】 2019年，漳浦县信访局建立健全县每半月、乡镇每周排查和重要情况即有即排机制，全面排查征地、拆迁、就业、教育、医疗、养老、环保、扶贫等重点领域，涉军、涉教等部分特定利益群众等重点群体，疑难复杂事项等重点问题，长期重访缠访、进京到非接待场所等重点人员，逐案梳理、滚动管理、跟踪督办，逐件落实“问题清单、任务清单、责任清单”，按照“三到位一处理”要求分类施策、化解到位。全年市交办“重点问题”8件，已化解7件；“重点人员”2件，已对接化解。

【基础业务规范化】 2019年，漳浦县信访局加大基础业务规范化建设力度，规范信访业务受理，依法分类处理信访事项，对涉法涉诉的信访人，做好疏导解释，引导其走法律途径。按规定时限把信访件转交责任部门办理，责任部门按照规定的程序、期限，做好初信初访事项办理，并书面答复信访人。采取电话督办、发函督办、实地回访等方式定期进行跟踪督办，确保信访“诉求合理的解决到位、诉求无理的给予解释到位”。每10天将各部门的初信初访办理情况以表格形式进行通报，同时提高初信初访办结情况在信访考评中的比例分值、建立由县领导包片督查初信初访化解情况等措施，夯实责任，促进初信初访的化解，提高初信初访办结率和办理质量。

12月26日，福建省信访局副局长范志平（左四）到绥安镇南街社区乡贤评理室开展信访工作调研 （刘丽君 摄）

【信访法治宣传】 2019年，漳浦县信访局结合扫黑除恶专项斗争，宣传信访法律法规，为打造阳光信访、法治信访、责任信访营造氛围。除在信访登记处放置《扫黑除恶》《信访漫画》等宣传手册，适时地向来访群众进行宣传教育外，还通过宣传栏、宣传展板、专题黑板报、LED电子屏幕、电视、微信公众号等多种途径进行宣传。利用电视在来访群众等候处播放《依法亮剑治违访，重拳出击促稳定》的专题宣传片。

【重大活动期间维稳工作】 2019年，漳浦县信访局高标准完成全国“两会”、第二届“数字中国”建设峰会、第二届“一带一路”高峰论坛、亚洲文明对话大会、中华人民共和国成立70周年和十九届四中全会等重大活动时期的维稳工作。

【信访评理室建设】 2019年，漳浦县各级各部门以服务群众、为民解难为重要抓手，以“最多访一次”目标，借鉴“枫桥经验”，综合施策，推动信访工作重心下移、关口前移，有效将信访矛盾化解在早、化解在小、化解在基层、化解在萌芽，提高矛盾化解实效。至8月，全县完成县、镇、村三级“评理室”挂牌，其中县级“评理室”2间，完成公开听证3件、专案评审5件，开展信访评理14件并全部化解；乡镇“评理室”20间，开展信访评理36件，成功调解8件；村级“评理室”241间，开展信访评理49件。真正达到“案结事了”，让信访人“最多访一次”的效果。

（胡惠瑜）

·脱贫攻坚·

【概况】 2019年，漳浦县新增城乡低保、特困对象3124人，其中建档立卡贫困户231户541人纳入城乡低保（其中，低保504人、特困人员37人）。11月动态调整后，全县有贫困人口3177户8781人（不含古雷港经济开发区）。县财政共筹集拨付县级以上扶贫资金16510.52万元至用款部门，县本级累计投入5830.91万元，达到县上年地方一般公共预算收入的29‰，县本级投入比上年增长10%。对建档立卡贫困户开展住房安全性认定1870户，开展房屋等级鉴定2033户。

【资金保障】 2019年，漳浦县发放中央、省级财政扶贫资金共1051万元，受益建档立卡贫困户1731户5000多人。符合条件的建档立卡贫困户100%获得小额信贷，至12月31日，全县累计向贫困户发放扶贫小额贷款1644户，贷款金额5545.86万元，覆盖面42.41%。推进产业扶贫保险，为贫困户产业增收建立保障体系，已投保368户，覆盖率9.49%，做到愿保尽保。

【教育保障】 2019年，漳浦县对贫困学生提供全方位的补助，其中春季贫困学生中有幼儿园223人，小学585人，初中293人，高中133人；秋季贫困学生中有幼儿园229人，小学537人，初中260人，高中126人；雨露计划中高职贫困学生有206人。全县义务教育阶段不存在因贫辍学问题。

【医疗保障】 2019年，漳浦县落实贫困人口“先诊疗后付费”政策，实行“一站式”结算，累计实现扶贫保障对象就医42460人次，医疗总费用5081.82万元。组建家庭医生签约服务队184支，医务人员907人，建档立卡贫困人口签约率99.90%。

【就业保障】 2019年，漳浦县为贫困劳动力开展求职登记、职业介绍、政策咨询服务668人次，推送岗位信息1943人次，实现贫困劳动力新增单位就业42人。新招募就业扶贫基地4家，提供105个扶贫岗位，已吸纳贫困劳动力13人实现就业。开发保洁员公益性岗位350个，安置就业困难人员345人（其中，吸纳贫困劳动力就业176人），发放公益性岗位补贴276.38万元（其中，贫困劳动力岗位补贴145.88万元）。组织贫困劳动力免费参加技能培训22人。

【社会帮扶】 2019年，漳浦县在脱贫攻坚中发动社会能人和企业参与扶贫活动，累计筹集社会资金1000多万元，对贫困户生产生活、教育医疗、意外保险等进行有效的资助，激发贫困户创业发展致富信心。由社会热心人士组成的大众公益联盟、微益联盟等社会公益组织，在全县开展慰问贫困户活动，形成全民参与、全民帮扶的脱贫攻坚浓厚氛围。探索“商会＋贫困村”“村党支部＋乡贤企业”等集体经济增长模式，发动北京、上海、深圳、泉州、厦门等5个漳浦异地商会分别挂钩5个贫困村，落实帮扶资金250万元，实施11个基础设施项目和5个村集体经济发展项目。

【产业助力】 2019年，漳浦县在脱贫攻坚中探索产业扶贫新模式，前亭镇采取政府扶持、当地企业协办、贫困户参与的模式，成立“助发畜牧养殖专业合作社”，32户贫困户依托公司养殖场地及设施设备饲养骆驼牛，每户每年增收1.20万元以上；湖西乡亮泰农业专业合作社通过田租＋分红、务工＋分红、订单农业＋保底价收购等方式，带动4个村建档立卡11户、42人增产增收。紧盯贫困村集体收入短板，加大资金支持，指导贫困村整合扶贫资金500万元建立受益长效机制，分别建设光伏发电站、投资小水电站稳定收益项目，投资龙睿集团固定收益10%项目，确保每个贫困村年经营性收入5万元以上，村财收入10万元以上。

【动态管理】 2019年，漳浦县依托国网系统平台，对贫困人口进行动态管理，做到应纳尽纳、应退必退。按照规定程序和标准识别贫困人口，做到“两公示一比对一公告”，确保公平公正、精准识别。2019年经2次动态调整，至年底，全县有贫困人口3177户8781人。同时，漳浦县扶贫办与上级扶贫办对接建立12316、12317电话投诉平台、微信工作平台，各乡镇、村可以通过平台及时反馈投诉问题。2019年，共接受12317投诉件3件，全部办结。

【整改落实】 2019年3月，漳浦县针对省扶贫开发工作考核发现的存在贫困户基层信息台账不完整问题，加强业务培训，举办建档交流会，完善贫困户基层信息台账。对于电话问卷调查发现的问题，则及时组织人员逐村逐户进行核查，对发现农户中有危房户3户，医疗保障不到位3户（未参加城乡居民医保）的问题，及时跟进，至年底，全部整改到位。

（李惠明）

中共漳州中心县委机关驻地旧址

中共漳州中心县委机关驻地旧址位于漳浦县南浦乡南浦村。

1932年4月20日，中央红军东路军攻占漳州，毛泽东主席听取在漳浦领导开辟革命根据地的邓子恢（时已被选任中华苏维埃共和国临时中央政府执委、财政人民委员）和福建省委书记罗明、福建省苏维埃政府执委王海萍等人的汇报后，作出了巩固和发展以漳浦龙溪圩、小山城、龙岭为中心的农村革命根据地，向南靖、平和、漳浦、云霄、龙溪五县扩大游击战争，创建小红军、建立小苏区的决定，并致电中央苏区的周恩来报告有关闽南革命斗争决策。4月22日，在东路军连以上干部会上《关于目前政治形势及第二次行动问题》的报告中，布置了建立漳浦龙溪圩为中心，扩大南靖、平和、漳浦、龙溪、云霄五县新苏区的行动部署。1932年4月24日，中央红军东路军第3军占领漳浦，根据毛泽东主席创建闽南苏区的决策，建立了以漳浦为中心的靖和浦苏区。原拟成立直属中央苏区指挥的特委，后改为中共漳州中心县委，县委书记蔡协民（兼任红3团总指挥），县委委员曾志（兼任秘书长）、王占春（兼任红3团政委）、冯翼飞（兼任红3团团长）。机关驻地设在漳浦县南浦乡南浦村的南浦大厝。

中共漳州中心县委机关驻地旧址南浦大厝，墙壁上尚存署名中央红军和闽南革命委员会警卫营书写标语等字迹。南浦大厝为百年土木建筑物，占地500平方米，中华人民共和国成立后，曾作为南浦人民公社机关办公场所，后为村委会办公地点，2015年，地方政府将其作为革命遗址进行规划修缮。

中共漳州中心县委机关驻地旧址　（陈旖旎摄于2019年9月14日）

漳浦县人民代表大会

·综　述·

【决定和决议】 2019年，漳浦县人民代表大会先后作出关于批准提前下达县本级2019年新增政府债务限额管理及新增政府债券资金安排使用预算调整方案的决议、关于批准古雷港经济开发区2018年财政预算执行情况和2019年财政预算草案的决议、关于批准绥安工业区2018年财政预算执行情况和2019年财政预算草案的决议、关于2019年度“6•28代表统一活动日”主题的决定、关于接受洪照宏辞去漳浦县第十七届人大常委会委员等职务的请求的决定、关于接受王鸿辞去漳浦县第十七届人大常委会委员等职务的请求的决定、关于接受陈丽蓉辞去漳浦县第十七届人大常委会委员等职务的请求的决定、关于批准2018年县本级财政决算的决议、关于批准县本级2019年新增政府债券资金预算调整方案的决定、关于确定漳浦县人民法院人民陪审员名额的决定、关于接受黄国峰辞去漳浦县人民政府副县长职务的请求的决定、关于接受杨艺明辞去漳浦县第十七届人民代表大会常务委员会副主任职务的请求的决定、关于许可公安机关对蓝福生采取强制措施的决定、关于修订《漳浦县人民代表大会常务委员会议事规则》等5件规范性文件的决定、关于批准朝阳水库工程PPP项目可行性缺口补助支出责任纳入财政年度预算和中长期财政规划的决议、关于批准县政府关于2019年财政预算调整方案的决定、关于批准古雷港经济开发区管委会关于2019年财政预算调整方案的决定、关于批准绥安工业区管委会关于2019年财政预算调整方案的决定、关于接受张美珍等人辞去县十七届人大常委会委员和县十七届人大代表职务的请求的决定、关于接受杨艺明等人辞去县十七届人大代表职务的请求的决定、关于召开漳浦县第十七届人民代表大会第四次会议的决定、关于补选县十七届人大代表的决定、关于接受吴锦棋辞去漳浦县人民检察院检察长等职务的请求的决定等23项。

【审议意见】 2019年，漳浦县人民代表大会先后作出关于县人大常委会会议对检查《中华人民

12月25日，漳浦县第十七届人民代表大会第四次会议在绥城举行

（县人大常委会办公室　供图）

共和国土地管理法》实施情况的报告的审议意见(4条)、关于县人大常委会会议对漳浦县2018年度本级预算执行、决算草案及其他财政收支情况的审计工作报告的审议意见(4条)、关于县人大常委会会议对县政府2019年上半年国民经济和社会发展计划执行情况的报告的审议意见(4条)、关于县人大常委会会议对县政府2019年上半年预算执行情况的报告的审议意见(4条)、关于县人大常委会会议对检查县法院实施《中华人民共和国婚姻法》情况的报告的审议意见(4条)、关于县人大常委会会议对漳浦医保局执行社会保险法情况专项工作报告的审议意见(4条)、关于县人大常委会会议对县检察院落实刑事案件认罪认罚从宽制度情况专项工作报告的审议意见(4条)、关于县人大常委会会议对县十七届人大三次会议代表建议意见办理情况的报告的审议意见(4条)、关于县人大常委会会议对检查教师法"一法一办法"实施情况的报告的审议意见(4条)、关于县人大常委会会议对2019年环境保护目标完成情况的报告的审议意见(4条)等审议意见10件40条。

【人事任免】 2019年,漳浦县人民代表大会及其常务委员会先后作出关于赖贤平等人任职的通知(4人次)、关于冯建辉任职的通知(1人次)、关于林龙喜等人职务任免的通知(6人次)、关于陈友文等人职务任免的通知(4人次)、关于林镇一等人职务任免的通知(13人次)、关于林宏杰等人免职的通知(9人次)、关于庄志华免职的通知(1人次)、关于叶毓任职的通知(1人次)、关于陈文胜等人职务任免的通知(8人次)、关于王惠明任职的通知(1人次)、关于陈志坚等人职务任免的通知(2人次)、关于欧阳伟任职的通知(1人次)、关于补选沈志平为漳浦县出席漳州市第十六届人民代表大会代表的报告(1人次)等人事任免52人次。

【公告颁布】 2019年,漳浦县人大常委会先后发出关于颁布施行《漳浦县人民代表大会常务委员会议事规则》的公告、关于颁布施行《漳浦县人民代表大会常务委员会讨论决定本行政区域重大事项的实施办法》的公告、关于颁布施行《漳浦县人民代表大会常务委员会任免国家机关工作人员办法》的公告、关于颁布施行《漳浦县人民代表大会常务委员会联系代表暨代表联系人民和人民群众办法》的公告、关于颁布施行《漳浦县人民代表大会常务委员会宪法宣誓办法》的公告、漳浦县第十七届人民代表大会第四次会议公告(第一号)、漳浦县第十七届人民代表大会第四次会议公告(第二号)等7件。

【专题调研、视察督查】 2019年,漳浦县人大常委会先后组织开展村级组织建设工作调研、城市愿景工作视察、台湾农民创业园发展情况工作调研、残疾人保障法实施情况整改工作督查、食品安全"一法一例"执法检查工作整改情况跟踪督查、刑事案件认罪认罚从宽制度落实情况专项调研、社会养老服务体系建设专项整改情况跟踪督查、海洋与渔业专项工作整改情况跟踪督查、民营企业发展情况工作的视察、代表建议办理情况工作督查、花卉产业发展情况工作调研、财政决算及审计工作调研、社会保险法执行情况专题调研、国家卫生县城和省级文明县城创建工作情况督查、"大抓工业、抓大工业"专题调研、漳州市市容和环境卫生"门前三包"责任区管理若干规定执法检查工作整改情况跟踪督查、县政府2019年度环境状况和环境目标完成情况工作调研等活动17次。

·主要会议·

【县第十七届人民代表大会第四次会议】 12月25—27日,漳浦县第十七届人民代表大会第四次会议在绥城召开,出席会议的县人大代表286人。会议期间,与会代表听取和审议县人民政府县长黄庆华所作的县人民政府工作报告;审议漳浦县2019年国民经济和社会发展计划执行情况及2020年国民经济和社会发展计划草案的报告;审议漳浦县2019年财政预算执行情况和2020年财政预算草案的报告；听取和审议县人大常委会主任刘达文所作的县人民代表大会常务委员会工作报告；听取和审议县人民法院院长邱小斌所作的县人民法院工作报告；听取和审议县人民检察院副检察长欧阳伟所作的县人民检察院工作报告。大会补选王任艺、洪艺明、翁永金、高聪伟、陈全来、刘耀贵等6人为县第十七届人民代表大会常务委员会委员；补选欧阳伟为漳浦县人民检察院检察长（须报经漳州市人民检察院检察长提请漳州市人民代表大会常务委员会批准）。出席政协第十四届漳浦县委员会第四次会议的全体政协委员、县直机关、部门负责人，各乡镇（场）长等列席了县十七届人大四次会议相关全体会议。县委书记戴平忠在大会闭幕式发表讲话。

【县十七届人大常委会会议】 2019年，漳浦县十七届人大常委会共召开7次会议。

县十七届人大常委会第二十次会议　3月27日，漳浦县十七届人大常委会举行第二十次会议。县人大常委会主任刘达文，副主任王予军、张秀华、王朱申、王赐义、杨艺明和委员共26人出席会议。县政府、县监委、县法院、县检察院有关领导以及县政府办负责人、县人大机关副主任科员以上干部、各乡镇人大主席和3名县人大代表列席会议。县财政局、古雷港经济开发区财政局、绥安工业区管委会等单位有关负责同志列席相关阶段会议。会议由刘达文主持。会议听取和审议县政府《关于提前下达漳浦县本级2019年新增政府债务限额管理及新增政府债券资金安排使用预算调整方案（草案）的报告》，根据常委会组成人员的审议意见及县人大财经委员会的审查报告，决定批准提前下达漳浦县本级2019年新增政府债务限额管理及新增政府债券资金安排使用预算调整方案，批准县本级2019年预算调整方案；听取和审议古雷港经济开发区管委会《关于古雷港经济开发区2018年财政预算执行情况和2019年财政预算草案的报告》，决定批准古雷港经济开发区2018年财政预算执行情况和2019年财政预算草案，批准古雷港经济开发区2019年财政预算；听取和审议绥安工业区管委会《关于绥安工业区2018年财政预算执行情况和2019年财政预算草案的报告》，决定批准绥安工业区2018年财政预算执行情况和2019年财政预算草案，批准绥安工业区2019年财政预算。王予军传达学习了习近平总书记在参加十三届全国人大二次会议福建代表团审议时的重要讲话和十三届全国人大二次会议精神。

县十七届人大常委会第二十一次会议　5月27日，漳浦县十七届人大常委会举行第二十一次会议。县人大常委会主任刘达文，副主任王予军、王朱申、王赐义、杨艺明和委员共23人出席会议。县政府、县监委、县法院、县检察院有关领导以及县政府办负责人、县人大机关副主任科员以上干部、各乡镇人大主席和3名县人大代表列席会议。县自然资源局有关负责同志列席相关阶段会议。会议由刘达文主持。会议听取和审议县人大常委会执法检查组关于检查《中华人民共和国土地管理法》实施情况的报告，形成审议意见，连同执法检查报告交县政府办理；听取和审议主任会议关于2019年度"6·28代表统一活动日"活动主题的议案，决定"6·28代表统一活动日"活动主题为"乡村振兴、代表有责"；听取和审议县法院院长邱小斌关于人事任免的提请报告，任命赖贤平、涂秀珠、王廷学、吴连旺4人为漳浦县人民法院审判员；决定接受洪照宏辞去县十七届人大常委会委员和县十七届人大代表职务，决定接受王鸿辞去县十七届人大常委会委员、县人民代表大会社会建设委员会副主任委员和县十七届人大代表职务，决定接受陈丽蓉辞去县十七届人大常委会委员、县人民代表大会财政经济委员会委员和县十七届人大代表职务。新任命的4名县人民法院审判员进行宪法宣誓。

县十七届人大常委会第二十二次会议　7月26日，漳浦县十七届人大常委会举行第二十二次会议。县人大常委会主任刘达文，副主任王予军、王朱申、王赐义和委员共25人出席会议。县政府、监委、法院、检察院有关领导以及县政府办负责人、县人大机关四级主任科员以上干部、各乡镇人大主席列席会议。县审计局、发改局、财政局、法院等有关负责同志列席相关阶段会议。会议由刘达文主持。会议听取和审议县审计局副局长陈励明受县政府委托所作的关于2018年度预算执行、决算草案及其他财政收支情况的审计工作报告，形成审议意见，交县政府办理；听取和审议县发改局局长吕坤新受县政府委托所作的关于2019年上半年国民经济和社会发展计划执行情况的报告，形成审议意见，交县政府办理；听取和审议县财政局局长陈奕雄受县政府委托所作的关于2018年度财政决算（草案）和2019年上半年预算执行情况的报告以及县本级2019年新增政府债券资金预算调整方案（草案）的报告，决定批准2018年县本级财政决算，同意县本级2019年新增政府债券资金预算调整方案，决定批准县本级预算调整，对2019年上半年财政预算执行情况，形成审议意见，交县政府办理；听取和审议县人大常委会副主任、执法检查组组长王予军所作的关于检查县人民法院实施《中华人民共和国婚姻法》情况的报告，形成审议意见，连同执法检查报告，交县人民法院办理；会议还审议通过县政府、监委、法院、检察院提请的人事任免案；决定接受黄国峰辞去漳浦县人民政府副县长职务的请求，杨艺明辞去漳浦县人大常委会副主任职务的请求。新任命的13人进行宪法宣誓。

县十七届人大常委会第二十三次会议　8月4日，漳浦县十七届人大常委会举行第二十三次会议。县人大常委会主任刘达文，副主任王予军、王朱申、王赐义和委员共25人出席会议。县政府、监委、法院、检察院有关领导列席会议。会议由刘达文主持。会议听取和审议主任会议关于许可公安机关对县十七届人大代表蓝福生采取强制措施的报告，决定许可公安机关对县十七届人大代表蓝福生采取强制措施，并暂时停止其执行代表职务。

县十七届人大常委会第二十四次会议　9月27日，漳浦县十七届人大常委会举行第二十四次会议。县人大常委会主任刘达文，副主任王予军、王朱申、王赐义和委员共25人出席会议。县政府、监委、法院、检察院有关领导以及县政府办负责人、县人大机关四级主任科员以上干部、各乡镇人大主席列席会议。县检察院、漳浦医疗保障局等有关负责同志列席相关阶段会议。会议由刘达文主持。会议听取和审议漳浦医疗保障局局长王鸿所作的关于执行社会保险法情况专项工作报告，形成审议意见，交漳浦医疗保障局办理；听取和审议县检察院检察长吴锦棋所作的关于刑事案件认罪认罚从宽制度落实情况专项工作报告，形成审议意见，交县检察院办理；听取和审议县政府副县长陈伟红所作的关于代表建议、批评、意见办理情况的报告，形成审议意见，交县政府办理；听取和审议县人大常委会主任会议关于修订《漳浦县人民代表大会常务委员会议事规则》等5件规范性文件的议案，决定对《漳浦县人民代表大会常务委员会议事规则》《漳浦县人民代表大会常务委员会讨论和决定本行政区域重大事项的实施办法》《漳浦县人民代表大会常务委员会任免国家机关工作人员办法》《漳浦县人民代表大会常务委员会联系代表暨代表联系选民办法》《漳浦县国家工作人员宪法宣誓办法》进行修订，并决定在2019年11月召开的县十七届人大常委会会议上审议通过；会议还审议通过县政府、法院、检察院提请的人事任免案；新任命的6人进行宪法宣誓。

县十七届人大常委会第二十五次会议　11月22日，漳浦县十七届人大常委会举行第二十五次会议。县人大常委会主任刘达文，副主任王予军、张秀华、王朱申、王赐义和委员共22人出席会议。县政府、监委、法院、检察院有关领导以及县政府办负责人、县人大机关四级主任科员以上干部、各乡镇人大主席列席会议。会议由刘达文主持。会议听取和审议县政府常务副县长叶毓关于2019年环境保护目标完成情况的报告，形成审议意见，提交县政府研究处理；听取和审议县政府副县长郑世然关于提请审议将朝阳水库工程PPP项目可行性缺口补助支出责任纳入县政府年度财政预算和中长期财政规划的议案，决定批准将朝阳水库工程PPP项目可行性缺口补助支出责任纳入县政府年度财政预算和中长期财政规划；审议、批准县政府、绥安工业区管委会、古雷港经济开发区管委会2019年财政预算调整；听取和审议县人大常委会执法检查组关于检查教师法“一法一办法”实施情况的报告，形成审议意见，连同执法检查报告，提交县政府研究处理；审议通过《漳浦县人民代表大会常务委员会议事规则》等5件规范性文件修正案，并颁布施行；任命陈志坚为漳浦县人大常委会监察和司法工作委员会主任，杨达武为漳浦县人大常委会监察和司法工作委员会副主任；决定接受张美珍、林飞跃、李富家等3人辞去县十七届人大常委会委员和县十七届人大代表职务的请求；决定接受杨艺明、涂平辉、许坤煌、陈志勇、林龙喜、柯志伟、周小霞、蓝福生等8人辞去县十七届人大代表职务的请求。会议还审议主任会议《关于召开漳浦县第十七届人民代表大会第四次会议的议案》，决定于2019年12月25日在绥城召开漳浦县第十七届人民代表大会第四次会议，会期三天；审议主任会议《关于补选县十七届人大代表的议案》，决定在绥安镇第二选区等18个选区补选县十七届人大代表18人，决定2019年12月19日为投票选举日。

县十七届人大常委会第二十六次会议　12月20日，漳浦县十七届人大常委会举行第二十六次会议。县人大常委会主任刘达文，副主任王予军、张秀华、王朱申、王赐义和委员共21人出席会议。县政府、监委、法院、检察院有关领导以及县政府办负责人、县人大机关四级主任科员以上干部、各乡镇人大主席列席会议。会议由刘达文主持。会议根据县检察院检察长吴锦棋的提请，任命欧阳伟为漳浦县人民检察院检察员、检察委员会委员、副检察长；决定接受吴锦棋辞去县人民检察院检察长、检察委员会委员、检察员职务的请求。会议听取县人大常委会副主任王予军关于县十七届人大四次会议筹备工作情况的报告；听取和审议县十七届人大常委会代表资格审查委员会主任委员王予军关于县十七届人大四次会议代表变动情况的代表资格审查报告；听取和审议主任会议关于提请审议县十七届人大四次会议各代表团召集人建议名单及主席团和秘书长等名单（草案）的议案；通过县人民代表大会常务委员会工作报告稿，决定向大会作报告；补选出沈志平为漳浦县出席漳州市第十六届人民代表大会代表。

·人大监督·

【法律法规实施监督】 2019年，漳浦县人大常委会按照突出重点、增强实效的原则，先后开展土地管理法、婚姻法、教师法“一法一办法”、就业促进法等法律法规实施情况的检查，分别形成执法检查报告，连同审议意见交执法机关办理。通过开展土地管理法执法检查，推动县政府及其有关部门健全完善土地管理机制，加强收储土地管理，规范农村建房，提升土地管理服务水平。通过对婚姻法实施情况的检查，推动县法院加大婚姻法宣传教育力度，深化人民调解、法律援助和救助，提升司法公信力，筑牢公平正义最后一道防线。与省、市人大常委会联动，开展教师法“一法一办法”执法检查，常委会组成人员针对检查中发现的问题，提出审议意见，督促县政府及有关部门进一步保障教师合法权益、促进教育均衡发展、提升教学质量。受市人大常委会委托，开展就业促进法执法检查，助推扩大就业、促进就业、统筹就业。

【依法行政监督】 2019年，漳浦县人大常委会听取和审议县政府关于2019年环境目标完成情况的报告，要求县政府及其有关部门围绕中央第二轮生态环境保护督察组反馈的问题及信访交办件和漳浦县环境污染的突出问题，深化专项整治，提升治理效能，使人民群众切实感受到环境状况的改善。听取和审议漳浦医保局关于执行社会保险法情况专项工作报告，推动社会保险法的有关规定有效落实，促进医保基金征缴管理使用更加规范、安全、有效，维护人民群众的合法权益。听取和审议县检察院关于刑事案件认罪认罚从宽制度落实专项工作报告，督促县检察院贯彻宽严相济刑事政策，发挥刑罚的惩罚警示和教育矫正功能，提升司法质效和社会治理能力。

【社会民生监督】 2019年，漳浦县人大常委会对自来水普及与饮用水安全、海洋与渔业、社会养老服务体系建设、城镇职工基本养老保险工作及食品安全“一法一例”、残疾人保障法、漳州市市容和环境卫生“门前三包”责任区管理若干规定执法检查工作整改情况进行跟踪督查，增强监督实效。

·人大建议决策·

【建议办理质量提升】 2019年，漳浦县人大常委会通过对代表建议会议集中交办、网上及时交办，增强办理工作的自觉性、主动性、时效性。开展代表建议办理工作检查，督促办理单位落实代表建议办理工作责任制，做到“责任、措施、质量”三统一。将与民生关系密切、迫切需要解决的代表建议作为重点督办件，由县人大常委会领导牵头督办，促进重点、难点问题的解决。听取和审议县政府关于县十七届人大三次会议代表建议办理情况的报告，推动代表建议办理工作从“答复型”向“落实型”转变。县十七届人大三次会议期间，代表提出建议、批评和意见94件，办复率100%，解决和部分解决占79.80%，满意度98.80%。

【决策部署落实】 2019年，县人大常委会围绕中央和省委、市委、县委关于加强县乡人大工作和建设的决策部署，设立县人大法制、财政经济、社会建设以及监察和司法委员会，健全县人大组织建设。落实县乡人大会议制度，保障县人民代表大会每年至少举行一次，乡镇人民代表大会每年召开2次。加强对乡镇人大及其主席团的工作指导，发挥县乡人大职能作用，推动地方人大制度与时俱进。根据县委工作安排，开展国家卫生县城和省级文明县城创建工作情况督查，助力省级文明县城创建持续深化。

·代表工作·

【代表依法履职服务保障】 2019年，漳浦县人大常委会落实省人大常委会党组关于加强和改进人大代表履职有关工作的实施意见，主动为代表履职创造条件。加强代表履职培训，组织部分市、县代表到全国人大北戴河培训中心、深圳人大培训基地参加培训，提高代表的履职能力和水平。运用“福建省三级人大代表履职服务平台”，实现代表基本信息在线查询，为代表履职提供信息化服务。加强市、县代表专题调研和集中视察活动的组织，提高代表履职活动的针对性和实效性。

【代表履职平台拓展】 2019年，漳浦县人大常委会加强平台建设，推进乡镇人大代表联系群众活动室建设和工作，密切代表与人民群众的联系。县政府拨出专款支持乡镇人大代表联系群众活动室建设和工作，促进代表履职常态化、长效化。注重示范引领，设立县级代表联络处1个，村级代表联系点9个，拓展人大代表联系群众平台。开展“6·28代表统一活动日”活动，2019年活动主题为“乡村振兴、代表有责”；代表们提出“加快农村一二三产业融合，优化要素配置，转变经营方式”等建议，促进乡村振兴战略的深入实施。邀请代表列席县人大常委会会议、参加县人大常委会组织的调研、视察、执法检查和跟踪督查等活动，扩大代表对县人大常委会工作的参与度。各乡镇人大主席团还在县乡人民代表大会召开前夕，组织代表走访选民，通报工作、倾听呼声。

（杨和来）

漳浦县人民政府

·综　述·

【农业发展】 2019年，漳浦县实现农林牧渔业总产值152.72亿元，比上年增长3.9%。成功举办2019海峡两岸各民族欢度“三月三”节、第十届全国石斑鱼产业发展论坛、蝴蝶兰产业高峰论坛、佛昙河豚文化节、六鳌地瓜节、乌石荔枝采摘节等，漳浦农业品牌持续打响；闽台兰花产业园开工建设，万辰生物科技被确认为省级优质农产品标准化示范基地，“佛昙河豚”获得地理标志证明商标。畜禽粪污资源化利用率达95%以上，化肥、农药使用实现零增长。脱贫攻坚成果持续巩固，发放财政专项扶贫资金1051万元，受益1581户、5077人。完成造林绿化1600公顷，森林覆盖率达55%。六鳌一级渔港竣工投用，岱嵩、崂岈山一级渔港纳入省渔港建设规划。

【工业经济】 2019年，漳浦县完成工业投资114亿元，比上年增长12%，实现工业税收9亿元，比上年增长22.30%。天福集团纳税再上亿元，同溢堂获“中国驰名商标”。出台扶持工业发展和招商引资优惠政策“43条”，新增规模企业16家，总数达到262家。绥安工业区实现产值200亿元，税收4.90亿元，连续三年在全市工业园区建设竞赛稳居第一。赤湖工业园实现产值27亿元，税收8500万元。万安工业园万福路、万钦路等市政道路PPP项目全面开工，融合创业园、移民创业园、污水处理厂等一批项目加快推进，具备承接大项目落地条件。签约项目27个，总投资125.50亿元；鹏利玩具、达川二期、政伸印刷等一批亿元项目开工建设，和丰食品、富洋皮革扩建、美佳金属等一批重点项目建成投产。营商环境不断优化，补办工业企业不动产证35家，面积20万平方米，处置闲置土地66.67公顷；兑现工业激励资金2750万元，减轻企业负担5000万元。

【第三产业】 2019年，漳浦县实现第三产业生产总值248.05亿元，比上年增长9.9%。其中，旅游业全年接待游客605.87万人次，实现旅游收入75.43亿元，分别比上年增长13.6%、24.2%。金仕顿大酒店获评“五星级旅游饭店”，天福茶博物院入选省级养生旅游休闲基地，抽象画廊入选AAA景区，七星海国际滨海旅游度假区加快推进。举办“亲情中华杯”全国少年足球邀请赛、海峡两岸游泳邀请赛、南浦“穿越龙溪古镇”等特色活动。电子商务加速发展，实现电子商务交易额42.40亿元、比上年增长20.10%，绥安镇入选中国淘宝镇，六鳌地瓜、畲乡蜜柚、白山鞍老萝卜干等特色农产品成为“网红”。

【社会民生】 2019年，漳浦县财政用于民生支出39.32亿元、比上年增长4.42%。获评省级科普示范县，率先推行台籍科技特派员制度，科技特派员实现全县建制村全覆盖。漳浦一中通过省一级达标校考评，新续建第二实验幼儿园新园、前亭第二中心幼儿园等9所公办幼儿园。文体中心加快推进，建成府前唐街净凉阁文化广场和87个基层综合性文化服务中心，县图书馆重装开放，闽台畲族文化馆修缮完成。迁建、续建县医院产科及手术室、县疾控中心实验大楼和县第二医院及官浔、六鳌、湖西、赤岭等一批乡镇卫生院主体工程，通过全国基层中医药工作先进单位复审验收。累计发放低保及特困人员保障金7075万元。改造提升养老服务中心7个、居家养老服务站11个，建设农村幸福院42个，建成赤土五星级养老服务照料中心，社会福利中心和乡镇敬老院实现“公建民营”。组建乡镇退役军人服务站17个，投入1000万元为符合政府安置条件退役士兵进行社保接续。新增城镇就业5549人，帮扶安置公益性岗位350个。

【项目建设】 2019年，漳浦县投入23.70亿元，实施城建项目113个。威惠庙、旧县衙、和康大道三条城市中轴线脉络逐步彰显；蓝理路、府前唐街、武庙广场、印池公园、龙湖湿地生态园等一批市政项目相继建成，县城主干道全部实现“白改黑、上改下”。新改建公厕64座，新增停车场3处、停车位219个。投入7000万元，完成县污水处理厂扩容提标改造。

【城乡建设】 2019年，漳浦县投入1亿元，实施“雪亮工程”“数字城管”，治安防控更加立体化，城市管理更加精细化，刑事案件及治安案件大幅下降，平安“三率”稳居全市第一；成功打通印石中路、金鹿东路等9条断头路，城市道路更加畅通；漳浦东部香山湾片区强势崛起，万新、明发、泰禾、雅居乐等项目快速推进，海岸新城初显魅力；获评省级森林县城，推荐为国家卫生县城，城市生活品质不断提升。投入3600万元，打造湖西乡苏溪村、石榴镇温斗村、大南坂镇刺塘后村等15个市级以上美丽乡村。官浔镇红霞村、深土镇山尾村、六鳌镇鳌西村入选第五批中国传统村落。投入6000万元，实施“百路千村•两违”专项行动，强化铁路、高速、沿海大通道“三线”环境综合整治，整治裸房92栋、平改坡235栋，拆除违建9320平方米。新建盘陀、赤土、深土3座乡镇生活垃圾转运站，绥安镇大埔村在全市首推农村生活垃圾干湿分类。投入1.50亿元，加快推进湖西、前亭、佛昙等乡镇至沿海大通道连接线，万安高速互通口获批，群众出行更加安全便捷。投入1.60亿元，建设南浦、赤湖、长桥、湖西、官浔、赤岭、马坪等7个乡镇56千米安全生态水系，实施绥安、旧镇、大南坂等14个乡镇农村饮水安全项目。

【生态建设】 2019年，漳浦县根据第二轮中央生态环保督察指出的问题，各级各部门自亮家丑，直面生态严峻形势，痛定思痛抓整治，全面开展复垦复绿大行动。组建13个工作专班、4个督查组统筹推进全县生态环境治理工作，连续下达7批核查整治任务清单，严肃整治持证矿山16家、非法矿山98个、矿产卫片图斑31个、废弃矿山23个、非法洗砂场101个、石板材加工厂299家，抓捕非法采矿案件犯罪嫌疑人73人，党纪政务立案9人，留置干部3名人；查获涉案车辆765部，拆除涉矿违建9050平方米，种植绿化苗木129万株，完成复垦复绿738.73公顷，全县矿山无序开采现象迅速得到遏制，解决了几十年来久拖未决的矿山治理“老大难”问题。以矿山整治专项行动为主抓手，举一反三，全面完善生态保护机制，从严从紧设立矿权，实施天上看、地上查、网上管，建立最严格的矿山监管机制。建设污染源大数据库，加大源头治理。

（县委史志室）

· 主要会议 ·

【县政府全体会议】 2019年2月25日，2019年漳浦县政府第一次全体会议暨廉政工作会议在县会议中心召开。会议强调，要进一步贯彻落实全县三级干部大会精神和全面从严治党有关工作要求，抓紧抓实政府各项工作，确保全面完成2019年的各项目标任务。县政府领导班子成员黄庆华、黄国峰、陈美慧、郑世然、陈伟红、陈伟强、陈志伟、涂平辉、黄建平，县直部门、各乡镇负责人出席会议，县委常委、县纪委书记、县监委主任林志辉列席会议。

【县政府常务会议】 2019年，漳浦县人民政府召开11次政府常务会议，由县长黄庆华主持，县政府班子成员出席会议，县委、县人大常委会、县政协有关领导及县直各有关部门主要负责人列席会议。

1月25日，县长黄庆华主持召开县政府第一次常务会议，县政府班子成员出席会议，县委、县人大常委会、县政协有关领导及县直各有关部门主要负责人列席会议。会议原则同意《2019年县级部门预算编制实施方案》、原则同意原国税赤湖分局办公用房及土地资产处置方案。

2月28日，县长黄庆华主持召开县政府2019年第二次常务会议，县政府班子成员出席会议，县委、县人大常委会、县政协有关领导及县直各有关部门主要负责人列席会议。会议原则同意《漳浦县2018年度安全生产工作情况及2019年工作要点》、原则同意《漳浦县畜禽粪污资源化利用整县推进项目实施方案(送审稿)》、原则同意关于建设天福养老产业园有关事宜。

4月19日，县长黄庆华主持召开县政府2019年第三次常务会议，县政府班子成员出席会议，县委、县人大常委会、县政协有关领导及县直各有关部门主要负责人列席会议。会议原则同意《关于加强工业发展工作的实施意见(讨论稿)》、原则同意县农村信用合作联社改制组建农商银行相关事宜、原则同意县第二医院整体搬迁建设相关事宜、原则同意《漳浦县中心城区幼儿园布局规划(2018—2030)》。

5月14日，县长黄庆华主持召开县政府2019年第四次常务会议，县政府班子成员出席会议，县委、县人大常委会、县政协有关领导及县直各有关部门主要负责人列席会议。会议原则同意《进一步规范2019年度发展壮大村集体经济专项资金使用管理办法》、原则同意《漳浦县推动旅游业高质量发展若干措施》、原则同意《漳浦县扶持工业发展暨招商引资优惠政策》。

6月2日，县长黄庆华主持召开县政府2019年第五次常务会议，县政府班子成员出席会议，县委、县人大常委会、县政协有关领导及县直各有关部门主要负责人列席会议。会议原则同意2018年度土地例行督察整改工作方案、原则同意福建龙睿智城信息科技有限公司投资合作协议与章程事宜。

7月1日，县长黄庆华主持召开县政府2019年第六次常务会议，县政府班子成员出席会议，县委、县人大常委会、县政协有关领导及县直各有关部门主要负责人列席会议。会议原则同意《2018年度乡镇、县直机关绩效考评测算方案》、原则同意漳浦立人学校二期校园项目建设事宜、原则同意大南坂镇13个村改社区方案。

9月19日，县长黄庆华主持召开县政府2019年第七次常务会议，县政府班子成员出席会议，县委、县人大常委会、县政协有关领导及县直各有关部门主要负责人列席会议。会议原则同意已挂牌出让的漳浦天发汽贸有限公司地块有偿收回事宜、原则同意漳浦安发纸业有限公司企业用地历史遗留问题处理意见、原则同意佛昙镇红山湾片区控制性详细规划。

10月20日，县长黄庆华主持召开县政府2019年第八次常务会议，县政府班子成员出席会议，县委、县人大常委会、县政协有关领导及县直各有关部门主要负责人列席会议。会议原则同意安全生产工作相关事宜、原则同意《漳浦县深土镇总体规划(2017—2030)》修编、原则同意《漳浦县畜禽粪污资源化利用整县推进项目承担单位建设实施方案》。

11月8日，县长黄庆华主持召开县政府2019年第九次常务会议，县政府班子成员出席会议，县委、县人大常委会、县政协有关领导及县直各有关部门主要负责人列席会议。会议传达学习《关于深化统计管理体制改革提高统计数据真实性的意见》《统计违纪违法责任人处分建议办法》《防范和惩治统计造假、弄虚作假督察工作规定》等文件精神，原则同意漳浦县富森工业有限公司关停搬迁事宜、原则同意《漳浦县石榴镇渔樵耕读旅游养老项目及配套项目建设方案》。

11月28日，县长黄庆华主持召开县政府2019年第十次常务会议，县政府班子成员出席会议，县委、县人大常委会、县政协有关领导及县直各有关部门主要负责人列席会议。会议传达学习全市污染排查整治工作推进会精神，原则同意《全面提升持证矿山监管实施方案》。

12月19日，县长黄庆华主持召开县政府2019年第十一次常务会议，县政府班子成员出席会议，县委、县人大常委会、县政协有关领导及县直各有关部门主要负责人列席会议。会议原则同意2020年《政府工作报告(征求意见稿)》、原则同意《漳浦县官浔镇总体规划修编（2019－2035)》、原则同意《漳浦县燃气专项规划(2018－2030)》、原则同意《漳浦县对口支援边坝县拉孜乡框架协议》。

（县政府办公室）

·重要活动·

【"三月三"畲族文化节】 4月7日，中华一家亲•2019海峡两岸各民族欢度"三月三"节暨福建省第八届"三月三"畲族文化节•第十二届海峡两岸少数民族丰收节在漳浦县举行。活动由国家民族宗教事务委员会、国务院台湾事务办公室、中华全国台湾同胞联谊会、福建省人民政府指导，福建省委统战部、省民族与宗教事务厅、省台港澳事务办公室支持，省海外联谊会、省少数民族发展基金会、省台湾同胞联谊会、漳州市人民政府、省畲家企业商会主办，漳州市委统战部、市民族与宗教事务局、漳浦县人民政府、龙海市人民政府承办。国家民委副主任郭卫平，省委常委、统战部部长邢善萍，省人大常委会党组副书记、副主任雷春美，省人民政府副省长郑建闽、省政协副主席阮诗玮、中央统战部二局三处处长倪智泉、全国台联副会长许沛、中华两岸少数民族知识经济交流协会理事长廖国栋、市、县部分领导及来自海峡两岸的1600多名少数民族同胞参加在主会场举行的开幕式。活动主会场设在县城区，在赤岭畲族乡、湖西畲族乡及龙海市隆教畲族乡设3个分会场。开幕式后，参加开幕式的国家民委、省、市领导分别到湖西、赤岭分会场，与畲乡群众共庆"三月三"文化节。

【组团参加第十五届海峡旅博会】 4月19日，漳浦县组团参加在厦门国际会展中心举办的第十五届海峡旅游博览会及2019年第五届中国(厦门)国际休闲旅游博览会。围绕漳浦县奇特的滨海风光、丰富的人文景观、秀美的自然生态等旅游资源，在博览会上设6个展位和1个特装馆，重点展示"唐郡漳浦"旅游品牌。首批国家级农业旅游示范点、省级四星级乡村旅游经营示范单位、福建生态旅游示范区的国家AAAA级景区"东南花都"，闽台文化交流中心、福建首批闽台修学旅游体验基地的国家AAAA级景区"天福石雕园"，有2600万年前形成火山奇观的国家AAAA级景区漳州滨海火山国家地质公园。

【第十一届海峡论坛·第六届海峡(漳州)茶会】 6月14日，以"绿色食品•融合发展"为主题的第十一届海峡论坛•第六届海峡(漳州)茶会在漳浦马口东南花都花博园开幕，来自海峡两岸的专家学者、茶界精英、茶企、茶农参加。茶会设置8个展区，面积5000多平方米，展示来自海峡两岸各地的乌龙茶、白茶、黑茶、绿茶、红茶及新疆、西藏、宁夏等地企业带来的特色养生茶等多种茶类，从茶苗、茶青、到茶叶成品、茶食品、精深加工品、茶机械、茶文化、茶旅游等进行全产业链展示。漳浦展区设立有天福茗茶、徐聘号茶业、升田食品、宗鹭茶业、茗林苑食品等县内10多家茶企、茶食品企业参展展品。茶会配套举办茶产业发展研讨交流会、产销对接会、品牌推介会、海峡两岸新型农民茶业培训等活动。会期3天。

【全国少年足球邀请赛在漳浦县举行】 7月14－22日，2019"亲情中华杯"全国少年足球邀请赛在漳浦县举行。来自8个省、市的14支足球代表队256名运动员参加。赛会由中国华侨国际文化交流促进会、福建省侨联主办，漳浦县人民政府承办。活动旨在以"快乐足球"教育辅助青少年全面发展。其间，中国侨联文化交流部部长刘奇、北京市足球运动协会常务副主席兼秘书长刘军、西班牙北京同乡会会长邵诚，中国青年队、中国少年队原主教练郭瑞龙，中国国家女子足球队原队长刘爱玲等参加相关活动。赛会进行39场比赛，评出集体奖10个，个人奖5个。江苏省南通市北城小学代表队获冠军队。

（县委史志室）

· 政务监督 ·

【概况】 2019年漳浦县政府督查部门围绕政府报告、县三级干部大会、县政府第一次全体会议确定的各项目标任务，县政府常务会、专题会等重要会议议定的事项及县长批示件进行跟踪督查。按照“政令畅通、落地有声”的目标任务要求，办理反馈领导批示件587件，开展阶段性督查36次，下发专项督查通报16期。

【综合性工作督查】 2019年，漳浦县政府督查室按照县政府年初既定工作目标，结合县政府常务会、专题会等重要会议议定的事项，配合上级跟踪落实中央环保督查整改及开展森林督查、海洋督查、省市县为民办实事项目专项整治等专项督查，下发专项督查通报16期。联合县委督查室、县效能办开展会风会纪督查8次。

【领导批示件督查】 2019年，漳浦县政府督查室办理反馈中央、省、市领导批示件62件，反馈率100%，办结率100%；漳浦县政府主要领导批示件525件，反馈率100%，办结率100%。

【议案、建议、提案办理】 2019年，漳浦县政府督查室承办市人大建议和政协提案8件，满意率100%；承办县人大代表批评建议94件，办结率100%，表示满意或者基本满意的100%；承办县政协委员提案89件，答复88件，办结率98.90%，满意率98.90%。

（县政府办公室）

· 政府信息公开 ·

【概况】 2019年，漳浦县政府信息公开单位43家，主动公开政府信息数1726条，政府信息公开及时率100%；受理依申请公开政府信息17条，均及时答复。

【政府信息主动公开】 2019年，漳浦县政府主动公开政府信息1726条，主要类别有机构职能类的信息173条，政策、规范性文件类的信息101条，规划计划类信息78条，占比4.50%；行政许可类信息141条，重大建设项目信息77条，为民办实事类信息88条，民政扶贫救灾社会保障就业类信息76条，国土资源城乡建设环保能源类信息133条，科教文体卫生类信息81条，安全生产、应急管理类信息124条，其他654条。

【政府信息依申请公开】 2019年，漳浦县累计受理政府信息公开申请17件，申请人基本上以本地公民个人申请为主。其中，通过漳浦县人民政府官方网站“政府信息公开”栏目提交的网上申请有7件，当面申请有2件，信函、传真申请有8件。在已经答复的17件申请中：“属于已主动公开范围信息”3件，“同意公开”7件，“同意部分公开”0件；“不同意公开”(即：涉及个人隐私信息数、不是《条例》所指政府信息数等)1件；“其他类型答复数”(即：不属于本行政机关公开数、申请信息不存在数、告知作出更改补充数、告知通过其他途径办理数)6件。

【县档案馆、图书馆信息公开查阅点公开情况】 2019年，漳浦县档案馆、图书馆接受送交政府信息单位总数43个，接受送交政府信息总数1783条，纸质1783条，电子文档1755条，接受查询人数399人次，受现场查阅人数223人次，接听咨询电话数139人次，接受其他方式查阅人数37人次。

（县政府办公室）

· 智慧漳浦建设 ·

【概况】 2019年，漳浦县以“数字漳浦”建设为中心，组建龙睿智城混合所有制公司，以电子政务和电子商务为抓手，推进智慧漳浦建设。全年共保障政务信息网视频会议系统、应急视频会商系统和政务视频会议150场。推进全县党政OA和电子证照系统建设，共120个单位接入公文交换平台，实现公文流转无纸化。推进“互联网+”经济新模式，不断普及和深化电子商务。

【“雪亮工程”“数字城管”实施】 2019年，漳浦县新建高清视频监控500路，对18个乡镇共174

个未覆盖的自然村进行监控覆盖，整理社会资源监控 250 路，新增停车场卡口 6 处，道路车辆卡口 6 处，治安防控更加立体化，城市管理更加精细化。

【政府网站和政务新媒体统一平台建设】 2019 年，漳浦县加大政府网站和政务新媒体监管力度，关停无力维护的政务新媒体 41 个。建设县政务网络安全暨大数据安全预警平台，全县共 450 个终端接入预警平台，为漳浦县政务信息网的网络安全提供保障。

（县政府办公室）

6 月 5 日，县行政服务中心以会代训，对工作人员进行业务及礼仪培训

（杨美萍 摄）

· 行政审批 ·

【概况】 2019 年，漳浦县行政服务中心办理服务事项 11.23 万件，其中承诺件 1.94 万件，即办件 9.29 万件，即办率 94.95%，群众满意率 99.95%；开展公共资源交易 154 宗，增收节支 8278.56 万元，其中建设工程 104 宗，节约资金 6456.62 万元，政府采购 9 宗，节约资金 67 万元，国有产权物权 41 宗，增收 1754.94 万元；海域使用权 2 宗。

【"五个一"服务】 2019 年，漳浦县行政服务中心落实"简政放权"措施，深化"放管服"改革，推行行政审批服务标准化、规范化、信息化、便民化建设，提高行政服务效能。

"一站式"办理　新投入运行的漳浦县行政服务中心办公面积达 1 万多平方米，进驻的部门由原来的 36 个增加到 45 个，水、电、气、网络、银行、刻章等便民机构同步进驻，可办理 1134 个事项，实现"进一扇门，办所有事"。

"一条龙"服务　新中心按便民服务区、公安户籍服务区、民政婚登记服务区、建设项目审批服务区、不动产登记服务区、社会保障服务区、企业开办服务区等七大区域布局，并按照标准化的要求设置服务窗口、配置信息化网络系统、不动产登记、银行和税务自助服务系统，及其他便民服务设施，为前来办事的群众和企业提供"一条龙"服务。

"一张网"申请　以"漳州通"APP 上线投用为契机，依托省网上办事大厅，推行智能审批和全程网办，全县 100%行政审批和公共服务事项可实现网上办理。

"一端口"自助　在中心配置 24 小时自助服务区，集中县行政服务中心、税务、市管、不动产、出入境及银行 ATM 自助服务系统，在各办证服务区配置窗口自助查询机、取号机和排队显示系统，让群众和企业随时自助查询办理各项业务。

"一库"共享　加快电子证照库建设，打造集电子证照生成、颁发、应用、共享于一体的一站式电子证照办理模式，实现电子证照"管证""亮证""验证"等电子证照服务，减少申请人办事提交的纸质资料，降低群众办事难度和往返次数。至年底，电子证照系统已覆盖 35 个部门，梳理并登记 192 类电子证照目录。截至 12 月，总办件量 10.27 万件，在全市"提升政务环境"排名占位前三。其中，12 项参评指标落实情况：施工许可审批时间（天），26 个工作日；企业不动产登记时间（天），平均 2 个工作日；模拟审批办件数（件），140 件；多评一表运用数（件），28 件；多图一审运用数（件），7 件；水、电、气、网报装时间（天），

2/5/5/1 个工作日；电子证照应用率 88.53%；电子证照增量 57.04 万件；互联网可办率 100%；漳州通 APP 体验率 100%，办件量 5.74 万件；超期办件数 0 件；大抓工业创新举措 20 条；设立一窗受理集成服务落实情况，已设立的一窗受理窗口为“企业开办一窗受理”“建设工程项目一窗受理”“不动产登记一窗受理”等。创新审批开展情况，民政窗口结婚“预约＋E 办”392 件；其他部门“信任审批”28 件；老人优待证等秒批业务 4992 件。

【自选动作创新】 2019 年，漳浦县行政服务中心落实市委、市政府“大抓工业、抓大工业”战略部署，促进地方经济快速发展，召集发改、住建、自然资源、环境生态、消防、林业、水利、交通、市管、房管、税务等窗口，举办服务“大抓工业、抓大工业”创新举措封闭式研讨会，集思广益，制定出台创新举措 20 条，其中降低准入门槛、节约办事成本服务措施 3 条，简化办事流程、压缩审批时限服务措施 7 条，推行信任在先、落实告知承诺制服务措施 5 条，下放委托审批、开展上门服务措施 5 条。

【监督检查】 2019 年，漳浦县行政服务中心新址投入运行，通过线上线下加强窗口工作及环境卫生的监督检查，运用省、市监控系统，及每天固定巡查人员安排，每天 4 次以上定时、不定时巡查，督查内容有日常考勤、仪容仪表、服务态度、环境卫生等。对巡查中发现违规现象进行通报整改，记录在巡查记录中，并将巡查情况纳入月通报。每月随机抽取每个窗口办件群众电话号码 10 个，由电信平台电话回访，统计各窗口群众满意度，纳入月度、季度及年度评比。安排民政局窗口、派出所窗口、税务窗口、公安局窗口、房管局窗口进行周末轮班。4 月，不动产分中心、出入境分中心、人社分中心并入新中心，对新并入的分中心统一安排轮班，对所有参加周末轮班的工作人员进行考勤、统计。

【首推“行政审批＋金融服务”】 2019 年 1 月，漳浦县行政服务中心首推“行政审批＋金融服务”，通过与建行、工行、农行签订“工商注册合作协议”，将营业执照注册登记的咨询、服务窗口延伸到银行网点。对新申请的内外资企业、个体工商户的名称预先核准及设立登记业务的企业，可提供相关的资料到建行享受“一站式”无偿服务。

（林伟平）

· 应急管理 ·

【概况】 2019 年，漳浦县发生各类生产安全事故 15 起，比上年减少 11 起，下降 42.30%；死亡 12 人，比上年减少 2 人，下降 14.30%；受伤 7 人，同比减少 12 人，下降 63.10%。

【安全隐患排查】 2019 年，漳浦县应急局深入危险化学品生产、批发企业，开展安全专项大检查，详细了解企业责任制建设、教育培训、风险评估、隐患排查等各方面工作落实情况；重点检查罐区仓库、生产车间等重点部位、重点岗位和重点环节，对发现存在的隐患问题责令企业整改到位。专项大检查期间，检查危险化学品企业 50 家次，填写现场检查记录 50 份，排查事故隐患 13 条，发出《责令整改指令书》4 份，隐患全部整改到位。

【危险化学品安全综合整治】 2019 年，漳浦县应急局牵头交通运输、住建、城管、生态环境等应急救援联席会议成员单位、各乡镇各部门，集中执法，从实从细从严，推进全县危险化学品安全综合治理；各地各有关部门对照本部门、本单位工作职责、工作要求和序时进度，补缺补漏，管控各类安全风险。针对绥安开发区汽车维修场和停车场进行非法加油，“三合一”、生态环保及安全隐患等突出问题，对汽车维修厂、停车场的乱象进行全面清理整顿。全年出动执法人员 252 人次，检查危险化学品企业 86 家（次），填写检查记录 86 份，开具《责令限期整改指令书》5 份，《隐患整改复查意见书》5 份，排查事故隐患 16 条，已整改 16 条，整改率达 100%。

【非煤矿山安全监管】 2019 年，漳浦县应急局加大非煤矿山安全监管力度，检查非煤矿山企业

27 家次，排查安全隐患 64 处，已全部整改到位。检查中对大崎山建材有限公司存在开采分层超高的违法行为进行行政处罚，对锦溪石料加工有限公司存在超设计开采违法行为，强制停止电力供应，责令停产整改。聘请 2 位市级安全生产专家对全县 16 家持证矿山的安全管理情况和生产现场逐一检查，提出整改建议 68 条，已整改 57 条，还有 11 条因整改难度较大，尚在整改中。对申请复工复产的矿山企业的采掘系统、破碎系统、安全设施、安全培训和人员持证上岗情况进行逐一检查，对存在问题的要求按期整改到位，对 12 家经整改符合复工复产条件的企业准予复产。

【烟花爆竹安全监管】 2019 年，漳浦县应急局按照“零容忍、严执法、重实效”的总体要求，加强对烟花爆竹安全监管。严格对照《烟花爆竹安全管理条例》和省安委会、省烟管办等规范性文件，对新准入的烟花爆竹零售企业安全条件进行严格审查把关。至年底，全县从事烟花爆竹经营单位有 89 家，其中批发企业 3 家，零售经营 86 家。对烟花爆竹非法经营活动，责令停止，处以罚款并没收违法所得等；对不符合安全条件的烟花爆竹经营企业，要责令停业整顿，直至吊销许可证。及时查处取缔无照经营和销售假冒伪劣产品行为，加强对烟花爆竹产品的质量抽检工作，严防不合格产品流入市场。全年出动执法人员 200 余人次，执法车辆 30 台次；检查经营企业单位 90 多家次，取缔不具备安全条件合法经营网点 3 家；对市第二批安全生产巡查涉及隐患问题整改的 1 家批发企业，抓好督促整改，并跟踪落实到位。

【工贸行业安全监管】 2019 年，漳浦县填报工贸企业数 374 家，开展工贸企业调查摸底，开展对工贸企业有限空间作业专项检查 47 家次，对发现的问题及时下发限期整改指令并按时复查。对全县 49 家石板材加工厂进行全覆盖安全检查，提出整改建议 112 条。

【“打非治违”专项行动】 2019 年，漳浦县应急局先后开展无证无照治理、打击假冒特种作业操作证、烟花爆竹、涉氨制冷等行业专项执法检查。累计出动执法人员 175 人次，检查生产经营企业 81 家，发现一般事故隐患 92 条，未整改 10 条，整改率 89.10%；发出责令限期整改指令书 17 份，复查意见书 13 份，现场强制措施 4 份，立案调查 6 起，行政处罚 8.85 万元。对绥安开发区 16 个非法加油点进行取缔查封处罚。对霞美无证加油站和北江无证加油站责令停止营业并拆除其相关加油设施设备。对锦溪石料加工有限公司骑马山矿区未办理特种作业许可证使用桅杆吊，责令停止作业，限期整改补办作业许可证并移交市管局。

11 月 9 日，县应急管理局在县城区开展 119 消防宣传活动
（县应急管理局 供图）

【消防救援】 2019 年，漳浦县投入消防经费 741 万元，其中投入资金 20 余万元，购置 15 米金属拉梯一部，消防水带 80 盘，消防水炮 1 门，安全钩 18 个等装备器材。加强检查督促，检查单位 688 家，下乡镇检查 36 次，发现并督促整改火灾隐患 357 处。接

处警535起，出动车辆826辆，出动警力4810人，抢救被困人员63人，疏散被困人员28人，抢救财产价值850余万元。县消防救援大队被国家消防救援局评为2019年度全国消防监督管理工作先进单位。

【安全生产宣教】 2019年，漳浦县应急局在全县城乡广泛开展安全生产宣传教育，把安全生产法律法规，安全生产管理知识，消防知识，日常安全常识，安全生产事故警示等，制作成可流动的宣传牌，在各乡镇、街道、企业、学校及人员密集场所进行巡回宣传、展览。利用短信平台向全县的用户发送安全月短信8万条。

【"安全生产月"活动】 2019年，漳浦县应急局以6月"安全生产月"为契机，开展为期一个月的安全生产宣传活动。以危险化学品安全为重点，举办有县委宣传部、工信局、消防大队等32个单位参加"安全生产宣传咨询日"活动，设立咨询点32处，悬挂宣传标语300多幅，展示宣传展板200多块，接受群众咨询人次500余次，发放各类安全宣传资料2万多份，发送短信9500条。

【安全培训】 2019年，漳浦县应急局开展"三项岗位"安全培训12期。其中，二期危化类复审123人；四期电工新培训35人，复审82人；一期烟花爆竹类新培训18人，复审87人；制冷与空调运行操作作业类新培训25人，复审97人；六期一般企业负责人及安全管理人员培训类新培训176人，复审180人。

【漳浦县消防指挥中心项目开工】 2019年11月1日，漳浦县举行消防指挥中心项目开工奠基仪式。指挥中心占地面积2万平方米，总建筑面积9138平方米，项目总投资约3790万元，按功能需求，分成执勤楼、办公楼、公寓房、训练塔等。

（魏茂奇）

·退役军人事务·

【概况】 2019年，漳浦县退役军人事务工作完成退役军人信息采集、光荣牌悬挂16844面、为优抚对象发放《光荣之家》年画6230张；成立漳浦县退役军人服务中心；组建21个乡镇退役军人服务站、309个村居退役军人服务站（含古雷开发区）；协调解决22名现役军人子女就学问题。

【退役官兵安置】 2019年，漳浦县退役军人事务对接收计划安置的转业干部全部安置在党政机关，对接收退役士兵重点安置对象，按照事业编制和企业编制7：13比例进行安置，全部安排在乡镇及县直机关事业单位。9月20日，组织有意向就业的退役军人到漳州华阳体育馆参加招聘会；9月24日，在县新都城市广场举办退役军人、随军家属和大中专生就业服务专场招聘会，35家企业参与招聘，提供岗位（工种）数191个。

【退役士兵社保接续】 2019年4月，漳浦县成立由县政府退役士兵社保接续领导小组，建立由退役军人事务局、人武部、人社局、医保局、税务局、财政局等6个部门参加的工作专班，开展部分退役士兵社会保险接续工作，采用电视、报纸、网络宣传、宣传单、告知单等方式进行宣传。至年底，受理审核918件（其中854件需要补缴，58件不存在断缴情况），财政出资1500万元，为符合条件的退役士兵对象办理社保。

【退役士兵高职扩招】 2019年，漳浦县退役军人事务局通过县有线广播电视台宣传高职扩招相关政策及办理流程，并在漳浦县政务网进行网络宣传，向乡镇服务站传真通知有关要求，向退役军人群体发送点对点短信1.50万条，明确高职扩招政策。至年底，协助县教育局完成报名退役士兵现场身份认定，并受理退役士兵的报名资格。

【优抚褒扬】 2019年，漳浦县退役军人事务局完成退役军人信息采集、并为其悬挂光荣牌。完成烈士宣传栏、核心价值观、碑文描红、杂草清理等一系列烈士陵园修缮；组织烈士纪念日"铭记2019•清明祭扫英烈"向人民英雄敬献花篮仪式。春节期间为优抚对象发放《光荣之家》年画

6230 张；以县政府名义为全县退役军人及其他优抚对象赠送春联 1.80 万幅，营造拥军爱军崇军氛围。

【抚恤优待】 2019 年，漳浦县退役军人事务局发放重点优抚对象抚恤金 2278.60 万元、60 周岁农村老兵发放生活补助 834 万元、老烈士子女生活补助 40.80 万元，合计 3153.40 万元。解决重点优抚对象住院医疗补助 120 人次，为重点优抚对象报销医疗费用 70.38 万元；发放重点优抚对象 1776 人，门诊补助费 31.96 万元，合计 102.34 万元。落实重点优抚对象补助标准自然增长，调整部分优抚对象等人员抚恤和生活补助标准。

【《烈士英名录》编撰】 2019 年，漳浦县退役军人事务局全面系统梳理汇总，搜集整理革命烈士的斗争史料，完善全县烈士英名信息 578 人；核查整理全县参战退役军人的档案材料 1156 份，着手编撰《烈士英名录》。

【慰问部队和漳浦籍现役军人】 2019 年，漳浦县在春节期间，县各套班子领导走访慰问驻军官兵，帮助解决实际困难，分发慰问金及慰问物资近 40 万元；组织县、乡镇、村三级干部对漳浦籍现役军人进行春节走访慰问，分发慰问现金 77.22 万元。

【拥军优属】 2019 年 8 月 31 日，漳浦县退役军人事务局联合海尔集团统帅电器向全县 40 名退役军人重点优抚对象捐赠 40 台洗衣机，向全县退役军人家庭发放 2 万张每张 500 元、合计 1000 万元的家电补贴福利卡。协调解决驻地部队困难和问题，向他们赠送价值 8 万元的电器。

【军休所事务】 2019 年，漳浦县退役军人事务局按规定落实军休干部各项待遇，协调做好军休干部的医疗保障工作，建立健康档案，开展医疗保健知识普及活动；按要求开展重大节日期间走访慰问活动；定期了解军休干部情况和需求，提供必要的关心照顾。协助办理军休干部去世后的丧葬事宜，按照政策规定落实遗属待遇。

【光荣院管理】 2019 年，漳浦县退役军人事务局加强对光荣院的管理，完善规章制度，明确岗位责任制，开展安全教育，建立日安全检查零报告制度，提高安全防患意识；加强食堂卫生、食品采购确保食品卫生安全；定期组织老人体检，建立健康档案。

（林志军）

9 月 25 日，漳浦县举办退役军人和随军家属就业服务专场招聘活动

（县退役局 供图）

政协漳浦县委员会

·综　述·

【调研与考察】 2019年，漳浦县第十四届政协常委会开展委员大走访、大宣讲、大调研活动，鼓励委员走出去、下基层，及时向社会各界宣传习近平新时代中国特色社会主义思想和党的十九大、十九届四中全会精神；听取和反映群众意愿呼声，协调化解各方面矛盾问题，彰显政协组织联系社会各界、协调各方关系、维护和谐稳定的优势。组织部分机关干部和政协委员赴浙江台州、宁德福安等地考察学习，增进政协对外宣传和互促互进。2019年，共形成8篇视察、调研报告。

【文史征集编写】 2019年，漳浦县第十四届政协常委会发动社会力量开展文物研究、文化传承和文史挖掘，牵头组织古雷整岛搬迁纪实4本系列丛书、《漳浦关帝文化》征集编写。编印出版《潮涌鼓擂》《漳浦文史资料》（第三十八辑）等2部书籍，《凤凰展翅——古雷整岛搬迁纪实》《古雷半岛民间信仰与社会变迁》完成审稿。采编制作“政协委员风采”栏目5期，将委员议政建言当参谋、反映民意倾真情、立足岗位做贡献的宣传推向线上。

【联谊交流】 2019年，漳浦县第十四届政协常委会邀请社会团体和民族宗教界人士参加调研视察、座谈交流等活动120多人次。加强与非公企业、台资企业、异地商会、专业合作经济组织人士沟通联系，构建“亲”“清”新型政商关系；召开台籍委员、企业家座谈会，就改善营商环境、扶持壮大民营企业开展协商讨论，了解实情解难题、答疑解惑理情绪，竭力为县域经济快速发展提振精气神、汇聚新活力。

·主要会议·

【政协第十四届漳浦县委员会第四次会议】 政协第十四届漳浦县委员会第四次会议，于2019年12月24日在漳浦县城召开。县委书记戴平忠在开幕式大会上讲话；县政协主席林培兴代表第十四届漳浦县常委会向大会作工作报告开在闭幕式会上致闭幕词。会议期间，政协委员分组县委书记戴平忠在开幕式大会上讲话；听取、审议并通过政协主席林培向大会所作的县政协常委会工作报告；县政协副主席涂平辉所作的县政协常委会提案工作报告；审议通过县政协第十四届三次会议以来提案工作情况报告；全体委员列席县十七届人大四次会议，吸取、讨论县人民政府工作报告和其他报告；审议通过政协第十四届漳浦县委员会第四次会议决议。

【政协十四届常委会会议】 2019年，漳浦县第十四届政协常委会分别于4月3日、8月1日、9月27日、12月17日召开十四届十次、十一次、十二次、十三次常委会，传达学习全国政协十三届二次会议有关精神；听取县文化体育和旅游局、卫健局、教育局、人社局、民政局、应急管理局、医保局、行政服务中心等有关单位领导作工作通报审议2019年县政协常委会有关工作；通报有关人事任免决定；传达学习全国地方政协工作经验交流会、全省市县政协主席工作座谈会以及漳州市县政协主席工作座谈会精神；听取县政府2019年上半年工作通报；听取县政协2019年上半年工作通报；学习习近平总书记在中央政协工作会议暨庆祝中国人民政治协商会议成立70周年大会上的讲话；通报县政协“不忘初心、牢记使命”主题教育开展情况；协商讨论县政府工作报告和县政协常委会工作报告、提案工作报告及其他报告，审议通过县政协十四届四次会议有关事项，表决通过县政协有关人事事项。

【政府、政协联席会议】 2019年6月5日，漳浦县在县政府三楼会议室召开政府、政协联席会议，县政府正、副县长、县政协正、副主席出席会议，县政府办、财政局、卫健局、教育局、城管局、生态环境局、绥安工业区、绥安镇及县政协各机关委办负责人列席会议。会上，县政府、县政协相互通报工作情况，县政府相关职能部门及分管副县长就县政协重点提出的民生问题作详细解答，会议还就《古雷整岛搬迁纪实》等4部文史资料编印费用、海峡文史馆族谱收藏及推动族谱修编工作经费等相关问题达成共识。

·政治协商·

【民主协商】 2019年，漳浦县第十四届政协常委会围绕县委、县政府的中心工作及全县经济、政治、文化、社会和生态文明建设中的重大问题，制订协商计划，丰富协商形式，提升协商能力，增强协商实效，推动协商民主广泛多层制度化发展。先后召开3次议政性常委会议，听取县教育、民政、文化体育旅游、卫生健康、社会保障、医疗保障、应急管理、行政服务中心等部门工作情况通报，并围绕相关工作进行专题协商。与县政府召开联席会议，就老旧住宅增设电梯、规范小区物业管理、绥东溪和南门溪污染整治、县城区停车位建设、加大教育事业投入、缓解看病贵看病难等六大热点难点问题进行充分协商，形成共识，推动热点难点问题解决。先后就关帝文化公园征迁和建设、绥东溪污染源整治与县政府分管领导和有关部门领导召开专题协商会议，达成一致意见，并多次组织有关部门和政协委员到现场进行视察。经过反复协商，推动县城关帝文化公园建设和绥东溪污染源整治工作。

【参政议政】 2019年，漳浦县第十四届政协常委会围绕“党政所想、发展所需、群众所盼、政协所能”的特点，先后组织政协委员、有关部门就食品安全、工业污水治理、农村人居环境整治、惠台政策落实情况、住宅小区公用电梯配置及运行等多个事关全县经济社会发展的重大课题和人民群众普遍关注的热点问题，开展专题调研或集中视察活动，形成8篇视察、调研报告，为县委、县政府科学决策提供重要参考。

【民主监督】 2019年，漳浦县第十四届政协常委会按照“在参与中支持、在支持中服务、在服务中监督”的要求，注重通过在各项履职活动中提出批评性、建设性意见；强化民主监督，做到开展监督有计划、有题目、有载体，促进监督水平和监督实效的提高。发挥提案监督作用，采取党政领导牵头办理、政协领导领衔督办等措施，强化“支持和鼓励民营企业健康发展”等重点提案的督办，促进提案办理落实。组织委员对《加强县城绥东溪治理的建议》进行带案视察，与提案承办单位开展提案办理协商，提出要排查排污企业、完善排污管网、增设污水处理站等建议，促进提案建议采纳落实。开展优秀提案和提案承办先进单位、先进个人评选活动，激发政协委员、承办单位参与政协提案工作的热情。同年，立案提案89件，办结88件，答复率、办结率和满意率均达到99%。

【提案工作】 2019年，漳浦县政协委员和政协各参加单位以及各专门委员会，紧紧围绕县委、县政府的决策部署和群众普遍关心的热点难点问题，共提交提案91件。经提案委员会审查，立案89件，2件作为委员来信转送有关部门阅处，立案98%。至年底，89件由36个职能部门和单位办理的提案现已办复88件，答复率、办结率和满意率均达到99%。

（陈世杰）

纪检监察

·综　述·

【概况】 2019年，漳浦县纪检监察创新治理体系，纪检派驻机构、乡镇纪委立案123起124人；强化监督首责，健全领导干部廉政档案，党风廉政审核意见回复2696人次；运用“四种形态”妥善处理573人次；凸显政治站位，对涉嫌非法采矿的党员及公职人员党纪政务立案9人，查处主体责任落实不力问题20起31人，查处违反中央八项规定精神问题31起42人，查处形式主义、官僚主义问题15起35人；向5个单位发出纪检监察建议书，推动整改问题17个、完善制度11项。

【县纪委十三届四次全体会议】 2019年1月25日，中共漳浦县纪委十三届四次全体会议在县会议中心召开。戴平忠、黄庆华、刘达文、林培兴等县各套班子领导出席会议，市纪委第四监察室有关负责人到会指导，县委书记戴平忠在会上作讲话，县长黄庆华传达中央、省、市纪委全会精神，县委常委、纪委书记、县监察委员会主任林志辉作题为《高质量推动全面从严治党向纵深发展，为建设新时代富美金漳浦提供坚强保障》的工作报告。全会审议通过县纪委全会工作报告和决议。

·监督检查·

【监督全面覆盖】 2019年，漳浦县纪委结合“不忘初心、牢记使命”主题教育，学习贯彻习近平新时代中国特色社会主义思想和党的十九届四中全会精神，把“四个意识”“四个自信”“两个维护”内化于心、外化于行。开展“漠视侵害群众利益问题”等9个专题调研，下沉一线掌握情况，解决问题。围绕贯彻新发展理念、打赢三大攻坚战、“大抓工业、抓大工业”、生态环保督察问题整改、落实意识形态工作责任制等重点工作开展监督检查，对涉嫌非法采矿的党员及公职人员党纪政务立案9人。推进全面从严治党，紧盯“关键少数”，查处主体责任落实不力问题20起31人。

【监督首责强化】 2019年，漳浦县纪委坚持日常监督常态化，聚焦“关键少数”，加大对函询结果抽查核实力度，督促被约谈函询的28名县管党员领导干部在民主生活会上作出说明。健全领导干部廉政档案，党风廉政审核意见回复2696人次。坚持惩前毖后、治病救人方针，运用“四种形态”妥善处理573人次；其中，第一种形态占62.83%、第二种形态占28.97%、第三种形态占1.74%、第四种形态占6.46%。落实“三个区分开来”要求，为42名受到错告的干部澄清正名，体现严管与厚爱结合、激励与约束并重。推进纪检监察系统检举举报平台建设，开展乡镇纪委“监督执纪工作提升年”活动，推进“下派村级党风监督员＋”、村居（社区）公务卡推行等工作，给村级“三资”装上“追踪器”。

·专项整治·

【漠视群众利益问题整治】 2019年，漳浦县纪委开展“四访”活动，推动群众反映问题化解在小、化解在基层。结合主题教育，开展漠视侵害群众利益问题专项整治，聚焦4方面17项群众关注的痛点、难点、热点问题，推动职能部门集中整治10类30项具体问题，并向社会公布整治成果3批次。查处侵害群众利益问题50起96人，给予党纪政务处分74人。开展“四个专项治理”，纠正损害群众利益行为。开展贫困户入户访查942户2736人，查处扶贫领域腐败和作风问题8起29人；查处民生领域违规违纪问题42起67人，给予党纪政务处分60人。与公安机关建立“三个同步”协作配合机制，查处党员干部涉黑涉恶腐败和充当“保护伞”及失职失责问题7起9人。

【正风肃纪整治】 2019年，漳浦县纪委开展领导干部利用名贵特产、特殊资源谋利专项整治，查处违反中央八项规定精神问题31起42人，通报曝光3批7起9人。开展形式主义、官僚主义集中整治，全县性会议数、发文数、检查考核数分别同比下降45.80%、48%、67.70%，查处形式主义、官僚主义问题15起35人。聚焦不收敛不收手，有贪必肃、有腐必惩，受理检控类初次举报149件，立案审查调查207件，其中乡科级23件，留置案件4件，移送司法机关4人；其中，查处魏某芳严重违反党的纪律及受贿犯罪案件，惩治蓝某生、李某章、林某强等破坏生态环境和充当“保护伞”严重违纪违法行为，挽回经济损失2000多万元。坚持“一案一整改”，先后向5个单位发出纪检监察建议书，推动整改问题17个、完善制度11项。拍摄警示教育片《贪欲的黑洞》。举办6场“一镇一孝廉”活动，推送10期“孝廉人物”微信专刊，单期最大阅读量140多万。

【治理体系创新】 2019年，漳浦县纪委推进纪检派驻机构改革，赋予20个纪检派驻机构相应监察权。健全挂钩联系、会商指导、履职考核等机制，同年，纪检派驻机构、乡镇纪委立案123起124人。发挥反腐败协调小组作用，主动对接以审判为中心的刑事诉讼制度改革，促进纪检监察机关与司法机关、执法部门互相配合、互相制约。落实“两个原则、两个优先、两个在前”工作机制，依法保障民营企业合法权益。

【纪检队伍建设】 2019年，漳浦县纪委开展“不忘初心、牢记使命”主题教育，推进机关政治建设。严把选人用人入口关，制定专职纪检监察干部流动把关制度，优化队伍结构。深化“大学习、大培训”，组织纪检监察干部学习培训25场3105人次、知识测试4场368人次，选送11名纪检监察干部到上级纪委跟班学习，提升依规依纪依法履职水平。加强监督执纪工作规则和监督执法工作规定的学习贯彻执行，践行省纪委“六带头、六严禁”行为规范，健全纪检监察干部打听、过问、干预监督执纪和审查调查工作报告登记备案制度，牢守安全底线，做到纪法双施双守。选聘县监委第一届特约监察员12人，推动外部监督与内部监督衔接发力。对反映纪检监察干部问题线索100%核实处置，严防“灯下黑”。

（陈锦坤）

·外 事·

【概况】 2019年，漳浦县外事工作加强全县外事工作制度建设及党对外事工作集中统一领导，紧扣外交大局，发挥地方外事部门的资源和优势，服务国家总体外交及地方经济社会建设；配合商务部参与在漳浦县举办的外事活动；执行中央"八项规定"精神，规范因公出国（境）管理；为涉外企业提供APEC商务旅行卡申报的宣传、业务培训和申办服务。

【外事工作机制建立健全】 2019年，漳浦县加强全县外事工作制度建设及党对外事工作集中统一领导，4月，成立由县委书记、县长担任正、副主任的县委外事工作委员会。9月，召开县委外事工作委员会第一次工作会议，组织外事委委员学习中央、省委、市委有关外事工作会议精神，审议并通过《中共漳浦县委外事工作委员会工作规则》和《中共漳浦县委外事工作委员会办公室工作细则》，为全县外事工作确定工作规则和工作细则。

【来访接待】 2019年，漳浦县把外事接待安排与宣传漳浦县经济社会及各项事业的发展联系起来，有重点、有针对性地安排参观考察；利用会见会谈机会，推介和宣传漳浦县项目及产业，服务漳浦县对外合作、招商招展和引资引智。10月，参与接待"行走中国·海外华文媒体漳州行"主题采访漳浦站活动，接待来自美国、加拿大、英国、澳大利亚、尼日利亚等12个国家和地区20多名华文媒体高层人士；12月，参与接待参加中央党校2019拉美国家公务员公共行政管理研修班（第二期）11个拉美国家的32名司处级官员及阿根廷公共管理研修班20名中高级公务员一行到漳浦县参观。

【对外文化教育交流与合作】 2019年5月21日，菲律宾长和郎君社总社到大南坂镇新民村，与漳浦国姓南音社、漳州师院南音学会开展南音会唱表演交流活动。9月，漳浦县参与在漳州科技学院举办的中国对外援助培训项目——2019年"一带一路"国家茶文化与茶产业发展官员研修班援外茶叶培训班活动，来自8个国家的38名官员参加研修；10月，参与在漳州科技学院举办的第九届国际文化研讨会暨2019年国际茶学教育论坛活动，来自美国、韩国、意大利、埃及等国的专家学者参加；10月，

10月6日，新加坡林景中学侨生到漳浦二中学习交流　　（县外事办 供图）

对接新加坡林景中学学生到漳浦二中学习交流活动。11月，配合商务部参与在漳州科技学院举办的2019年“一带一路”国家无公害茶叶生产技术培训班和2019年斯里兰卡茶叶生产技术培训班活动，来自肯尼亚、埃及、格鲁吉亚等8个国家的59名官员参加。

（县外事办）

·侨务·

【概况】 2019年，漳浦县侨务工作做好贫困归侨及侨眷的扶助，向51名贫困归侨及侨眷发放补助款11.53万元，向159名退休归侨发放生活补助款18.70万元，向80名高龄归侨侨眷发放高龄补助款13.25万元；鼓励海外侨胞积极参与家乡公益，争取海外华人华侨捐资漳浦县公益事业资金58.01万元。

【困难归侨侨眷帮扶】 2019年，漳浦县侨办开展归侨困难户救济扶助和退休归侨的生活补贴款发放，切实帮助归侨困难户解决生产生活困难。同年，办理归侨低保户、扶贫户22户，发放扶贫低保补助款5.28万元。向27名残疾归侨发放残疾补助款5.70万元，向2名患病归侨发放大病补助款0.55万元，向80名高龄归侨侨眷发放高龄补助款13.25万元。向全县159名退休归侨发放生活补助款18.70万元。其中，大南坂镇85人，发放金额9.94万元；万安农场41人，发放金额4.80万元；其他乡镇33人，发放金额3.96万元。春节期间，走访慰问困难归侨及侨眷9人，发放慰问金1.08万元。

【接待与服务】 2019年5月21日，漳浦县侨办参与接待菲律宾长和郎君社总社一行到漳浦县开展曲艺交流活动。办理华人华侨回国定居28人，其中，华侨22人，非华侨6人。为17名归侨新办或补办归侨证明，为2名“三侨生”（归侨青年、归侨子女、华侨子女）出具中考、高考加分证明。

【侨胞参与家乡公益事业】 2019年，漳浦县侨办与县委统战部、县侨联等部门一起，加强与海外华人华侨的联系，鼓励有实力的华人华侨回乡探亲访友，捐助家乡公益事业。争取海外华人华侨

4月12日，漳浦籍印尼爱国侨领王加禄图片展在漳州图书馆开展　　（何惟英 摄）

捐资漳浦县公益事业资金 58.01 万元。

【《漳浦华侨史》编印完成】 2019 年，漳浦县侨办深入侨乡，联系走访老归侨侨眷和回国探亲的华人华侨，多渠道收集史料，并对已征集的资料进行详细筛选和鉴别。至年底，完成《漳浦华侨史》定稿校对和编印。《漳浦华侨史》全书 40 万字，分为 7 章 42 节，该书记述上限始于漳浦建县，下限至 2015 年 12 月。

【漳浦籍爱国侨领王加禄事迹图片展在漳州图书馆开展】 2019 年 4 月 12 日，漳浦籍爱国侨领王加禄事迹图片展在漳州图书馆开展。展出展板 20 板，分设为"闯荡南洋 事业有成""爱国爱乡 家族传统""百年故居 省级文物"3 个部分，阐述王加禄爱国爱乡、乐施好善、助人为乐的情操。王加禄 1860 年生于漳浦县前亭镇过港村，20 岁时到印尼经商，事业有成后热心华人社会公益事业，创办龙目岛第一所华校——龙目中华中学。图展活动由漳州市图书馆、漳州市文物保护中心和漳州华侨历史学会联合主办。

【新加坡侨生到漳浦开展文化交流活动】 2019 年 10 月 6 日，新加坡林景中学侨生一行 32 人到漳浦县开展文化交流活动，体验中国传统特色文化课，与漳浦县的师生进行学习交流互动。其间，侨生参观了漳浦一中、二中校园，了解校史；现场体验漳浦剪纸、书法、掌上木偶、制作团扇等活动。

（县侨办）

· 台港澳事务 ·

【概况】 2019 年，漳浦县台港澳办贯彻落实《关于进一步促进两岸经济文化交流合作的若干措施》惠台政策措施，发挥优势，先行先试，在经贸、旅游等方面推进浦台交流交往；加大海峡人才交流合作与引进力度，吸引 34 名台湾青年到漳浦就业；开展"台商台胞服务年"活动，做好在浦创业台胞台商服务，开辟驾考专场，为 23 名在漳浦工作、生活的台胞台商换领驾驶证。县台港澳办被省台港澳办授予"全省台办系统先进集体"称号。台胞吴锡祺、曾文子家庭获评 2019 年度"全国最美家庭"。

【浦台宗亲交流】 2019 年 6 月 17 日，30 多名来自台湾桃园市的杨氏后裔，到漳浦县佛昙镇杨氏祖庙寻根谒组，对接族谱，参观家庙，祭拜杨氏先祖；5 月 27 日至 6 月 2 日，县台港澳办主任陈志勇率漳浦宗亲交流团一行 9 人前往台湾开展宗亲交流活动，在台其间，先后拜会高雄漳浦同乡会、洪氏、林氏、陈氏等宗亲会，拜访中国国民党原副主席林丰正、原海基会会长林中森；6 月 13—19 日，县台港澳办副主任许智富率陆配亲属交流团一行 10 人赴台开展为期 7 天的参访交流活动，看望在台亲属、与宗亲恳谈。

【浦台宫庙文化交流】 2019 年 3 月 28 日，台湾中华道教古公三王弘道协会董事长张明华，组织古公三王庙 230 人到漳浦县湖西乡古公三王庙谒祖进香，并举行过火仪式；5 月 17 日，台湾桃园市

5 月 7 日，中国台湾南投县武昌宫进香团一行在漳浦西湖宫进香

（县台办 供图）

保障民俗文化推进会主委张瑞雄、魏进益、吴冠希率台湾桃园市保障民俗文化推进会会员、宜兰县南方澳进安宫、新竹市竹堑真后妈祖会等宫庙理事、信众代表等326人到漳浦县旧镇乌石天后宫、威惠庙参访进香。

【浦台港澳体育交流】 2019年6月1—2日，福建省全民健身运动会（漳浦赛区）暨“欧唐杯”2019年海峡两岸第二届游泳邀请赛开幕式与泳池赛在佛昙镇和六鳌镇举行。来自福建、广东、浙江、香港、澳门、台湾等地的36支代表队、300多名运动员参加比赛。

【到漳浦考察团对接服务】 2019年5月，港胞戴茂林回乡对漳州鸿顺大酒店等建设项目进行考察及香港漳州商会代表团赴漳浦考察。7月6日，台湾福昌集团杨正宏董事长带队到漳浦考察种猪养殖市场，并到佛昙杨氏祖庙祭祖。10月12日，台湾金门县陈彦宏董事长带队到漳浦县石榴镇考察田园综合体建设。10月20日，台湾台中市梁松贵董事长率考察团一行7人至漳浦台创园考察。

【人才引进】 2019年，漳浦县借助“6·18”海峡人才交流合作大会，鼓励台资企业提供就业实习岗位。全县台资企业累计提供就业实习岗位100个，吸引34名台湾青年到漳浦就业。

【服务台胞台商】 2019年，漳浦县台港澳办主任先后走访台创园、台商联谊会等单位，三本肥料、安发、国全等台资企业，“天后宫”“种玉堂”等交流场所，通过召开座谈会，向台商、台胞传递大陆惠台政策措施，听取台商意见、了解问题、解决难题。开展“台商台胞服务年”活动，与台创园管委会、县物价局、县电力公司制定、实施漳浦县台资种养殖企业享受优惠电价政策；联合县人社局解决台资企业劳动争议纠纷；建立县领导、对台干部分别挂钩联系重点台资企业制度。4月13日，联合县公安局交警大队，为23名在漳浦工作、生活的台胞台商开辟驾考专场服务；对需换领驾驶证的台胞，只需完成照相、体检，当日就可直接进行受理、预约、考试等所有流程，当场领取大陆驾驶证。

【海峡两岸少数民族交流会在浦召开】 2019年4月8日，海峡两岸少数民族交流座谈会在漳浦县召开。来自台湾盘氏、蓝氏宗亲及漳浦、福鼎、连江、上杭4个海峡两岸少数民族交流与合作基地及漳州畲族代表等参加座谈会。国家民委港澳台办副主任蓝海滨、福建省委统战部副部长翁雄宇、省民宗厅副厅长蓝秀珍出席座谈会。座谈会围绕国台办31条惠台措施落实情况进行交流，并就进一步深化闽台少数民族经济、文化交流与合作，促进两岸少数民族交往交流交融进行深入讨论。

【浦台青年创新创业大赛举行】 2019年12月16日，浦台青年创新创业大赛在漳浦县举行。经过激烈角逐，产生一等奖1人、二等奖2人、三等奖3人、优秀奖6人。漳浦县以此次大赛为平台，根据不同层次人才的需求，培养和提升人才队伍，建立育才、用才、推才长效机制；重点培养懂技术、善经营的两岸青年。

【“天福杯”海峡两岸名茶邀请赛颁奖典礼在浦举行】 2019年11月24日，2019年“天福杯”海峡两岸名茶邀请赛颁奖典礼在漳州科技学院体育馆举行。本次大赛设置大红袍、红茶、高山乌龙、铁观音、白茶5个参赛茶类。两岸茶农共选送4673个参赛茶样，其中台湾参赛茶样682个，参赛人数与茶样数均创历史新高。经两岸18位专家评委的评审，共评出各茶类的第一名、第二名、第三名各一个及优质奖若干，奖牌数共计215个。“天福杯”海峡两岸名茶邀请赛是对台重点交流项目之一，已经连续举办了9届，给两岸交流合作提供了良好的平台。

（张　莉）

群众团体

· 漳浦县总工会 ·

【概况】 2019年，漳浦县总工会加强基层组织建设，新组建企业工会330家，新增会员数4593人；推动工资集体协商，全县建立集体合同制度的企业有单独2672家，区域覆盖2464家，行业性86家；发动380家企业，职工3.43万人参加“安康杯”劳动竞赛。

【工资集体协商】 2019年，漳浦县总工会按照市总工会开展工资集体协商“要约行动月”的安排部署，结合漳浦实际，细化实施方案，督促县域内各类企业开展工资集体协商，着力解决工资水平、奖金分配、福利津贴等突出问题。至年底，全县单独建立集体合同制度的有2672家，区域覆盖2464家，行业性86家。

【送温暖活动】 2019年，漳浦县总工会在元旦、春节期间，慰问困难会员职工274人，发放慰问金31.50万元；各乡镇工委、基层工会同期开展相应活动。夏季时，开展“防暑降温”慰问活动，慰问职工2000多人，发放慰问金5.85万元。根据市总工会《关于在全市机关企事业单位中开展职工医疗互助活动的通知》精神，县总工会结合实际，出台《漳浦县职工医疗互助活动实施方案》，发动职工参加医疗互助保障，推进职工医疗互助。

【关爱帮扶女职工】 2019年，漳浦县总工会除在春节、元旦“两节”开展为女职工办实事解难事活动外，还在日常工作中，采取联系计生困难户、结对帮扶困难女职工和挂钩女职工困难户等形式开展扶贫助困。与县妇联联合举办有关女性健康知识讲座，提高女职工保健常识；组织女职工进行妇科普查。在对建档困难女农民工进行“两癌”普查的基础上，延伸至对在档困难女职工进行“两癌”检查。

【劳动竞赛】 2019年，漳浦县总工会以创建“工人先锋号”为主要载体，发动企业参加“安康杯”劳动竞赛，全县参赛单位380家，参赛职工3.43万人。

【劳模事务】 2019年“五一”前夕，漳浦县总工会与县融媒体中心联合在县广播电视台推出劳模访谈录专题，在全社会营造尊重、关心、学习劳模的氛围；10月，组织劳模到县中医院进行免费体检；向全县省、市级劳模发放慰问金和困难补助金等18.50万元；“五一”前夕，开展2019年度全国、省、市“五一劳动奖章(状)”推荐评选活动，把全县符合条件的先进个人推荐至市总工会参加评选。

【职工素质建设】 2019年，漳浦县总工会落实“职工素质建设工程”，加强与社会职业培训机构合作，培训职工1000多人次，为职工转岗，贫困职工家属转岗，职工素质提升等创造条件。发动基层工会利用节假日开展职工文体活动，丰富职工业余生活。2019年春节、元宵“两节”期间与基层工会联合举办“歌咏比赛”“庆元宵乒乓球比赛”“职工书画展”等。

【财务、经审工作】 2019年，漳浦县总工会经审委严格执行国家和上级工会的财经纪律，做好一年一度收支预算和决算审查审计，按时上报经审工作台账，不迟报漏报。继续委托县税务局代征经费收缴，上解工会经费 803 万元，完成经费预算的 101%。

（黄百万）

·共青团漳浦县委员会·

【概况】 2019 年，共青团漳浦县委结合新中国成立 70 周年、五四运动 100 周年、少先队建队 70 周年等契机，开展“青春心向党•建功新时代”“传承红军精神•万人徒步长征”“五星红旗•我为你骄傲”等活动 14 场，把党的成就、党的声音、党的主张传递到广大青少年中；组织青年 3000 多人次开展“学雷锋”志愿服务活动；搭建服务青少年平台，争取助学基金 23 万元，帮助 63 名贫困家庭学子圆大学梦，服务贫困青少年 3000 多人次；推进“智慧团建”，提升基层团组织建设规范化、科学化，基层团干部落实一月一走访制度，涉及 300 多个村居，联系青年 5000 多人次。

【青年交流平台创建】 2019 年，共青团漳浦县委利用“青年之家”阵地优势，搭建交流平台，丰富青年互动载体。开展公考培训、志愿服务、“你守护世界、我守护你”等活动 20 余场，为青年创业创新、学习交友等提供助力。在创享未来、四通物流集团等企业增设 2 个“青年之家”服务点，方便青年创业创新、学习交友。

【关爱困境青少年】 2019 年，共青团漳浦县委实施“希望工程•圆梦大学”助学行动。向厦门漳浦商会、漳浦泉州商会、深圳漳浦商会争取爱心助学基金 23 万元，帮助 63 名贫困家庭学子圆大学梦。联合漳浦驻深圳团工委到盘陀镇东林小学开展“抱团携手、深情助困”活动，捐赠爱心书包 200 个。在纪念少先队建队 70 周年活动期间，向八一希望小学、漳浦实验小学、深土中心学校捐赠图书架 22 个、图书 4400 册。通过政府购买社会服务的方式，开展“服务归正涉毒青少年帮教及外来务工未成年子女成长帮扶项目”“心手相牵、情暖漳浦”关爱留守儿童、青少年自护教育等系列活动，营造未成年人健康成长环境。团属社工通过驻校、外展探访、走访、访谈、建立档案个案等方式，服务困境青少年 3000 多人次。

【基层团组织建设】 2019 年，共青团漳浦县委加强基层组织建设，开展基层团建述职评议活动，促进基层团组织从严治团工作，推进“智慧团建”，按照专人负责、专人管理的原则，确保录入数据真实、准确、完善，提升基层团组织建设规范化、科学化水平。结合“1+100”（括注），组织团干深入基层倾听青年心声，把握青年诉求，解决青年困难，引领青年成长，成为“心”有青年、“身”近青年、“言”进青年的表率。通过扶贫慰问、青年创业就业摸排、希望工程走访及主题教育等活动，基层团干部基本做到一月一走访，涉及 300 多个村居，联系青年 5000 多人次。

【浦台青年就业创业能力提升】 2019 年，共青团漳浦县委以“浦台青年人才汇”交流平台为载体，举办人才沙龙、学习汇 30 余场次，对青年的创业项目给予具体指导、法律咨询和跟踪服务。6 月，联合县融媒体中心开设《浦台人才创新路》电视专栏，播出 16 期，宣传浦台人才的创新点、

4 月 30 日，共青团漳浦县委举办“青春心向党 建功新时代”纪念“五四”运动 100 周年暨“传承红军精神万人徒步长征”活动（陈心逸 摄）

先进经营理念、管理理念，提升浦台人才创新创业的热情。推报一批符合国家和省、市产业导向、具有较好的开发价值、发展前景良好的项目参与漳州市青年英才优秀创业项目评选，其中5个项目获奖，获创业资金50万元。12月，联合县委台港澳办、漳州科技学院等部门，举办首届浦台青年创新创业大赛，为浦台青年提供创业展示平台，为获奖的6家企业提供46万元创业资金支持。

【五四运动100周年系列活动】 2019年4月30日，共青团漳浦县委、县教育局联合举办“青春心向党·建功新时代”纪念五四运动100周年暨“传承红军精神·万人徒步长征”活动。活动在县城设立主会场，在佛昙、旧镇、杜浔、赤湖、石榴设5个分会场，各界青年、学生代表1000多人在主会场参加活动。

（林子杰、卢丰）

·漳浦县妇女联合会·

【概况】 2019年，漳浦县妇女联合会组建200多支美丽家园巾帼督导队，助力生态家园建设；联系金融机构，发放巧妇贷503户，总授信5742.20万元，总用信3902.47万元，为创业就业妇女提供融资优惠；发动向“福建省母亲健康天使基金”捐款18.81万元，帮扶“两癌”贫困母亲。选出“全国三八红旗手”1人、全国“最美家庭”1户、省级“最美家庭”2户、省级“巾帼文明岗”1个。

【漳浦县妇女第十七次代表大会】 2019年12月15—16日，漳浦县妇女第十七次代表大会在绥安镇金仕顿大酒店召开。来自全县各行各业的妇女代表280人出席会议。县领导刘达文、林培兴、沈顺来、张秀华、陈美慧、冯建辉、张少榕，县直有关单位、群团部门领导到会祝贺。市妇联党组成员、副主席陈银花到会致辞，县委常委、组织部部长沈顺来代表县四套班子对大会的召开表示祝贺。会上，县妇联第十六届执委会作题为《凝聚巾帼心、奋进新时代，为新时代富美金漳浦发展不懈奋斗》的工作报告。大会审议通过漳浦县妇联第十六届执委会工作报告，选举产生县妇联第十七届执委会主席1人、副主席2人、挂职副主席1人、兼职副主席2人和常务委员11人。

【“两纲”目标达标促推】 2019年，漳浦县妇联做好《中国妇女发展纲要》《中国儿童发展纲要》（以下简称“两纲”）的宣传落实，完成2018年度“两纲”监测统计报告。开展为期一个月的“礼赞新中国·书香飘万家”暑期公益课程，分设快乐律动、社交礼仪、家长课堂等5个课程班，每个课程班招收30名学员。5月，联合绥安镇江滨幼儿园开展以书为媒，以阅读为纽带的“相伴同悦读·共抒家国情”系列活动，为幼儿园捐赠幼儿类书籍248册、为家长作幼小衔接专题讲座、举办亲子阅读故事比赛等。

【巾帼大学习活动】 2019年，漳浦县妇联配合天福集团妇女工作委员会先后组织举办宣传十九大精神、亲子茶文化、重阳敬老曲水流觞等活动，引导台企女

12月15-16日，漳浦县妇女第十七次代表大会在绥城金仕顿酒店会议室召开

（县妇联 供图）

员工为家庭树新风，为两岸统一搭平台；配合沙西镇举办“倾情礼赞新中国·巾帼奋进新时代”，包含中共十九大精神、中国妇女十二大报告、反家暴法、新婚姻法、扫黑除恶等知识竞赛。

【乡村振兴巾帼行动】 2019年，漳浦县绥安镇大埔村和旧镇镇东厝村妇联分别被列入漳州市“巾帼助力乡村振兴”项目示范村，大埔村获评为优秀村，东厝村获评为良好村。7月，向大埔村、东厝村妇联授予“巾帼助力·乡村振兴”旗帜，在两村同步开展巾帼助力乡村振兴志愿服务活动。在全县推出“巧妇贷”融资服务，在信贷规模、利率定价、贷款期限、业务创新等方面给予创业就业妇女倾斜和优惠，至年底，发放巧妇贷503户，总授信5742.20万元，总用信3902.47万元(其中2019年135户，总授信1879万元)。

【建设生态家园巾帼行动】 2019年，漳浦县妇联组建200多支美丽家园巾帼督导队，开展爱国卫生运动。3月20日，联合团县委组织百余名巾帼志愿者和青年志愿者，在东罗岩景区举行“发扬雷锋精神·助力‘双创’”登山捡垃圾志愿服务活动；与绥安镇妇联联合在绥安镇炉尾村举办“巾帼心向党·齐心促‘双创’”文艺晚会，宣传“创卫创城”常识。12月，结合国际志愿者日“关爱他人，关爱社会，关爱自然”主题，在东厝村开展巾帼志愿者护河行动。

【关爱妇女身心健康】 2019年，漳浦县妇联指导基层妇联举办“关爱女性·呵护健康”等女性健康讲座10场，提高妇女自我保健意识。对接人寿保险漳浦支公司向全县女性推广女性安康保险，至年底，参保妇女1492人，投保17.50万元。在县妇女儿童活动中心举办广场舞公益培训3期，每期时间1个月，培训学员40人。

【贫困女大学生帮扶】 2019年，漳浦县妇联发动6家企业及社会爱心人士为“春蕾圆梦”捐款5.40万元，资助家庭贫儿童；并根据家庭困难程度分别向21名女学生每人发放2000～5000元不等的助学金，累计9.08万元。

【儿童关爱】 2019年春节期间，漳浦县妇联联合团县委组织巾帼志愿者、返乡大学生、爱心妈妈等群体，到长桥镇、湖西畲族乡开展公益“冬令营”活动，为农村留守儿童、困境儿童提供亲情陪伴、兴趣培养、安全自护教育、课业辅导等。

(周小娟)

·漳浦县科学技术协会·

【概况】 2019年，漳浦县科学技术协会实施《全民科学素质发展纲要》，开展科普宣传、设施建设、青少年科技活动，创建科普中国乡村（社区、校园)e站94家，投入资金65万元，支持14个村、社区基层科普设施建设；组织青少年参加创新大赛，5项作品获市级表彰，2项被推荐参加省第35届青少年科技创新大赛；做好2016－2020省第二批科普示范县验收准备工作，8月，漳浦县获得审核通过福建省第二批科普示范县。

【科普中国乡村(社区、校园)e站建设】 2019年，漳浦县科协加大科普中国乡村(社区、校园)e站建设力度，至年底，全县已创建科普中国乡村(社区、校园)e站94家。其中，绥安镇城西社区、绥北社区、绥东社区、大南坂新民村、杜浔文卿村、石榴镇象牙小学、佛昙镇白石小学等7个科普中国乡村(社区、校园)e站被省科协认定和命名为科普中国乡村(社区、校园)e站。城西社区获省级科普中国社区示范e站专项资金3万元，其余6个e站获市级专项资金各2万元；大南坂镇新民村、盘陀镇产山村获评为省级科普示范村，各获奖励专项资金4.50万元，旧镇镇玉厝村获评为市级科普示范村，获专项资金4万元。

【基层科普阵地创建】 2019年，漳浦县科协先后拨付65万元支持旧镇东厝村、绥安镇城西社区、绥东社区、湖西乡政府、湖西乡丰卿村，杜浔镇文卿村、路打村，赤岭乡石椅村、石榴镇攀龙村、马坪镇文安村、赤湖镇西城村、佛昙镇东坂村、轧内村、后许村等单位基层科普设施建设。

【院士站建设】 2019年，漳浦县新建院士站1家，即福建鑫洋宾水产养殖有限公司林浩然院士工作站。配合院士站开展评估工作。

【学会服务站】 2019年，县科协向上申报建设学会服务站6家，获批3家。其中，国家级1家，为漳州天福茶业有限公司学会服务站；省级2家，为鸿展园林工程有限公司学会服务站、福建扬基生物科技股份有限公司学会服务站。

【青少年科学工作室创建】 2019年，漳浦县绥安镇绥东社区完成中型青少年科学工作室创建，漳浦一中、达志中学、县实验小学、城南小学等青少年科学工作室已投入运行，并获得市专项资金各1万元。万辰生物、美丽家香青少年科学工作室获市科协评估通过，每家获补助经费60万元。

【创新大赛参与】 2019年，漳浦县青少年创新大赛新突破，全县送参赛作品26件，获市级表彰5项，其中分获市一、二等奖的2项作品被推荐参加省第35届青少年科技创新大赛。

【科普活动】 2019年，漳浦县科协参与组织"科技三下乡""110联动日宣传""科技·人才活动周"等科普宣传活动，发放科普图书300多册、科普资料5000多份。组织2019年主场"全国科普日"活动，获得省科协表彰的全国科普日活动优秀组织奖。

（杨智勇）

漳浦县归国华侨联合会

【概况】 2019年，漳浦县归国华侨联合会举行第十届三次全委（扩大）会议，选举产生新一任侨联主席；南山华侨茶果场侨联进行换届，同时启动"五有"侨胞之家的创建；开展精准扶贫，向6名贫困侨发放省级救助款每人1883元，9名贫困侨发放市级救助款每人1200元；拓展海外联谊，接待海外侨胞9批（团），接受海外侨胞捐赠公益事业58.01万元。

【侨益维护】 2019年，漳浦县侨联多次深入侨区协调解决侨益保护工作。其中，白竹湖农场和坑村反映的侨产仰正小学被占用一事，经与前亭镇党委、政府协调，得到妥善解决。前亭镇过港村印尼华侨王加禄故居保护一事，经与各方协调，前亭镇、过港村分别投入资金，王加禄后人也捐出财物，共同对王加禄故居环境进行整治维修。2019年，王加禄故居被列为省级文物保护单位。

【联络联谊】 2019年2月20日，漳浦县侨联接待菲律宾漳厦龙同海商会总会一行23人，参观赵家堡、天福石雕园、孔庙等；3月27日，看望回乡省亲的印尼侨胞蓝宝华、黄万丁伉俪；4月10日，看望回乡扫墓的陈贯珩及其在新加坡的子女；4月26日，接待至马坪镇寻根谒祖的印尼侨胞陈迪鹏、吴玉玲伉俪及其在美国、澳洲的兄弟姐妹一行；5月21日，看望以长和郎君总社理事长郑远明为团长的菲律宾南音社一行20人；8月10日，接待前亭镇庄厝村侨居马来西亚回乡谒祖的宗亲；10月2日，接待印尼侨领王加禄的后人王一民；12月17日，参加来自澳洲及巴西华侨青年寻根之旅冬令营在漳州科技学院开营仪式，39名师生在漳州科技学院进行为期11天的文化交流活动。

（戴艺文、何惟英）

漳浦县台湾同胞联谊会

【概况】 2019年，漳浦县台湾同胞联谊会做好在浦困难台胞的帮扶事宜，向上争取为2名在浦困难台胞获得帮扶金3000元，为35名在浦老台胞申请并获得老龄补助资金9.95万元，为3户在浦台胞困难家庭争取特困补助8000元；组织在浦的台籍学生参加第20届世界华人学生作文大赛，报送参赛作文3篇；做好回乡台胞接待，为6名定居台胞出具台籍子女身份证明。

【台胞帮扶】 2019年1月，漳浦县台联为在浦台胞王耀东、郑贵凤申请并获得上级台联帮扶金3000元；8月，为在浦台胞郑贵凤申请并获得省台联款1000元；9月，为35名在浦老台胞申请并获得2020年老龄补助合计9.95万元，为3名台胞低保户申请并获得2020年困难补助7200元；11月，申报3名困难台胞为中央统战部慰问对象，申报老台胞郑亚美为省台联困难台胞“两节”慰问对象；12月，申报5名困难台胞为漳州“慈善情暖万家”困难台胞救助对象。同年，为6名在浦定居台胞出具台籍子女身份证明，使其享受到加分的优惠政策；为3户在浦台胞困难家庭分别作为一类困难家庭和二类困难家庭报送，为他们争取特困补助8000元。

【接待联谊】 2019年1月7日，漳浦县台联接待全国台联副会长、福建省台联会长江尔雄陪同台湾南投市长宋怀琳到天福石雕园拜访台商李瑞河；1月8日，陪同全国台联副会长、福建省台联会长江尔雄，漳州市台联会长叶香雪一行到漳浦县开展慰问困难台胞活动。4月6—8日，全程参与台湾馥晔综合文化团和中华两岸少数民族知识经济交流协会理事长廖国栋团队的接待；12月13日，陪同台湾屏东县蓝氏宗亲会前理事长蓝鸿辉及夫人詹明琴、理事蓝鸿满及夫人、台湾妇女会总会理事长聂惠如出席赤岭乡蓝鼎元故居“中宪第”修缮落成庆典；12月27日，陪同台北蓝姓宗亲会理事长蓝德鋆、副理事长蓝崇杰及秘书长蓝浩彦3对伉俪到赤岭畲族乡寻根谒祖。

【征文活动参与】 2019年，漳浦县台联在省台联开展的“我与共和国同成长”——纪念中华人民共和国成立70周年征文中，张群撰写的《咫尺远 天涯近 故土情》征文获登福建省台胞之家网站。组织在浦的台籍学生参加第20届世界华人学生作文大赛，报送《懂得放下》《有种力量让我泪流满面》《家乡的味道》3篇作文参赛。

（郑色娇）

·漳浦县工商业联合会(总商会)·

【概况】 2019年，漳浦县工商业联合会(总商会)加强组织建设，协助筹建漳浦县泉州商会党支部，组建厦门市同安区漳浦商会，全县有异地商会8个，直属商协会5个，会员近3000人；完善服务平台，帮助企业办理融资贷款近千万元；引导会员参与精准扶贫。

【调查研究】 2019年，漳浦县工商联(总商会)先后到6家异地商会、4家直属商协会和30家会员企业走访调研，召开座谈会5场次。前往县机动车维修协会、县物流与运输协会和县装修建筑建材协会调研；走访漳浦宝佳实业有限公司、福建路丰交通建设工程有限公司、福建省仁常食品有限公司、漳州市通宝汽车有限公司、漳州新大新贸易有限公司和漳州市信方财务有限公司等兼职副主席(副会长)单位和会员企业，了解协会运作情况、企业经营情况，帮助协会和会员企业解决部分问题。

【服务平台完善】 2019年，漳浦县工商联(总商会)发挥“三方会议”协调机制作用，开展法律服务系列活动，推进法律进企业、进商会、进工商联机关，助力“平安商会”“平安企业”建设。与县司法局联合，帮助赤湖五金园的锦平五金工业有限公司解决劳务纠纷问题。与人民银行、厦门银行、邮政银行等金融机构建立联系机制，解决民企发展资金需求，帮助部分企业办理融资贷款近千万元。2月20日，协助漳州市木业商会和漳浦县人造板分会在金仕顿大酒店举办“促进民营企业发展、木业产业再行动”2019年新春座谈会，并举办有15家金融机构参加的对接现场会，促成木业企业土地办证等问题得到解决。

【商会组织建设】 2019年，漳浦县工商联(总商会)按照省委办公厅、省政府办公厅《关于促进工商联所属商会改革和发展的实施方案》要求，协助县委组织部抓好非公党建，筹建漳浦县泉州商会党支部。9月20日，组建厦门市同

9月20日，漳浦县工商联（商会）向新成立的厦门市同安漳浦商会授牌仪式在同安区举行 （县工商联 供图）

安区漳浦商会，成为漳浦县第八个异地商会。协助福州市漳浦商会第三届理监事会换届。

（黄文海）

·漳浦县文学艺术界联合会·

【概况】 2019年，漳浦县文学艺术界联合会引导全县广大文艺工作者顺应群众新期待，创作出一批漳浦地方特色的作品，有20件书法作品入展省书法家协会一级以上的权威展赛；有1人美术作品入选中国文联、中美协举办的全国中国画作品展，6人美术作品入选全国美展福建展区；以中华人民共和国成立70周年为主题，组织举办书画、剪纸作品展；组织各协会开展志愿服务活动，书法家协会在春节期间，为城乡群众义写春联2000多副。

【作品创作】 2019年，漳浦县文联组织带领全县文艺工作者，顺应群众的新期待，以高度的文化自觉和文化信心，潜心创作，创作出一批有思想内涵和地方特色的文艺作品。

文学　吴可彦小说《小梦》入选福建省图书馆、福建省作家协会主办“第二届福建文学好书榜推荐图书”；柳小黑作品集《棠花红》出版，蔡松君等10篇文学作品散见于各类报刊。

书法　有20件作品入展省书法家协会一级以上的权威展赛。其中，陈中华、林仲文获中华人民共和国成立70周年福建省美术书法精品展优秀奖，郑国育作品入展；陈中华、陈俊艺、林仲文等人作品入展庆祝新中国成立70周年·福建省第二届兰亭奖书法作品展；陈建新作品入展第六届中国海丝书画小品作品展，蔡丽葵作品获优秀奖；张素华、杨丰泽作品入展第七届“海峡杯”全国书画作品展；张素华、林铁印、曾青荣等人作品入展“守望兰亭·福建省第五届书坛新人新作展”。

美术　黄永滨作品分别入选中国文联、中美协第八届北京国际双年展，第三届“悲鸿精神”全国中国画作品展，“陆俨少奖”全国中国画作品展；陈文海、林跃武等人作品入选第十三届全国美展福建展区。

剪纸　陈燕榕作品获第五届中国非物质文化遗产博览会传统工艺比赛项目第三名；卢淑蓉作品获中华文化促进会剪纸艺术委员会主办庆祝中华人民共和国成立70周年“剪刀上的中国风——中国·临渭全国剪纸邀请赛”金奖；陈敏蓉作品入选福建省文化厅主办“开启非遗的美好生活——中国非物质文化遗产传承人福建师范大学研培计划成果展”；李小燕、李巧燕作品入选福建省文联、福建省民协、福建省海峡民间艺术馆主办“匠心守意”——中国·福建民间艺术交流展。

摄影　林杜鸿、邱志民作品入选“我和我的祖国”庆祝中华人民共和国成立70周年福建摄影展；林杜鸿作品入选福建省摄影家协会“瑞泉杯”最美武夷茶全国摄影大赛，并分别获“劳动最美”2019年漳州市职工手机摄影大赛三等奖、2019年漳州市“漳州制造·匠心初心”影像作品征集和“十佳”评选活动二等奖；林杜鸿、邱志民、林毓铎作品入选市委宣传部、市文联主办的“与祖国同行”摄影展;林杜鸿、蓝智伟、魏聚华作品获“最美六鳌”2019年漳州市手机摄影大赛优秀奖。

音乐舞蹈 李碧云、杨彦荣参加漳州市“水仙花杯”青年歌手赛,分别获流行组二等奖和美声组三等奖;漳浦红舞鞋舞蹈教育选送的《听见音乐就想跳》《三沙海娃》等作品在“中国舞蹈家协会教学成果展演”中,获最佳表演奖和最佳才艺奖。

戏剧 杨海港、林志坚、蔡和邦等在福建省第十四届“水仙花”节比赛中分别获银奖、铜奖;民乐鸭母笛《忆乡音》参加漳州市第三届花样漳州“九龙江杯”比赛中获器乐类二等奖。

【协会活动】 2019年,漳浦县文联紧扣中华人民共和国成立70周年,组织各协会开展各具特色的活动,向人民群众展示中华人民共和国成立70周年的光辉历程。

文学协会 在第24个世界读书日,由协会副主席、青年作家吴可彦举办“文学走进漳浦一中”公益文学讲座。

书画协会 先后举办“‘黄道周杯’漳浦县中小学师生书画展”“贺新春——金石拓片题跋精品展”“不忘初心、牢记使命——漳浦县庆祝建党98周年暨建国70周年书法、贺卡作品展”、庆祝新中国成立70周年“我和我的祖国——漳浦县少儿美术作品展”“我和我的祖国——书法作品展”、漳浦画院第三届画师作品展、八一希望小学书画展等。

剪纸协会 在天福博物院举办“迎五一”漳浦剪纸精品展,在漳州市图书馆举办“春华秋实”——陈秋日剪纸精品展、在蔡新府第举办庆祝中国共产党成立98周年剪纸作品展和庆祝新中国成立70周年漳浦剪纸精品展、在福州市三坊七巷省海峡民间艺术馆分馆举办漳浦剪纸精品展、在北戴河劳模院举办高少萍个人作品展等。

摄影协会 先后参加“两岸一家亲·共筑中国梦”三月三畲族文化节摄影活动、“绿城唐郡漳浦”桃花源杯纪念五四运动百年摄影大赛、2019漳浦县乡村旅游文化节暨首届“六鳌地瓜节”摄影活动、“两岸媒体漳州行”九龙江大型文创摄影活动走进漳浦采访活动、第十一届海峡两岸现代农业博览会·第二十一届海峡两岸花卉博览会摄影活动等。

戏曲协会 春节期间,举办2019漳浦县“玉猪送祝福梨园贺新春”戏剧专场会演,选送《唐二携妻逛漳浦》《蓝理将军》参加福建省第八届“三月三”畲族文化节·第十二届海峡两岸少数民族丰收节,在漳州市庆祝中华人民共和国成立七十周年文艺活动期间,芗剧《黄道周》在东山、云霄、南靖、龙海等地巡回演出。

【志愿服务】 2019年,漳浦县文联组织全县文艺工作者积极开展文艺志愿活动,为人民群众奉献艺术品质上乘的精神食粮。

书法协会 组织书法家开展“送万福、进万家”义写春联活动,先后在官浔镇、南浦乡、旧镇镇等地为城乡群众义写春联2000多副。

剪纸协会 高少萍、卢淑蓉、陈燕榕应邀参加北京市丰台区劳模新春团拜会剪纸展演并应邀到武警漳州支队向官兵传授剪纸艺术;游金美到福建省图书馆、福建省民俗馆、上杭县古田开展《巧手传承非遗·匠心润养童心》艺术活动;陈燕榕参加由市委宣传部主办的“花样漳州·中外媒体漳州采风行”剪纸艺术展演和第五届“亲亲闽台缘”非遗展演;剪纸协会理事会成员集体参加第十一届海峡论坛文化交流、“三月三”畲族文化节大型文艺会演、漳浦县第一届河豚文化节、第二届全国非遗进校园师生剪纸大赛暨教育研讨大会;陈巧华、黄丽蓉参加“中韩剪纸艺术交流”;高少萍参加在新疆举行“中国梦大国工匠”公益大讲堂,并随福建省文化交流团出访法国、西班牙。

灯谜协会 举办“创建文明卫生县城·喜迎建国70周年”元宵灯谜会、“礼赞伟大祖国·建设美丽漳浦”国庆喜乐灯谜会集。

电影协会 完成西湖公园双号公益电影放映226场、农村公益电影3458场。

戏曲协会 创作编排《关爱生命安全出行》《拒毒》《远离毒品、珍爱生命》等作品参加文化“三下乡”活动。

(县文联)

·漳浦县残疾人联合会·

【概况】 2019年，漳浦县残疾人联合会开展扶残助残系列活动，向338名智力、精神和重度肢体残疾人，发放补助资金67.60万元；向23名机构托养残疾人，发放补助资金11.50万元；向92户农村贫困残疾人，发放就业创业补助资金46万元；开展第三代残疾人证换发工作，完成第三代残疾人证1.74万本；选送漳浦籍优秀残疾人运动员参加第十五届世界夏季特殊奥林匹克运动会，获金牌2枚；征收残疾人就业保障金1172.54万元。

【第三代残疾人证换发】 2019年，漳浦县残联成立县残联第三代残疾人证换发工作机构，结合实际制定《漳浦县第三代残疾人证（智能化）换发工作》实施方案，开展第三代残疾人证换发试点工作。至年底，完成第三代残疾人证（智能化）1.74万本，占全县应换证总数的76.11%。

【残疾人就业保障金征收】 2019年，漳浦县残联审核机关、事业和企业单位缴纳残疾人就业保障金97家，依法依规征收残疾人就业保障金1172.54万元。

【扶残助残】 2019年，漳浦县残联采取多种形式，开展扶残助残系列活动。补助338名智力、精神和重度肢体残疾人居家养护，每人2000元，累计发放资金67.60万元。其中，建档立卡户115人，补助资金23万元；低保户94人，补助资金18.80万元；补助23名机构托养对象，每人5000元，累计发放资金11.50万元。其中，建档立卡户8人，补助资金4万元；低保户8人，补助资金4万元。落实残疾人“两项补贴”政策，困难残疾人生活补贴每人120元／月，重度残疾人护理补贴（一级）每人150元／月，（二级）每人100元／月。

【扶残助学】 2019年，漳浦县残联学前教育补助对象20人，每人3000元，累计发放补助资金6万元。其中，建档立卡户1人，低保户2人。市残联补助金秋助学2019年新考录残疾人大学生11人，累计发放资金4.50万元。“扶残助学工程”项目补助残疾学生40人，残疾人家庭子女118人，累计发放资金26.10万元。

【就业创业】 2019年，漳浦县残联扶持农村贫困残疾人就业创业92户，每户发放扶持款5000元，累计发放46万元。其中，建档立卡户25户，发放资金12.50万元；低保户27户，发放资金13.50万元。残疾人社会保险补贴对象46人，发放资金16.60万元。其中，低保户10户，发放资金3.44万元。举办1期44人农村电商实用技能培训，支出资金3.96万元；选送3名盲人参加2019年漳州市盲人保健按摩提高班。

【“安居工程”】 2019年，漳浦县残联对4户符合条件的农村残疾人低保户危房改造给予每户3万元的补助，累计发放补助资金12万元。

【残疾人康复】 2019年，漳浦县残联完善社会康复服务体系，做好残疾儿童康复救助、残疾人辅助器具适配补贴、“爱耳日”宣传教育等工作。救助0～6周岁在训残疾儿童237人，发放补助资金211.90万元；7～14周岁在训残疾儿童21人，发放补助资金14万元。0～6周岁残疾儿童人工耳蜗植入手术3人；有110名残疾人得到假肢、助听器、轮椅等各类辅具补贴，累计发放补贴资金21.70万元。

【残疾人专项调查】 2019年，漳浦县残联组织培训班，对全县380多名调查员进行业务培训，做好入户调查业务指导。顺利完成全县338个村（社区）26356名残疾人的专项调查。

（陈春华）

·漳浦县红十字会·

【概况】 2019年，漳浦县红十字会弘扬人道主义，做好“三救”“三献”工作，开展“小天使基金”“福万通少儿大病救助基金”等救助活动，发放“博爱送万家”物资170份，为16名白血病儿童办理中国红十字基金会小天使基金资助申请，为56名漳浦籍重病患儿办理“福万通少儿大病救助基金”救助申请；先后在湖西中心学校、彩露华化妆品有限公司等开展应急救护培训活动；开展普及应急救护知识培训班7期，培训急救员234人；开展普及培训30期，普及9201人次。

【人道救助】 2019年春节前后，漳浦县红十字会开展“博爱送万家”活动，慰问赤土、赤岭、南浦等乡镇五保户、计生二女户、贫困学生等，发放“博爱送万家”物资170份，总价值1.63万元，发放慰问款2800元，受益人群300余人。1月15日，联合县残联、县疾防中心等单位，在第66届“世界防治麻风病日”暨第32届“中国麻风节”期间，前往龙海市程溪镇大田坑麻风村慰问漳浦籍麻风病休养员，向他们发放慰问品；5月，向赤湖镇一户重病家庭发放救助款2000元；8—9月，分别向2户重病家庭发放救助款3000元。同年，为16名漳浦籍白血病儿童办理中国红十字基金会小天使基金资助申请，其中3名患儿已收到救助款合计9万元；为56名漳浦籍重病患儿办理“福万通少儿大病救助基金”救助申请，获批救助对象56人，救助款1万元/人。

【红十字宣传】 2019年，漳浦县红十字会利用微信、微博、网站等宣传媒介及开展主题活动，向社会宣传应急救援知识、无偿献血等。5月10日，联合县地震办在县城府前唐街广场举办“防震减灾宣传月”活动，开展红十字知识图片展，红十字志愿服务队现场演示心肺复苏术实践操作。其间，接受日常急救（心肺复苏术）、造干捐献、遗体器官捐献知识咨询300多人次，发放应急救护宣传品、宣传折页4000多份。12月2日，县红十字会联合县疾控中心、古雷镇卫生院，在古雷新港城社区活动广场举办第32个“世界艾滋病日”宣传服务活动。现场开展义诊及健康咨询服务，为社区群众量血压，分发《艾滋病咨询检测》《健康素养66条》等12种家庭保健宣传材料和宣传礼品。500余份，宣传笔300支。常年结合红十字培训活动，向参训学员播放中华骨髓库捐献造血干细胞宣教片，分发宣传单材料，普及造血干细胞捐献知识。每月2次在县献血点开展无偿献血暨造血干细胞捐献志愿者招募活动。同年，全县无偿献血人数3632人次，献血量129.98万毫升。其中，造血干细胞捐献志愿者入库登记2人，HLA高分辨确认1人。

【“99公益日”活动】 “99公益日”期间，漳浦县红十字开展集中募捐活动，发起项目3个，发起者9人次，参与者305人次，筹款3036元。

【应急救护培训】 2019年，漳浦县红十字会进学校、进机关、进企业、进社区开展应急救护实用常识与技能培训，提高社会公众应对突发事件的能力。

进学校。联合教育局发布《关于在全县中小学校举办学生应急救护知识普及培训的通知》，在全县各中小学校开展应急救护知识普及培训活动。5月7—9日，分别在深土中心学校、湖西中心学校举办应急救护知识普及培训，参训者1200多人。第20个“世界急救日”期间，9月12日，在县教师进修学校，9月14日，

5月10日，县红十字会在县城府前唐街广场开展红十字知识宣传活动

（蔡志云 摄）

在道周中学分别举办应急救护知识普及培训，来自各校的100名中学体育教师及3000多名学生参训。全年进学校17所，应急救护知识普及师生8060人。

讲机关。先后在县财政局、人社局和官浔镇政府开展应急救护知识普及培训，240多名乡镇和机关干部参加急救知识培训。

进企业。分别在碧桂园物业、彩露华化妆品有限公司、彩蓝制帽有限公司、立和实业有限公司、大叶伞业有限公司等11家企业开展培训，307名企业员工受训，其中培训急救员49人。

进社区。9月17日，在绥南社区府前唐街蔡新广场开展“应急救护”宣传活动，普及宣传应急救护知识、演示教学心肺复苏术，并现场接受居民急救知识咨询，向过往群众分发红十字宣传折页。

【漳浦首例大器官捐献成功】 3月27日，1958年出生的漳浦籍居民周某因突发脑溢血逝世。根据周某生前遗体器官捐献意愿，当天，有关部门成功摘取周某肝脏及一对眼角膜等2项器官。周某是漳浦县第2位器官捐献志愿者，也是漳浦县首位大器官捐献者。

（林欢初）

·漳浦县社会科学界联合会·

【概况】 2019年，漳浦县社会科学界联合会按照县社会科学普及规划纲要（2016－2020年）总体要求开展社科普及活动，20个社科成员单位举办主题为“礼赞新中国•奋进新时代”社科普及宣传周，展出社科知识宣传展板60版，分发各类宣传材料2万多份，举办“百场社会科学报告会”；开展社科课题调研，将24篇课题汇编；注重基地建设，有市级社科普及基地2个。

【资料收集】 2019年，漳浦县社科联与漳州市新四军文化研究会协调互动，参与重走红军路活动，收集中国工农红军闽南独立第三团的相关资料。围绕民俗活动、移风易俗、美丽乡村建设、法治宣传、精准扶贫、古雷整岛居民变迁等开展调研宣传及资料收集。

【社科普及宣传周】 2019年10月22日，漳浦县社科联在绥安中学举行主题为“礼赞新中国•奋进新时代”社科普及宣传周启动仪式。宣传周期间，全县所有人文社科类场馆对外免费开放；有20个社科成员单位参与“社科在你身边”咨询活动，参加人数800多人，展出社科知识宣传展板60版，分发各类宣传材料2万多份；县社科联向绥安中学图书馆赠送价值1.40万元社科类图书，新华书店与县委史志室赠送价值9000元的社科书籍。活动周期间，还组织庆祝中华人民共和国成立70周年的主题图片展、举办“百场社会科学报告会”、社科知识有奖竞答等活动。

【基地建设】 2019年，漳浦县有市级社科普及基地2个，分别为“黄道周纪念馆”与“蔡新故居”；新申报1个，即“漳浦文庙”。对社科普及基地引进手机APP小程序进行语音导游，有些文物保护单位还做了VR全景导览；方便观众全面了解漳浦县的历史人物、文化。县级社科普及基地——“蔡新府邸”与“漳浦县衙旧址”已投入使用。

【课题调研】 2019年，漳浦县社科联印发《漳浦县2018年度哲学社会科学研究规划课题成果汇编》，把24篇由各个单位选送的课题成果汇编成册。乡村讲师团的成员还把调研成果带进课堂，下乡进村宣讲。

【学会管理】 2019年，漳浦县社科联对管理的学会存在问题进行清理，及时纠正，在所有的社团派驻党建指导员。规范学会管理，“两帝师文化研究会”与“漳浦县诚信促进会”如期举行换届选举。

（县社科联）

·漳浦县关心下一代工作委员会·

【概况】 2019年，漳浦县关心下一代工作委员会以建国70周年为契机在青少年中开展主题报告110多场，受教育青少年4.30

万人次，加强青少年法制宣传教育，举办法制专题讲座81场，受教育青少年3.20万人次，加强关工委队伍建设，吸纳“五老”人数311人参加关工委组织，全县各级关心下一代组织411个，参加关工委成员人数5683人，其中“五老”参加关工委人数2612人，“六大员”(报告员、帮教员、家教员、科教员、志愿辅导员、文化市场督导员)队伍2866人。

【队伍建设】 2019年，漳浦县关工委抓住村级换届的有利时机，动员在本地区社会威望高、热心关心下一代工作、身体健康，相对年轻的“五老”参加关工委组织，新吸收“五老”311人加入关工委组织。开展关工委干部培训11场，受训251人次。

【主题教育】 2019年，漳浦县关工委以中华人民共和国成立70周年为契机，在青少年中开展以习近平新时代中国特色社会主义思想、新中国取得的伟大成就和实现中华民族伟大复兴的中国梦为主题的教育活动，全年，各级关工委报告团举办主题报告110多场，受教育青少年4.30万人次。

【法制教育】 2019年，漳浦县各级关工委以《中华人民共和国未成年人权益保护法》和《中华人民共和国预防未成年人犯罪法》为重点，利用各种资源开展法制宣传教育。累计举办法制教育专题讲座81场，受教育青少年3.20万人次。配合各中小学校开展禁毒教育，组织学生观看禁毒宣传影片14场，开展禁毒教育宣传图片活动36场，受教育青少年4.20万人次。

【为青少年办实事好事】 2019年，漳浦县关工委在六一儿童节前后，分别在绥安、石榴、官浔等乡镇及江滨幼儿园、绥安中心幼儿园等学校开展看望、慰问儿童活动。开展各种形式的助学活动，全年发放扶贫助学、奖学奖教金、金秋助学金350多万元，资助青少年学生4000多人。

(县关工委)

·漳浦县老区建设促进会·

【概况】 2019年，漳浦县老区建设促进会以脱贫攻坚为主线，筹措资金帮扶重点贫困户发展种、养业，向101户建档立卡贫困户发放慰问款4.04万元，拨款6万元资助30名苏区大学新生；举办科技扶贫培训班6期，受训412人次；配合有关部门筹措资金350万元，着手对“红三团”成立旧址、“红三团”重组纪念亭、中共漳浦县委机关旧址进行修复重建；持续开展老区精神宣传，获评“全国老区宣传工作”三等奖。

【革命遗址修复及重建】 2019年，漳浦县老促会配合有关单位向省、市相关部门申报争取革命旧址修复、重建工程款320万元，县财政配套30万元，合计350万元，分别对“红三团”成立旧址——绥安镇新厝顶陈氏祠堂、“红三团”重组纪念亭——大南坂镇清泉岩、中共漳浦县委机关旧址——霞美镇虎崆岩等3处项目进行修复重建。至年底，“红三团”成立旧址、“红三团”重组纪念亭完工落成，霞美镇虎崆岩纪念广场二期工程接近尾声。对杜浔镇政府拨款投建的中共漳浦县委重建机关旧址——龙潭后井纪念广场工程项目进行指导协调，已完成一期工程。

【老区村贫困帮扶】 2019年，漳浦县老促会向省扶贫“两会”争取项目扶贫资金3万元，帮扶南浦乡中西老区村解决排水排洪工程资金。配合市老促会做好广东松润智能有限公司向漳浦县111个老区村每村赠送1台净水机(4800元)工作。12月，拨款4.04万元，对5个老区扶贫重点村的101户建档立卡贫困户进行慰问，每户400元。

【科技培训】 2019年，漳浦县老促会根据老区贫困村产业特点和生产技术需求，制定全年的科技培训计划。根据不同季节举办培训班，聘请市、县农艺师、专家讲课，并深入田间实地教授。全年举办各种技术培训班6个班，受训412人次，发放科技读本400余册。

【教育扶贫】 2019年，漳浦县老促会拨款6万元，资助30名老区大学新生，每生2000元；拨款4万元，帮助霞美镇君胄小学和石榴镇象牙小学补贴老区困难学生住宿和午餐费用。配合省、市老促会做好黄仲咸奖学金69人，科华奖学金30人的摸底、审定与发放；会同县教育局、县扶贫办做好市扶贫开发协会下达漳浦县建档立卡贫困户大学新生52人（本科生每生4000元、大专生每生3000元）、"翁俊民助学金"15人（每生3000元，连续资助4年）、建档立卡贫困户的中等职专生11人（每生1000元）的摸底、登记、审核、报批及发放事宜。

（撰稿人：林顺太）

·漳浦县企业与企业家联合会·

【概况】 2019年，漳浦县企业与企业家联合会及时向会员企业宣传、推送惠企政策、法律，推动"一法一例"贯彻落实；组织11家会员申报省、市"专精特新"中小企业认定，推动企业走"专精特新"道路；组织20家企业参加展示展销活动，提高企业知名度；为会员企业排忧解难，4次组织40多家企业分别参加融资对接会，获得意向融资2.50亿元，协助6家企业办妥企业房产证。组织会员企业向宁夏海原县4个乡镇(村)捐赠资金11万元。

【第三届企联理事大会】 2019年7月26日，漳浦县企联召开第三届理事大会，举行换届选举。大会选举陈少华为企联会长，魏建真为第一副会长，聘请5名科级退休干部为企联工作人员；增设办公科室，会员企业发展至200余家，会所迁至县人社局。

【政策法律宣传】 2019年6月20日，漳浦县企联组织会员企业参加市工信局举办的惠企政策"企业行"暨中小企业服务月宣讲会，听取对《中华人民共和国中小企业促进法》《"大抓工业、抓大工业"三年行动计划(2019—2021)》等文件及节能、电力惠企政策与申报流程、省市支持促进中小企业、民营企业、食品产业发展有关措施和漳浦县关于加速工业跨越发展43条扶持政策重点、要点的详细解读。10月24日，组织天福集团、同溢堂2家企业参加2019年福建企业100强研究发布暨福建企业家高峰论坛大会。

【为企业搭建融资平台】 2019年，漳浦县企联开辟解决企业金融服务途径，引导企业及时对接银行开发的信贷新产品、新业务，4次组织40多家企业分别参加市经信委、县人民政府举办的金融调研会和融资对接会，意向融资2.50亿元。帮助丰盛食品等3家公司顺利申请政策性融资担保公司担保贷款2500万元。7月，帮助14家企业申请获得企业做大做强奖励及参展资金补助74万元。

【企业项目申报】 2019年4月，漳浦县企联组织4家会员企业申报第一批福建省2019年"专精特新"中小企业认定，2家获批准；9月，组织3家会员企业申报获得2019年度市级中小企业发展专项资金项目；10月，组织6家企业申报第二批福建省"专精特新"中小企业认定，3家获批准。获认定的8家企业累计获得奖励资金88万元。

【企业展示展销】 2019年12月6日，漳浦县企联组织14家食品企业参加由漳州市政府、龙海市政府主办的第二届中国食品名城（漳州）食品交易会暨首届龙海国际休闲食品博览会。会展期间，14家参展企业现场成交8.71万元；2家企业与6家经销商签订订货合同，1家参展企业与12家经销商达成代理意向，8家参展企业与28家经销商达成168万元的初步交易意向。12月20—28日，组织6家企业10余种产品参加由省工信厅、漳州市政府主办的第四届海峡两岸工业设计创新大赛暨漳州市"专精特新"优秀工业产品展示会。

【协调解决企业难题】 2019年，漳浦县企联先后深入186家会员企业走访调研，了解企业生产经营情况和诉求。12月，又分5个片区召开5场有200多个会员企业参加的座谈会，收集32家会员企业反映的生产经营中遇到的项目报批、企业用地、房产证办理等近40个困难和问题，及时向县委、县政府汇报。

（县企联秘书处）

·漳浦县计划生育协会·

【概况】 2019年，漳浦县计划生育协会以“六项重点任务”为载体，发挥协会联系群众的桥梁作用，以村级换届为契机，对小组长队伍进行全面改革，队伍由2855人调整为1615人；成立1个县级计生协会法律援助工作站及23个乡镇计生协会法律援助工作站，及时调解计策民事纠纷8件；开展计生关怀服务，慰问计生对象483人次，发放慰问金31.86万元，救助计生家庭22户，发放救助金5.50万元。

【协会基层建设】 2019年，漳浦县计生协以村级换届为契机，按照“个人自愿报名和村提名相结合、乡镇统一考试考核选拔确定、县报备审批、乡村管理使用”的规范化选拔管理机制，对计生小组长队伍进行全面改革，至年底，计生小组长队伍由2855人调整为1615人。提高计生小组长工作补贴标准，乡镇从每人每月150元提升至200元，村级从每人每月100元提升至140元。

【法律援助】 2019年，漳浦县计生协成立法律援助工作站，在23个乡镇同期成立计生协会法律援助工作站。开展计生协会小组长入户访视计生家庭，发放计生协会法律援助宣传手册，发送法律援助公益宣传短信，开展“计生协会法律知识进乡村”现场咨询，多形式，多渠道开展计生协会法律援助宣传。全年，县镇两级计生协会法律援助工作站受理各类案件17件，其中调解民事纠纷案件8件，转送县法律援助中心受理案件9件。

【健康成长培训】 2019年，漳浦县计生协新增赤土乡为儿童早期发展项目工作示范点，依托幼儿园等托幼机构开展科学育儿知识讲座及亲子互动辅导，帮助服务区内的家长树立科学的育儿理念。在深土、湖西、大南坂等乡镇设立5个青春健康项目工作示范点，不定期举办主题讲座，传授培育下一代健康成长常识。

【关怀服务】 2019年，漳浦县计生协开展“特殊家庭”帮扶，在“红五月”、中秋节、重阳节期间对特殊家庭进行慰问，累计慰问483人次，发放慰问金31.86万元，其中“携爱家园”活动经费12.20万元。推进计生志愿者服务活动，全县参加计划生育相关志愿服务活动的志愿者1800人次，开展志愿者服务78场次。落实紧急救助，救助计生家庭22户，发放救助金5.50万元。

【计生宣教】 2019年，漳浦县计生协通过各种阵地和平台，宣传计生政策法规，全县各级计生协会开通微信公众号10个，微博1个；举办专题文艺演出2场；开展宣传活动46场次，参加人数6588人；发放宣传品1.31万份、宣传资料2.82万份。

（李文胜）

法 治

· 综 述 ·

【概况】 2019年，漳浦县政法平安建设工作以防风险、护稳定、保大庆、促发展为主线，推进平安漳浦、法治漳浦建设，发动2.61万人的平安志愿者队伍使用“芗里芗亲APP”开展义务治安巡逻累计近44万小时；建立34个行业性调委会，在17个乡镇、275个村居(社区)及相关单位分别建立法律服务站(室)和多元调解中心，调处各类纠纷案件1277件，调处成功1272件，调处成功率99.61%；推进扫黑除恶治乱专项工作，破获涉恶案件41起，打掉恶势力团伙3个，抓获违法犯罪嫌疑人310人，查处党员干部涉黑涉恶和“保护伞”及失职失责问题7起9人。

【政治风险防范】 2019年，漳浦县政法机关加强情报信息搜集和分析研判，深化反渗透、反间谍、反窃密斗争，防范各渗透颠覆破坏活动。深化严打暴恐大排查，关注人群动态排查，落实分级管控措施。开展“净网2019”专项行动，落实全天候网上巡查监测，维护网络安全。开展防范打击非法集资、假币、传销、合同诈骗等涉众型经济犯罪，实行“红、黄、白”三级风险管控，防范金融风险。打击和防范邪教活动，连续20年无发生邪教组织聚集闹事、电视插播、进京滋事，保持“三零”“两无”目标。

【安全风险细化】 2019年，漳浦县委政法机关开展公共安全领域突出问题“大排查、大化解、大整治”攻坚战，压实乡镇属地责任和部门主体责任，执行社会稳定风险评估机制；固化“金砖”安保及十九大主动维稳机制，实行风险隐患“滚动摸排、清单管理、整改销号”。先后开展社会面巡查管控集中统一行动18轮次，排查重点场所部位416个；检查危爆物品储存场所66个，检查爆破作业现场17个，整改隐患12处，收缴枪支16支，子弹9720发，查处涉危涉爆案件5起；摸排登记“低慢小”目标54个，检查寄递企业226家，检查物流企业84家；排查整改道路安全隐患56处，查处严重交通违法行为35526起。交通事故死亡69人，比上年减少14人，比上年下降16.87%；消防警情549起、比上年下降12.58%，对已发现的问题，落实专班推进、清单销号机制，消减清零风险。

【重点矛盾处置】 2019年，漳浦县政法机关落实“乡镇每周排查、每半月例会分析，县直机关每半月排查、每月例会分析”制度，全面排查征地、拆迁、就业、教育、医疗、养老、环保、扶贫等重点领域矛盾纠纷，逐案梳理、滚动管理跟踪督办。落实信访首办及“六定五包”责任，确保初访100%及时限期办结，控制信访增量；强化信访积案化解主体责任，分类施策、全力化解，省政法机关交办1件、市政法机关交办7件信访积案100%化解。

【重点时段防范稳控】 2019年，漳浦县政法机关坚持排查化解整治工作常态化，维护全国“两会”、第二届“数字中国”建设峰会、第二届“一带一路”高等论坛、亚洲文明对话大会和新中国成立70周年等敏感节点大局安定稳定。

【扫黑除恶】 2019年，漳浦县政法机关按照上级机关深化扫黑除恶专项斗争的部署要求，推进专项斗争向纵深发展。完善公安统一受理、部门分类核查机制，收到线索394件，均全部办结，做到“件件有回音，事事有落实”。破获涉恶案件41起，打掉恶势力团伙3个，抓获违法犯罪嫌疑人310人；审结涉黑案件3件20人，恶势力集团案件2件7人，恶势力团伙案件9件17人。以创新落实扫黑除恶集中管辖试点机制为抓手，挂牌成立市扫黑除恶集中管辖第二审判团队，审结涉恶案件3件7人及指定管辖案件3件6人。

【“打伞破网”】 2019年，漳浦县政法机关与县纪委监察机关强化联动配合，持续开展入户大访查，完善双向移送、同步办理、案件会商机制，有效推进同向发力。全年，查处党员干部涉黑涉恶和“保护伞”及失职失责问题7起9人，党纪政务立案9人，其中查处党员干部涉黑涉恶腐败问题1起1人、充当黑恶势力“保护伞”问题3起4人、失职失责问题3起4人。

【治安整治】 2019年，漳浦县政法机关立刑事案件1484起，破获732起，破案率49.30%，立案数比上年下降10%；其中侵犯财产类案件立1052起，破获376起，破案率35.7%；八类案件立75起，破75起，破案率100%。面固化提升“严防、严打、严责”整治长效机制，查处涉假案件11起、查获烟机2台套、查获假烟788件、烟丝24.94吨，涉假案发数与查获烟机数分别比上年下降56%和6%。打击电信诈骗，立虚假信息诈骗265起，比上年下降6.3%，破案64起，比上年上升14.3%，折损金额183.76万元，比上年下降8%，刑拘88人，比上年上升22.2%，实现“两降两升”目标。加大交通整治力度，56处交通隐患路段（其中33处交通隐患路段整改、临水临崖路段23处）全部整改完毕，死亡人数比上年下降16.87%。强化反走私监控点建设，打击成品油走私违法犯罪活动，查处成品油案件7起（其中刑事3起），抓获涉案人员8人，查获涉案成品油248.72吨，捣毁非法加油窝点6个及6条埋设海滩的输油管道，查获9辆改装厢式运油车，处罚其他非法加油点16家。开展“黄赌毒”专项整治，破涉黄刑事案件4起，涉黄行政案件31起；破涉赌刑事案件11起，涉赌行政案件78起；破涉毒刑事案件14起，查处吸毒人员97人，缴获毒品海洛因253.41克。审结“黄赌毒”案件38件101人。

【行业整治】 2019年，漳浦县政法机关落实属地责任和部门监管责任，整治行业乱象，打击非法采矿行为，同年，立非法采矿案件16起，破获15起，抓获违法犯罪嫌疑人57人，暂扣资金4479.7万元，房产24处约2400万元，方料9620块、车辆16辆；对9名涉案人员党纪立案审查，其中3人采取留置措施。深化河道采砂专项整治，查处非法河道采砂洗砂、破坏河岸行为17起，行政处罚5起；切割捣毁采砂船12艘，拆解“三无”船舶85艘。立案查处渔业违法违规案件48起，行政处罚52.92万元。查处药械案件26起；检查文体旅领域单位485家次。

【多元调解机制】 2019年，漳浦县政法机关实施《福建省多元化解纠纷条例》，搭建公共法律服务平台、发挥公共法律服务综合效能，创新多元调解新模式。投入100多万，建立县公共法律援助中心，将法律咨询、人民调解、法律援助、法治宣传、社区矫正、公正律师等多项司法行政职能纳入中心，为群众提供“一站式”“窗口化”服务。投入1400多万元，建立34个行业性调委会，在17个乡镇、275个村居（社区）以及工、青、妇、老、信访、部队、计生、公检法机关分别建立法律服务站（室）和多元调解中心（调解室），配备39名法律顾问，39名专职调解员、275名村级调解员，吸收人大代表、政协委员、律师、法律工作者和退休干部加入调解队伍，打造服务群众多元调解一线平台。通过律师、司法公正提前介入，参与调解比列达40%。调处各类纠纷案件1277件，调处成功1272件，调处成功率99.61%，没有发生民转刑恶性案件。

【治安防控】 2019年，漳浦县政法机关推进“雪亮工程”建设，投入3748万元(五年分期),依托“数字城市”项目,新建501路公安高清监控、收编257路社会面监控。联网市级视频共享平台自建2317路,整合车辆卡口、微卡口12处;通过点位采集,在重点集镇新建监控点位335处,统一租用村镇联网链路,将农村监控集中收编接入公安“雪亮工程”共享平台。户籍人口千人以上建制村监控联网覆盖率达100%,千人以下行政村实现覆盖率50%以上。深化“车辆大数据、警务云平台、依图人像平台、智能交通平台”四大智能平台应用,为治安维稳、案件的破获等提供高质量的技术支撑,信息联网应用水平处于全市前列。强化“110”勤务改革,配备勤务队伍120人,实行路面巡逻、便衣反盗抢、视频巡查的“三位一体”勤务模式;发动2.61万人的平安志愿者队伍,累计使用“芗里芗亲APP”开展义务治安巡逻近44万小时,巡逻路线覆盖所有重点路段、重点部位,最大限度提高路面见警率,县城区刑事发案、盗窃发案、摩托车盗窃发案率均明显下降。

【基层治理模式建设运行】 2019年,漳浦县政法机关推进县、乡、村三级综治中心规范化建设,5月,按照要求完成对现有网格化平台进行升级,拓展综治组织及综治业务、实有人口、校园及周边安全、护路护线、特殊人群、重点青少年、两新组织、社会治安、矛盾纠纷排查化等“9+X”功能模块,做好与省、市网格化平台数据对接准备。综治网格平台有效登陆15万多次,上报事件数2万多起。选聘综治网格员和警务助理534人,推动“二员”依托综治网格平台同格运作、履职尽责,确保网格化服务管理实战实用。运行以来,采集信息千余条,排查、化解矛盾纠纷244个,整治安全隐患156处,服务群众解决问题415个。

(林宏伟、林泽惠)

· 法治政府建设 ·

【概况】 2019年,漳浦县落实中共中央、国务院《法治政府建设实施纲要(2015—2020年)》及中共中央办公厅、国务院办公厅《党政主要负责人履行推进法治建设第一责任人职责规定的通知》,学习宣传贯彻习近平总书记全面依法治国新理念新思想新战略和重要讲话精神,履行政府职能,推进法治政府建设。

【全面依法治国新理念新思想新战略宣传贯彻】 2019年,漳浦县把学习贯彻习近平总书记全面依法治国新理念新思想新战略和重要讲话精神作为重要政治任务,列为各级党委(党组)理论学习中心组的必学内容,作为司法行政工作人员、法官、检察官、人民警察、行政执法人员等法治专门队伍和律师等法律服务队伍教育培训的必训内容,通过专题学习会、报告会、研讨会、培训班等形式,掀起“大学习大培训大调研”热潮。在学懂弄通做实上下功夫,在深化消化转化上见成效,全面对标对表,抓好贯彻落实。

【党对全面依法治县的领导】 2019年,漳浦县发挥各级党委在法治建设中统揽全局、协调各方的领导作用,成立县委全面依法治县委员会,发挥牵头抓总、统揽全局作用,及时听取工作汇报,协调解决重大事项、重要问题,确保全面依法治县的正确方向。加强重大问题运筹谋划、科学决策。制定《2019年县委全面依法治县委员会工作要点》,推进党委法治建设议事协调机构及办事机构工作制度、运行机制规范化建设,推动县委全面依法治县委员会各协调小组、县级各部门各司其职、各负其责、协调联动,构建上下贯通、协同高效的工作体系。

【法治建设体制完善】 2019年,漳浦县在法治政府建设中,推进党的领导制度化、法治化,根据中央、省委、市委的统一部署,执行党委工作规则、党委常委会议事规则等决策机制和“三重一大”决策程序。完善党委法律顾问作用有效发挥的制度机制,落实公职律师制度和乡镇党委法律顾问制度,加强对党委文件、重大决策的合法合规性审查,提高依法科学民主决策水平。将“依法行政”纳入县委、县政府《2019年漳浦县绩效考评管理工作方案》,数据由县司法局采集,强化考核考评,促进依法行政各项工作任务有效落实。规范行政执法监督，制订《漳浦县2019年行政执法监督工作计划》，发挥行政执法监督工作对法治政府建设与责任落实的督促推动作用，推进依法行政和法治政府建设。

【规范性文件管理制度落实】 2019年，漳浦县在法治政府建设中，落实规范性文件管理制度，健全规范性文件在制定过程中的审查备案机制，按照上级统一部署和要求，落实好规范性文件制定和监督管理的各项工作。注重规范性文件的事前审查，落实规范性文件层级备案制度，做到"有件必备、有备必审、有错必纠"。2019年，县政府对6件规范性文件进行事前法制审核，确保规范性文件既符合法律和上级政策规定并落实有效期制度。县政府对经审核后公布的规范性文件，100%及时上报市政府和县人大常委会备案，并在"中国·漳浦"门户网站上进行公布。同年，漳浦县共向漳州市人民政府和漳浦县人大常委会报备规范性文件6件。8—9月，根据省、市《关于做好生态环境保护规范性文件清理工作的通知》要求，及时组织县直相关部门对照有关文件要求进行自查。经审查汇总，清理已修文件1件，已废止1件，并按时向市政府办报送清理结果。

【行政审批项目清单清理规范】 2019年，漳浦县在法治政府建设中，依法按规持续清理规范行政审批项目清单，根据省、市有关文件精神，及时对国务院、省、市下放或取消的审批与服务事项，按要求在规定时间内做好与承办部门衔接，按规定将承接或取消的项目清单向社会公布。2019年，漳浦县承接上级下放行政审批和服务事项19项，取消3项，调整12项。同时，组织各单位对各自的审批项目申报材料进行全面清理。经梳理，漳浦县保留为行政审批必要条件的中介服务事项40项，并网上公开。

【行政复议】 2019年，漳浦县在法治政府建设中，依法履行行政复议被申请人职责和应诉工作，将行政复议作为依法化解行政纠纷重要手段，始终保持行政复议申请渠道通畅。2019年，收到行政复议申请11件，受理11件。审结办结9件，未审结2件。审结9件办理情况：维持5件，驳回1件，终止（撤回）2件，确认违法1件。其中，经协调撤回2件，占已办结案件的18%，切实做到"案结事了，定纷止争"。

【行政应诉】 2019年，漳浦县加强县政府与法院良性互动，发挥互动工作机制的主渠道作用，做好行政应诉工作，接受人民法院依照行政诉讼法对行政机关实施的监督，依法出庭应诉。2019年，县政府行政诉讼应诉19件。对人民法院受理的行政诉讼案件，均在法定期限内提交答辩状和相关证据材料、依据等，并做好配合人民法院进行案件审理的相关准备工作。

【公共法律服务体系健全完善】 2019年，漳浦县在法治政府建设中，投入250万元，配齐县乡村三级公共法律服务平台，高标准建成硬件设施先进、面积达800平方米的县法律服务中心。至年底，全县已建立21个乡镇公共法律工作站，322个村（居）法律服务工作室，将优化服务链条延

7月19日，漳浦县2019年法律服务进企业活动启动仪式在绥安工业区举行（县委政法委 供图）

伸到基层。落实一村一法律顾问机制，沿伸一村（居、社区）一法律顾问平台，全县65名法律顾问挂钩全县322个村（居、社区）。在全县45个法律援助工作站中，升级“12348”法律援助专线平台，将线上公共法律服务网格延伸至最基层。

【法律服务进企业（园区）】 2019年，漳浦县贯彻落实市委“大抓工业、抓大工业”、县委“大抓工业、勇当先锋”“三抓三比十项竞赛”的决策部署要求，营造企业发展的最佳法治环境，支持民营经济发展壮大，多举措开展2019年大型法律服务进企业系列活动。以县委全面依法治县委员会办公室名义印发《开展2019年法律服务进企业（园区）活动方案的通知》，7月19日，在绥安工业区举行漳浦县2019年法律服务进企业活动启动仪式，推动企业经营管理人员以及员工学法用法，提升企业法治化管理水平，打造良好的营商环境。

【“宪法宣传周”活动】 2019年12月4日是第六个国家宪法日，第二个“宪法宣传周”。漳浦县于2019年11月印发《2019年全县“宪法宣传周”工作方案的通知》，推动全县集中深入学习宪法，弘扬宪法精神，维护宪法权威，推进治理体系和治理能力现代化，更好地发挥宪法在全面依法治县、建设法治漳浦中的重大作用。

【服务“古雷体制机制创新”】 2019年，漳浦县根据《中共漳州市委漳州市人民政府关于古雷港经济开发区体制机制改革创新的意见》精神，为促进古雷港经济开发区发展提速提效，漳浦县履行职责，于5月底梳理完成漳浦县级政府行使的全部行政审批和公共服务事项632项（含子项1120项），于8月1日以县政府名义公布委托古雷经济开发区行政审批和公共服务事项清单。协调县直有关部门和县行政服务中心派遣从事行政审批和公共服务业务人员支持古雷港区对口部门，加强业务指导、培训，协助古雷行政服务中心窗口办事人员尽快熟悉业务，确保古雷港经济开发区行政服务中心顺利承接委托业务，实现“区内事区内办”。

（县政府办）

·公　安·

【概况】 2019年，漳浦县公安工作以深化扫黑除恶专项斗争为引领，推进五大警务部署，“八类恶性案件”首次实现全破，立侵财案件1022起，破获356起，破案率34.80%，抓获网上逃犯230人；立电信网络诈骗犯罪案件219起，破获63起，抓获犯罪嫌疑人85人；创新城乡社区网格治理“2+N”模式暨“社区（乡村）110”建设，平安建设取得新成效，全县无发生重大涉稳案事件和群体性事件、无发生重大刑事案件和重特大安全事故，交通安全事故“四项指标”持续下降。

【突出问题整治】 2019年，漳浦县公安局开展“云剑”等刑事打击专项行动，突出资源、技术、信息等智慧侦查手段，推动刑事侦查工作持续向前、持续靠前，“八类恶性案件”首次实现全破。推进专项追逃，整合警种资源、利用优势警力，综合运用各种手段、强力缉捕在逃人员。抓获网上逃犯230人，其中外省逃犯95人、本省外地逃犯31人、本地逃犯104人，专项工作成效获市公安机关通报表扬。开展“禁毒2019两打两控”暨“飓风肃毒2019”会战行动。加强社区戒毒（康复）人员管控，创新帮教手段，推进缉毒执法、禁毒宣传、帮教扶持等禁毒综合治理工作开展。破获毒品刑事案件11起，抓获涉毒犯罪嫌疑人16人，移送起诉数14人，查处吸毒人员87人。吸毒人员全部列入重点人员管理和全县网格化管理。打击整治电信网络诈骗，抓止损、抓打击，实现“压发案”和“完成打击任务数”的双赢目标。立电信网络诈骗犯罪案件219起、比上年下降3%，破获63起、比上年上升3.27%，抓获犯罪嫌疑人85人、比上年上升39%，实现“两降两升”目标，有效遏制电信网络诈骗新型犯罪案件多发态势。

【扫黑除恶】 2019年，漳浦县公安局落实“四定一包”制度，强化精细化核查，及时把握涉黑涉恶违法犯罪新动向，开展线索大摸排、大起底专项行动。完善与纪检监察部门的“同步办案”双专班协作模式，巩固与各行业部门的专班会商机制，落实提前介入、联合办案、信息反馈等措施，加强线索摸排、核查和乱象治理。与检法机关开展重点线索、案件会商20余次，向纪委监委移交线索2件，移送处理3人，向行业部门发出公安协查函134件。

【治安乱点净化】 2019年，漳浦县公安局制定《2019年全县公安机关破小案护民生工作方案》，推进打击多发性侵财类犯罪暨“盗抢骗”专项行动。立侵财案件1022起、破获356起、破案率34.80%，刑拘侵财类犯罪嫌疑人212人、起诉侵财犯罪嫌疑人163人，破获“2019·5·9牲畜系列被盗案”“王某花被入室盗窃案”等一批群众反映强烈的民生侵财案件。开展打击“黄赌假”“食药环”违法犯罪专项行动，立“食药环”类案件17起，破获15起(含破年前立案1起)，抓获涉案人员42人，涉案价值9220万元。打假治劣，立假烟案件9起、破获12起（含破年前案件5起)，其中省督目标案件4起，立案侦办销售假冒注册商标商品案3起，抓获制假犯罪嫌疑人29人(含在逃人员14人)，缴获假烟机2台，包装机1台。

【公共安全】 2019年，漳浦县公安局加强对枪支弹药、危爆物品、管制器具、散装汽油等重点物品的安全监管。落实枪爆等危险品（含军工品)“五个一律”临时管控措施，严防漏管失控引发事端或非法流入北京；督促寄递、物流企业落实寄递“3个100%”、物流“2个100%”，防止敏感物资从漳浦县流入北京等地。优化交警、巡特警、派出所联勤联动机制，开展国道228线联值联勤，严防发生重特大交通安全事故。安保期间，排查整治新业态综合行业309家、道路安全隐患86处，查处各类路面交通违法行为6804起。开展校园安全大排查、大起底行动，联合教育部门推动全县校园从严从快实现安防3个100%;落实重点时段高峰勤务“护学岗”制度，确保全县校园安全和谐。查处校园周边交通违法行为232起，排查、整改校园周边交通安全隐患问题9处，增设校园周边9面交通警示标志、21面提示标志。

1月10日，县公安机关在西湖公园南大门开展“警民牵手110共创平安迎大庆”“110宣传日”活动 （沈小婷 摄）

【交通安全】 2019年，漳浦县公安局以“降事故、保安全、保畅通”为目标，开展交通安全大整治“百日行动”和“除隐患、防事故、保大庆”整治攻坚战等专项行动，落实324、228国道联值联勤机制，查处道路安全违法行为。全县接报交通警情8829起，其中一般以上交通事故128起，比上年下降12.33%，造成死亡86人，比上年下降11.59%，造成受伤135人、比上年下降20.49%;查处各类交通违法行为20.11万起，属严重违法行为2.94万起，查处酒毒驾869起。投入30多万元建成佛昙镇园东村、深土镇山尾村两个一级农村交通安全警保联动示范劝导站，实现“一站多能”“一人多岗”。推进道路交通安全隐患大排查大整治，投入235.50万元整改全县56处道路重点隐患路段(其中隐患路段33处，临水临崖路段23处）。

【生态环境执法】 2019年，漳浦县公安局开展“清水蓝天”环保执法、非法采砂专项整治等系列专项治理行动，查处整治破坏生态环境违法活动。制定出台《漳浦县公安局深入开展矿产资源秩序整治工作专项行动实施方案》《漳浦县公安局严厉打击破坏生态环境违法犯罪工作方案》《漳浦县公安局开展打击非法运输矿产资源违法行为工作方案》等整改、整治方案，建立局主要领导定期会商、分管领导挂钩包案等制度，抽调警力组建工作专班，加大案件线索摸排和查处，强化专案攻坚。

【社会治安防控】 2019年，漳浦县公安局开展维护国家政治安全和社会稳定“八大行动”，落实“四警四化”警务新机制，开展重点部位武装定点执勤、“漳浦110”屯警街面动中备勤、人员密集场所高峰勤务，加大重点部位、重点区域、重点路段、重点时段的警力投放力度，加密巡逻范围和频次。采取“适度从严、梯次收紧”的治安管控政策，适时提升社会面治安防控等级，确保社会治安大局持续稳定。先后开展“学精神、见行动、除隐患、保安全”“全力压降警情”社会面清查、中华人民共和国成立70周年大庆安保社会面管控等全县社会面巡查管控集中统一行动18轮次。

【城乡社区网格治理“2＋N”模式暨“社区（乡村）110”建设】 2019年，漳浦县公安局按照城乡社区网格治理“2＋N”模式暨“社区（乡村）110”创建要求，以综治网格中心为依托，综治网格员、警务助理“二员”为主干，治安巡防队、法律援助队、志愿服务队等若干支专门队伍为支撑，建立健全“一中心指挥、一平台流转、一张网布格、一体化考核、一揽子保障”“五个一”机制，制定村（社区）综治网格员、警务助理选聘和考核管理“两个办法”，在全县推进城乡社区网格治理“2＋N”模式暨“社区（乡村）110”建设进程。将全县社区、村居规划为267个全要素网格，建立绥安镇府前世家“社区110”、大埔“乡村110”2个模范建设点。同期推进创建“枫桥式公安派出所”活动，对一些矛盾纠纷做到早防范、早化解。创建活动开展以来，服务群众349人次、帮助解决问题103个，排查安全隐患178个、整治161个，提供线索协助破案2起。

【立体联动巡防体系】 2019年，漳浦县公安局围绕发案重点时段和重点区域，将县城区划分为6个治安防控点。按照主城区“三道防控圈”，实施“四门落锁”堵截机制，建立以派出所为依托、“社区（乡村）110”综治巡防队伍协作配合，构建立体化、全方位巡逻布控勤务。盘查堵截查获违法犯罪嫌疑人79人（其中网上在逃人员30人）。推进“雪亮工程”建设，推送市局321路，社会面视频资源157路，卡口6处，实现全县收编既定目标。推进非警务事项分流工作，搭建公安110与12345、12348、12319“三方通话”平台，明确分流、接收、办理、反馈、审核等各个环节的时限、责任、要求，做到受理迅速、交办精准。分流处置以来，分流非警务警情708起、流转率100%，占比总警情7.80%。

【户政管理】 2019年，漳浦县公安局落实户政管理8条便民服务新举措，创新采取错时预约办证、微信申请、5+N政务网申请等措施，提升公安户政管理服务质量和效率。办理户口迁入3791人、迁出9201人，办理出生入户14067人、户口注销4573人、重复户口注销81人，解决因历史原因造成无户口人员入户申请48人。登记暂住人口43430人，其中务工28355人、务农455人、经商454人、服务1人、因公出差4人、借读培训22人、治病疗养38人、保姆2人、投靠亲友2人、探亲访友322人、其他13775人。登记租赁房屋20452户。受理二代证50779张，送省厅制证50539张，已制证50274张，已发证48580张；当年满16周岁以上首次办证32927人，办证率98.61%。制作临时身份证714张。至年末，全县人口为240323户、944319人，其中男性485599人，女性458720人，城镇居民人口485465人。

【警务改革】 2019年，漳浦县公安局做好边防部队划转公安机关“后半篇文章”,完成117名边防干部顺利就地集体转制。推进警员职务套改和辅警管理制度,完成514名民警的职务套改和483名民警的职务晋升工作。深化执法监督机制建设,持续贯彻执行“五色”通知整改制度,实行全程、动态监督考评,采取日巡查、周通报、月考评、季排名的执法质量考评机制,强化问题倒查督促整改,推进执法质量有效提升。深化执法办案智能化建设,成立工作专班,加快推进智慧执法中心建设;推进受立案专项整治和涉案车辆清理,定期开展执法活动财物管理工作专项审计检查,有效杜绝执法慢作为、乱作为情况发生。

【2000多辆涉案机动车辆集中销毁】 2019年12月1日,漳浦县公安交警大队对2685辆涉案机动车辆进行集中销毁。该次销毁的2685辆机动车,是2019年漳浦县辖区收缴的涉案车辆,其中汽车类109辆、摩托车类2576辆。这些车辆均是非法私自拼装改装等交通违法行为及达到报废标准,普遍存在使用年限长、车辆安全状况差的安全隐患。

(陈峰、王月红)

·检　察·

【概况】 2019年,漳浦县检察工作围绕漳浦经济社会发展大局,自觉把检察工作置于人大、政协和社会各界监督之下,公开案件程序性信息998条、法律文书555份、重要案件信息14条;办理各类案件1130件,批准逮捕各类刑事犯罪327件426人,提起公诉593件782人,适用认罪认罚从宽制度审结案件322件435人。办理纠正刑事、民事、行政诉讼中的违法情形43件。

【社会稳定维护】 2019年,漳浦县人民检察院加强批捕、起诉工作,依法打击刑事犯罪。批准逮捕各类刑事犯罪327件426人,提起公诉593件782人。其中,批捕故意杀人、强奸等八类严重暴力和盗窃、诈骗等多发性侵财犯罪178人,起诉254人。坚持把化解矛盾贯穿司法办案全过程,开展办案家访82次,促成刑事和解11件。落实“少捕慎诉少监禁”理念,对犯罪情节轻微、社会危害性不大、当事人达成和解的刑事犯罪,不批捕33人,不起诉46人。加强企业知识产权司法保护,起诉制假售假犯罪16件29人。进驻制售假烟重点乡镇南浦乡,帮助、督促建立长效机制,实现南浦乡制售假烟零发案。

【诉讼监督】 2019年,漳浦县人民检察院强化刑事诉讼监督,对不构成犯罪或证据不足的不批捕54人,不起诉2人;立案监督7件7人,追捕、追诉漏犯8人;发出书面纠正违法7份,针对侦查不规范问题发出检察建议2份,检察长列席审委会4件,确保司法公正落到实处。通过羁押必要性审查依法建议变更强制措施27人,对监管场所存在的问题、社区矫正违规问题提出纠正意见10次。加强民事行政诉讼监督,受理不服民事生效裁判申诉案件2件,提请抗诉1件,对法院执行活动存在的问题发出检察建议4份,向行政机关发出督促履职检察建议11份,建议行政执法机关向公安机关移送案件3件3人。做好公益诉讼,围绕生态环境资源保护发出诉前检察建议9件,对2起非法采矿案发布刑事附带民事公益诉讼诉前公告,维护公共利益。

【认罪认罚从宽制度落实】 2019年,漳浦县人民检察院按照程序从简、实体从宽的要求,依法适用认罪认罚从宽制度办理案件322件435人。强化与公安、法院协作配合,开展认罪认罚精准量刑业务培训及交流,提升精准量刑能力,一审适用认罪认罚案件量刑建议采纳率达98.5%。推行驻点值班律师提供法律援助全覆盖,推动落实2019年度值班律师专项经费,解决值班律师因公务所支出的交通、就餐等费用,保障值班律师依法履职。邀请值班律师参与接访、案件调解工作共16件,提升司法效率和公信力。

【未成年人检察品牌培育】 2019年,漳浦县人民检察院建立符合未成年人检察工作发展规律的专业化、专门化办案机制,对16名涉罪未成年人依法作出不起诉或者附条件不起诉处理。与社区、企业共建社会服务基地、非羁押诉讼帮教基地，帮助7名涉罪未成年人考上大中专院校，6人实现就业。与公安、法院、司法局等相关部门建立罪错未成年人分级处置、保护处分机制，加强对未达到刑事责任年龄的罪错未成年人约束、矫治。落实最高检“一号检察建议”，检察长受聘为漳浦一中法治副校长，4名检察官受聘成为法治辅导员，与学校共同制定法治教育计划，织密校园安全网。持续深入未成年人普法，法治宣讲团送法进校园16场，3万余名未成年人接受法律教育。

【社会治理参与】 2019年，漳浦县人民检察院依托12309检察服务中心平台，受理群众来信来访64件次，均在7日内初步回复，3个月内办理答复，做到群众来信件件有回复。强化风险评估预警，对3起存在信访风险的案件及时开展排除化解工作。落实领导包案化解、检察长接待日等机制，邀请律师、人民调解员等第三方社会力量，参与公开审查、公开听证38次。针对KTV、酒吧等娱乐场所违规接纳未成年人，向相关部门发出检察建议，推动行业治理。对一在车上猥亵女性未成年乘客的网约车司机提出从业禁止处罚的建议获采纳，将前科人员挡在特定行业之外。落实“谁执法谁普法”责任制，推行检察官以案释法、检察文书说理等制度，对一故意伤害案犯罪嫌疑人依法认定为正当防卫，作出不诉决定，向全社会传递“法不能向不法让步”。

【检察改革】 2019年，漳浦县人民检察院落实内设机构改革要求，将内设机构精简、整合，优化为7个业务部门、2个综合部门和1个直属机构，落实人员定岗定位、办案权限设置等，确保各项检察工作平稳过渡。推动入额领导干部办案常态化，入额院领导参与随机轮案，带头办理案件123件。落实“捕诉合一”办案改革，优化办案组织和权力清单，建立与办案数量、质量直接挂钩的绩效考核办法，实行系统随机分案，促进检察官依法履职，公正办案。建立健全案件流程监控、个案评查等监督制约机制，发挥检察官联席会议、检务督察、检委会把关作用，确保有序放权和有效监管相统一。

8月23日，县人民检察院举办“检察护航民企发展”检察开放日活动

（蔡坛彬 摄）

【接受监督】 2019年，漳浦县人民检察院始终把坚持党的领导，自觉把检察工作置于人大、政协和社会各界监督之下作为加强和改进检察工作的动力源泉。坚持重要工作和重大案件主动报告，严格执行各项决策、决议。向县人大常委会专题报告认罪认罚工作情况，落实审议意见。主动接受代表委员监督，邀请代表委员参加案件庭审观摩、专项视察、检察开放日等活动，通报检察工作相关情况。主动接受社会监督，发挥检察门户网站、“两微一端”等新媒体的作用，公开案件程序性信息998条、法律文书555份、重要案件信息14条。

【扫黑除恶专项斗争推进】 2019年，漳浦县人民检察院批准逮捕涉黑恶犯罪嫌疑人3人，起诉32人。扫黑与打伞同步，落实“一案三查”“保护伞”线索移送等机制，移送保护伞线索5条。加强“打财断血”，对涉黑恶财产，依法及时查封扣押处置。落实涉黑涉恶案件异地办理机制，依法办理漳州市检察院指定管辖的云霄县涉黑案件、东山县涉恶案件2件15人。县检察院获评2018年度漳州市扫黑除恶专项斗争先进单位。

【“三大攻坚战”检察服务】 2019年，漳浦县人民检察院参与防范化解重大风险攻坚战，依法办案与化解风险、追赃挽损、维护稳定相结合，批准逮捕非法传销、集资诈骗、非法吸收公众存款等涉众型经济犯罪嫌疑人13人，起诉14人。服务和保障精准脱贫攻坚战，打击拒不支付农民工工资犯罪，批捕2人，起诉1人，帮助34名农民工追回被拖欠工资37.5万元；结对帮扶19户建档立卡贫困户，为挂钩的空壳村、薄弱村提供帮扶资金50多万元，用于阵地建设和发展生产。开展刑事特困被害人司法救助，为困难被害人发放检察救助金5万元。依法惩治非法采矿、滥砍滥伐等破坏生态环境资源的违法行为，开展矿产资源秩序整治专项行动，批捕41人，起诉2人；建议侦查机关冻结资金3396万余元，扣押涉案现金1080万余元，查封现场石材1万多立方米。

【“大抓工业、抓大工业”服务保障】 2019年，漳浦县人民检察院细化服务保障措施，建立健全与企业定点联系机制，走访企业21家，提供法律服务16次，帮助解决实际问题4个。打击侵害企业正常生产经营、项目建设等刑事犯罪，依法起诉27件44人；加强企业知识产权司法保护，起诉制假售假犯罪16件29人。

（县检察院）

·法　院·

【概况】 2019年，漳浦县人民法院发挥职能作为，受理各类案件11584件，办结10656件，比上年分别上升29.66%和32.32%；开展执行会战26次，执结各类案件3885件，标的额8.66亿元；回应信访诉求，处理来信25件（次），接待群众来访124人（次），化解涉诉信访件11件；落实利民举措，开通12368诉讼服务热线，导诉2000余人次；实施司法救助，为12名困难当事人缓、减、免交诉讼费5.9万元，发放执行救助金161.3万元。

【法治营商环境营造】 2019年，漳浦县人民法院紧扣县委“三抓三比、十项竞赛”部署要求，出台“提升法治营商环境”工作方案，细化服务举措，营造良好法治营商环境。服务保障古雷开发区、绥安工业区和万安、赤湖、前亭工业园项目建设，成立“服务古雷港区重大项目法官工作室”“古雷港区诉调对接多元化解中心”和“企业与企业家联合会调解工作室”。建立审判团队挂钩联系重点企业、重大项目制度，聘任企业家联合会人员为特邀调解员，开展“送法进企业到项目”活动，妥善审理涉及鹿溪南岸土地征迁和燃气管道等重大项目的案件，助力项目推进。审结涉企业和项目的合同纠纷案件205件，其中涉重大项目案件21件，标的额3110.99万元；化解港区纠纷20余起。推动建立府院联席会议制度，定期通报重要企业、重点项目涉诉情况，提高企业防范涉法风险能力。

【刑事犯罪依法惩治】 2019年，漳浦县人民法院开展扫黑除恶专项斗争，成立扫黑除恶相对集中管辖第二审判团队，在依法严惩、“打财断血”“打伞破网”上精准发力，受理涉黑恶案件15件56人，审结14件44人，处罚金39.80万元。打击暴力、侵财犯罪，审结故意杀人、故意伤害、强奸、诈骗、盗窃等案件329件434人。惩处职务犯罪，审结贪腐犯罪案件5件6人。惩处电信诈骗犯罪11件20人。打击涉毒犯罪，审结12件14人。整治制售假烟，审结假烟犯罪案件14件27人，其中判处实刑25人，并处罚金605万元。严惩危险驾驶犯罪，审结181件181人。合计受理刑事案件675件926人，审结611件813人。加大司法建议力度，向县教育、卫健等部门提出司法建议4条，均得到采纳。

【民商纠纷化解】 2019年，漳浦县人民法院坚持“三全”调解，妥善审结劳动争议、人身损害、“三农”等涉民生案件509件。注重化解婚姻家庭、抚养、继承等家事纠纷，婚姻案件设置庭前15天“冷静期”，加强思想引导、情绪疏导，审结家事案件912件；调解、撤诉718件，调撤率78.73%。处理商品房买卖纠纷案件157件，调撤率60.29%，其中审结多批商品房预售合同系列案件，化解群体性纠纷。落实“职业放贷人名录”制度，净化金融市场，引导融资秩序理性回归，审结金融借款、民间借贷等案件2878件。累计受理各类民商事案件5954件，审结5695件，标的额7.5亿元，调撤率50.19%。

【依法行政助力】 2019年，漳浦县人民法院加强司法监督，推动行政首长出庭应诉率达到100%。推行行政诉讼庭前沟通、庭中协调、庭后释法，化解行政争议，促成行政诉讼案件协调结案55件，协调结案率44.35%。开展座谈交流、培训授课、庭审观摩和个案研讨等活动23场（次），依法行政指导，支持法治政府建设；通过非诉行政执行工作支持依法行政，依法审查退还非法占地等各类非诉行政执行案件241件，促进社会治理体系和治理能力现代化。累计受理行政诉讼案件146件，审结127件。

【执行攻坚】 2019年，漳浦县人民法院定期开展执行会战，巩固“基本解决执行难”攻坚成果，确保实现“五个常态化”。按片区开展会战26次，司法拘留297人（次），移送追究拒执犯罪11件11人，分批曝光失信被执行人4234人，实施信用惩戒4121人（次），执结各类案件3885件，标的额8.66亿元。设立财产保全小组，专班专员负责，及早查控涉案财产，合计保全财物标的额3.08亿元，促进执结案件393件。开展院长带队执行直播，得到38万名网民围观，微信推送失信被执行人名单10批（次），自主创作视频《执心而行》获全国法院优秀原创歌曲和全省优秀微视频二等奖。

【信访诉求回应】 2019年，漳浦县人民法院落实领导集中接访、带案下访、预约走访等工作，听取、解决群众反映的问题，处理来信25件（次），接待群众来访124人（次），化解涉诉信访件11件。化解信访老案，逐案制定化解方案，压实领导包案责任，开展司法救助，推进涉诉信访老案化解。预防信访新案，建立重大案件乡镇通报制度，对当事人诉求强烈，有信访苗头、矛盾激化隐患的案件，及时向乡镇党委政府通报并共同化解。同年，通报信访案件15起，促成12起案件调解或撤诉，其他3起也得到妥善解决。

【利民举措优化】 2019年，漳浦县人民法院增建130平方米办公用房用于拓展诉讼服务大厅布局和功能区设置，落实预约立案、跨域立案，推行诉讼事项跨区域远程办理，实行微信、支付宝等支付方式，方便当事人诉讼和缴费。办理跨域立案10件，运用微信调解案件15件，跨省远程视频开庭审理案件2件。开通12368诉讼服务热线，导诉2000余人次。加强司法救助，为12名困难当事人缓、减、免交诉讼费5.9万元，发放执行救助金161.3万元。

【审判管理】 2019年，漳浦县人民法院加强审判运行态势分析研判，做到重点案件、审限执限、流程信息“三管控”，实现审判管理精准化。探索审判执行质效“三三”模式，提升案件质效。同年，结案率91.99%，位居全市基层法院第一名，“三三”模式得在全市法院推广。推进“分裁调”改革，设立速裁团队专门审理简易案件，引导当事人选择简易方式解决纠纷，推进繁简分流，简易程序适用率87.35%，促进简案快办、难案精办。

【诉源治理】 2019年，漳浦县法院与县委政法委、司法局联合制定《诉调对接暨诉源治理工作实施细则（试行）》，依托乡镇司法所设立诉调对接点，共同构建诉调对接纠纷前端防控机制。发挥老法官诉前调解室作用，多元主体参与调解，线上线下同步调解，从源头减少诉讼增量，诉前化解纠纷425件。

【司法数据资源共享】 2019年，漳浦县人民法院联合司法局构筑司法数据联网共享机制，定位失信被执行人行踪，建立刑事审判与执行联动机制，搭建“审判＋执行”数据融合平台，实现刑事审判与失信名单数据共享，破解“被执行人难找”的困局，提高执行实效。实施以来，已在514名社区矫正人员中发现失信被执行人49人，刑事审判阶段发现24人，实行司法拘留2人，促进8起案件执结，标的额38.3万元。

【司法体制综合配套改革】 2019年，漳浦县人民法院按照“大庭室小团队”模式，组建10个审判、执行团队和6个行政综合团队，优化各类人员配置，平稳完成内设机构改革，完善专业化审判执行团队运行机制。推进司法人员职业保障改革，按时晋升22名入额法官等级。优化辅助事务，成立专门送达机构，开展集中集约送达，切实解决“送达难”。

【司法能力培训】 2019年，漳浦县人民法院结合政治轮训，通过结对教学、庭审观摩、岗位练兵等开展业务技能实训。编辑《案例参考》《裁判文书选编》，分类成立4个案例研讨与学术研究小组，总结类案裁判规则，强化司法实务培训研究。同年，开展业务实训、难案研讨、专题讲座、学术讨论14场（次），选派108名干警参加各类培训，提高业务素质和司法能力。有15篇调研文章被市级以上调研刊物采用，有4名年轻干警通过国家统一法律职业资格考试。

（县法院办公室）

·司法行政·

【概况】 2019年，漳浦县司法行政工作发挥法律服务、法治宣传和法治保障职能，投入250多万元，建设高标准司法所业务用房，乡村公共法律服务实体平台和社区矫正监管三大基层司法工作平台，调解成功1276起，调解成功率达99.8%；强化社区矫正工作，对3191名在册刑释解矫人员进行安置帮教，帮教安置率均为100%；开展各类法治宣传活动300余场次，受教育人数达受众5万多人；施行便民、利民机制，为60多家企业、600多人当事人提供法律服务。

【基层司法三大平台建设】 2019年，漳浦县司法局以把矛盾纠纷化解在基层、消化在萌芽状态为目标，加大资金投入，健全完善基层司法工作平台建设，高标准司法所业务用房大平台建设，经扩容装修改造，有17个司法所全部达到省厅规范化建设标准。为多数司法所配备调解同步录音录像设备，改善司法所办公条件。完成便民化乡村公共法律服务实体平台和多元调解平台建设，以司法所为依托，投入200多万元在全县各乡镇建立公共法律服务站和多元调解中心，在各村（社区）建立公共法律服务室和调解室，配齐各类办公设施，打造服务群众、宣传法治、化解矛盾的基层一线综合服务平台。建设规范化社区矫正监管平台，投入50多万元建设各司法所社区矫正监控系统，实现县社区矫正指挥中心与全县21个司法所联网对接及社区矫正系统资源共享，对各司法所日常监管工作进行实时监控，对社区矫正人员进行实时定位、监管、信息交互，使社区矫正工作走向了专业化、信息化、规范化的轨道。

【矛盾排查与多元调解】 2019年，漳浦县司法局健全完善人民调解网络和多元调解机制，抓好专职调解“常备队”、金牌调解“机动队”、用法调解“专业队”“三支队伍”建设。在全县建立22个乡镇（场）多元调解中心和34个行业性调委会，配备专（兼）职调解员120人。组建一支由2名金牌调解员和10名品牌调解员组成的金牌调解机动团队，应对不同地域、领域的各类突发性矛盾纠纷。整合村居法律顾问资源，挑选婚姻家庭、邻里纠纷、土地争议等领域高端人才，组建专业调解团队。同时，在全省率先构建12348与110非警务事项对接分流机制，通过综治网格平台分流至属地司法所进行承接处理，拓展人民调解组织受理纠纷的渠道。推进用法调解工作机制，及时消除纠纷隐患和不稳定因素。全县录入省司法厅人民调解平台的各类矛盾纠纷调处数1278起，其中调解成功1276起，调解成功率99.80%。

【社区矫正与安置帮教】 2019年，漳浦县司法局完成社区矫正监控系统、指挥中心建设。强化社区矫正安全防范意识，采取多项措施，加大对社区服刑人员的管控力度，做好庆祝中华人民共和国成立70周年等重大节假日和敏感时期的维稳安保工作。至12月底，全县在矫485人（其中缓刑467人、假释4人、暂予监外执行14人），办理审前社会调查411件，警告27人次，变更居住地至外地监管3人。开展3191名在册刑释解矫人员的安置帮教，衔接率、帮教安置率均为100%，全县没有出现脱、漏管人员，有效地预防和减少社区服刑人员、刑释解矫人员重新违法犯罪。

【法治宣传教育】 2019年，漳浦县司法局拓宽普法渠道，创新普法形式，以“普法进工业园区”“普法进商会”及“普法进企业”等形式，推进“法治服务进企业”专项法治惠企行动。全县司法行政系统开展各类法治宣传活动300余场次，受教育人数达受众5万多人。为64家民营企业开展线上法律服务14次，现场法律服务116次，撰写法律文书3篇，发放《百姓法治宝典》等宣传资料近3万本，法治宣传用品1.5万份。将法治宣传教育纳入县综治、文明创建和法治建设等目标考核项目，定期考核，推动落实。

4月9日，司法部社区矫正局局长姜爱东（左五）在漳浦县调研社区矫正工作

（县司法局 供图）

【公共法律服务】 2019年，漳浦县司法局制定《2019年漳浦县落实政府购买服务开展一村（居、社区）一法律顾问工作实施方案》《关于开展2019年法律服务进企业（园区）活动方案的通知》《关于利用村级法律顾问平台开展“法律服务进民营企业”有关工作的通知》《关于印发组建法律服务团队服务企业助力打造优质营商环境的实施方案》等多项便民、利企政策。在全县64家民营企业设立普法点，组建普法志愿者服务团队和公共法律服务团走进中电光伏、海西恒业等60多家企业，实地了解企业法律服务需求，提供精准法律服务。推行法律援助容缺、“欠薪援助绿色通道”“军人军属绿色通道”、特殊群体“零审查”等机制，实现群众申办法律援助“最多跑一次”。受理法律援助案件460件，接待群众法律咨询、来访977人次，受援人480人。强化服务意识，树立高效、便捷、用心的工作作风，办理公证事项1785件，为年老体弱、行动不便的公证当事人上门服务120次，服务当事人600多人。

（县司法局）

军事

·人民武装·

【概况】 2019年，漳浦县人民武装工作从实战、实际出发，狠抓军事训练、民兵整组、兵员征集、国防动员潜力核查、国防教育等工作落实，推进乡镇"一部一村"基层武装机构规范化建设，督导霞美镇武装部完成规范化建设，投入40余万元完成9个乡镇16个村（居）的基层武装机构规范化建设；多形式开展征兵宣传，年满18周岁男青年参加兵役登记，登记率达100%，高标准完成征兵工作。

【战备建设】 2019年，漳浦县人民武装部严密组织节日及"两会"期间战备工作，加大海防民兵哨所及海上民兵信息船海上情报侦搜力度，强化重点部位管控，确保部队安全稳定。修订完善战备方案，牵头组织全县军警民联合防汛救灾演练；组织全县国防工程看管员集中教育，规范国防工程维护管理秩序。

【按纲施训】 2019年，漳浦县人民武装部抓好民兵应急分队及民兵干部训练，推进"民兵训练动态监管"系统试用。1月，组织民兵应急连轮训备勤训练，组织全县民兵连长、情报信息员及部分专武干部进行集中强化训练，分2批次组织沿海乡镇开展海上民兵分队训练。每月集中组织哨所民兵进行业务技能训练；选派哨所女哨长参加省哨所民兵集训；选派专武干部参加省武装部长业务集训。

【基层武装机构规范化建设】 2019年，漳浦县人民武装部制订年度县、乡两级帮扶计划，按步骤有序推进乡镇"一部一村"基层武装机构规范化建设，督导霞美镇武装部完成规范化建设。通过分区帮建、县财政拨付、各乡镇自筹相结合的方式，投入40余万元完成9个乡镇16个村（居）的规范化建设，落实有条件的村（居）完成规范化建设任务。

【国防动员潜力数据核查】 2019年，漳浦县人民武装部召开潜力调查任务协调会，推进国防动员潜力调查工作。4月，召开本级任务部署会及业务培训会，对接相应科局单位，完善潜力数据统计

9月10日，县人民武装部举行欢送新兵入伍仪式　　（县人武部 供图）

核查工作。

【征兵工作】 2019年，漳浦县人民武装部坚持“一季征兵、四季准备”，通过电视、网络、短信、传统标语横幅、高考现场咨询、宣传车下乡、征兵主题晚会等形式开展征兵宣传。全县年满18周岁男青年参加兵役的登记率达100%。从严组织实施征兵体检，实现无严重责任退兵、无告状信访、无管理安全事故目标，完成年度征兵工作任务。

【民兵整组】 2019年，漳浦县人民武装部按照深化民兵调整改革“四项改进措施”要求，优化全县基干民兵组织结构规划表，下发《关于深化全县民兵调整改革的通知》。多次组织乡镇专武干部集体办公，强化职责意识，推进民兵整组工作落实。对全县民兵应急分队逐个进行检查验收。年初，在盘陀镇召开民兵整组工作“一个流程”和基层规范化建设现场观摩会；6月，代表军分区接受省军区工作组检查，同时先后2次接受军分区民兵整组检查。

【安全管理】 2019年，漳浦县人民武装部开展条令法规学习整训活动，组织队列训练及军容风纪检查，拟制安全大检查实施方案和保密专项检查实施方案。投入资金进行安防系统的安装、监控设备的升级维护及哨所远程监控设备维修。落实消防设施年度检查维护，安全管理技防设施建设进一步完善。开展“百日安全”活动，班子成员带头讲安全、抓安全、促安全，消除安全隐患，确保单位的安全稳定。

（县人武部）

·人民防空·

【概况】 2019年，漳浦县人民防空工作强化国防意识，推进人防宣传进机关、进学校、进社区、进企业，开展“9·18”防空警报试鸣；新建、续建“结建式”防空地下室项目，设有若干个人民防空重点设防镇。

【人防工程建设】 2019年，漳浦县人防办顺应城市建设快速发展的态势，依法依规推进人防工程建设，审批“结建式”防空地下室项目。着手建设“单建式”人防工程，已完成选址，进入设计、立项等前期工作。

【人防工程质量监督】 2019年，漳浦县人防办加强人防工程质量监督，在每个项目开工前召开质量监督技术交底会，明确业主、监理、施工单位、防护设备厂家等参建单位就监督程序、施工技术规范容易出现的质量问题、施工及验收各阶段的质量控制点、监理单位履行义务和承担责任。对施工各阶段质量控制点（底板、墙体、顶板）、主体结构等，进行监督指导，对存在的问题及时予以纠正或责令整改，均要求参建责任主体限期整改，并以整改回复单的形式确认，做到反馈闭合管理。

【人防工程维护管理】 2019年，漳浦县人防办落实省、市人防主管部门关于开展全省人防工程维护管理质量情况调研的要求，定期组织对竣工投用人防工程的维护管理进行监督检查。组织对2014年7月至2017年6月竣工的防空地下室进行全面排查，经查阅内页资料和实地查看，未发现人防工程维护管理质量情况存在重大问题，各维管单位维护管理质量评估基本达到要求。全县的人防工程保持良好状态。

（县人防办）

农业农村

·综 述·

【概况】 2019年，漳浦县发展壮大花卉苗木、水产水果、食用菌等农业优势产业，打造“一区两园”升级版，突出“一地一品、一地多品”，提高特色产品市场占有率。加大农业基础设施投入，完善农村电商县乡村三级物流体系，带动现代农业“接二连三”融合发展。实现农林牧渔总产值152.72亿元，比上年增长3.9%；农村居民人均可支配收入2.17万元，比上年增长9.8%。

【农村改革创新】 2019年，漳浦县农村承包地确权登记颁证基本完成。全国首批整县推进农村集体产权制度改革试点工作稳步推进，全县23个乡镇场拟改革的275个村（居）已全部完成村集体资产折股量化、合作制改革和集体产权制度改革任务。出台农村土地所有权承包权经营权分置办法，全县耕地流转面积9333.33公顷。2019年农村土地经营权抵押贷款金额926万元，涉及土地流转面积69.02公顷，抵押物认定价值2396.73万元。推进农垦改革与发展，清理规范农垦土地承包租赁合同。完成全县农垦国有农场办社会职能改革任务，国有农场承担的社会管理和公共服务职能已全部纳入乡镇统一管理，农垦国有农场办的社会职能已全部剥离。

【农村饮水安全】 2019年，漳浦县投资4000万元，巩固提升农村饮水安全，旧镇、佛昙、深土、赤湖、大南坂、绥安、石榴、赤岭、盘陀9个乡镇30个村，总人口7.50万人受益。全县建档立卡贫困人口3185户8837人的饮水安全得到保障；省委巡视反馈的59个未通自来水的村已整改完成58个。

【农产品质量安全管控】 2019年，漳浦县加快农资监管信息平台建设，健全完善食用农产品“一品一码”全程追溯体系，全县有419家农业生产主体入驻省级追溯监管信息平台，且均完成生产记录的上传，其中有416家的生产主体完成赋码8289批次、贴码销售24.51万件。加强农产品和农资产品质量安全监测，完成农业部、省厅、市局的农产品质量安全监测任务，抽检合格率100%。开展县乡快速检测，县级抽检1170个，合格率99.40%；辖区内所有乡镇抽检8550个，合格率99.90%，均超额完成任务。推进农资监管信息平台建设，全县纳入平台监管的企业有299家，实现全县范围内农资产品购、销、用可追溯，形成农药、兽药、肥料和种子信息化监管网络。

【森林县城、乡村创建】 2019年，漳浦县官浔镇溪坂村、长桥镇东升村、佛昙镇轧内村、赤土乡下宫村等4个村申报国家森林乡村；绥安镇大埔村、旧镇镇东厝村、赤土乡下宫村、官浔镇溪坂村和西北村等5个村申报福建省森林村庄。与县城创城创卫相结合，全县150万人次参加义务植树。开展省级森林县城创建，通过省绿化委专家验收，被授予“福建省森林城市（县城）”称号。

【牛蛙养殖整治】 2019年，漳浦县持续加大督查督导力度，保持强力工作态势，先后出动车辆86次，人员322人次，开具乡镇排查牛蛙养殖移交函24份，催办函4份；开展牛蛙养殖污染整治宣传巡回广播，发放《告广大人民群众的一封公开信》及宣传单7万多份。对2019年全县169家新增或复养的牛蛙养殖场进行拆除整治，遏制“牛蛙养殖－整治－反弹－再整治－再反弹－再整治”乱象。

【水稻生产全程机械化示范县创建】 2019年，漳浦县按照省农业农村厅《关于做好2019年福建省创建主要农作物暨特色产业生产全程机械化工作的通知》要求，立足本地区资源优势，合理选择主要农作物暨特色产业生产全程机械化试点，建立健全工作推动机制，主攻关键薄弱环节机械化技术，以“稳粮增收”为核心，聚焦耕整地、种植、植保、收获（烘干）等生产环节，依托新型农机服务组织，示范引领绿色、高效、智能农机装备推广应用，形成具有区域特点的技术路线和作业模式。官浔镇水稻试点为漳浦县主要农作物生产全程机械化试点，机耕面积166.67公顷、机械种植面积140公顷、机械植保面积263.33公顷、机械收获面积140公顷、机械烘干数量1040吨；投入耕整地机械（含拖拉机）6台、播种机（插秧机）2台、植保机械4台。漳浦县特色农业产业生产全程机械化试点蔬菜为胡萝卜，试点蔬菜机耕面积53.33公顷、机种面积53.33公顷、机械化植保面积53.33公顷，投入耕整机、无人机、农用车等机具6台套，开展培训班1次、现场会5场次。

（县农业农村局）

· 种植业 ·

【概况】 2019年，漳浦县实现农业产值49.49亿元，比上年增长3.9%；农村居民人均可支配收入21700元，比上年增长9.8%；粮食作物播种面积1.58万公顷，总产量11.05万吨。其中，稻谷1.21万公顷，薯类2906.67公顷，豆类880公顷；蔬菜种植面积2.53万公顷，总产量69.17万吨。年末水果实有面积1.16万公顷，总产量20.42万吨。有国家级龙头企业1家、省级农业龙头企业23家，市级15家；农民专业合作社1214家，其中国家级示范合作社2家，省级10家，市级14家；家庭农场1108家，其中省级示范场12家，市级示范场22家。中国驰名商标4个、福建著名农业品牌1个、国家地理标志证明商标24个；无公害农产品认证企业31家，认证产品数48个；绿色食品2家，产品3个；有机农产品2家，产品2个。

【粮食生产】 2019年，漳浦县全面落实粮食安全责任考核制度，及时分解下达粮食计划播种面积任务。新建育秧工厂5家，育秧供应大田机插面积预计达1000公顷以上。发挥育秧工厂的育秧和插秧先进产能，创新“育秧工厂＋”模式和众多农业公司、合作社、农户采取合作的方式，发展水稻生产。工厂化育秧不仅充足供应本县需要，而且服务到邻近县区如华安、平和、龙海、芗城、云霄等地。漳州市下达漳浦县高标准农田建设任务为3426.67公顷（含高效节水333.33公顷），实施建设高标准农田面积3474.47公顷（含高效节水334.60公顷）。

【特色现代农业暨农业绿色发展项目竞赛】 2019年，漳浦县特色现代农业暨农业绿色发展项目竞赛完成投资6.6亿元，占年

2019年，德立信公司在赤湖镇实施化肥、农药减量种植。图为大葱（胡萝卜）——花生轮作示范片　（县农村农业局 供图／摄于10月）

度投资计划3.64亿元的181.3%。通过参赛项目建设，辐射带动四级现代农业产业园完成投资4.06亿元，完成年度计划投资1.85亿元的219.4%，超序时完成进度。

【省级优质农产品(食用菌)标准化示范基地创建】 2019年，漳浦县投入2400万元完成省级食用菌产业园扩建项目，优化一产、深化二产、强化三产，促进三产融合，推动产业全产业链发展。推行食用菌标准化生产，创建优质农产品标准化示范基地，示范带动标准化生产，提升产品质量安全水平。引导培育发展菌种产业，开展食用菌菌种质量和生产经营活动监督检查，“双随机一公开”抽查数占检查对象名录库的25%。

【龙头企业、农业品牌数量递增】 2019年，漳浦县新增农业产业省级龙头企业4家，新增福建名牌农产品1个，新增(续展)农业品牌9个。培育“一村一品”特色产业示范村6个，创建优质农产品标准化示范基地6个，建成农产品产地初加工中心1个。万辰生物科技被确认为省级优质农产品标准化示范基地。

【果蔬一、二、三产业融合发展项目建设】 2019年，漳浦县完成2019年农村一、二、三产业融合发展项目建设，建设蔬果冷藏库和蔬菜清洗、预冷、分选分级生产线建设的产后商品化处理中心3个和果蔬冷藏库10座，建设容量5400立方米，可提高农产品初加工能力900吨。

【省级水果产业园项目建设】 2019年，漳浦县被列为“省级现代水果产业园”创建县，按照“优化一产、深化二产、强化三产”的建设思路，加强三产融合发展。截至12月底，15个省级水果产业园及农业重点项目建设已全部完成，投资3.17亿元，占年度计划的105%。

【畜禽粪污资源化利用】 2019年，漳浦县养殖场完成“一禁、二表、三分离”工作，畜禽粪污资源化利用率达95%以上，大型规模养殖场粪污处理设施装备配套率达到100%。畜禽粪污资源化利用整县推进项目的承担单位已倒排项目进度，进入实施阶段。

【化肥、农药使用实现零增长】 2019年，漳浦县布置化肥减量增效示范片613.33公顷、商品有机肥573.33公顷、土壤酸化耕地治理示范片706.67公顷。举办土壤酸化耕地治理示范和耕地质量提升与化肥减量增效项目培训5期，参训412人次。实施测土配方施肥技术面积4.33万公顷，推广有机肥4.08万公顷、豆科作物种植8133.33公顷、稻田秸秆还田面积5493.33公顷；化肥施用纯量4.43万吨比上年下降3.34%。完成绿色防控技术推广面积5.87万公顷次，农作物专业化统防统治推广服务面积3万公顷次，全县农药使用总量控制在861吨以下，比上年下降3.1%。

(蔡小玲)

·林　业·

【概况】 2019年，漳浦县林业生产落实森林资源保护措施，完成森林资源二类调查，掌握森林资源和生态环境现状与动态变化情况。全县森林覆盖率55%，蓄积量464万立方米，林地保有量11.8万公顷，自然保护区2786.67公顷，湿地保有量4.93万公顷。五项指标均超过市对漳浦县森林资源年度保护目标的考核要求。实现规模以上林产工业产值865亿元，全系统未发生安全生产责任事故。

【营林造林】 2019年，漳浦县林业局完成造林绿化1630.07公顷，占目标任务的117.19%；森林抚育2558.07公顷，占目标任务的116.27%；封山育林1676.27公顷，占目标任务的100.57%。与乡村振兴战略相融合，完成乡村生态景观林建设1公顷。与种苗培育相促进，种质资源普查有序推进，全县培育木麻黄、相思树、桉树等苗木539万株，种苗合格率95%以上。

【林业体制改革】 2019年，漳浦县林业局培育新型经营主体，发展多种形式的适度规模经营，加快构建以农户家庭经营为基础、合作与联合为纽带、社会化服务

4月3日，县林业局与检察院联合在盘陀镇开展林业法制宣传活动

（县林业局 供图）

为支撑的现代集体林业经营体系，全县培育以家庭林场为主的新型经营主体26家，经营面积3221.33公顷；培育以林业专业合作社为主的新型经营主体75家。县属国有林场改革工作持续推进，各项改革任务基本完成，已通过省级检查验收。重点生态区位商品林赎买等改革有新成效，梁山、桥内水库共完成重点生态区位商品林赎买34.53公顷，新增种植卷荚相思、马占相思和木荷等混交林34.53公顷。

【林木采伐限额管理】 2019年，漳浦县林业局执行采伐限额管理，审批林木采伐172宗，采伐蓄积8.52万立方米；优化林政审批服务，林地征占用项目获批27宗、面积124.59公顷。

【林业产业】 2019年，漳浦县花卉种植面积5666.67公顷，花卉产业年销售额12.8亿元，花卉出口创汇2800万美元。全县有工商注册的花卉类企业522家，其中农民合作社115家，个体工商户226家，花卉从业人员5.5万人。花卉类外资企业有35家，其中台资企业28家。林下经济种植面积新建40公顷，培育省级、县级林下经济示范基地21个，从事林下经济的从业人员1.5万人，林下经济经营面积近1.29万公顷，总产值6.25亿元，其中培育铁皮石斛80多公顷。

【林业科技】 2019年，漳浦县林业局举办林业科技培训班10期，培训林农1000人次，选派9名科技特派员，挂钩指导林业产业发展，科技下乡108次，分发资料1000多册。“林农点单，专家送餐”活动得到好评。

【森林防火】 2019年，漳浦县林业局新建眉力、梁山、坪水、官浔等4支县级森林防火专业扑火队，全年未发生重、特大森林火灾。

【森林病虫害防治】 2019年，漳浦县发生松突圆蚧、木毒蛾、松墨天牛、桉树尺蠖等病虫害面积5186公顷，清理枯死木1015株，挂设诱捕器150套。

【林业执法】 2019年，漳浦县林业局发挥森林公安和行政执法队伍职能，调查核实涉黑涉恶线索20条，立案查处各类涉林案件54起。抓好环保督察反馈问题整改，涉林信访件20件，其中主办件14件，协办件6件。矿山涉林情况已全部完成调查核实，抽调人员组成9个执法工作组（含森林公安3个组）对涉林案件进行立案查处。自查发现漳浦辖区内76个违法违规图斑已全部立案、受案；现场督查移交的29个剖析图斑中，已立案查处18起，受案6起，查明无违法行为5宗。开展木材经营加工整治，停电取缔木材加工企业29家，晒板场全部拆除复绿。

（李闳）

·海洋与渔业·

【概况】 2019年，漳浦县海洋与渔业生产着力推进现代渔业发展，2个海洋经济创新发展示范项目完成验收，福建森海食品有限公司在全省率先取得河鲀养殖和加工双认证；提升渔业安全水平，投入50万元完善重点渔港、澳口高清视频监控建设，在册管理渔船完成安装渔港通

APP437艘，水产品质量安全监督抽查合格率达100%；改善海洋生态，投入增殖放流资金50万元，放流日本对虾苗种1亿余尾、花尾胡椒鲷苗种30多万尾；全县水产品总产量达到39.99万吨，比上年增长4.95%。渔民人均纯收入29702.80元，比上年增长11.69%。

【现代渔业】 2019年，漳浦县丰盛牛磺酸（“利用贝类加工副产物制备年产60吨天然牛磺酸的产业化示范”项目）、海洋三所海洋中药材平台等2个海洋经济创新发展区域示范项目完成验收。市重点项目漳浦卜峰正大赤湖种苗场（建设30亿尾种苗，包括2栋种虾车间、10栋育苗车间、4栋藻类车间以及配套办公生活、水处理等设施设备，总投资2亿元，年度投资1.60亿元，占地6.67公顷）及年产2000吨鱼粉生产线项目建设稳步推进。围绕“六条鱼”，着力打造产业基地，福建森海食品有限公司在全省率先取得河鲀养殖和加工双认证，实现暗纹东方鲀鱼源养殖备案基地及鱼源加工备案基地认证“零”的突破，促进河鲀养殖业健康、可持续发展。

【渔港建设】 2019年，漳浦县六鳌一级渔港主体项目工程建设完成，六鳌渔港“渔品综合交易区”工程项目有序推进。做好“漳浦·云霄渔港经济区”大文章，中联海晟现代渔港经济服务区（后蔡湾二级渔港）、岱嵩一级渔港、岈仔山一级渔港建设规划项目已同步纳入《福建省渔港布局与建设规划（2019—2025年）》，为漳浦县渔港经济区建设项目引进创造条件。

【渔业安全监管】 2019年，漳浦县海洋渔业局投入50万元完善重点渔港、澳口高清视频监控项目建设，对7个由于监控视频存在视野遮挡、建设位置不理想的监控视频点位进行加高加固，新建点位8个，发挥定位终端对渔船动态监管作用。开展渔业安全生产大排查大整治专项行动，排查隐患45个，均完成整改。全县在册管理渔船完成安装渔港通APP437艘（另93艘正在安装中），海上预警平台发送宣传信息116次、20万多条，电话劝离进入“电子围栏”作业渔船12次。联合公安边防部门对前亭闽漳渔60108号渔船私自拆卸北斗船舶示位仪行为进行调查，责令其立即改正，杜绝发生类似情况。

【渔业违法行为查处】 2019年，漳浦县海洋渔业局开展执法行动466次，检查船舶1849艘次，清理各种非法违法捕捞乱象，立案查处渔业违法违规案件50起，处罚54.46万元。

【水产品质量安全】 2019年，漳浦县海洋渔业局健全水产品质量安全“一品一码”全过程追溯体系，开通生产主体账号的养殖场已达465家，水产品质量安全监督抽查合格率达100%。

【水域滩涂养殖证审核】 2019年，漳浦县水域滩涂养殖使用证审核已通过106宗，占全市已审核总数403宗的26.3%，审核数量位居全市首位；已审核面积2032.36公顷，占全市应审核面积

10月18日，县海洋与渔业局执法人员在六鳌镇开展水产品质量安全执法行动
（县海洋与渔业局 供图）

的27.6%；规划内国有水域滩涂应发证率达到95.20%，应发证面积居全市主要养殖县市区首位。

【海洋生态改善】 2019年，漳浦县海洋渔业局投入资金30万元，用于补助各沿海镇场清理海上养殖场、停靠点、码头、僵尸船及停靠船舶等的生产生活垃圾；发放海洋与渔业保护专项资金100万元，督促镇、村做好佛昙镇岱嵩渔港港池、港道（含进出港水域）清淤整治及护岸设施修缮。完成全县527艘在册管理渔船100%配备防污染的集污桶和垃圾桶。投入70万元，委托第三方对全县辖区池塘和工厂化养殖、海上集中养殖区源头污染情况开展精细化排查，汇总登记建档，形成精准数据，为日后污染防治工作打基础。投入30万元购置4艘渔港保洁船用于做好佛昙岱嵩、整美、六鳌虎头山、旧镇湾等主要渔港保洁；督促镇村、渔港业主成立专业保洁队伍，重点整治渔港"脏、乱、差"现象，建立长效保洁机制。督促县渔船拆解厂（点）严格落实按规定配备有毒有害物质处理设施设备、配备环境保护设施设备，同拆解厂签订环境保护责任书，定时检查，发现问题，及时整治，确保各项治理工作有力、有效落实。

【漳浦县开展海域增殖放流行动】 2019年11月29日，漳浦县海洋渔业局在六鳌镇开展增殖放流行动。向旧镇湾海域放流日本对虾苗1亿余尾、花尾胡椒鲷苗30多万尾。放流行动由市海洋与渔业局组织专家进行指导监督。

（县海洋与渔业局）

·水 利·

【概况】 2019年，漳浦县水利工作践行"节水优先、空间均衡、系统治理、两手发力"的治水方针，按照"水利工程补短板、水利行业强监管"的总基调，完成水利投资21431万元，超额完成年度建设任务；实施4个安全生态水系建设项目，总投资5718.4万元，整治河道42.6千米；完成投资3671万元，综合治理中小河流5条；投资77.5万元，完成水土流失综合治理面积116.67公顷；加强水利安全管理，检查86座中小型水库，排查整改一般隐患93处；县水利局获"全省水利系统先进集体"称号。

【水利规划】 2019年，漳浦县城乡供水一体化估算总投资24.51亿元，已完成项目规划初稿；桥内水库饮水工程列入2020年县委、县政府为民办实事十大项目之一；《农业水价综合改革总体实施方案（2018－2025年）》已批复；《蔡坑水库整治工程实施方案》经县政府第八次常务会研究通过。

【水利投入】 2019年，漳浦县累计完成水利投资21431万元，占年度计划投资18571万元的115.40%；争取上级补助资金5664万元。超额完成年度建设任务。

【安全生态水系建设】 2019年，漳浦县水利局实施赤湖溪（顶丰桥－岩前段、岩前－前湖湾入海口段）、九龙江南溪（朝阳水库坝址－马苑段、下炉－锦江段）等4个安全生态水系建设项目，项目总投资5718.4万元，整治河道总长42.6千米。至年底已全部完工验收，超额超前完成全年建设任务。在"三抓三比、十项竞赛"生态水系竞赛项目全年排名中，列全市第二。

【中小河流治理】 2019年，漳浦县水利局实施马坪镇堤防及护岸工程、长桥镇河道整治工程、深土镇清淤整治工程、旧镇浯江溪河道整治工程、赤土堤防及护岸工程等5个中小河流治理项目，综合治理河道总长17.9千米，计划总投资9300万元，2019年度计划投资3671万元；至12月，完成投资3671万元，占年度计划投资的100%。

【朝阳水库项目建设持续推进】 2019年5月10日，漳浦县朝阳水库工程PPP项目完成招标采购开评标；11月13日，朝阳水库工程PPP项目投资合作协议在北京成功签约；12月18日，中电建（漳浦）水利开发有限公司注册成立，朝阳水库项目建设进入实质性实施阶段。

【水利改革】 2019年，漳浦县水利局对全县63座公益性小型水库采用政府购买服务，推行"水库管家"，提高水库安全管理水平。加快推进实施农业水价综合改革项目，浦东灌区杨美片区、朝阳灌区眉力片区农业水价综合改革面积1133.33公顷，完成投资170万元；以内湖水电站为试点，推进小型水利设施产权制度改革。

【水土保持】 2019年，漳浦县水利局实施石榴镇车本村水土保持生态村项目以及沙西镇北旗村、赤土乡浯源村水土保持面上切块项目，完成水土流失综合治理面积116.67公顷，完成投资77.5万元，占计划任务100%。全县审批开发建设项目水土保持方案35个，征收水土保持设施补偿费433.17万元。

【水库安全】 2019年，漳浦县埊仔坪水库除险加固工程完成投资200万元，占任务100%；湖底水库完成水库大坝除险加固初步设计批复及施工图设计，并在12月开工建设；完成3座小(2)型水库竣工验收和3座小(2)型水库主体工程投入使用验收。县水利局与13个基层水利工程管理单位签订《2019年漳浦县水利系统安全生产工作目标责任书》；开展全县水利安全生产大检查专项行动，覆盖全县21个乡镇场和10个局属基层单位，自查抽查全县86座中小型水库安全隐患，累计排查一般隐患93处，整改93处，全部完成整改。

【农村水利水电安全生产】 2019年，漳浦县水利局推进水电站生态下泄流量整改，全县实际应安装生态下泄流量在线监控装置的水电站为44座，已全部完成整改任务。开展农村水电站安全生产标准化建设，组织澎水、内湖等4座总装机容量1000千瓦及以上水电站开展安全生产标准化二级、三级达标创建。

4月27日，生态环境部华东督察局在漳浦县现场检查南溪流域整治情况（县水利局 供图）

【水资源管理】 2019年，漳浦县水利局实施水源地规范化建设，完成梁山水库、澎水水库、桥内水库等3处县级水源地规范化建设；完成杨美水库、石过陂水库2处乡镇级水源地规范化建设和梁山水库水源地安全保障达标建设方案编制；完成县级水源地桥内水库2.5千米、澎水水库1.6千米防护网、石过陂水库1.8千米及杨美水库1.6千米防护网及界碑、标志牌等水源地保护措施建设。对第二水厂、圣元垃圾焚烧厂等取水大户开展计划用水工作；完成延续取水许可2家，新批取水许可2家，征收水资源费306.47万元。

【河长制施行】 2019年，漳浦县水利局推进河长制，各类污染源得到有效治理，流域水质得到持续改善；1—12月，全县9个省考小流域水质均值全部达到省考核标准，16个新增交界断面水质全部达到Ⅴ类水以上。河长制工作开展情况全市考核排名第三。

【水质监测】 2019年，漳浦县水利局加快实施县级水源地水质监测站建设，配合漳浦生态环境局开展梁山水库、澎水水库水质监测站建设，完成水质自动监测站监控设施安装，并与省级平台联网运行，实现梁山水库和澎水水库水源地水质在线和视频监控。

【依法治水】 2019年，漳浦县水利局开展重点流域水环境巡查，联合各乡镇进行排查整治，完成河湖“四乱”问题整改50宗；查处各类非法违法采砂洗砂、破坏河岸等涉水违法行为17起，取缔非法采砂点1处，切割捣毁及拆解采砂船12艘；查处在河道管理范围内非法取土1起，河道非法采砂1起，向河道弃置倾倒尾渣、泥土3起，作出行政处罚6起，罚款24万元。对2014年来水利行政执法案件42件、信访件73件和水利工程领域进行逐项梳理大排查。同年接到信访件34件，回复率达100%；办理市、县人大代表建议13件、政协委员议案2件，办结率100%。

【水利行政审批】 2019年，漳浦县水利窗口受理行政许可和公共服务事项共390件，办结390件，其中网上申报件337件，网上申报率85.97%，按时办结率100%；最多跑一趟数291件，电子证照存量440件，窗口综合评比排名前三。发放水利项目整改通知书13份，全部整改落实到位。

【库区移民工作】 2019年，漳浦县水利局对符合条件的库区移民及时发放后扶直补资金，累计发放642.78万元，惠及移民群众10713人，每人年纯增收600元；推进库区移民创业园开工建设前期工作；妥善处理移民信访，确保三峡移民安定稳定。

【中央环保督察反馈问题整改】 2019年，漳浦县水利局根据中央环保督察反馈问题，成立落实中央环保督察整改工作领导机构，对全县66座水电站、6个饮用水水源地，以及河湖“清四乱”和河湖长制工作等进行现场核查、整改。对存在违法行为的蓝德全石材、鸿山石材、锦溪石料、三层岭采石场4个矿山立案进行查处。发现河湖“四乱”的53处问题，已完成整改50个，其余3个尚在整改中；对水环境污染问题的蔡坑、下芬、垄底3座“牛奶库”，经过实施矿山整治、落实水土保持措施、矿区复绿等，水库水质已得到改善；其中蔡坑水库完成水库大坝安全鉴定，确认为二类坝，完成水库清淤、溢洪道修复等专项整治，并于9月26日通过专家评审。11处因洗砂场造成水土流失、河道产生淤积或水体浑浊的问题，基本完成洗砂设备拆除及清运、堆场清理和复绿或复耕等整治，河道水质已得到改善。

（陈晓琳）

·农机推广服务·

【概况】 2019年，漳浦县农机化工作以实施乡村振兴战略为总抓手，以提升农机化水平为重点，落实省农业农村厅《2019年农机化工作要点》精神，落实粮食安全省长责任制，机耕面积1.76万公顷、机插面积3333.33公顷、机收面积1.2万公顷、机电灌溉面积1.48万公顷、机械植保面积9460公顷；主要农作物综合机械化率63.72%，水稻综合机械化率73.65%，农机合作社作业服务面积3466.67公顷；发放农机购置补贴资金207.61万元，补贴机具1254台套，受益农户443户；创建生产全程机械化试点和“平安农机”示范乡镇，推动农机化工作上新台阶。

【重要农时机械化生产活动】 2019年，漳浦县农机站以水稻生产为核心，围绕春耕、“双抢”“三秋”等重点农时，加强组织管理和信息引导，保障重要农时机械化生产活动高质量、高效率。组织农机技术人员深入各乡镇田间地头送政策、送技术、送服务，为农民解读政策法规，解决生产难题，推广新品种、新技术、新机具、新模式，并指导“农机手”保养调试和检修各类农机具。根据农业发展需要，实施农机知识培训，通过举办培训班、专家讲座、发放宣传资料、农机人员服务上门等方式，让农民接受新知识，学会新技术。开展农机务农工作，为农业生产提供服务，减轻农民劳动强度，降低劳动成本。

【农机化统计】 2019年，漳浦县农机站落实农机化管理统计制度，按照“专人专事、及时报送”要求，做好重要农时、重点作物机具投入、作业面积、生产进度、市场信息等数据汇总、分析和运用，为科学制定农机化发展政策和决策部署提供依据和数据支撑。

【农机购置补贴政策落实】 2019年，漳浦县农机站制定《关于印发2018—2020年漳浦县农业机械购置补贴实施意见的通知》和补贴额一览表，做好农业机械购置补贴宣传，通过《金浦报》、县广播电台、印发宣传单、张贴标语等形式公示购机者购买信息，使农机购置补贴惠农政策家喻户晓。严格规范操作程序，阳光操作，简化程序，一站式办理，最多跑一趟。严肃补贴纪律，对购机者提供的农机购置补贴材料的合规性进行审核，对补贴额较高和有省级累加补贴机具重点抽查，对已拨付的补贴机具建档。同年，实施农机购置补贴资金207.61万元（中央补贴资金145.93万元，省级补贴资金61.68万元），补贴机具1254台套，受益农户443户；涉及农机具轮式拖拉机23台、履带式拖拉机1台、手扶拖拉机1台、起垄机14台、旋耕机45台、微耕机220台、小粒种子播种机7台、增氧机873台、田园管理机27台、组合米机4台、自走履带式联合收割机1台、茶树修剪机2台，动力喷雾机23台，粮食清洗机1台、离心泵9台，大米色选机3台。

【农机业务办理】 2019年，漳浦县农机站检拖拉机联合收割机78台，办理农田拖拉机入户27台，办理多功能拖拉机注销68台、联合收割机8台。至年底，拖拉机、联合收割机有效在册数153台，其中多功能拖拉机32台、轮式拖拉机118台、联合收割机3台；核发拖拉机驾驶证25本，期满换证62本。

【农机安全宣传教育】 2019年，漳浦县农机站采取张贴标语、悬挂横幅、宣传栏、分发资料、发送短信微信等形式，开展农机安全知识宣传和警示教育，宣传普及《中华人民共和国安全生产法》《中华人民共和国农业机械促进法》《农业机械安全监督管理条例》《福建省农业机械管理条例》等法律、法规，提高农机从业人员和农民的法律意识、安全意识。出动宣传车16台次，集中上教育课2次，开展农机安全咨询2次，发放各类宣传材料515份（本），发送农机安全短信息1937条，宣传挂图展板30幅。

【“平安农机”创建】 2019年，漳浦县农机站利用圩日与乡镇政府安办、道安办联合开展宣传，现场展出宣传挂图展板12幅，发放宣传资料90余份（本），并以接受咨询等方式有针对性地进行安全知识教育与技术服务。6月，以“生命至上、安全发展”为主题，在全县范围内开展农机“安全生产月”活动。开展农机安全检查12次，出动农机人员48人次，排查各类拖拉机33台次。农机监理机构与机手签订《农机安全生产责任书》39份，未发生因农机死亡事故。

（县农机站）

·畜牧卫生监管·

【概况】 2019年，漳浦县畜牧业加强卫生监督执法，查处动物防疫案件5起，无害化处理病死猪7.10万头；落实畜禽养殖污染防治，实现规模畜禽养殖场粪污处理设施配套率达100%，畜禽粪污资源化利用率达98%以上；调拨秋季重大动物疫病防控专项经费348.7万元，累计免疫高致病性禽流感500.52万羽，免疫牛、猪、羊口蹄疫51.85万头，完成春秋季动物防疫工作；开展使用“瘦肉精”等违禁药物专项整治，与养殖业主和屠宰场签订“瘦肉精”安全承诺书245份，开展专项监测1896份。

【生猪养殖场建设标准制定】 2019年，漳浦县持续加大畜禽养殖污染防治，出台《关于切实做好规模养猪场标准化升级改造工作的通知》，制定《生猪养殖场建设标准（技术规范）》，畜禽养殖场污染治理和粪污资源化利用实行建档立卡管理“一场一策”。推行“一禁、二表、三分离”，严禁水冲清粪，推行干清粪。安装畜禽饮水水表和清洗栏舍水表，实行生活用水与生产用水分离、雨水与污水分离、饮水与污水分离，从源头上减少畜禽养殖污水产生量。2019年，全县畜禽养殖场建设微生物异位发酵床实现零排放和生态能源型、生态环保型通过消纳土地实现零排放，畜禽粪污资源化利用率达98%以上。

【畜禽粪污染资源化利用整县推进项目实施】 2019年，漳浦县向上争取项目资金1500万元，以源头减量、过程控制、末端利用的要求，消除面源污染、提高土地肥力为目标，以种养结合、农牧循环、就近消纳、综合利用为标准，在全县实施畜禽粪污资源化利用整县推进项目。至年底，完成全国第二次畜禽养殖污染源普查。畜禽粪污资源化利用率达98%以上，规模畜禽养殖场粪污处理设施配套率达100%。

【动物卫生监督执法】 2019年，漳浦县针对非洲猪瘟，严格跨省调运，1月，结合非洲猪瘟防控，在全县设立13个临时检查站，落实查证验物，核实准调证明和动物检疫合格证明及非洲猪瘟检测报告的真实性，消除疫情传入风险。严格动物卫生监督执法，加强生猪产地检疫，落实准调证制度，严格跨省调运，除符合要求的种猪、商品仔猪除外，继续暂停外省生猪调入。落实准调证明制度，对跨市调运生猪及其产品实施“点对点、批批检”管理，杜绝疫情传入风险。2019年，累计出具动物准调证13份，调入猪肉产品260.5吨；出具动物准调证48份，调入生猪饲养1.17万头。立案查处动物及动物产品质量安全案件5起，查处动物防疫案件5起，罚款4.25万元。

【动物产品检疫】 2019年，漳浦县实行检疫定岗定责，落实“五关”（即入场畜禽查证验物关、宰前检疫关、宰后产品检疫关、不合格畜禽及其产品无害化处理关、出证和加盖验讫印章关）。出具产地检疫合格证3057份，检疫生猪15.76万头，其中饲养3.25万头，屠宰12.51万头，检疫肉牛1055头。严格准调证制度，累计调入猪肉产品512.5吨，调入猪苗1.17万头。

【病死猪无害化处理】 2019年，漳浦县举办2次乡镇站病死猪无害化处理监管培训会，下发《关于进一步加强病死畜禽无害化处理工作的函》，落实病死无害化处理属地管理原则。每个月组织1次病死猪无害化处理情况核查，确保上报的数据准确。2019年，无害化处理病死猪7.10万头。

【秋季重大动物疫病防控】 2019年，漳浦县根据秋季重大动物疫病可能发生的预测，及时制定疫病防控应对措施，把防治工作列入乡镇政府工作目标考核项目；以乡镇为单位，加强基层防疫技术指导，逐村逐户开展畜禽防疫免疫防治。

下拨重大动物疫病防控经费348.7万元，其中重大动物疫病防控经费125万元，村级动物防疫员工资县级配套5.2万元，村级防疫员免疫误工补贴17.5万元，监测试剂经费6万元。以乡镇为单位，分区划片，3～4个村的防疫员组成1个专业队，集中时间、集中人员、白天免疫家畜，晚上免疫家禽，逐村逐户逐畜禽开展免疫注射。累计免疫高致病性禽流感500.52万羽，免疫牛、猪、羊口蹄疫9.91万头、41.94万头、2.04万头，免疫羊小反刍兽疫2.04万头，完成春秋季动物防疫工作。落实省、市下达的动物疫病监测与流行病学调查任务，累计开展高致病性禽流感血样抗体监测805份，合格率为92%；牲畜口蹄疫免疫抗体监测680份，合格率为91%；猪瘟监测220份，合格率为98%；高致病性猪蓝耳病监测220份，合格率为96%。

【非洲猪瘟防控】 2019年，漳浦县贯彻落实全国、省、市非洲猪瘟防控会议精神，成立以县长为指挥长非洲猪瘟防控应急指挥部，落实地方政府属地责任。强化非洲猪瘟监测，加强日常排查，先后开展3轮非洲猪瘟疫情大排查，做到养殖、交易、屠宰、无害化处理各环节全覆盖，落实排查信息日报告制度。按照跨市调运生猪及其产品实施“点对点、批批检”要求，累计采样送检猪血样2180头份，从源头把好出栏关。抽调4名畜牧兽医专业技术人员组建养猪场风险评估组，对全县年出栏生猪2000头以上5000头以下的规模养猪场，开展风险评估。

组织对大中型规模猪场、种猪场周边3千米范围内防疫条件差的养猪场（户）进行排查清理，清理反弹复养的养猪场（户）36家。完善养猪场动物防疫设施，逐场建立台账。督促晋祥福畜业有限公司、山里香农业有限公司、佰仲养殖有限公司等大型猪场都按照要求建立入场立体巷道消毒通道、在猪场500米外建立出猪台。开展防控技术培训，累计组织培训2次，受训人员386人次；出动126人次，指导245家规模猪场。

【违禁药物使用专项整治】2019年，漳浦县针对禽畜养殖户使用“瘦肉精”、兽用抗菌药时有发生的现象，以蛋禽规模养殖场和养殖大镇为重点，开展专项检查整治，养殖业主和屠宰场签订“瘦肉精”安全承诺书245份。加强养殖环节“瘦肉精”专项监测，实施监测816份，检测全部合格；开展屠宰环节“瘦肉精”监督检测，实施监测1080份，检测全部合格。以兽用抗菌药生产经营企业为重点，开展兽用抗菌药专项整治，检查规模养猪场72家，蛋鸡场1家，兽药经营企业30家、饲料厂7家。

【屠宰行业监管】2019年，漳浦县对私屠滥宰生猪特别是宰杀病死猪、注水生猪等违法行为开展集中执法行动，取缔私屠点2个，捣毁灶炉2个，猪舍80平方米，无害化处理私宰点生猪26头。开展屠宰行业安全检查，督促屠宰场建立健全各项制度并上墙，做好进场、出场、消毒和无害化处理等档案记录。建立日常检查台账，督促永祥定点屠宰场投入20多万元，购买非洲猪瘟PCR检测仪器，建成80平方米的PCD检测实验室。

（县农业农村局）

·漳浦台湾农民创业园·

【概况】2019年，漳浦台湾农民创业园（以下简称漳浦台创园）秉承“两岸一家亲”的发展理念，推动海峡两岸农业融合发展，规划投资9.68亿元的闽台兰花产业园二期等4个项目建设有序推进；在全国率先推行台籍科技特派员制度，选派16名台湾专才建立台籍科技特派员工作站，推进两岸技术交流；服务台商台农，协调县农行为园区内台农贴息贷款2000多万元，为7家台农企业落实项目贷款贴息补助210.17万元；落实台农用电优惠政策，同年为台农企业办理电费优惠补贴800万元。

【园区项目建设】2019年，漳浦台创园以蝴蝶兰为核心产业，规划面积100公顷，投资4.50亿元的闽台兰花产业园二期项目有序推进；投资350万元用于蝴蝶兰研发展示推广中心项目建设；已建成海峡花卉集散中心，入驻企业142家，年交易额35亿元。启动投资155万元的5090平方米玻璃温室改造提升工程，完工后每年可增加蝴蝶兰大苗产能18万株，增产360万元。启动用地12.47公顷，总投资5亿元，由台湾农机工业同业公会会员企业投资创办的农机产业园项目引进科盛、长禾、宜益、陆雄、精钻、振旺、大政等7个农机生产项目，主要生产果蔬筛选机、花生收获机、中耕机、喷雾机、割草机、搬运车等农业机械。由台资企业投资的禅莲养生基地，是以生态健康饮食、禅修养生文化为特色的生态休闲农庄，规划建设面积33.33公顷，已累计完成投资1600万元。

【蝴蝶兰产业融合】2019年，漳浦台创园是中国大陆蝴蝶兰种苗之都和新品种研发、繁育、示范和推广基地，年产蝴蝶兰种苗5000万株。园区有台资及本土蝴蝶兰企业30多家，其中台湾企业有近20家。依托一年一届的海峡两岸花博会及国际兰展平台，引导、支持蝴蝶兰企业进行技术创新、品种研发、市场营销、培训指导等方面的交流合作，有效地推动两岸蝴蝶兰产业深度融合、快速发展，形成你中有我、我中有你的共生共荣的局面。

【两岸产学交融】2019年，漳浦台创园发挥作为全国唯一的海峡两岸新型农民培训基地这一优势，依托园区台青创新创业孵化基地，联合天福科技学院开展两岸参访、讲座、培训和台湾学生大陆行等交流活动。邀请台湾专家学者授课指导及台湾农民朋友互动交流，邀请在漳浦创业青年分享大陆创业的感悟，为台湾青年和农民提供更多的创业选择和机会，推动两岸农业技术交流合作、品种引进和情感交流。同年，通过邀请台湾农商考察团前来实地观摩、考察、座谈、商洽的交流活动，引进新品种9

项、新技术6项；举办2期海峡两岸新型农民培训班，1期新型经营主体培训班、1期食用菌培训班，学员合计300人左右。

【两岸技术交流】 2019年，漳浦台创园在全国率先推行台籍科技特派员制度，选派16名在漳浦创业不同领域的台湾专才，建立台籍科技特派员工作站。搭建台籍科技特派员和农户之间相互沟通、相互融合的平台，解决农户发展生产的技术需求及台农推广新技术新品种的需求，实现互需互补。设立台农公共服务平台，台籍科技特派员可在网上实时与农户进行互动交流、答疑释惑，线下则采用“基地＋公司”“基地＋农户”等模式，通过台籍科技特派员到农户田间地头现场指导、现场培训、现场示范，实现两岸的技术和产业的融合。

【台农生产资金帮扶】 2019年，漳浦台创园协调县农行为园区内台农贴息贷款2000多万元；协助农行推进对台企金融贷款创新服务：即对优质台企实行2～3年还款期，以温室等设施作为抵押给予最高额度1000万元的授信贷款，每年只需偿还利息，无须偿还本金后再续贷，极大地减轻台企资金压力和生产成本。为7家台农企业落实项目贷款贴息补助210.17万元。

【台农用电优惠政策落实】 2019年，漳浦台创园落实省政府出台的用电优惠政策，加大对园区台农企业在融资、土地流转、窗口前移等方面服务，对园区内的台资农业企业、台湾同胞个体工商户从事种植和养殖生产的，其用电费用按农业生产用电标准下浮30%收费，为台农企业办理电费优惠补贴800万元左右。

11月15日，漳浦台创园组队参加第十七届中国国际农产品交易会
（漳浦台创园 供图）

【台资企业钜宝公司33个植物品种获国家授权保护】 2019年9月，在农业农村部植物新品种保护办公室公布的新一批国家植物新品种权保护名单中，位于漳浦台湾农民创业园的台资企业钜宝生物科技有限公司10个品种榜上有名。至此，钜宝生物科技有限公司共有33个植物新品种获得国家授权保护。钜宝生物科技有限公司每年均投入150万～200万元用于研发及推广蝴蝶兰新品种，研发包括新品种杂交、选育、组培测试、开花测试、市场测试等。已在市场流通的品种有300多种，测试阶段的新品种有1000多种，是当前全国较大的蝴蝶兰种苗研发企业。在4—10月北京举办的世界园艺博览会上，由钜宝公司选送的31个蝴蝶兰品种全部获奖，其中特等奖3个、金奖3个、银奖1个、铜奖24个。

（胡晓梅）

·农博会·花博会·

【概况】 2019年11月18—24日，由农业农村部、国台办、中国贸促会、中国食品工业协会和福建省人民政府联合主办，福建省农业农村厅、林业局、海洋与渔业厅、台港澳办、商务厅、文旅厅、供销社、农科院、贸促会和漳州市人民政府承办的第十一届海峡两岸现代农业博览会·第二十一届海峡两岸花卉博览会（以下简称“农博会·花博会”）在位于漳浦县马口的花博园举办。福建省政协原主席梁绮萍，副省长李德金，福建省人大常委会原党组书记、副主任张家坤，福建省政协原副主席陈家骅，中国科学院院士任露泉，中国工程院院士李玉、金宁一，漳州市委书记邵玉龙，知名台商代表杨博仁共同启动开幕。来自美国、韩国、俄罗斯、荷兰等20多个国家、全国20多个省份以及中国台湾地区的1100多家企业参展，2000多名客商、专家学者应邀参会。

农博会•花博会秉承“花开两岸、合作共赢”的办会宗旨，以“绿色农业•融合发展”为主题，围绕实施乡村振兴战略和农业产业化、农业现代化，助力脱贫攻坚，突出绿色生态高质量发展，突出精深加工产业融合，促进两岸农业交流合作，推动两岸融合发展。在花博园设5个展馆，面积3.9万平方米，分置花卉、茶王、农业产业龙头企业、老区苏区脱贫奔小康、“花样漳州”文旅、台湾、“一带一路”等十大展区；另有室外展园28万平方米。展示展销海峡两岸花卉苗木、名特优农产品及其加工品、农机设备（装备）、精深加工新技术成果等1万多种展品。农博会•花博会期间，还举办项目签约仪式、第十三届中国蘑菇节、漳州市第三届海峡两岸人才与项目对接会、第二届漳州三角梅产业对接会、2019年漳州市“水仙花杯”茶王赛颁奖仪式、2019年漳州市“六条鱼”优秀养殖企业颁奖仪式等活动。在其中的项目签约仪式上，共有40个项目现场签约，总投资341.61亿元。其中，外企13个、民企19个、央国企8个。

【花卉展区】 2019年，农博会•花博会花卉展区以“结闽台情缘，促两岸融合”为主题，规模大、展品精、数量多、品种新，重点展示水仙花、兰花、三角梅“三朵花”。分设有主题造景区、台创园造景区、水仙花、国兰、三角梅、洋兰、盆景、鲜切花、多肉植物、杜鹃花、组合盆栽、特色花卉（盆栽）、富贵籽、插花花艺、食用药用花卉、碳汇生活等16个小展区，展出花卉1万多盆（件），品种1000多种。其中由漳浦台湾农民创业园的台湾花卉企业展示的新研发近4000盆洋兰，打造极具视觉冲击力的花卉景观。

【现代农业“五新”展区】 2019年，农博会•花博会现代农业“五新”展区以农业初级产品绿色生产各环节所需产品为主，集中展示高新优特稀品种、绿色防控新农药、新型肥料、物联网新技术、智能新机具等。其中有新研发的黄龙果、树葡萄盆景、蔬菜盆景及航茄、天空甜椒、太空观赏椒、太空小西红柿等航天蔬菜新品种，物联网微光杀虫灯、物联网微光光能智慧路灯、新型土壤结构调理剂等。在农业机械展销区，省内外及台湾地区的40多家农机企业，带来耕地、播种、灌溉等适用于丘陵山区地理条件新型农机具产品10多种、230多台（套）。其中的蔬菜移栽机，集移栽、播种、畦垄于一体，单位时间作业量大，一台机械可以相当于50个人工。小型畜牧粪污无害化处理机械，符合养殖环保要求。

【“花样漳州”文旅展区】 2019年，农博会•花博会“花样漳州”文旅展区以图片、文字、声像、实物配以畲族舞蹈、钢琴表演、尤克里里弹唱、大鼓凉伞等各具特色的文艺表演，全方位、多视角展示漳州乡村旅游整体风貌，推介“农业+旅游”乡村旅游特色产品和精品线路，以促进“农业+旅游”深度融合和乡村游的产业化经营，推动“一产接二连三”，助推乡村振兴。

【“一带一路”展区】 2019年，农博会•花博会“一带一路”展区，来自沿线国家和地区的法国、韩国、伊朗、马来西亚、巴西等19个国家、34家企业带来的特色农副产品、热带果蔬加工制品、当地文创产品，展销法国红酒，阿富汗藏红花，越南榴梿饼、咖啡，巴西肉制品，老挝养生茶等各国特色食品。通过产品展销，推动购销订单的签订，促进农产品的国际贸易，推动漳州农业企业走出去，以及漳州与“一带一路”沿线国家的农业交流合作。

【农业产业化龙头企业展区】 2019年，农博会•花博会农业产业化龙头企业展区分设综合和芗城区、龙文区、龙海市、漳浦县、长泰县、南靖县、东山县等8个分展区，组织东方、天福、大闽等110多家国家级、省级、市级龙头企业参展，全方位展示水产、罐头、水产品、肉制品、果蔬、食用菌制品等近千种农产品精深加工的“漳州味”食品。有利用冻干技术新研发出的固体牛奶，属国内首创茶包；有采用国际领先萃取、低温快速浓缩以及低温冷冻干燥等技术生产的咖啡、茶粉等；还有近几年全球创新包装的BIB饮品。充分展示出漳州市农产品精（深）加工拥有的先进技术、生产的新颖产品。展区通过实物、图片、网络和远程控制演示，形象展示漳州农产品质量安全可追溯监管过程，现场还展出了自带“身份证”的绿色初级农产品，通过手机的“扫一扫”功能，现场就可以了解产品生产的全过程。20家台湾本土涉农企业、22家在漳州有品牌、有基地的台资农业企业参展，展示展销台湾高山乌龙茶、红茶、台湾文创产品及果蔬休闲系列产品、肉制品、水产品及其加工产品等，推介的产品种类丰富、附加值高，深受两岸消费者喜欢。展示漳台两地农业融合发展成效。

【老区苏区奔小康展区】 2019年，农博会·花博会老区苏区奔小康展区分设云霄、诏安、平和、华安等4个分展区，组织22家从事种植、旅游、电商，能带动当地农民脱贫奔小康的企业、合作社参展，推介杨桃、青梅、蜜柚、百香果、茶叶等数十种农民的“致富果”“致富茶”，展示产业扶贫、电商扶贫、旅游扶贫等精准扶贫模式，宣传漳州如期高质量完成脱贫任务的做法和成效。同时，助力对口帮扶地区脱贫攻坚。设置新疆、西藏、宁夏展区，组织40多家企业参展，展示富有西部风情的各种特色农副产品及其加工品。推介新疆的木垒羊肉、鹰嘴豆制品、加斯勒牛肉干，西藏的冬虫夏草、夏贡拉雪莲花，边坝的贝母、人参果、藏香；宁夏的枸杞、牛羊肉、硒砂瓜、贺兰神红酒、老油翁亚麻油等区域特色农产品。推动福建省、漳州与新疆、西藏等对口支援地区的交流合作，与宁夏等扶贫协助地区的脱贫攻坚协作。

（县委党史方志室）

农业部农产品地理标志

乌石荔枝 漳浦乌石荔枝种植历史渊源悠久，据漳浦县志记载：明嘉靖十二年（1532年），漳浦乌石人当朝进士林功懋在任广东东莞知县时，开始引进荔枝良种在故乡乌石试种，结果该品种的品质比原产地更佳。乌石荔枝成熟期为6月下旬至7月上旬，果肉呈乳白色，色泽艳丽，果大核小肉厚，质软味甜弹性好，剥皮壳不流汁，掉地不粘沙，成熟单果重20～26克，含可溶性固形物16.5%～20%。《福建通志》记载：“漳州荔枝极盛，而漳浦为最，紫薇山（旧镇乌石）中产‘相袍紫’‘马上娇’味甘丽、实大核小，啖两颗则肺腑清虚，滓秽荡尽，两腋生风，飘然欲仙矣！”由于该品种品质优良，成熟期适中，在荔枝品种中，乌石荔枝仍然居于数十个荔枝品种之上，属上乘之品，被称为“荔枝皇后”。

盘陀金萱茶 盘陀镇种茶制茶始于宋朝，历史悠久。金萱茶是盘陀镇的特色茶叶品种，叶厚呈椭圆形，叶色浓绿富光泽。浓雾笼罩的适宜条件和按古法培制的技术，使得盘陀金萱茶拥有甘美光亮的茶汤，具独特天然牛奶香和桂花香气，品茗口感奇特，其中以牛奶香最为上品，滋味甘醇浓郁，喉韵极佳。金萱茶树型横张，叶厚呈椭圆形，叶色浓绿富光泽，幼苗绿中带紫，密生茸毛，适制包种茶及乌龙茶。由于受到浓雾笼罩，按古法培制，拥有甘美光亮之茶汤。其茶汤呈清流蜜绿色，具独特天然牛奶香和桂花香气，品茗口感奇特，其中以牛奶香最为上品，滋味甘醇浓郁，喉韵极佳。从而造就了“盘陀金萱茶”特有的品质。盘陀镇被中国农业部授予“中国茶文化镇”称号。目前，全镇茶叶种植面积有533公顷，加工厂35家，年产值逾3亿元，人均茶叶收入2550元。其中，金萱茶占有重要比重，“盘陀金萱茶”品牌效应也逐步突显。

工业

·综述·

【概况】 2019年，漳浦县实现规模工业总产值697.28亿元，比上年增长10.9%，规模工业增加值111.4亿元，比上年增长9.5%，工业投资项目239个，计划总投资156.98亿元，实际完成工业投资110.78亿元，比上年增长6.3%；计划工业技改项目177个，计划投资106.67亿元，全年完成投资77.26亿元，比上年下降5.5%；规模以上企业研究与试验发展经费支出3.92亿元，占GDP比重（错年值）为1.07%，占全市排名（不含开发区）为第2位。

【招商引资】 2019年，漳浦县开展外出招商活动16场。其中，县主要领导开展7场赴外招商活动，举办集中签约仪式4场。各乡镇、工业园区开展外出招商活动120次。落实签约项目27个，签约项目投资额126.39亿元，占市下达年任务的158%；落实签约项目落地数21个，落地率68%。

【工业技改】 2019年，漳浦县实现工业技改项目177个，完成市下达技改项目50个目标任务的354%，技改项目总量居全市第2位。

【民企制造业项目对接】 2019年，漳浦县完成民企对接制造业项目38个，计划投资45.05亿元，完成制造业对接任务45亿元的100.1%；完成投资19.8亿元，完成年度计划投资16.84亿元的117.5%，超投资目标2.96亿元；开工率达100%，超50%的开工目标50个百分点。

10月18日，县工信局一行在六鳌一帆重工现场调研　　（县工信局 供图）

【工业设计创新】 2019年，漳浦县推动工业设计中心建设，其中，天福茶业有限公司获评"省级工业设计中心"，致易电子有限公司获评"市级工业设计中心"。至年底，全县有省级工业设计中心1家，市级工业设计中心8家。组织企业参加海峡两岸（漳州）工业设计创新大赛。组织22家企业提交125个作品参加市工业设计创新大赛，获二等奖、三等奖各2个，优秀奖5个。

【窗口服务优化】 2019年，漳浦县工信局规范行政审批和公共服务事项"受理、审查、决定"环节，建立首问责任制、一次性告知、一次性办结机制，禁止"两头受理、体外循环"。全年窗口受理办结业务644件，其中审核审批业务172件，包括对外贸易经营者备案登记78件，成品油零售经营单位年检初检及加油船年检67家，报废汽车回收企业资格认定的审核转报1件，成品油零售经营批准证书变更初审16件，成品油零售经营批准证书核发初审8件，成品油零售加油站和岸基加油点规划确认的初审2件。非审核审批业务472件，包括出具外商投资企业设立、变更备案回执90件，外商投资企业联合年报回执382件。工业和信息化领域投资项目备案13件。签发一般原产地证明813份，办理优惠原产地证276份，代办国际商事证明书20份，代办领事认证19份，新增注册企业5家。

【民爆生产销售企业监管】 2019年，漳浦县工信局按照有关制度，对全县1家民爆物品生产销售企业福建联久民爆物品有限公司漳浦分公司开展日常巡查监管，督促指导企业严格按照民爆行业相关管理制度，做好经营情况、管理制度、信息系统、安全评级等工作，每月对企业进行1次例行性检查。确保企业运行安全、规范、有序。

【电力行业管理】 2019年，漳浦县工信局对供电公司申报2019年度漳浦县电网事故限电序位、超供电能力限电序位、低频减载装置分配及低频减载装置进行监督。根据各乡镇、各相关部门的提请，对违法开采矿山、环保违法、违法建设等行为实行停电。

【石材加工行业管理】 2019年，漳浦县工信局制定漳浦县石材加工行业整治实施方案。6个集中区内石材企业101家，其中，有土地使用权证的33家，1家签订退出协议并已全部拆除生产设备，其余32家已于11月20日前全部通过验收（其中26家复电生产）；无用地手续且2018年税收50万元以上的28家企业，签约退出的2家，并已经拆除全部生产设备，另有26家正在准备申请办理相关手续；剩余不符合整改条件的40家，每台大切机补偿15万元后退出生产。至年底，已关闭并签订退出协议，且已经拆除生产设备的10家，剩下的还有30家的退出工作正在推进中。集中区外200家加工场全部断电停产，其中有大切机的44家中37家已经拆除全部生产设备，无大切机的156家；整治到位76家，正在整治72家。

【安全生产检查】 2019年，漳浦县工信局先后开展安全隐患整治大行动、危险化学品安全风险排查和隐患整治、"防风险保平安迎大庆"消防安全执法检查专项行动、乡镇船舶整治、安全生产月活动等安全生产专项行动；在春节、元宵、五一、清明、国庆等节假日期间，有针对性地开展安全生产排查整治。

【服务平台完善】 2019年，漳浦县工信局推进县中小企业公共服务平台建设，为中小企业提供政策咨询、法律援助、人才招聘、财税管理、检验检测、中小微企业认定、产品推介等多元化、一站式服务。为15家企业补办房产证，累计补办121家，面积82万平方米；协助12家企业获得金融机构意向融资1.20亿元，帮助顺益、丰盛、星月等3家公司顺利申请政策性融资担保公司担保贷款2500万元。

【惠企政策宣传】 2019年6月20日，漳浦县工信局组织举办惠企政策"企业行"暨中小企业服务月专场宣讲会，组织各乡镇场、各工业园区分管领导及企业负责人参加。组织相关人员赴各乡镇场、工业园区走访企业，宣传惠企政策。

【拖欠民营企业、中小企业账款清偿】 2019年，漳浦县工信局清理出拖欠民营企业、中小企业账款3568.55万元。涉及民营企业87家，已清偿3568.55万元，清偿完成率为100%。其中，政府部门及所属机构拖欠账款2984.05万元，已偿还金额2984.05万元，有84家民营企业欠款清零，清偿完成率为100%。地方国有企业拖欠账款584.5万元，已偿还金额584.50万元，涉及民营企业3家，清偿完成率为100%。

【节能减排】 2019年，漳浦县工信局根据《国家发展改革委关于开展重点用能单位“百千万”行动有关事项的通知》及《福建省经信委关于报送重点用能单位名单及能耗总量控制和节能目标的通知》要求，对重点用能企业下达能耗总量控制和节能目标，并进行考核、通报。贯彻落实工业和信息化部等16部委《关于利用综合标准依法依规推动落后产能退出的指导意见》《福建省2019年淘汰落后产能工作方案》和《漳州市2019年淘汰落后产能工作方案》精神，推动漳浦县制定《漳浦县2019年淘汰落后产能工作方案》，开展节能宣传周和低碳日活动，依法依规淘汰落后产能。

【二轻联社】 2019年，漳浦县二轻联社监督指导属下企业管好集体资产。至年底，二轻联社系统尚余县五金铁工厂、县木器管理站2家集体企业（已改制关闭），职工75人。

（县工信局）

·电力工业·

【概况】 2019年，国网漳浦县供电公司售电量26.61亿千瓦时，比上年增长2.32%；营业收入14.12亿元，比上年增长1.80%；固定资产投资9552.47万元，比上年增长3.27%；资产总额6.18亿元，较年初减少0.05亿元。实现利润7417.03万元，比上年7333.38万元增加83.65万元；全员劳动生产率54.82万元/人•年。

【电网建设】 2019年，国网漳浦供电公司推进电网建设提速，落实属地化职责，协调推动国家重点闽粤联网工程、漳州核电500千伏送出工程等前期工作；取得县政府出台输变电工程征迁补偿标准，有力支撑漳浦电网建设发展。投资1.8亿元，建成110千伏花都变输变电工程、锦湖—旧镇110千伏线路开断进山南变工程；投产35千伏及以上线路18.1千米、变电容量5万千伏安；投资0.28亿元，配改项目49个；10千伏电网N—1通过率84.66%，比上年增长10.7个百分点；10千伏接线标准化率84.6%，比上年增长7.3个百分点；无效联络优化至5.5%，比上年增长3.1个百分点。

【电力营商环境优化】 2019年，国网漳浦供电公司成立“业扩联合服务中心”，全年受理高压业扩项目352户，送电平均时长25.76工作日，比上年缩短18.17工作日，提速41.36%；低压业扩12400户，平均时长2.07天，比上年下降13.04%；推行小微企业办电“三零”服务，160千瓦及以下小微企业采取低压方式接入，合计为客户节约办电成本77万元。落实一般工商业降电价要求，减少客户用电成本3779.45万元。助力打赢污染防治攻坚战，累计实施电能替代项目33个，替代电量1.55亿千瓦时，建成24个充电桩。

【电力服务提质提升】 2019年，国网漳浦供电公司专项整治漠视侵害群众利益问题7个，全流程管控业扩廉洁风险。深化频繁停电治理，完成1个单电源大中

4月11日，位于漳浦县马口的110千伏花都输变电工程建成投产送电

（县供电公司 供图）

型小区改造。实施停电“预算式”管理，计划停电数量比上年下降23.87%，不停电作业数量同比增长29.44%。优化线上服务，“网上国网”覆盖3.59万用户，居全市第1位。

【电力安全生产】 2019年，县电力公司开展“防风险、保安全、迎大庆”安全、保障大电网安全、电气火灾综合治理等专项行动，查改隐患953个，输、变电故障同比分别下降6.7%、100%。建立安全责任清单发布、公示、宣贯、考评一体化机制；落实安全奖惩细则。8条配网10千伏馈线实现“全研判、全遥控”。完成新中国成立70周年庆祝活动等重大保电任务。开展“护网2019”网络攻防演习。

（黄巧华）

·工业园区·

【绥安工业开发区】 2019年，绥安工业区加大重大项目和新兴产业招商引资力度，推动传统产业转型升级，推进重点项目落地投建，支持企业做大做强做优，促进园区工业经济高质量发展，全区规模工业企业120家，实现规模工业产值205亿元，比上年增长10.8%，占全县规模工业总产值的53.81%；完成固定资产投资突破30亿元，实现出口创汇28.5亿元；完成财政收入5亿元，比上年增长30%。

9月27日，位于绥安工业园的福建和进食品制罐工业有限公司竣工投产
（绥安工业区　供图）

品牌打造。2019年，绥安开发区按照“各有侧重、突出特色、协调发展”的原则，对园区产业规划布局进行再优化再提升，强化产业园区集聚效应，增强产业竞争力。重点发展食品加工、轻纺制品、运动器材三大主导产业，打造食品产业园、自行车产业园、两岸农机产业园和互联网经济产业园等特色园区。三大主导产业实现规模工业产值162亿元，占开发区规模企业产值的79%。

创新创造。2019年，绥安开发区用好用活优惠政策，开足马力推进企业创新创造，推动工业经济更好更快发展。2019年，致易电子公司引进台湾高层人才奖励200万元；同溢堂药业、和进制罐、达川食品等45家企业累计投资23.6亿元，进行技改；伟伊化纤、绿力生物科技、彩露华化妆品等16家企业获得省级高新技术企业待遇；万辰生物科技、美丽家香食品获福建省院士专家工作站授牌；致易电子、华达玩具、同溢堂药业等7家企业通过市级工业设计中心认定；桂宏电子、仂元工业、美丽家香食品等8家企业通过市级企业技术创新中心认定。

营商环境优化。2019年，绥安工业区设立省级“政企直通车”服务站，为企业提供快速便捷优质服务；推进市委“追解促”行动，下沉一线解决项目建设难题，推动10个项目年内动工建设。提升园区的承载力。实施基础设施建设项目25个，总投资达1600万元；完善天马南路、横一路、纵一路等区间路的硬化、绿化、亮化、美化及园区排污管网建设，在全市年度工业园区建设竞赛中名列前茅。

产业链招商。2019年，绥安工业区围绕主导产业和自行车产业园、食品产业园两个主打特色园，紧盯珠三角、长三角、泉厦地区三大招商重点区域开展精准招商。外出招商16次，签约项目36个，总投资21.8亿元；其中，亿元以上项目8个，总投资14亿元。

企业增资扩产。2019年，绥安工业区激活企业内生动力，促进企业增资扩产，推动同溢堂药业新增国医馆项目，总投资6亿元；自行车产业园先后引进自行车配件生产企业10家，总投资10亿元，已有5家投产，另外5家在加紧建设中。捷安特、爱地雅、意普等品牌整车生产企业也前往考察。

要素保障。2019年，绥安工业区盘活闲置厂房近5万平方米、闲置土地13公顷，工业用地产出比持续提高；完成已净地项目约10公顷用地的供地手续办理；推动鹏利玩具、海新饲料、淞铂电动马达、达川食品、政伸印刷、欧康实业等32个签约项目开工投建，总投资30亿元；推进香江达成、金马百虹、联创光电等16个项目竣工投产，总投资11.5亿元；推动标准砂生产线改造项目、玮柏自行车配件增资项目、达川年产6万吨果汁增资项目等3个项目增资扩产，总投资2.1亿元。

企业服务持续优化。2019年，绥安工业区突出精准服务，主动上门走访，开展"下园区、进企业、惠企行"行动，挖掘企业科技创新潜力，扶持同溢堂药业、伟伊化纤、致易电子、舜洋食品等多家规模企业转型升级。联合县人社局开展新春招聘会、省外招聘会、退伍转业军人亲属招聘会、国庆返乡务工招聘会、精准就业扶贫招聘会等多场次招聘会，累计为300多家企业成功招聘工人1100多人，缓解企业招工用工难题，保障企业正常生产运营。 （绥安工业区）

【万安生态产业园】 2019年，万安生态产业园区完成启动区1000公顷土地征收，已报批土地233.27公顷、林地37.75公顷；加快推进基础设施建设，已建成万安大道一期、万绥路、安义路等5条道路和220千伏的山南变电站，接通漳浦第一水厂供水管道；完成招商引资唐郡漳浦文化创意、万安创业园、移民创业园3个项目，古陂、南景新村安置小区样板房已建成。

土地征收与报批。2019年，万安生态产业园把土地要素保障作为园区开发建设的重中之重和先行工程，至年底，完成启动区1000公顷土地征收，全部进行土地平整，具备承接大企业或产业集群落户的条件；同期，完成土地报批233.27公顷。其中，道路建设用地200.09公顷、安置小区用地4.77公顷、污水处理厂项目3.06公顷、企业项目用地25.35公顷。完成万绥路、安义路、台商佳园、安宁路北段、万贤路等林地报批37.75公顷。

道路建设。2019年，万安生态产业园园区启动区规划建设"五纵八横"道路交通网络，至年底，已建成万安隧道、万安大道一期、万安大道二期、万绥路、安义路道路工程（第一标段、第二标段）；完成万绥路、安义路道路工程第三标段——安义路隧道及连接线混凝土路面铺设，基本实现全线贯通。总投资9.5亿元的市政道路工程第一包PPP项目5条规划道路、总投资9.3亿元的第二包PPP项目8条规划道路均已开工建设；总投资7.74亿元的万安大道至沿海大通道连接线已进行前期工作；规划建设沈海高速万安互通口已获省高指批准。

用电配套。2019年，万安生态产业园完成220千伏的山南变建设，可满足园区企业投建需要。总投资1.8亿元的电力大通道项目由省供电公司承建，2018年9月动工建设，至年底基本完成建设。

用水建设。2019年，万安生态产业园已接通漳浦第一水厂管道，为园区用水供水提供保障；总投资9100万元的污水处理厂一期项目由漳州水务集团公司采用BOT方式承建，于2018年7月动工开建，已完成主要建筑物土建及工艺管道。

招商引资。2019年，万安生态产业园完成招引项目3个。唐郡漳浦文化创意项目：位于工业园万安隧道出口，用地面积65.33公顷，已投建。万安创业园项目：项目分南、北两区建设，规划总投资2亿元，其中一期（北区）投资0.97亿元，二期（南区）投资1.03亿元；项目用地面积40公顷，建筑总面积60万平方米，其中北区22万平方米，南区38万平方米。项目由融合置业（漳浦）有限公司开发建设。至年底，北区一期11栋厂房和1栋配套用房已基本建设完成，可承接中小企业入驻。移民创业园项目：项目用地面积6.32公顷，建筑总面积9.73万平方米，规划总投资3.1亿元。主要建设通用厂房 15 幢、综合楼 3 幢及门卫、配电室、消防控制室、围墙、道路、绿化、露天堆场、泵房等配套设施。

（万安生态产业园管理中心）

7 月 3 日，县委书记戴平忠（右三）到赤湖工业园调研　（赤湖工业园 供图）

【赤湖工业园】 2019 年，赤湖工业园以建设国内一流、国际先进的绿色生态工业园区为目标，持续推进工业园区建设上新水平，经济总量持续攀升，实现规模工业产值 27.79 亿元，完成年任务数的 139%，比上年增长 7%；实现出口创汇 46158 万元，完成县下达任务数的 151%，比上年增长 104%；实现税收 9122 万元，完成年任务数的 122%。

招商引资。2019 年，赤湖工业园接洽来园考察洽谈客商 30 余批次，前往深圳、广州、厦门等地招商 8 次，落实可望签约落地项目 5 个，其中完成全县集中签约项目 2 个，分别为福建宝泰和厦门卓施特；落实签约落地项目 3 个，分别为福建宝泰、漳州豪鹏赢、鑫富兴五金；在谈项目 3 个，分别为勤基电路板（深圳）有限公司项目、车城汽车配件项目、瑞宏皮革年整饰加工 90 万张牛皮项目。

项目建设。2019 年，赤湖工业园实施固投项目 12 个，完成固定资产投资 9.33 亿元，完成年任务的 155%，同比增 9%；实施重点项目 7 个，其中市级重点项目 3 个，分别为欧科皮业、利源达再生铝生产项目、福建宝泰；县级重点项目 4 个，分别为金岛五金、美佳金属、富洋皮革、泰庆实业项目。

软硬设施改善。2019 年，赤湖工业园加大对已投产企业的服务力度，及时协调解决生产中遇到的困难和问题，营造良好的营商环境。盘活闲置土地，开展闲置土地处置，新收回闲置土地 4 宗，分别为武球皮革、国兴皮业，华联二期、腾华制革，闲置土地处置率达 91%。提升基础配套水平，总投资 300 万元的皮革园区景观绿化工程一期和总投资 200 万元的园区亮化工程已相继竣工。

（徐翻贵）

【前亭工业园】 2019 年，前亭工业园完成固定资产投资 78916 万元。全年底，累计完成项目用地征收交地近 667 公顷，累计完成土地农转征用报批 144.03 公顷、林地报批 82.95 公顷。累计完成土地平整 186.67 公顷。

规划建设。2019 年，前亭工业园调整投资项目和优化园区规划，推行“依山而建”园区开发理念，委托有资质的第三方机构进一步优化提升工业一区、二区规划和园区与镇区连接主干道。先后建成 6 条区内主、次干道共计 5.77 千米，10 千伏双回路供电配套和东部水厂对园区供水加压泵站基础按序时完工，东部水厂进入运营前准备工作。新签约一禄通年生产 5000 台新能源专用车项目，总投资 10200 万元。

（前亭工业园管委会）

商务贸易

·对外及对港澳台经济贸易·

【概况】 2019年，漳浦县共签约4个外商及港澳台商投资项目，投资总额1.6亿元。外贸出口总额为42.45亿元，比上年减少13.74%，总量排列全市第4位，增幅排列全市第8位。进口总额17.8亿元，比上年减少4.56%，总量排列全市第4，增幅排列全市第10位。

【出口贸易】 2019年，漳浦县出口总额为42.41亿元，均为企业自营出口商品，比上年减少13.74%。企业自营出口商品额中，五金机电类14.75亿元，比上年增长8%；轻工纺织类13.6亿元，比上年增长8.3%；皮革类3.79亿元，比上年增长60.6%；食品类10.1亿元，比上年下降50.6%；石材60万元，比上年下降57.4%；农业1727万元，比上年下降0.3%。全年累计出口额超过1亿元的企业有：福建致易电子科技有限公司、际诺思(漳州)轻工制品有限公司、车城汽车配件(福建)有限公司、漳州香洲皮革有限公司、漳州顺益食品有限公司、立和(漳州)实业有限公司、漳浦县南顺时装针织有限公司、福建新华东食品有限公司、漳浦美吉健身器材有限公司、漳浦县益才果蔬有限公司、漳州泉丰食品开发有限公司等14家。

【进口贸易】 2019年，漳浦县进口总额17.8亿元，比上年减少4.56%。全年累计进口额超过1千万美元的企业有：福建泰庆皮革有限公司、福建致易电子科技有限公司、漳州信德皮革有限公司、漳州富洋皮业有限公司、漳州市阳光皮革制造有限公司、泰瑞(漳浦)皮业有限公司、漳浦县南顺时装针织有限公司、福建瑞森皮革有限公司等11家。

【亿元项目签约】 2019年6月，漳浦县与港资企业同溢堂药业有限公司签约同溢堂国医馆项目，该项目位于绥安镇，总投资1亿元。项目用地1.67万平方米，总建筑面积约2万平方米，内设总部大楼、国医楼、亚健康调理中心、中医学培训中心、国药研究所、国医药博物馆等。

【外贸政策落地落实】 2019年，漳浦县工信局及时将省、市、县出台的促进外贸稳增长的相关政策传达到企业，推动政策落地落实。组织企业参加省、市外贸政策及业务培训会，提高企业业务人员了解外贸政策能力，让企业及时将政策融汇于实际的操作中。根据具体外贸扶持政策措施，及时将相关扶助资金发放到位，全年共兑现资金总额846.07元，补助企业90家。

【出口企业回归引导】 2019年，漳浦县重视外贸出口，县工信局联合县财政局出台《关于兑现2019年度转型升级资金的通知》等关于促进出口企业转型升级、鼓励企业出口回归等方面的奖励政策；向拟回归企业宣传省、市、县外贸政策和出口惠企政策，吸引动员“万顺兴”等外贸企业出口回归。梳理全县企业自营产品通过外地贸易公司出口情况，挖掘外贸增长的潜在增长点和新的出口后备力量。

【参展观展】 2019年，漳浦县引导和服务企业参加闽货世界行、漳州味、广交会、进博会等境内外各类重点展销会和观展及采购活动，广交朋友，加强贸易往来。以开发“一带一路”沿线国家的市场为突破口，鼓励企业以展带销，提升全县企业和产品知名度和影响力，提高产品在国内外市场的占有率。

【外贸指标监测】 2019年，漳浦县工信局加强动态监测和重点帮扶，实行“一月一预测”制度，对全县进出口企业进行动态监测和预测，特别加强对出口5000万元以上重点出口企业的动态监测。加强对出口减量较大的企业进行一对一帮扶，协调解决企业在生产、出口环节遇到的问题。

（县工信局）

·商业贸易·

【概况】 2019年，漳浦县社会消费品零售总额完成146.7亿元，完成年度计划144.6亿元的101.5%，总量和比上年度增加幅度分列全市第3名、第2名；拓展“线上”市场，全县工商注册的电商企业436家，电商从业人员1万多人；培育特色农产品52种，组织34个系列农特产品进行网上营销；全县16个省级副食品基地，获得“省级示范基地”1家，“福建省著名商标”3个，取得绿色食品认证的4家，无公害体系认证的6家。

【“线下”市场拓展】 2019年，漳浦县工信局推进企业抱团营销拓市场常态化，动员组织企业参与“三月三”畲族食品及特色产品展销会、第一届中非博览会（长沙）、闽货华夏行上海站、天津糖烟酒会、第十一届海峡论坛茶食品展销、广交会、“漳州味·世界行”等各种展示展洽会，高规格、高品位、全方位展示漳浦名优产品，提高漳浦产品知名度，促进漳浦名优产品走进国内外市场。

【“线上”拓展市场】 2019年，漳浦县工信局突出发展电子商务，打造漳浦电商服务中心，完善漳浦互联网经济产业园，使之成为全县农村电商发展的支撑。规划电子商务产业基地建设，完善电子商务产业配套，提高电商运营效率和竞争力，降低运营成本，拓宽销售渠道，吸引电子商务龙头企业入驻，带动本地电商的业态发展。至年底，全县工商注册的电商企业436家，电商从业人员1万多人。

【特色品牌打造】 2019年，漳浦县工信局引导企业进行无公害农产品、绿色食品和有机农产品认证；建立产品可追溯体系，形成示范带动效应。以“一镇一品”为抓手，导入工业设计、文化设计、包装设计理念，累计挖掘农特产品52种，培育“六鳌地瓜”“六鳌紫菜”“白山鞍荔枝干”“畲乡蜜柚”等一批地方特色农产品品牌。依托电商协会，开展网上品牌发布推广系列活动，并组织开展34个系列农特产品单品的网上营销项目。

【农村市场体系建设】 2019年，漳浦县工信局实施“万村千乡市场工程”，培育面向农村市场的大型流通企业。开展乡镇商贸中心建设，绥安镇、佛昙镇、深土镇等商贸重镇继续加大招商力度，做大做强城市综合体项目，完善商贸体系建设。

【城市商业提档升级】 2019年，漳浦县工信局实施城市商业提升工程，示范引导，建设培育集购物、休闲、餐饮等商贸服务于一体的城市商贸示范综合体，引进一批国内外知名品牌入驻。推动社区便利店建设，促进城市商业业态升级。长德商贸城等一批商贸中心已投入使用，推进漳浦县汽车销售、维修、办证一体化进程。

【农产品流通体系】 2019年，漳浦县工信局推进一批农产品批发市场升级改造，培育一批产地集配、冷藏储运、连锁经营等农产品流通龙头企业。推进全省农产品流通信息平台等服务体系建设，实施农超对接、农批对接工程。

（县工信局）

·供销贸易·

【概况】 2019年，漳浦县供销贸易实现商品购进总额22.1亿元，比上年增长34.5%，其中农副产品购进11.01亿元，比上年增长52.54%。商品销售总额24.53亿元,比上年增长36.29%,其中农业生产资料销售2.83亿元,比上年增长6.15%。生活消费品零售7.96亿元,比上年增长47.98%。实现利润总额724万元,比上年增加168万元。

【综合改革推进】 2019年,漳浦县供销联社落实上级机关深化供销合作社改革的决策部署,推进体制机制改革,夯实综合改革基础,建立以基层社综合业绩考核、社有企业综合业绩考核和县社机关科室综合考评为重点的制度体系,完善治理结构。

【"惠农工程"建设】 2019年,漳浦县供销联社加快推进总投资90万元,占地面积400平方米,建筑面积352.8平方米的石榴供销社象牙农资配送中心"新网工程"项目建设进度;加快推进总投资21.9万元,改造配送中心146平方米、网点40平方米的靖和浦苏区车本合作社提升改造工程。

【农民专业合作社发展】 2019年,漳浦县供销联社以领办、扶办的农民专业合作社为主体,提升农业现代化生产经营水平。新发展农民专业合作社30家,其中农民专业合作社联合社3家,带动周边农户从事农业产业化经营。

【销售服务】 2019年,漳浦县供销联社探索"专业合作社+超市""公司+专业合作社+展销中心""专业合作社+配送中心+销售终端"等多形式的产销对接模式,加快生产和供销的直接合作对接。在省供销社开展的征集本区域名优特农产品展销活动中,漳浦推荐赵家堡养生杨梅酒、训恩酱腌菜、美丽家香蜜茶海蛎等名优特农产品参与展销活动,取得营销宣传效果。

【"三农"服务渠道拓展】 2019年,漳浦县供销联社新建设综合服务社5家,为农民提供农资、日用品、农副产品、图书、农机具维修、家电维修,移动收费等多项服务,提升了供销社沟通城乡、服务"三农"的辐射带动能力。

【食品安全整治】 2019年,漳浦县供销联社开展农村假冒伪劣食品专项整治行动,对供销系统连锁超市、食品门店、批发市场、集贸市场等经营网点,特别是农村加盟店、村级服务站等重点环节,针对重点品类,集中开展食品质量安全大检查,查找漏洞,抓好问题整改,坚决杜绝假冒伪劣食品经过供销社经营服务网络流入农村市场。出动自查、检查人次74次,检查食品经营主体31家,检查批发市场、集贸市场等各类市场15个;开展打假宣传活动21场次,确保全系统食品经营安全可靠。

【安全生产经营督查】 2019年,漳浦县供销联社在元旦、春节、五一节、国庆节等重大节日和汛期台风季节,采取自查与督查相结合的方式,开展安全生产经营检查。全年,出动检查人员96人次,车辆30台次,检查基层单位23个,发现一般隐患36条,现场整改35条,较大隐患1条(赤湖供销社仓库墙体拆除作为通道,已垒砌完成,排除隐患),开展危房安全专项整治,全县各单位有危房175处,面积2.35万平方米;已把部分危房列为"新网工程"改造项目,逐步消除安全隐患。

(县供销联社)

·粮食储备·

【概况】 2019年,漳浦县粮食和物资储备工作以落实粮食安全省长责任制为抓手,做好与各参建单位的对接,加快推进粮食联合储备库基础设施的整改、完善,完成新库和粮食试压仓任务;保质保量完成年度7589吨早籼稻、5000吨小麦的收购,完成储备粮轮换。

【库存粮食大清查】 2019年,漳浦县粮食和物资储备局建立政策性粮食库存大清查工作协调机制,开展粮食库存统计数据分解登统、检查人员动员培训、检查器具配备、文件资料梳理等前期准备工作。组织所有政策性粮食承储企业严格按照大清查各项要求进行自查,并逐仓建立质量档案数据库;针对市级普查和省级抽查结果及整改建议,以企业为单位制定整改方案,落实整改措施,及时反馈整改情况。经自查、上级检查，漳浦县全国政策性粮食库存数量真实、质量良好、储存安全。

【粮食联合储备库启用】 2019年，漳浦县粮食联合储备库项目各参建单位依照预验收中提出的问题清单，逐项进行整改、联调联试；同时加快业务资料的汇总整理、消防设施的检验检测，加强与相关部门的对接，整个项目建设按预定时间节点有序推进。9月28日，完成全部夏粮存于新库和粮食试压仓任务。

【储备粮轮换】 2019年，漳浦县粮食和物资储备局采用联席会议研究确定销售底价、公开竞价销售的方式，顺利轮出1.26万吨的县级储备粮。根据省、市粮储局《关于做好2019年早籼稻收购工作的通知》要求，结合实际，及时组织各粮食购销公司开展收购工作，执行最低粮食收购价政策，保质保量完成2019年1800吨早籼稻收购任务；同时，通过公开招标采购的方式，顺利轮入5000吨小麦及5789吨早籼稻采购任务。

【储备粮管理】 2019年，漳浦县粮食和物资储备局落实“定人、定量、定仓，专人、专仓、专账”制度，确保储备粮管理责任到人；执行“三天一小查、七天一大查、风雨随时查”的日常查仓制度及季度查仓制度，做好粮情监测。

（县粮食和物资储备局）

·烟草专卖·

【概况】 2019年，漳浦烟草通过构建专卖管理高质量体系和数据营销新体制，加强专卖管理，促进卷烟销售精准均衡，完成全年目标任务，实现税利4.84亿元，比上年增长9.05%；利润2.09亿元，比上年增长14.42%；实现税利额及增幅均居全市烟草系统第1名。

【精准营销】 2019年，漳浦县烟草局以基层客服部为单位，精耕最小市场单元，将漳浦县市场多元化消费特点进行归类，运用档级策略+“五要素”策略申请的精准投放，拉动市场消费，促进卷烟销售精准均衡。卷烟价格全部顺价销售，保持良好市场状态，客户经营信心明显提升。

【品牌培育】 2019年，漳浦县烟草局围绕136、345品牌培育目标，以“一部一特色，一部一品规”为指导，打造“烟草+文化”“烟草+旅游”“烟草+传播”“烟草+宴席”等4种各具特色的主题营销模式，优化品类布局，创新型卷烟保持快速增长态势。

【零消终端升级】 2019年，漳浦县烟草局推进“限大扩中扶小”工作，40户中小客户平均盈利率15.45%，21户中小客户档级得到提升。建成现代终端客户1163户，建成客户互助小组533个，在上年度50%的基础上扩大到100%覆盖。开展“卷烟营销在基层”活动，提高客户服务水平。争取地方政府对文明吸烟环境建设的政策支持，与县文明办联合印发《漳浦县开展“烟头不落地，城市更美丽”主题活动实施方案》，建设室外吸烟区8个。

【专卖规范建设】 2019年，漳浦县烟草局加强专卖管理信息化建设，开展关于“互联网+监管”系统、“数据前置平台”系统、卷烟喷码扫码机的使用培训，提高数字化监管能力。推进“互联网+政务服务”工作，许可证审批时限压缩到8个工作日以内。落实行政执法公示、执法全过程记录、重大执法决定法制审核三项制度，提高专卖执法人员工作水平。从严加强专卖队伍建设，专卖执法严肃性、权威性、规范性、纪律性不断加强。

【净化市场】 2019年，漳浦县烟草局结合APCD工作法，应用“双随机、一公开”市场监管模式，集中开展“两节”市场专项整治、查处非法经营大户、查处无证经营、旅游景区专项治理整治以及今冬明春卷烟市场清理整顿等专项行动，强化真烟非法流通的治理，提升市场净化率。取缔烟草经营大户2户，查处市场案件124起（物流寄递环节查获5起），其中5万元以上真烟案件11起（物流寄递环节查获2起）；查获涉案卷烟7711.6条，其中乱渠道真烟7616条，走私烟35条，假烟60.6条，总案值167.65

万元。

【打假追刑】 2019年，漳浦县烟草局坚持高压打假，查获涉假涉私案件12起、烟机2台套、假烟788.6件、烟丝24.95吨及一批制假原辅材料，比上年分别下降55.5%、60%、67.7%、49.9%。坚持破网追刑，同年破获涉烟违法案件14起，刑拘29人，逮捕23人，免刑1人，缓刑1人，实刑31人。

【精益管理】 2019年，漳浦县烟草局深化“管理诊断基层行”活动，与泉州南安、惠安县局开展对标工作，对标先进、查找短板、改进不足、促进平衡发展。推进精益改善，员工提出合理化建议31条，精益小改善1项，改善课题1项，2019年QC课题引进运用获全市烟草系统一等奖。

【法治烟草建设】 2019年，漳浦县烟草局依法行政、依法管理、依法生产经营，做好“3•15”“6•29”“12•4”普法宣传，防范法律风险。推进物资采购监管和采购管理信息化建设和应用，落实“应招尽招”“真招实招”，推进线上线下双重监管。强化平安单位创建，深化安全生产隐患排查治理体系建设，实现“九个为零、一个控制”的责任目标。

（陈志达）

·盐业管理·

【概况】 2019年，盐业漳浦分公司加强“闽盐”品牌和食用合格碘盐宣传，引导市场正常购销导向；出动盐政人员1893人次，开展对盐业市场日常巡查，检查餐饮店3412家、批发零售店3498家、食品加工厂20家、学校食堂250家、工厂食堂53家，发现涉嫌违规经营食盐线索430件，查扣不合格及违规销售食盐产品28.86吨。

【“闽盐”宣传】 2019年，盐业漳浦分公司在“3•15”消费者权益保护日联合绥安市场监督管理所分别在县城区万新广场和新都广场举办2场“闽盐”品牌和法规宣传活动。“5•15”碘缺乏病宣传日联合县疾控中心和霞美镇卫生院，在霞美农贸市场开展食用合格碘盐预防碘缺乏病的宣传活动；在县城恒晟超市、海跃超市开展品牌宣传及做好现场促销活动。在“8•17”“双11”“双12”，分别在县城区的新华都和永辉超市，现场进行“闽盐”宣传和导购。

【食盐质量专项检查】 2019年5月，盐业漳浦分公司与县市场监督管理局联合下发《漳浦县市场监督管理局关于开展全县学校食堂及周边餐饮店的食盐质量安全检查的通知》，并于5月14日开始，对全县学校食堂及周边餐饮店进行食盐质量安全专项检查。对在专项检查发现的一些学校食堂及周边餐饮店没有通过正规销售渠道购买碘盐的情况，及时以书面文件分别向县政府及县市监局报告；县市监局也将食盐使用列入常态化检查项目。

【市场巡查】 2019年，盐业漳浦分公司加强盐政人员日常对市场的巡查，搜集相关省外盐企违规经营省外盐的情况并及时移交、反馈到相关的市场监管部门。同年，漳浦县辖区内影响最大的外省盐品牌仍为黄骅通宝特种盐有限公司的“晶正”牌盐。因产品以分公司经营方式聘请业务经理进行推销并送货上门，手续相对完整，查处难度大。同时，加强对县域内销售薄弱的地区进行全面覆盖检查，对使用散装盐情况严重的旧镇、深土、霞美、杜浔等乡镇的餐饮店进行专项检查；在检查中对违规使用散装盐的餐饮店给予警告并宣传劝导要求使用“闽盐”产品。

【假冒“闽盐”牌加碘盐查处】 2019年，盐业漳浦分公司摸排假冒“闽盐”牌加碘盐线索，经布控和摸索，在盘陀、长桥等地查到假冒“闽盐”牌精选自然盐和假冒“闽盐”牌福建原盐42箱。对查获的该假冒“闽盐”牌产品进行封存扣押，依规处理。

（盐业漳浦分公司）

城乡建设

·规划与建设·

【概况】 2019年，漳浦县规划建设抢抓新型城镇化发展机遇，按照生态、文化、宜居标准，完成中心城区“三个轴线”、大南坂组团滨江片区等规划编制；完善城市功能，规划实施城建项目113个，总投资34.34亿元，年度计划投资22.37亿元，实际完成投资23.7亿元，完成年计划投资105.98%；征收房屋建筑面积7.58万平方米，10条“断头路”除印石北路外，其他9条已全部打通。新增建筑业企业6家，其中施工总承包资质3家，劳务专业承包资质3家。

【规划编制】 2019年，漳浦县规划建设局编制中心城区“三个轴线”规划、大南坂组团滨江片区、大南坂组团滨江片区B2－01及B2－03地块、盘陀配电所等规划编制。

【项目报批管理】 2019年，漳浦县规划建设局完成报审公建项目的选址意见书的核发、建设用地规划条件的给定及总平面建筑方案的技术审查；审查梧桐院、新都城市广场酒店、李伟宏林伟煌商住楼、漳浦顺鑫工贸有限公司和福建和丰食品科技有限公司厂区等68个项目的总平面及方案审查。完成项目选址意见书62件、用地规划许可41件、建设工程规划许可125件、规划条件核实21件、施工许可证75件、竣工验收备案39件，合计431件。

【施工许可和竣工备案】 2019年，漳浦县规划建设局对施工许可证及竣工备案及流程进行简化并实行全程网办。推行告知承诺制审批，办理3件规划许可、6件施工许可的告知承诺制审批。梳理特殊办件流程，将多项特殊办件的基本流程及通用材料清单上传至窗口公共邮箱，方便申请人顺利办件。加大监督管理力度，健全建设项目规划验收的程序及竣工资料收集。及时核对建设项目规划条件及现场规划竣工验收，完成项目竣工规划条件核实15件，竣工规划条件核实走向程序化、法制化。落实省建设厅关于规范建设工程竣工规划条件核实管理的指导意见，健全建设项目规划验收的程序及竣工资料收集。完成项目竣工规划条件核实15件。

【城市功能完善】 2019年，漳浦县规划建设局计划实施城建项目113个（新建104个，续建9个），项目总投资34.34亿元；年度计划投资22.37亿元，实际完成投资23.70亿元，完成年计划投资的105.98%。

交通畅通工程　年度计划实施交通畅通项目39个，总投资24.44亿元，年度计划完成14.31亿元。主要实施项目包括鹿溪北岸东段市政道路工程（一期）、府前唐街道路建设工程，鹿溪南岸经、纬路道路建设工程，得仙路大桥建设工程等，其中府前唐街道路建设工程已完工。

水环境治理工程　年度计划实施水环境治理项目包括县污水处理厂扩容提标改造、污泥规范化处置工程、县城中心区雨污混接点改造工程、湖滨南路（西湖公园段）污水管工程等项目，总投资2.49亿元，年度计划完成1.48亿元，其中县污水处理厂扩容工程是在原有厂区内进行扩容提标改造，在现有污水处理规模4万立方米/天的基础上扩容至6万立方米/天，工程于9月底建成投入试运行。湖滨南路(西湖公园段)污水管工程于5月竣工。投入720万元开展县城区绥东溪流域(含之流东线排洪渠)水质提升，项目于9月27日开标确定施工单位，施工工期6个月。投入550万元开展县城区污染源整治工程，于6月开工实施，修复改造污染源104处；县城中心区雨污混接点改造工程，主要改造绥东溪两岸入河雨污分流。

供水安全工程 投入220万元改造大亭路西侧华府一期、大亭路东侧华府二期、鹿溪村、大亭路西侧鑫阳花园、麦市街温馨家园等5个小区的老旧供水设施。投入1250万元新建大南坂给水加压泵房工程，新建给水加压泵房一座，用地面积3600平方米，日供水规模2.5万吨/天，工程投资估算2000万元。完成火车站至盘陀镇镇区给水工程，全长9.4千米，总投资2400万元；完成迎宾大道互通口台玻自来水管改造工程，全长2256米，主管管径DN100—600，总投资698.89万元。推进水厂提升改造项目：氯气消毒改造为次氯酸钠消毒投加系统已完工；开工建设二级泵房升级改造设备安装项目；开工建设排泥水处理工程。

城乡洁净工程 年度实施城乡洁净工程项目包括渗滤液处理站扩容工程、县城区垃圾中转站提升改造、县餐厨垃圾预处理站等7个项目，总投资6620万元，年度计划完成5130万元。渗滤液处理站扩容工程于9月正式竣工合格投入运行；县城区垃圾中转站提升改造于3月竣工；投资400万元拟建占地3333平方米，日处理30吨的县餐厨垃圾预处理站，于12月开工；实施县垃圾填埋场陈年垃圾筛分及挖运工程。筛分工作于4月大型筛分设备进入后正常筛分，同时挖运工作也进入正常工作。两项投资合计713万元，其中筛分投资330万元，挖运投资383万元。

景观提升工程 年度计划实施景观提升项目10个，总投资6.51亿元，年度计划完成4.39亿元，主要实施项目包括县城中心公园、龙湖湿地生态园、鹿溪两岸绿化景观工程、武庙广场、印池公园等。

配套服务工程 年度计划实施配套服务工程包括文体中心、观音庙及艺术长廊等，总投资8.48亿元，年度计划完成2.48亿元。观音庙及艺术长廊已竣工。文体中心项目主体育场基础工程及回填土已全部完成，博物馆静压桩工程全部完成，文化馆、档案馆项目工程已进场施工，其他项目工程进展及其项目投资基本按时序计划完成。

管道燃气工程 2019年，完成县通站大道(金岗路—国道324线)市政中压燃气管道工程、大亭北路(横一路—横二路)市政中压燃气管道工程、北一路(通站大道—金浦大道)市政中压燃气管道工程、旧工业路(金霞北路—蓝理东路)市政中压燃气管道工程、老居民小区燃气改造工程，总投资360万元。

【园林管理】 2019年，漳浦县规划建设局按照“300米见绿、500米见园”要求，实施“绿肺、绿线、绿景、绿水”四绿工程，提高城市总体绿量，完善绿地布局。加强对西湖公园、鹿溪景观带(含江滨公园、鹿溪公园)和印石公园、石斋公园、道周公园等的管理和养护，推动街旁绿地建设。通过拆违建绿、见缝插绿、拆墙透绿等，建设和发展街旁公园、社区公园、立体绿化、屋顶绿化，丰富和拓展城市的绿色空间。在城市重要节点、城区出口、道路交叉口、城市空置地、边角地等相继建成多个街头绿地。

【绿地养护】 2019年，漳浦县规划建设局处理绿化损毁案件3起，案值约7100元。鹿溪公园、江滨公园及黄道周公园病虫害防治4次，树木花草绿化施肥2次；县城行道树病虫害防治2次，县城行道树、渠化岛绿化施肥1次。修剪行道树：东胜路102株，朝阳大道337株，鼎元路116株，金浦大道863株，龙湖大道912株，金鹿路74株，麦市街路498株，石斋花园区间路79株等。

【市政设施维护】 2019年，漳浦县规划建设局完成鹿昌路种子公司段道路改造，长度150米，宽度19米，投资300万元；完成永福路路面及排水修缮改造，改造全长200.64米，宽度4～12

米，含主路面及人行道路面、交通工程、排水工程的改造修缮，投资 101.7 万元；东平小区（八幢）排水及路面改造工程，拆除路面 4248 平方米，块料面层铺装 3018 平方米，水泥混凝土路面 1230 平方米；雨水 HDPE 双壁波纹管管径 DN300－500，长度 1075 米，雨水井 72 座，检查井 17 座；污水 HDPE 双壁波纹管管径 DN200－300，长度 1057 米，检查井 86 座。投资 220 万元。

【停车场建设】 2019 年，漳浦县规划建设局新建县城金鹿东路（兴教寺）、府前唐街、北一路南侧等 3 个公共停车场，总投资 265 万元，新增停车泊位 219 个。其中金鹿东路（兴教寺）32 个、府前唐街停车泊位 82 个、北一路南侧停车泊位 105 个。用地面积 0.93 公顷，其中金鹿东路（兴教寺）停车场占地 0.11 公顷，府前唐街停车场 0.54 公顷，北一路南侧停车场 0.28 公顷。

【"厕所革命"推进】 2019 年，漳浦县规划建设局投资 255 万元，改造 324 国道郊野公园公厕 1 座，建筑面积 62.1 平方米等。新建独立式公厕 3 座，分别为大南坂清泉岩公厕和大南坂下楼公厕（建筑面积均为 30.5 平方米，配残卫间 1 间），绥安镇英山公厕（建筑面积 29.5 平方米）。

·建筑业·

【概况】 2019 年，漳浦县规划建设局加强有形建筑市场的规范管理和建筑工程质量的安全监管，完成工程施工招工项目 45 个，办理施工许可 75 个，受理质量安全监管 68 个。

【有形建筑市场规范】 2019 年，漳浦县规划建设局完善和规范有形建筑市场的管理，凡是依法招投标的工程都在有形建筑市场内（市、县行政中心）进行招标投标活动。全年有 45 个工程施工、监理、勘察设计招标项目，全部进入有形建筑市场进行招标投标；并把企业信用分值、企业黑名单制度、扬尘治理规定、质量安全远程视频要求等纳入招投标文件。执行垂直运输机械设备登记备案和使用备案制度，至年底，办理建筑起重机械使用登记 168 件，建筑起重机械安装告知 214 件，拆卸告知 91 件。

【工程质量安全监督】 2019 年，漳浦县有 75 个工程项目办理施工许可，办理 39 个工程项目竣工验收备案。受理质量安全监督工程项目 68 个，其中房建工程项目 61 个，建筑面积 136.5 万平方米，工程造价 127.1 亿元；7 个市政工程项目，工程造价 6.7 亿元；市政道路总长度 3.55 千米。工程竣工验收监督 30 个项目，其中 23 个房建工程项目，建筑面积 46 万平方米，工程造价 8.9 亿元；7 个市政工程项目，工程造价 11.10 亿元，道路总长度约 2.5 千米。开展质量安全动态双随机检查，项目检查 135 个，发出责令整改通知书 135 份，其中施工企业记分 2169 分，项目经理记分 2169 分，监理企业记分 1750 分，总监理工程师记分 1750 分；日常监督检查服务项目 99 个，发出责令整改通知书 99 份。全县共办理建筑起重机械使用登记 168 件、建筑起重机械备案 11 件，建筑起重机械安装告知 214 台。

【专项检查】 2019 年 4 月 3 日，漳浦县规划建设局开展市场行为检查；5 月 5 日，开展第二季度市场行为检查；10 月 21 日，开展全县建筑市场行为和行业治欠保支专项检查。此外，还开展钢筋模板专项检查，检查主体施工项目 32 个，对存在问题的即责令返工整改；开展扬尘专项检查，检查施工扬尘项目 38 个，对未全面落实到位的项目立即责令改正。

（县住建局）

·住房保障与房地产·

【概况】 2019 年，漳浦县有序推进房地产项目建设，新增房地产开发项目 8 个，房地产业完成固定资产投资额 43.97 亿元，商品房新开工面积 85.77 万平方米，完成商品房销售面积 67.53 万平方米；加强住房保障管理，收缴保障房租金 117.95 万元，印石花园 B 区 1 号楼人才公寓已入住 31 户，保障房动态管理退房 8 户。受理商品房合同买卖纠纷案件168件，其中网上信访投诉58件，电话投诉56件，到单位上访投诉54件，办结率100%。

【公租房配租与租金收缴】 2019年，漳浦县住房保障中心完成2018—2019年度公共租赁住房资格部门联审和摇号选房，符合保障资格有205户。至年底，通过公开摇号获得实物配租资格的102户保障家庭及5户单间公租房已全部分配入住。开展惠民家园、益民家园、印石花园A区、印石花园B区保障房的租金收缴，累计收取租金117.95万元。其中，惠民家园87户15.77万元、益民家园143户27.84万元、印石花园A区186户37万元。

【行政许可事项办理】 2019年，漳浦县住房保障中心办理房地产开发资质（暂定三级、暂定四级）3件，商品房预售许可证59件；商品房买卖合同登记备案8388套、存量房买卖合同备案1500件、房屋租赁备案5件。协助不动产登记中心房屋抵押权注销处理1620件、房屋司法协助注销处理15件、房屋信息补录入1250件、处理拆迁房信息注销25件。

【房屋征收】 2019年，漳浦县规划建设经过两轮整合、4次延期，县城区10处"断头路"段征迁区域涉迁8家公建单位已全部征收，128户租住户已全部完成搬迁腾房；完成私建房屋征收186户，道路（项目）范围征地615户；完成盈丰食品、永辉牧业、华乐和菲普斯等私营企业征收5家。累计征收房屋建筑面积7.58万平方米，土地收储77.56公顷。

【房地产项目建设】 2019年，漳浦县新增房地产开发项目8个，分别为亿科房地产开发有限公司开发"印象西湖"项目、黄龙建设投资有限公司开发"迎宾城"项目、新嘉宏置业有限公司开发"梧桐苑"项目、耀璟房地产开发有限公司开发"香山湾•海悦"项目、盈祺置业有限公司开发"香山湾•美阁"项目、润江水岸房地产有限公司开发"海伦堡•海伦湾"项目、兆睿房地产有限公司开发"建发玺院"项目、融新建设投资（漳州）有限公司开发"海德公园"、融新颐养健康投资（福建）有限公司开发"绿城•桃李春风"项目。

【房地产市场运行】 2019年，漳浦县房地产业完成固定资产投资额43.97亿元，比上年上升25.6%；商品房新开工面积85.77万平方米，比上年下降3.22%，完成商品房销售面积67.53万平方米（不含拆迁安置房网签面积），比上年增长2.55%，成交金额47.53亿元，比上年下降12.62%。房地产从业人员2224人，比上年增长26.08%，从业人员工资总额1.142亿元，比上年增长27.71%。从业人员数量和从业人员工资总额均创历史新高。

【物业管理】 2019年，漳浦县住房保障中心在第一、第二季度，邀请市物业管理协会专家对漳浦县物业管理项目进行第三方评估检查，初检物业项目15个，复检物业项目15个。对检查中发现的存在的服务薄弱问题，有针对性进行整改。召开物业服务工作现场观摩暨2019年度"双创"工作推进会，组织参会人员到市级示范项目福晟•钱隆首府现场观摩学习物业服务管理工作，邀请漳州市物业管理协会专家进行现场指导。促进物业行业之间相互学习和借鉴，提升物业管理水平。办理夏商•水岸名都、印象西湖等14个物业服务小区的前期物业服务合同备案；归集住宅专项维修资金4400.64万元；受理物业类信访投诉件106件。

（供稿：县住房保障局）

·住房公积金管理·

【概况】 2019年，漳州住房公积金管理中心漳浦管理部加大归集扩面力度，新增住房公积金归集单位97个，总户数达到8028户，覆盖人员34.29万人，归集总额45113.2万元；办理提取笔数8811笔，金额27958万元；发放贷款1101笔，金额44790.5万元。

【归集扩面】 2019年，漳浦县住房公积金管理部把住房公积金扩面作为工作的重中之重，开展多种形式的催建催缴。至年底，住房公积金归集单位户数8028

户，覆盖人员34.29万人，归集总额45113.2万元。

【提取管理】 2019年，漳浦县住房公积金贷款发放额和住房公积金提取金额不断增长，资金使用率快速提升，全年支付职工提取使用住房公积金27958万元，办理提取笔数8811笔。

【贷款发放】 2019年，漳浦县住房公积金管理部发放住房公积金贷款44790.5万元。贷款回收金额7478.5万元。完成业务收入15980.44万元，完成业务支出8474.32万元。至12月31日，贷款余额43539.26万元。

【资金监管】 2019年，漳浦县住房公积金管理部执行市中心相关提取和贷款政策规定，加强购房提取住房公积金管理，特别加强异地购房提取公积金审核把关，以防范骗取、套取的不良行为。为防范贷款风险，多措并举，及时跟踪，通过打电话、上门催讨等形式，加强逾期贷款的催收力度。

（住房公积金漳浦管理部）

·市政管理·

【概况】 2019年，漳浦县城市管理工作深化国家卫生县城和省级文明县城创建活动，推进“门前三包”依法落实，推动“城市管理提升年”“百路千村”“两违”综合治理等活动全面开展，累计整治流动摊点2.69万多摊次、露天烧烤65家，规范商家占道经营2870余家；修复各类灯具2030套，光源4400多个，灯罩1210个，修复夜景59幢；制止违建102宗，拆除违建83宗，拆除面积9600多平方米。

【市容秩序整治】 2019年，漳浦县城管局按照县委、县政府提出的城市管理工作要求，结合“创卫创城”的有关要求，重点整治后楼池路口、华府路段、中心市场片区、东胜路、畲底路口、盈丰市场和湖滨市场片区等占道经营问题突出的区域。以点带面，持续开展店外经营、“马路市场”、校园周边环境、流动摊点、烧烤扰民、店面遮阳棚、乱拉横幅等综合整治，集中处理沿街商家店外经营、共享单车乱停乱放流动摊点、摊群占道经营问题，规范早晚夜市摊点行为，确保城区市容靓丽有序。至年底，整治流动摊点2.69万多摊次，整治露天烧烤65家，规范商家占道经营2870余家，清理各类横、条幅1790多条。

【违章行为查处】 2019年，漳浦县城管局重点查处运输车辆“滴洒漏”，私设路障等违规行为。对“滴洒漏”行为立案处罚3起，责令现场清洗87起，清除占用人行道私设停车位的铁制路障282处。

【路灯夜景维护】 2019年，漳浦县城管局加强夜间巡查管理，发现路灯夜景故障和各种安全隐患及时修复。完成金浦大道、龙湖大道等县城区部分路段，324国道、通站大道和县城区各社区照明养护，修复各类灯具2030套，光源4400多个，灯罩1210个，更换电缆3000米；对麦市街、道周路、朝阳大道、金浦大道、龙湖大道等部分夜景进行维护，修复夜景59幢。

【建筑垃圾清理】 2019年，漳浦县城管局加大建筑垃圾巡查清理力度，并做好围挡，清理一处、巩固一处。累计清理县城区建筑3800多立方，修建麦市街、公安大楼旁、江滨花园一期周边等地段围挡2333.5米。

【“两违”整治】 2019年，漳浦县城管局采用“5+2”“白+黑”三班倒的工作方法，实施“防违全天候、巡查无缝隙、责任全覆盖”的防违治违工作网络，实行分组分片区监管，落实责任到人。同时，组织力量对有令不行、有禁不止、顶风抢建的违章建筑实施强制拆除，做到“凡违建、必查处”，发现一起，拆除一起，控制新增“两违”。同年，发现各类违建抢建185宗，现场制止违建102宗，组织拆除违建83宗，拆除面积9600多平方米。

【燃气安全保障】 2019年，漳浦县城管局印发燃气安全生产宣传手册2万份，组织集中宣传6场，开展安全演练2场。通过入户宣传和举办集中宣传、安全应急演练等方式，提高群众用气安全意识。督促燃气经营企业建立健全安检及巡查制度，定期开展自查自纠，完善内业资料；对全县各燃气企业燃气的经营许可情况进行摸排，建档立册、分类管理。累计出动检查人员1464人次，检查浦燃液化、绥安液化、沃尔液化、万安中海油汽车加气站及漳浦安然5家单位和全县燃气供应点的安全生产工作；检查餐饮场所254家，燃气供应点54家，发现、排查隐患166条，查扣钢瓶1226瓶。

【室内装饰装修规范】 2019年，漳浦县城管局对涉及装修管理工作的法律条文进行梳理和归纳，组织工作人员学习；并进行职责分工，明确案件跟踪落实、现场证据材料的收集、全程录像整理、日常处置记录及结案归档等工作具体责任人。加强日常巡查，及时掌握小区、自建房等室内装饰装修情况。检查处置小区违法装修案件5起，协调解决各类装修投诉案件近30起。

【卫生设施投入】 2019年，漳浦县城管局新增果皮箱300个，大、中、小垃圾桶450个，及时增补、更换县城区破旧果皮箱、垃圾桶，力求垃圾不落地；对县城区5座垃圾中转站进行提升改造，其中朝阳大道垃圾中转站配备2个移动压缩箱和1辆对接转运车，其余4座垃圾中转站均配备2台密闭压缩设备；县城区5座垃圾中转站增设污水收集池和新型吸污车，及时将日常污水抽运至圣元焚烧厂进行终端处理。加强日常环境卫生质量监督巡查，高标准、严要求督促保洁、清运、牛皮癣清理等保洁、清运、清理等工作，确保垃圾日产日清、牛皮癣即现即除，保障县城区高质量卫生环境。

【市场环境清洁】 2019年，漳浦县城管局引导经营摊主自觉维护市场内环境卫生，规范垃圾归集和污水排放，督促市场保洁人员及时进行清扫保洁；定期安排人员做好市场内卫生消杀，督促摊主落实市场"三防"，营造干净整洁市场购物环境。

【民生服务项目落实】 2019年，漳浦县城管局开展服务民生项目实践，完成中心市场公厕改造；集中定制32套不锈钢熟食套，提升市场"三防"保障；规划停车场一处，缓解中心市场停车位不足问题。在中心市场蔬菜大棚和鼎元路便民市场大棚区统一规范设置一批遮阳棚，解决经营户和市民购物阳光直射和遮风挡雨问题；平整一块新埔便民市场路面，缓解雨天道路泥泞，群众经营、购物不便问题。

【管理机制创新】 2019年，漳浦县城管局建立健全市容管理机制，采用定时、定人、定岗、定责的方式，细化分工、责任到人。强化正常班与错时班相结合，以鼎元路周边为中心，结合批发、零售等早市经营时段，安排一支早市管理队伍，从凌晨4时45分开始上班，负责疏导、管理早市经营。

（郑勇翔）

5月17日，县城市管理局组织对违反市政管理规定的商贩进行集中清理整顿 （县城管局 供图）

交通 邮电

·交通运输·

【概况】 2019年，漳浦县开建续建道路项目12个，完成投资9.30亿元；至年底，全县有公路总里程2233.13千米，其中沈海高速66.53千米，国道128.16千米，省道6.31千米，县道263.71千米，乡道645.42千米，村道1123千米。新增道路运输企业20家，至年底，有道路运输企业228家，其中货运企业76家、危险货运企业6家、客运企业10家（其中出租车公司2家、旅游客运公司3家、班车客运公司5家），汽车客运站19家、汽车维修企业107家（二类44家、三类63家）、汽车综合性能检测站3家、驾培机构7家，营运客运车辆138辆、出租车99辆、公交车86辆，货运车辆3322辆、总吨位4.73万吨；全年汽车客运量693人，旅客周转量80272万人/千米；货运量1406万吨，货物周转量154660万吨/千米。漳浦县新汽车中心站于3月29日起正式运行。

【交通项目建设】 2019年，漳浦县交通先行工程竞赛项目12个，市政府下达投资任务7.8亿元，实际完成投资9.3亿元，完成任务的119%。

漳浦港城大道（含三期工程）项目路线全长14.79千米，按双向六车道一级公路标准建设，估算总投资13.94亿元。项目于2016年12月22日开工建设，2019年度完成投资16528万元，至12月底全线路基基本成型，部分路段已进入路面施工。

湖西乡至沿海大通道连接线　项目路线全长15.55千米，按双向四车道二级公路标准建设，估算总投资2.5亿元。项目于2017年9月开工建设，2019年度计划完成投资1308万元，实际完成投资1308万元，至12月底路基基本成型，水泥路面工程完成约5千米。

佛昙漳东线至沿海大通道连接线　项目路线全长4.47千米，按双向四车道二级公路标准建设，估算总投资1.1亿元。项目于2017年9月开工建设，2019年度计划完成投资271万元，实际完成投资271万元，至12月底路基基本成型。

赤土万安园区至深土沿海大通道　项目路线全长13.64千米，按双向六车道二级公路兼市政功能标准建设，估算总投资5.4亿元。2019年完成投资

11月1日，漳州市“四好农村公路”现场推进会在漳浦县召开

（县交通运输局 供图）

17310万元，完成部分路基土石方工程。

坂旧线（观音亭至象牙）、前亭镇至沿海大通道连接线、官浔镇至“东南花都公路”连接线 2019年度计划完成投资1.2亿元，实际完成投资879万元，3个项目打包采用“PPP”模式建设，完成部分路基土石方工程。

Y304万绥路、安义路道路工程 2019年度计划完成投资1亿元，实际完成投资25264万元，已完成主体工程。

Y310安阳路、安礼路道路工程 2019年度计划完成投资1亿元，实际完成投资23305万元，完成大部分路基工程。

沈海高速漳浦万安互通口 2019年开展项目前期工作，完成“工可”编制。

漳浦前亭至龙海港尾快速公路漳浦段 项目前期工作由市交通集团负责，处于“工可”报批阶段。

国道324漳浦城关过境段 项目路线全长19.95千米，按双向六车道一级公路标准建设，估算总投资15.38亿元，已完成“工可”批复和初步设计批复、施工图批复、财政预算审核。

【农村公路桥梁建管养】 2019年，漳浦县完成78.06千米农村自然村公路建设。完成13.9千米农村公路乡、村道安保工程及50处交通安全隐患点整治。落实农村公路“县道县管、乡道乡管、村道村管”管养责任体系，全县18个乡镇场聘任有44名乡村道专管员，负责对所管辖的乡、村道日常路况每周巡查，及时排查隐患和上报灾毁信息、制止路产路权行为，并向上报告，做好全县2042千米农村公路日常管理养护工作。做好危桥改造，累计完成投资1200万元，赤湖镇下黄大桥、赤岭乡学平小桥、赤土乡浯源中桥3座危桥改造。

【运输行业规范】 2019年，漳浦县有公交线路12条，根据新形势下网约车发展趋势，有网约车49辆。交通运输局加强校车管理，督促其按照审批线路行驶，完善“一车一档”。督促维修企业与具有危险废物经营许可证资质的机构签订危险废物处置协议，委托其回收、转移、处置，确保机动车维修行业环境污染防治责任落实到位。规范驾培行业管理，对全县638辆教练车综合性能检测情况进行督查，开展驾培机构质量信誉考核，评出AAA企业2家、AA企业5家。

【安全生产监管】 2019年，漳浦县交通运输局推动落实安全生产“党政同责、一岗双责、齐抓共管、失职追责”和“三个必须”的要求，建立健全体制机制，夯实行业监管责任和企业主体责任。开展交通运输企业和在建工程安全隐患整治，强化运输企业源头管理和“打非治违”。漳浦县交通运输行业连续三年保持零亡人责任事故。发挥监控平台优势，开展智能视频监控报警装置推广行动，完成“两客一危”重点营运车辆智能视频监控设备安装、升级，覆盖率达90%。开展运输行业驾驶员安全法规及知识培训，修订完善行业应急预案，督促企业开展应急演练；同年组织各类安全培训6场次，应急演练12场次；“两客一危”企业负责人、驾驶员、押运员等实现线上安全课程覆盖率100%，驾驶员每个月线上安全课程学习不低于2小时。

【重大节日客运保障】 2019年，漳浦县交通运输局调配141辆客车、86辆公交车、99辆出租车参加2019年春运。春运、国庆期间安全发出客运1815班次，运送旅客约9.53万人次。

【交通行政执法】 2019年，漳浦县交通运输局配合开展矿产资源秩序专项整治行动，打击违法运输矿产资源、超限超载、非法客运等行为。同年，出动执法人员5411人次，出动执法车辆1317辆次，检查车辆11903辆，检查企业282家。查处各类交通运输违章违法案件535起，其中查处货车非法改装案件259起、查处非法客运案件28起、查处污染公路案件19起、货物脱落扬撒案件221起。

【漳江湾特大桥全线贯通】 2019年5月1日，漳江湾特大桥及其连线全线贯通。大桥及其连线工程是福建省普通国省干线公路网主骨架，是省道508线的重要组成路段，也是漳州沿海大通道控制性工程。工程全长6.30千米，起点位于漳浦县沙西镇浦里村，终点位于云霄县东厦镇郊洋村；其中，漳江湾特大桥全长3554米，按一级公路标准建设，路基宽度32米，为双向6车道沥青凝土路面，设计时速每小时80千米，是漳州市境内首座跨海大桥。大桥通车后，漳浦县沙西镇埔里村至云霄县东厦镇郊洋村之间的车程由原来的40分钟缩短至8分钟。

（黄勇强、刘睿华）

·邮 政·

【概况】 2019年，漳浦县邮政创新拓展寄递、邮务等业务，累计实现收入7569万元，完成年初预算指标的96.76%；获“2019年福建省邮政金融首季开门红竞赛十强县”称号。

【寄递业务】 2019年，漳浦县邮政公司寄递业务完成收入1213.8万元，完成年追控收入预算指标的102.9%。其中，标准快递业务收入301.2万元，比上年增长7%，完成率列全市第三；快递包裹业务收入573.7万元，比上年增长17%，完成率列全市第五；国际业务收入193.9万元。寄递业务突破陈规扩宽渠道，首创警医邮项目，实现收入52.62万元。“双十一”期间处理进出口邮件近27万件，实现高效稳定运作。减少外包人员16人，全年在增加业务收入116万元的情况下，降低外包成本13.85万元。

【邮务业务】 2019年，县邮政公司邮务板块累计实现收入1185万元，完成年度预算的度预算的100.6%，全区排名第三，比上年增长15.4%；其中，函件业务实现收入165.12万元，完成年度预算的100.1%，全区排名第七；“党建厅”“美丽乡村”项目创收50万元，电影票项目创收5万元。报刊业务实现收入458.51万元，完成年度预算的100.3%，全区排名第五；其中，收订《学生周报》项目1012万元，收订规模列全市第一。集邮业务实现收入105.79万元，完成年度预算的100.8%，全区排名第二；其中，《金漳浦 金未来》创造收入20.8万元。增值业务实现收入236.4万元，完成年度预算的102.8%，全区排名第四。分销业务实现收入204.66万元，完成年度预算的100.3%，全区排名第二；其中，邮务、寄递板块协同开发的“摩托车注册登记”警邮合作项目获市分公司双项创目三等奖。

【代理金融业务】 2019年，县邮政公司相继开发漳州市古雷港建设开发有限公司对公业务、烟建集团、古雷巡防工资代发等项目。其中，漳州市古雷港建设开发有限公司对公存款余额4400万元，烟建集团农民工工资代发200户，古雷巡防月上账222笔，月上账金额56万元。至12月31日，完成代理金融业务收入（含对账短信）5037万元，同比增长5.20%，收入规模列全市第一，点均收入列全市第二；代理金融期末余额240668万元，累计新增20108万元，实现收入3707万元，比上年增长3.50%；发展保险、电子银行、公司存款等重点项目，至12月31日，实收保费7677万元（其中期缴454万元），收入480万元，同比增长17%，收入规模列全市第二；网上支付通收入380万元，比上年增长47%，收入规模列全市第一；微邮付发展1289户，列全市第三，沉淀余额3401万元，完成率达196%，列全市第三；公司存款利息净收入176万元，收入规模列全市第一。发展小额辅贷业务。至12月31日，放款55笔，金额527万元，放款规模和笔数均列全市第一。公司获“2019年全省邮政金融首季开门红竞赛十强县”称号。

（县邮政局）

·电 信·

【电信漳浦分公司】 2019年，电信漳浦分公司完成业务收入1.68亿元，完成率96.06%，全区排名第9名。推进网络扶贫，完成5个建制村网络扶贫建档，完成8期4G精品网室外站点建设，实现光宽带、4G信号全覆盖。

4G及宽带精品网建设。2019年，电信漳浦分公司落实“光网城市，宽带中国”战略，加快推进“互联网十”进程，推进4G精品网建设及光宽精品网建设。完善光宽资源补点建设，完成833个光资源建设开通；完善光资源盲区盲点和新建小区覆盖建设，促进FTTH光资源覆盖率接近

100%；提升光端口资源利用率，至年底，光端口资源利用率提升至 56.8%。

民生领域信息化建设。2019 年，电信漳浦分公司承接“互联网＋智慧渔业”项目，为渔船的应急管理、海上险情的及时救助和后续溯源提供保障。为文物保护单位和食品药品流通企业建设“来源可查、过程可控、去向可追”的“智能眼”监控平台。为学校食堂建设“明厨亮灶”工程。投资 120 万元购买学生阳光手机，联合漳浦一中、立人学校等 8 所学校，办理 8000 多部学生定制阳光手机，防止中小学生携带智能机进入校园。

政务领域信息化建设。2019 年，电信漳浦分公司承接“智慧漳浦”的城市运营管理和网络传输配套，提供智慧城市的运营管理指挥中心和数据中心机房。承接公安雪亮工程七期链路、县人民法院科技法庭升级改造及智慧庭审、社区网格化服务管理信息平台升级等项目，实现县、镇、村三级信息资源共建共享。

线路迁改。2019 年，电信漳浦分公司配合地方政府、企事业单位做好涉及电信线路迁改搬迁，累计投入线路迁移工程费用 340 万元。完成 18 个建制村通信线路整治，通信缆线规整量 270 条千米，通信缆线规整完成投资数 57 万元。

（县电信分公司）

5 月 29 日，电信福建公司副总经理陈锦华（左三）在漳浦电信分公司调研运营情况　　（县电信分公司 供图）

【移动漳浦分公司】 2019 年，漳浦移动通信投资 1.2 亿元，新建 4G 站点 201 个；推进信息惠民进程，安装移动视频监控网络 500 多条、接入办公专线超过 300 家、开通专线条数 1000 多条。

网络提速行动。2019 年，移动漳浦分公司推进“网络强县”建设，累计投资 1.2 亿元，加快基础通信设施建设。谋划 4G 及光纤宽带等通信基础设施布局，新建 4G 站点 201 个；开展 5G 网络部署规划，首批上报 5G 站点 125 个；推进光纤到户建设进度，宽带新建成光纤端口 2 万个。新建全业务机房 26 个、新增完成和完善全业务区 19 个，新增建设全业务光交 98 个。新建管道 43 孔千米，400 条大客户专线及城域骨干传输网改造扩容提速。

信息惠民。2019 年，移动漳浦分公司落实国家中小企业提速降费倡议，实施无线宽带接入扩容工程，提升网络覆盖的深度和广度；降低家庭宽带、企业宽带和专线使用费，至年底，累计安装移动视频监控网络 500 多条、接入办公专线超过 300 家、开通专线条数 1000 多条，其中百兆宽带占比达 50%以上，企事业单位带宽价格平均下降 30%。

（移动漳浦分公司）

【联通漳浦分公司】 2019 年，联通漳浦分公司投资 3400 万元，新建 4G 基站 108 个；拓展业务营销，联通移网用户达到 9.81 万户、宽带用 1.82 万户、固定电话 3000 多户。

服务区域扩大。2019 年，联通漳浦分公司在原有绥安镇龙湖、绥安镇大亭、旧镇镇、深土镇、佛昙镇、赤湖镇、杜浔镇等 7 所自建厅基础上，新增古雷新港城自建厅，采用现代化服务设施，全业务受理的综合服务模式，为客户营造方便的消费环境。响应提速降费，降本增效倡议，将 2G 全部升级为 4G，投资 3400 万元，进行网络基础设施和宽带接入网扩容建设，新建 4G 基站 108 个，扩建宽带端口，至年底，已开通端口 4.7 万个，宽带覆盖 116 个建制村，人口覆盖率达 98%。

（联通漳浦分公司）

资源环境保护

·自然资源管理·

【概况】 2019年,漳浦县自然资源管理围绕保障发展、保护资源、服务民生三大任务,加强耕地保护,形成县、乡、村三级目标管理网络,做好土地开发整理,新增耕地51.6公顷;为经济建设和社会发展提供用地保障,项目用地获批172.23公顷,完成土地供应46宗163.31公顷,处置闲置土地21宗70.91公顷;立案查处自然资源违法行为207宗,违法用地面积17.89公顷。

【耕地保护】 2019年,漳浦县将耕地保护工作列入目标考核体系,实行严格的耕地保护责任目标管理制度;县政府与各乡镇签订《耕地保护目标责任书》,明确每个乡镇的耕地保有量和基本农田保护面积,建立耕地保护的指标量化制,明确各乡镇长为第一责任人;逐级签订耕地保护目标责任书,形成县、乡、村三级目标管理网络。快速及时做好建设项目的土地利用整体规划和是否占用基本农田的审核认定,至年底,完成136个项目。

【土地开发整理】 2019年,漳浦县土地整理项目有:佛昙镇大白石等3个村2018年综合土地整理项目完成验收,规模面积200公顷,新增耕地16.74公顷;石榴镇温斗—下车村土地整理项目,规模205.35公顷,新增耕地20.73公顷,项目已竣工;赤湖镇西潘村土地整理项目规模147.07公顷,新增耕地6.4公顷,工程量已达53%。旧村复垦项目有:南浦乡后坑等2个村2014年旧村复垦项目完成验收,面积1.75公顷,新增耕地1.75公顷;前亭镇桥仔头旧村复垦项目规模1.48公顷,已进入准备验收阶段。土地开发项目:马坪镇马圩村2018年县级土地开发项目、湖西畲族乡后溪村2018年县级土地开发项目等2个项目已完成验收,新增面积5.98公顷。

【建设用地保障】 2019年,漳浦县自然资源局主动推进项目用地报批,向上争取用地指标,与各乡镇、工业园区、项目业主对接,获省政府批准用地172.23公顷,满足51个项目建设用地需要。同时,加大开展批而未供土地处置盘活工作力度,跟踪督促已挂牌工业用地的供地手续办理,完成土地供应46宗,面积163.31公顷,批而未供处置42.37公顷。

【闲置土地清理】 2019年,漳浦县自然资源局核实清理闲置土地,落实整改处置。已完成处置闲置土地21宗,面积70.91公顷,其中,督促开工16宗,面积50.86公顷;协议有偿收回2宗,面积15.59公顷;延长开工期限3宗,面积6.45公顷。

【土地出让与收储】 2019年,漳浦县自然资源局通过政府主导与市场调节相结合的运作模式,有计划、有组织、有程序地开展国有建设用地收储、出让工作,保障各类用地需求。全年出让20宗地块,面积57.85公顷,出让金13.46亿元。完成原联创中心医院6.67公顷地块、漳浦忠益果蔬有限公司企业1.73公顷地块、旧糖厂生产区5.2公顷、漳浦天恒天发汽配公司3.2公顷工业地块、国投公司接交的旧糖厂宿舍区0.47公顷地块的土地收回收储,涉及补偿款1.55亿元,做好联创"文康府"补缴地价款5540万元相关工作。

【集约节约用地】 2019年，漳浦县自然资源局为保护优质耕地，缓解耕地占补平衡压力，力促工业项目建设节约集约用地，并按轻重缓急严格筛选，对条件成熟、资金能落实、项目能落地的工业项目优先保障，同时引导开发利用疏林地、园地和未利用的荒山荒坡等以非耕地为主的土地作为非农建设用地。

【不动产登记】 2019年，漳浦县自然资源局完善业务流程，精简审批材料，简化办事程序，提高服务效率，开展各类不动产登记事项55项，办理各类登记业务37090宗，其中，企业类不动产权登记154宗，个人不动产权登记2.27万宗，不动产抵押登记5316宗，预售商品房预告登记4122宗，预售商品房抵押预告登记4803宗。

【矿产资源管理】 2019年，漳浦县自然资源局完善规章制度，出台《漳浦县关于全面提升持证矿山监管实施方案》，建立每个持证矿山由县政府领导任总矿长、乡镇主要领导任二级矿长、村主干任三级矿长的“三级矿长制”。各涉矿部门根据各自职责，实行联合管控，确保相关措施落实到位。落实第二次中央环保督查整改工作，制定出台《漳浦县关于加强矿产资源开发管理的实施意见》。规范全县矿产资源管理秩序，推进生态文明建设。至年底，全县有持证矿山12家，其中饰面花岗岩3家，建筑花岗岩6家，硅砂1家，石英砂1家，地热矿1家。

【非法采矿领域整治】 2019年，漳浦县自然资源局组建工作专班，开展拉网摸排、全面核查，对非法采矿采砂行为保持严打高压态势。查处夜间、游击式盗采砂石、高岭土、洗砂及项目工程非法采石挖沙取土、洗砂等违法行为。对11家越界或无证开采矿山企业立案调查，查获涉案车辆765部，抓获非法采矿案件犯罪嫌疑人71人，其中刑事拘留64人，提起公诉34人；党纪政务立案17人，留置3人。

【海域海岛管理】 2019年，漳浦县自然资源局与相关技术单位合作，开展围填海历史遗留问题和海岸线区域开发利用现状调查。9月20日，围填海历史遗留问题生态评估和生态修复方案的编制项目进行招标，于11月出成果，海岸线区域开发利用现状调查进入验收阶段。严格把关，依法依规做好用海审批，完成84宗海域用海审批。其中，福建福船一帆新能源装备制造有限公司和古雷码头公司等2宗为项目用海审批；陈银吉等82宗为海域续期申请审批。定期开展海域动态监视监测，配合上级部门对漳浦县疑点疑区的海域进行调查。督促涉及漳浦县的8宗疑点疑区进行整改，其中古雷港区六鳌作业区4号泊位工程完成整改到位，恢复原状；黄开聪、杨国太填海项目已大部分恢复海域原状；佛昙杨太有虾池改造经现场核实属于卫星误判，不属于围填海行为；前亭红娘山附近海域的3宗填海项目属滨海新城收储用地，已制止其填海行为并加强监管力度。

【地质灾害防治】 2019年，漳浦县自然资源局做好《2019年漳浦县地质灾害防治方案》编制。年初，在全县范围内开展对地质灾害点及房前屋后高陡边坡调查，查明全县地质灾害点和房前屋后高陡边坡分布情况，确定全县地质灾害点总数16处，受威胁74户、276人；房前屋后高陡边坡点76处，98户、702人。按县政府统一安排，对地灾防治进行周密部署，对地灾防治工作进行精心安排。

【地籍管理】 2019年，漳浦县自然资源局做好土地变更调查与遥感监测，漳浦县2018年度下发遥感监测图斑个数2261个，监测面积926.05公顷，经过土地变更外业调查后初步判定疑似违法用地图斑803个，监测面积132.28公顷，变更面积90.48公顷，其中占用耕地面积24.55公顷，占用基本农田面积4.33公顷。全县耕地增加72.93公顷，减少103.65公顷，净减30.72公顷；建设用地增加282.52公顷，减少0.14公顷，净增加282.38公顷，未利用地未增加，减少31.61公顷；年度补充耕地72.93公顷。同年，漳浦县土地变更调查工作成果通过自然资源部审查。农村地籍房屋调查工作除杜浔镇（经与古雷分局协商后由古雷分局负责组织实施）外，六鳌、深土、旧镇3个乡镇已通过市级验收，石榴、赤湖、佛昙、马坪、前亭均已进入后期数据库入库，绥安等10个乡镇正在开展调查工作。

【自然资源执法监察】 2019年，漳浦县自然资源局加强自然资源执法监察，加大巡查频率，实现巡查区域全覆盖，发现问题，及时处理，确保"发现在初始，解决在萌芽"。重新对监察大队3个中队进行包片分工巡查执法，建立巡查工作机制，明确巡查要求，确保巡查到位。及时查处土地矿山违法行为，立案查处自然资源违法行为207宗。其中，查处土地违法案件168宗，违法用地面积17.89公顷，追缴行政处罚款394.24万元；矿山违法案件39宗。

【土地例行督察反馈问题整改】 2019年，漳浦县列入国家土地督察上海局2018年度土地例行督察意见书的148个问题已整改145个，列入需要关注问题清单127个问题已整改124个，列入需要自行整改问题清单8个问题已全部整改到位，3宗历史挂账问题已全部整改到位。列入督察意见书问题整改率为98%，综合整改率为98%。

【土地卫片执法督查】 2019年，自然资源部下发漳浦县2018年度土地卫片图斑2286个，图斑总面积1742.43公顷，其中耕地265.38公顷。至年底，463个未批先建图斑已全部开展整改工作，整改履职率100%。其中，已立案查处图斑93个，立案面积12.04公顷，耕地面积3.12公顷，已下达行政处罚决定书的93个，应收缴行政处罚款262.34万元，已收缴行政处罚款245.37万元，应没收违法建筑9.7万平方米，已没收违法建筑9.7万平方米，应拆除违法建筑1.74万平方米，已拆除违法建筑0.09万平方米，已申请结案51件。已拆除图斑35个，面积4.59公顷，其中耕地面积1.29公顷；已获福建省自然资源厅农转征用报批图斑8个，面积26.27公顷，其中耕地面积18.61公顷；已移送各乡镇"两违办"依法处置到位327个。

【矿产资源生态整治修复"百日行动"】 2019年，漳浦县针对中央生态环保督察组检查发现的问题，特别是生态环境部典型案例问题通报后，迅速行动，印发《矿产资源秩序整治工作专项行动实施方案》《矿产资源生态整治修复"百日行动"工作方案》。于8月至10月底开展生态恢复治理"百日行动"。根据核查整治任务清单，"百日行动"主要涉及16家持证矿山、4家重点整治对象、98个非法矿山、31个矿产卫片图斑、23个废弃矿山、101个非法洗砂场、区内外299个石板材加工厂；需治理点276个，需治理面积825.34公顷。通过"百日行动"，至10月底，查处非法采矿案件犯罪嫌疑人46人，其中刑事拘留45人、直接取保1人；党纪立案4人，并对其中2人

9月3日，福建省副省长李德全（前右二）在漳浦县督查矿山整改工作
（县自然资源局 供图）

采取留置措施。全县持证矿山完成复绿177.91公顷，占应复绿面积的87.16%；非法矿山完成取缔98个，复绿465.03公顷，占应复绿面积的88.36%；非法采砂场完成取缔101个，复绿43.83公顷，占应复绿面积的102.42%；废弃矿山复绿20.45公顷，占应复绿面积的88.16%；违规卫片图斑完成治理9公顷，占应治理面积的176.81%；取土点复绿22.52公顷，占应复绿面积的94.43%。总复绿面积738.76公顷，占应复绿总面积的89.51%；植树129.41万棵。

（柯艺强）

·生态环境保护·

【概况】 2019年，漳浦县生态环境保护以中央第二轮生态环保督察为契机，持续开展"三铁治污、提升三质"，突出污染治理，依法行政，解决区域突出环境问题，100%办结中央环保督察转办信访件102件，通过验收，销号74件，完成率72.55%；实施生态项目15个，完成投资5.21亿元；开展第二次全国污染源普查入户调查，完成全县工业源1494家，农业种植、水产养殖综合填报；办结建设项目环保审批15件，污染物排放许可证62件；全县环境质量总体保持良好。

【饮用水水源保护】 2019年，漳浦县生态环保局投入资金496多万元，建设梁山水库、澎水水库等2座水质自动监测站。加强小流域巡查监管，开展环境监测和工业污染整治。确立小流域为民办实事——南浦乡何寮上游整治项目，项目总投资3895万元，申请省小流域"以奖促治"专项资金1250万元，到位资金820万元。争取水污染防治中央项目储备库资金5个，总投资38793万元，申请中央资金9715.2万元。开展清洁生产，有3家通过清洁生产验收，6家进行清洁生产评估。

【大气污染治理】 2019年，漳浦县生态环保局开展扬尘整治、燃煤锅炉淘汰、露天垃圾焚烧等专项整治。加强县城污水处理厂一期二期运行日常管理和每月调度、赤湖工业园区绿江污水处理厂日常监管和每月调度，实现赤湖皮革园区污水全收集、全处理；督促落实赤湖皮革园区集中供热站漳浦县扬绿热能有限公司脱硫设施、中控及在线监控系统建设，完善减排企业自行监测体系；进入系统的企业37家。落实2019年福建省大气污染精准治理减排工作，12家企业纳入精准治理减排项目，每月落实减排进度；落实漳浦县轻微污染天气应对"一厂一策"措施，引导VOCs、NOx产排行业主动治理、深度治理、综合治理。办理福建省排污许可证34本，办理国家版排污许可证14本。

【土壤污染防治】 2019年，漳浦县生态环保局配合市级做好漳州市土壤污染综合防治先行区建设方案编制。做好重点行业企业用地详查和土壤污染防治基础工作，组织和委托专业调查机构做好漳浦县重点行业企业用地调查信息采集工作，全县列入重点行业企业土壤污染调查名单41家。加强土壤污染源防控，督促土壤环境重点监管企业开展土壤污染防治；结合土壤污染重点行业类别及土壤污染重点企业筛选原则，确认省（市）级重点监管企业8家（省级4家）。做好2019年涉镉等重金属重点行

6月18日，县生态环境保护局工作人员在福建微水环保股份有限公司进行污染源普查
（县生态环境保护局 供图）

业企业排查整治，推进辖区内涉镉等重金属排查整治。开展危险废物存量清理，至12月底，危废贮存量为806.46吨，减少3552.63吨，危废超期贮存量减少1576.22吨。配合做好漳州市土壤环境保护示范区建设方案，漳浦县作为土壤环境保护示范点，委托第三方进行风险防控试点方案编制。

【污染源普查】 2019年，漳浦县生态环保局开展第二次全国污染源普查入户调查和产排系数换算及各级质量审核整改工作；根据行业特点及企业分布基本情况，组织协调普查人员分类采用PAD现场录入、企业WEB端填报、纸质报表填报等3种方式对企业进行入户普查；完成全县工业源1494家，农业种植、水产养殖综合填报，生活源锅炉1家4台，集中式治理设施40个，规模畜禽养殖343家，入海河口18个，移动源68个，278个建制村等普查对象的入户调查、核对、录入及审核、系数换算质量审核等工作，初步编写技术报告和总结报告。

【环保督察】 2019年，漳浦县委、县政府成立第二轮中央生态环境保护督察迎检和整改落实工作领导机构，将整改责任"清单式"落实到相应的县级领导、牵头单位、部门领导、具体责任人，将中央环保督察转办的102件信访件100%办结，至12月底，通过验收，销号74件，完成率72.55%；其中，县环保部门牵头负责办理信访转办件27件，办结19件，完成率70.37%。出动环境执法人员1250人次，检查企业235家，下达行政处罚决定48起，处罚金额179.44万元，移送行政拘留1起。

【生态项目申报】 2019年，漳浦县生态环保局以"三抓三比、十项竞赛"为平台，围绕"生态＋循环工业、生态＋节能环保、生态＋环境治理"类型，上报生态领域项目15个，项目总投资5.14亿元；至年底，累计完成投资5.21亿元，占比101.27%。

【环保审批】 2019年，漳浦县生态环保局推进"放管服"工作，简化审批程序，建设项目环境影响登记表由审批制改为备案制，企业环境应急预案备案改为网上备案，实现一趟都不用跑。开展"抓作风、比营商环境"活动，完善审批事项、申报材料、办理环节、办理时限和审查工作细则的标准化。优化审批流程，压缩审批时限，所有审批服务事项向省网上办事大厅集中，在市统一服务云平台上集中办理；开展跨部门纵横向的"多评一表、多图一审、模拟审批、联审联办"创新审批方式。同年，办结建设项目环境影响评价文件15件，其中环境影响报告书3件、环境影响报告表34件；网上登记备案134件；办结排放污染物许可证62件；办结企业环境应急预案备案9件。

【环境保护宣传】 2019年，漳浦县生态环保局开设"生态漳浦"微信公众号，发放生态漳浦相关材料5期。开展"6•5"世界环境日系列宣传活动，在赤湖镇泰庆皮革企业和漳浦县达志中学举办漳浦县"纪念'6•5'世界环境日暨'美丽中国•我是行动者'"宣传活动，1500多人参加，现场发放环保宣传资料及宣传册近2000份。开展环保志愿者活动2场次。

【县城东线排洪渠污水处理站建成运行】 2019年5月，漳浦县城区绥东溪流域水质提升工程配套工程——东线排洪渠污水处理站建成投入运行，日可处理污水1000吨。工程总投资720万元，采取控源截污就地处理、生态修复、注入活水等措施，以提升城市内河水质，解决黑臭水体问题，溪道水质也可达到IV标准。

（蔡聪智、刘璐）

经济管理

·发展规划·

【概况】 2019年，漳浦县发展和改革工作落实市委、市政府“大抓工业、抓大工业”及“三比三抓、十项竞赛”重大决策部署，深化项目竞赛，4个战略性新兴产业参赛项目累计完成投资16.92亿元，超序时进度41个百分点；8个省在建重点项目全年累计完成投资21.5亿元，占年度计划投资21.4亿元的100.6%，超序时进度0.6个百分点；40个市在建重点项目全年累计完成投资106.3亿元，占年度计划投资100.1亿元的106.3%，超进度6.3个百分点；启动“十四五”规划相关前期工作，谋划市级以上储备项目47个，总投资593.6亿元；向上争取各类项目补助资金1.28亿元。

【规划编制】 2019年，漳浦县发改局完成《漳浦县实施乡村振兴战略规划(2018—2022)》编制。启动“十四五”规划相关前期工作，提出漳浦县“十四五”规划编制工作安排，明确29个“十四五”规划前期课题研究方案；开展“十四五”重大项目谋划储备工作，谋划市级以上储备项目47个，总投资593.6亿元。完成2020年国民经济和社会发展计划(草案)的报告，已经县第十七届人民代表大会第四次会议审议通过。

10月17日，漳州市发改委主任蔡兴州(右二)带领市直相关部门负责人在六鳌一帆重工项目现场调研 (县发改局 供图)

【“五个一批”项目】 2019年，漳浦县上报“五个一批”项目113个，总投资408.6亿元。其中，谋划一批项目43个，总投资135亿元；签约一批项目22个，总投资113.1亿元；开工一批项目27个，总投资64.3亿元；投产一批项目21个，总投资96.2亿元。

【赶超项目】 2019年，漳浦县有4个项目列入2018—2020年赶超项目，总投资46.5亿元，年度计划投资2.8亿元，全年完成投资3.73亿元，占年度计划投资的133.4%。其中2个为重大产业项目，即龙美湾旅游区项目、海风装备制造基地及配套六鳌重装码头项目(已投产)；2个为基础设施重大项目，即港城大道一、二期工程，朝阳水库。配合水利部门做好农村饮用水安全巩固提升项目工作，提高农村供水保障率和通水率。

【重点项目】 2019年，漳浦县8个省在建重点项目全年累计完成投资21.5

亿元，占年度计划投资21.4亿元的100.6%，超序时进度0.6个百分点；40个市在建重点项目全年累计完成投资106.3亿元，占年度计划投资100.1亿元的106.3%，超进度6.3个百分点；107个县在建重点项目全年累计完成投资125.6亿元，占年度计划投资114.4亿元的109.8%，超进度9.8个百分点。如期实现年度投资目标。

【PPP项目】 2019年，漳浦县朝阳水库、县城中心城区路网提升工程、万安生态工业园万福路、万钦路等市政道路及配套工程PPP项目、前亭镇污水处理厂、东南片区村镇污水处理PPP项目、西北片区村镇污水处理PPP项目均已签订合同。

【项目竞赛】 2019年，漳浦县发改局重点抓好"两比"及"两项竞赛"的牵头协调。"两比"即比项目投资、比营商环境，全年完成固定资产投资253.39亿元，营商环境排名全市前茅。"两项竞赛"即现代服务业项目竞赛和战略性新兴产业项目竞赛，漳浦天福医院及养生文化村、漳浦文体中心、漳浦龙美湾旅游区、漳浦七星海国际滨海旅游度假区等4个参赛项目进展顺利；4个战略性新兴产业参赛项目累计完成投资16.92亿元，超序时进度41个百分点。

【向上争取资金】 2019年，漳浦县发改局根据中央、省预算内投资导向，筛选符合条件的优质项目进入三级项目储备库。申报教育、医疗、生态农村等各类项目补助资金，向上争取补助资金共1.28亿元，分别为丹山小学教学楼项目1000万元、漳浦第二医院整体搬迁项目5000万元、东南花都有限公司东南花都大型跨平台多媒体互动演绎项目200万元、5个农场危房改造186.5万元、国家农村产业融合发展示范园3个项目500万元，2019年专项债券资金需求6000万元。

【简政放权】 2019年，漳浦县发改局深化行政审批制度改革，优化投资项目审批程序，促进项目审批提速提效。5月，梳理完成漳浦县级政府行使的全部行政审批和公共服务事项632项（含子项1120项），8月公布委托古雷经济开发区行政审批和公共服务事项清单，完成县直25个部门全部委托事项的移交手续。至年底，承接上级下放行政审批和服务事项19项，取消3项，调整12项。保留为行政审批必要条件的中介服务事项40项，已网上公布。事项类别、事项法定依据、事项基本编码的"四级四同"实现事项目录标准化，事项类别、事项法定依据、事项基本编码的"四级四同"实现事项目录标准化，完成绑定目录占比93%。并在规定期限内做好国家"互联网+监管平台"县级部门监管事项的认领和实施检查清单的录入。办理各类审批服务事项617件（审批核准类项目102件，企业投资备案项目515件），办理模拟审批3件，备案项目网上办件率100%，所有事项均在承诺期限内完成。

【统筹协调】 2019年，漳浦县发改局发挥职能作为，统筹协调，配合、对接、上报一批建设项目纳入全市统筹项目内容。"6•18"项目征集企业技术需求12项和对接项目51项，超额完成市下达任务。配合省能监办、省发改委光伏发电产业调研，重新梳理全县分布式光伏发电项目现状；对接三峡集团，服务六鳌海上风电项目工作；配合漳州市产业项目策划工作，争取漳浦县有更多项目资源纳入全市盘子，为今后争取项目补助及政策支持打好基础。

（县发改局）

· 市场监督管理 ·

【概况】 2019年，漳浦县市场监督管理局加强各类市场秩序的整顿和规范，全县1433家食品生产经营企业、330家学校食堂全部纳入溯源系统；完成4348家食品生产经营企业、702家药械经营使用单位风险分级评定；加强特种设备安全监管，全县特种设备4169台套（其中电梯1925部），注册登记率99.03%，定期检验率96.49%，隐患整改率100%；实施"一窗受理、并行办理"新模式，打造优质高效营商环境，办理各类市场主体登记16257件，食品经营许可1862

家，特种设备使用登记 368 台套；实施商标品牌战略，同年专利申请 1787 件，发明专利申请 142 件。围绕食品、药品、特种设备、工业产品质量“四个安全”，严格执法办案，办结案件 273 起，罚没款 295.1 万元。

【食品安全“一品一码”追溯体系建设】 2019 年，漳浦县市监局将全县 330 家学校（含私立学校）食堂全部纳入溯源系统，1433 家食品生产经营企业纳入溯源系统，指导 4 家超市开展流通环节可追溯示范商超创建。建成省级“明厨亮灶”餐饮单位 6 家，学校（幼儿园）食堂的“明厨亮灶”覆盖率达 90%。

【食品药品安全监管】 2019 年，漳浦县市监局完成 4348 家食品生产经营企业、702 家药械经营使用单位风险分级评定；组织抽检食品 600 批次，其中食用农产品 450 批次。完成高考中考等重要活动食品安全保障任务 11 次。抽检药品 125 批次，上报药品不良反应 580 例，医疗器械不良案件 135 例，化妆品不良反应 50 例。

【特种设备安全监管】 2019 年，漳浦县市监局完成 246 家重点特种设备使用单位和随机抽查的非重点使用单位日常监督检查，对发现的安全隐患都及时督促企业整改到位。全县特种设备 4169 台套（其中电梯 1925 部），注册登记率 99.03%，定期检验率 96.49%，隐患整改率 100%。

【工业产品质量监管】 2019 年，漳浦县市监局加强油品质量和计量监管，检定加油机 1006 枪，压力表 1250 个，抽取汽油样品 80 批次，产品合格率 93.75%。做好强制检定计量器具备案，84 家 3687 台件的强检计量器具进行纸质备案。

【事中事后监管】 2019 年，漳浦县市监局牵头组织全县跨部门“双随机 一公开”联合抽查，抽查企业 821 家、个体工商户和农民专业合作社 486 家。加大信用信息收集力度和公示力度，健全公示信息运用和联合惩戒措施落实。全县 45 个部门通过公示系统归集涉企信息 8463 条，其中行政许可 7414 条，行政许可变更 12 条，行政处罚信息 421 条，抽查检查信息 85 条，联合惩戒信息 528 条，小微企业扶持信息 3 条。各类市场主体 2018 年度年报公示率达 92.04%。

【专项整治】 2019 年，漳浦县市监局开展执业药师“挂证”行为整治，督促零售企业提交整改报告 199 份，5 家药店主动申请注销经营资质，另有 4 位执业药师主动注销执业注册证，23 家药店变更执业药师。加强重点领域和关键环节的监管执法，先后开展食品药品安全领域、无证无照经营、农资市场、“三无船舶”、扫黄打非等专项整治。

【商标品牌战略实施】 2019 年，漳浦县市监局强化各类专利、商标权的保护。全年，漳浦县专利申请 1787 件，发明专利申请 142 件；专利授权量 1176 件，拥有有效发明专利 97 件。有效商标 8901 件，其中，中国驰名商标 5 件，地理标志商标 19 件。组织 1 家企业申报省级知识产权优势企业、2 家企业申报国家知识产权优势企业、2 家企业申报专利权

11 月 18 日，县市监局在县城区新都广场开展药品食品安全宣传活动

（林晨超 摄）

质押贴息项目。指导同溢堂药业有限公司申报并取得“中国驰名商标”，引导佛县河豚协会申请“佛县河豚”地理标志证明商标。

【“一窗受理、并行办理”新模式施行】 2019年，漳浦县市监局将申请人依次向市场监管、公安、税务部门提交材料改成一次提交、信息共享、抄告相关、同步办理、内部流转、限时办结的“一窗受理、并行办理”办事模式，申请人只需“到一个综合窗口、交一次申报材料”，便可完成执照办理、刻章和涉税业务，使企业开办各环节“即办率”稳定在95%以上，开办时间压缩到2个工作日。同年，办理各类市场主体登记16257件，食品经营许可1862家，食品生产许可7件，药品、医疗器械经营许可67件，特种设备使用登记368台套。

【预包装食品经营许可“告知承诺制”改革】 2019年，漳浦县市监局对仅从事预包装食品销售许可、经营条件未发生变化的变更许可或延续许可等3种情形，推行食品经营许可“告知承诺制度”。对全县首批7大类21个品种低风险加工食品推行延续许可“告知承诺制度”改革，让企业办证实现“最多跑一次”。全年办理告知承诺制1462件。

【企业一般程序注销上线运行】 2019年6月，漳浦县市监局正式上线运行企业一般程序注销的清算组成员备案和免费发布公告。对于不符合简易注销条件的企业，可通过线上公示系统进行清算组成员备案和公告，最大便利化地解决企业推出的问题.实现清算组成员备案电子化登记，不用提交纸质材料，备案后直接在系统上做清算公告，免去企业登报费用，最多跑一次即可完成注销手续。

【消费维权】 2019年，漳浦县市监局畅通12315、12358、12331、12365、12330等5条热线和全国12315互联网平台等维权渠道，及时受理和处理消费者投诉举报。全年接受各类咨询、申诉、举报案件732件，办结率100%。

（林晨超）

·价格管理·

【概况】 2019年，漳浦县物价管理工作落实稳价控价各项措施，规范市场价格秩序，加强市场价格监测预警，设立副食品价格监测点5个，监测品种30种；民生食品监测点5个，监测品种7种；生猪监测点2个，监测品5个；药品价格监测3家，监测药品20个，保持城乡主副食品价格总水平的基本稳定。做好司法、涉税财物价格认证，在价格认定过程中没有出现税务机关或当事人提出价格异议。

【价格监测】 2019年，漳浦县物价局盯紧人民群众的“菜篮子”，落实稳价控价措施，开展居民副食品价格、民生食品价格、生猪价格、药品价格等市场价格监测预警。

居民副食品价格监测　监测点5个（农贸2个，超市3个），监测品种：粮油类5种，肉禽蛋类8种，水产品类5种，蔬菜类9种，水果类3种；每周一次上传至省发改委、市发改委、县政府网站。

民生食品价格监测　民生食品“货比三家”监测点5个（农贸市场2个，超市3个），监测品种7个（排骨、三层肉、食用油、白萝卜、空心菜、上海青、大白菜）；每周一次发布在县政府网站、县广播电视台及其微信公众号。

生猪价格监测　监测点2个，监测品种有生猪、仔猪、玉米、豆粕、麦麸5个；每周三次上传至省发改委网站。

药品价格监测　监测药店3家，药品价格20个，每月20日上报省发改局。

劳动力价格监测　督促8家企业每月20—25日直报劳动力价格到国家发改委。

【价格认定】 2019年，漳浦县价格认定中心按照“价格认定法治建设年”的要求，以公正、科学、高效的服务，参与纪检、司法、行政机关的价格认定工作和社会各界的价格争议调解工作。及时协助司法机关对各种涉案物品进行价格认定，为司法机关定罪量刑提供准确的价格依据。做好全县城区内存量房前期数据采集，为税务机关建立房地产交易涉税征收数据库提供准确、完整的数据。

（县物价局）

·统　计·

【概况】 2019年，漳浦县统计工作以助推全县经济社会健康发展为主线，强化统计法治建设，开展统计执法检查，立案查处统计违法行为3起；做好统计服务，每月撰写统计分析研判，上报《呈阅件》9篇；举办统计业务培训21场，确保源头统计数据质量；组织开展第四次全国经济普查现场登记工作，通过省市经济普查数据质量抽查。

【业务指导培训】 2019年，漳浦县统计局组织专业人员参加上级统计业务培训，督促专业人员加强自学。举办规模工业、固定资产投资、建筑业、房地产、限额以上批发零售业住宿餐饮业、规模以上服务业、农业等统计报表业务培训18场，举办2019年人口抽样调查综合业务培训、工业产品市场占有情况统计调查业务培训班各1场，组织企业人员参加市统计局业务培训2场，提高基层统计人员业务水平，确保源头数据质量。采用线上线下相结合方式，通过进乡入企现场指导、电话手机通话指导、微信QQ在线指导等方式，随时随地接受统计业务咨询，及时为基层统计人员答疑解惑，避免因业务能力不足导致数据失实。

【统计数据审核】 2019年，漳浦县统计局提升数据审核能力，严格执行国家、省、市统计部门有关报表数据审核控制要求，加强统计专业报表数据审核查询，重点加强对报表数据存在奇异值的企业或单位的核实，提高统计数据质量。

【统计服务】 2019年，漳浦县统计局组织专业人员撰写专业分析和每月综合分析，及时提供经济运行分析材料和全市各县（市、区）主要经济指标对比资料，并提出意见和建议，为党政领导和有关部门指导经济工作发挥好参谋助手作用。撰写上报《呈阅件》9篇。通过县政府网站“经济发展”“统计信息”栏目、金浦报等载体及时发布漳浦县主要经济指标数据，向县委办、县政府办提供经济信息，满足党政机关和社会公众需求。

【“四上”企业申报】 2019年，漳浦县统计局开展“四上”企业新增业务培训，让乡镇统计人员了解“四上”企业新增的范围、申报条件和相关手续。联合有关部门，走访调研临界“四上”企业，了解企业发展情况，加强与企业的沟通交流、指导帮助，推促符合要求的企业全部申报“四上”企业。向上衔接新增业务，跟踪新增企业审批进展情况，提高审批通过率。

【统计法规宣传教育】 2019年，漳浦县统计局加强请示汇报，推动县领导学法，9月19日，县政府常务会议学习《福建省人民政府关于福州市台江区2018年统计违法案件情况的通报》；11月，县委常委会议、县政府常务会议先后集体学习《意见》《办法》《规定》。推进统计法进党校，将统计法列入当年第十二期、第十三期科级干部进修班学习内容，提升领导干部的统计法治意识。

9月20日，县统计局在县城区金浦大道开展第十届中国统计开放日统计法律法规宣传活动　　（黄小芳　摄）

【统计执法监督检查】 2019年，漳浦县统计局先后开展第四次全国经济普查专项统计执法检查、农村统计数据质量自查、农村统计数据质量核查及对有关乡（镇、工业园）开展年度监督检查，发现3起统计违法行为，立案查处。

【经济普查】 2019年，漳浦县统计局精心组织开展第四次全国经济普查现场登记工作。普查工作启动后，即建立分片挂钩联系制度，县经普办4个业务组分别挂钩各乡、镇、场和绥安工业区、台创园，进行业务指导、数据审核、督促检查，责任到组到人。各乡镇场、工业区建立乡级党政领导班子成员作为普查督导员挂钩包干制度，由本级党政领导班子成员挂钩包普查小区包普查对象，并与驻村干部、村主干、普查员共同组成入户登记工作组，开展入户登记。普查登记期间，运用微信群加强普查业务讨论、传递相关材料、答疑解惑。各调查业务组挂钩人员深入一线进行业务指导。为提高数据质量，建立三级审核体系，村（居）普查员负责普查表第一级审核，乡级指导员对本辖区的普查表缺漏项、总量指标进行第二级审核，县级普查办专业人员对各专业数据进行第三级审核。县经普办组建数据审核组和数据处理组，将责任落实到每位组员，做好经济普查数据审核验收。顺利通过省、市经济普查数据质量抽查。

（县统计局）

·审　计·

【概况】 2019年，漳浦县审计局完成审计项目33个，其中审计31个，专项审计调查2个；审计查出主要问题金额18953万元，其中违规金额63万元、管理不规范金额18890万元；非金额计量问题113个；出具审计报告和专项审计调查报告37篇；审计处理处罚金额984万元，其中应上缴财政63万元、应减少财政拨款或补贴897万元，应归还原渠道资金22万元，应调账处理金额2万元；移送司法机关、纪检监察机关和有关部门处理事项1件，移送处理人员1人，移送处理金额0.46万元；审计促进整改落实2019年度有关问题资金903万元；审计促进拨付资金到位573万元；审计后挽回（避免）损失897万元；核减投资额897万元。审计提出建议77条，被采纳建议51条；推动被审计单位制定整改措施17项。

【重大项目审计】 2019年，漳浦县审计局完成龙美湾旅游区项目工程建设情况、海岸新城及配套项目进展情况、鹿溪南岸片区一期项目及配套工程项目、清欠民营企业中小企业账款情况、非户籍人口在城市落户政策落实情况、农村人居环境整治相关政策和资金落实情况、为民办实事项目之公办幼儿园建设项目及公办中小学校舍安全长效保障机制项目等7个项目跟踪审计。

【重大政策落实情况审计】 2019年，漳浦县审计局做好重大政策措施贯彻落实情况常态化跟踪审计。每季度协调相关部门部署季度审计，出具审计报告并对审计查出问题涉及的单位提出明确整改要求，促使国家政策措施落实到位、发挥效益。同年，对涉及生态环境保护、保障和改善民生、深化供给侧结构性改革、加快“放管服”改革、乡村振兴、支持实体经济、防范化解重大风险等重大政策落实情况进行跟踪审计。

【财政审计】 2019年，漳浦县审计局对县财政局、绥安工业区财政局、县水利局、县农村农业局、县商务局、县移民局等6个单位和部门2018年度预算执行、决算草案及其他财政收支情况进行审计，并开展乡村振兴涉农专项、基建投资等专项审计。审计查出主要问题金额15736万元。其中，违规变更调整预算206万元、资金滞留闲置969万元、扩大开支范围或提高开支标准列支1515万元、违规改变项目计划和资金用途120万元、决算草案编报不真实不完整111万元、未按规定征收缴纳收入3万元、其他12812万元；审计处理金额20万元，其中应归还原渠道资金20万元。

县本级预算执行情况和决算草案情况审计。发现存在预算编制及调整不够规范、预算批复小于县人大会批复数、预算收支不够真实准确、国库集中支付制度执行不够到位、超过2年的结余结转专项资金管理不够规范、超规定范围使用国有土地出让金、部门专项资金预算执行率较低、预算绩效管理推进不够快、个别会计核算事项不规范、往来账款未及时清理结算等方面的问题。

部门预算执行情况和决算草案情况审计。发现存在主要问题包括:县商务局预算编制不合理;县水利局、绥安工业区管委会支出超预算;县水利局占用专项资金、专项资金结转结余数额大、未及时发放农技员津贴、未按规定收取水土保持补偿费、水资源费;县商务局扩大和超标准列支费用;县水利局、县移民局、县商务局、绥安工业区管委会年终决算报表编制不准确不规范;县水利局往来账款未按规定及时进行清理结算。

乡村振兴涉农专项、基建投资等专项审计。发现主要问题包括:专项资金滞留;政策落实不及时,项目推进缓慢。

【经济责任审计】 2019年,漳浦县审计局完成4个单位、6人次经济责任审计及2个单位、3人次自然资源资产审计。经济责任审计发现的主要问题包括私车公养案件线索、未按规定执行“收支两条线”、违规发放津补贴、未按规定发放森林生态效益补偿基金、超范围列支费用、未经批准对外出租国有资产、部分公务接待无公函、预算执行不严格,未经批准调整预算项目、公务用车运行维护费核算不规范等问题。自然资源资产审计发现的主要问题包括目标责任任务未完成、环境保护许可制度执行不到位、“两违”现象未得到有效遏制、打击非法采矿行为力度不够、海域使用权证到期未及时办理续期、未取得海域使用权围填海、养殖用海海域使用权办证率低、养殖证办证率低、上级专项资金结余大,项目进展缓慢等问题。查出违规金额63.56万元,管理不规范金额147.31万元,处理上缴财政63.56万元,归还原渠道资金1.57万元,调账处理资金2.39万元,移送县纪委监委0.46万元,提出合理化建议21条。

【固定资产投资审计】 2019年,漳浦县审计局以促进规范投资行为,提高资金使用效益为目标,对政府投资重点建设项目建设基本程序、项目管理和工程造价决算真实性、合法性进行审计,促进加强建设项目的管理,确保资金安全和高效使用。同年,完成固定资产投资审计项目11个。其中,鹿溪北岸片区一期建设市政道路、旧城改造拆迁安置房西湖小区13-2号、13-4号、13-5号(江滨花园B区)二期(1-4号楼)工程、县医院改扩建项目一期工程——医疗综合大楼二次装修及钢结构工程等工程结算审计10个,送审金额21256万元,核减工程造价897万元。审计发现主要存在工程资料文件审查不到位、现场勘查深度不够,部分无施工、少施工等项目无调整造价、未按实际调整等问题;鹿溪南岸开发建设项目资金管理审计1个,审计中发现鹿溪南岸防洪堤工程项目征地与鹿溪南岸开发建设项目征地的资金未分开核算、项目配套用地征收管理部门统计的应征已征土地面积不一致。

【企业审计】 2019年,漳浦县审计局对前亭工业园经济发展有限公司2017年7月至2018年10月财务收支进行审计。审计中发现的存在工程造价审核久拖不决、会计账务处理不当、未及时登记、结转固定资产、费用报支手续不够完整等问题。

【专项资金审计】 2019年,漳浦县审计局对薄弱校改造资金“最后一公里”专项审计,审计发现东坂中学食堂宿舍楼已建设完工,但至2019年7月还未办理竣工验收手续。对电子商务进农村示范资金专项审计,审计发现的包括超限额使用现金、培训效果不理想等问题。

(黄三煌)

财政 税务

·财 政·

【概况】 2019年，漳浦县公共财政总收入完成27.23亿元，比上年增加1.1亿元，增长4.2%，其中税性收入占85.34%，比上年上升4.41个百分点；地方公共财政收入完成17.3亿元，比上年减少0.28亿元，下降1.62%，其中税性收入占76.93%，比上年上升6.1个百分点；全县一般公共预算支出48.53亿元，比上年增加2.29亿元，增长4.96%；减税降费效应进一步显现，企业所得税比上年下降18.25个百分点，个人所得税比上年下降41.69个百分点。

【财政收入保障机制】 2019年，漳浦县财政局强化财税协同合作，培植优质财源，激发财政收入活力，提高财政收入质量。全县财政总收入税性比为85.34%，比上年提高4.41个百分点；地方级财政收入税性比为76.93%，比上年提高6.1个百分点，财政收入质量稳中有升。向上争取资金35.85亿元，其中争取一般转移支付补助资金9.3亿元、专项转移支付补助资金12.15亿元，地方政府债券资金14.40亿元。

【财政推动经济高质量发展】 2019年，漳浦县财政局发挥财政在市场经济中的引领作用，促进经济稳定发展。落实各项减税降费措施，全年减免企业各项税收2.2亿元，降低企业运营成本，激发市场活力。统筹资金支持企业发展，兑现企业专精特新等转型升级奖励597万元、企业兼并重组奖励1165万元、企业外贸发展专项资金1020万元。协调企业争取银行信贷资金2730万元，缓解中小企业融资困难。防控信贷风险，鼓励银行多争取化解金融风险手段，盈丰集团在漳州浦发银行的不良贷款8565万元已通过债权打包转让形式予以化解。

【财政推促乡村振兴战略实施】 2019年，漳浦县财政局投入资金1550万元，加大乡村振兴争先创优树标杆行动，支持官浔等2个省级乡村振兴特色镇和18个省级乡村振兴试点村进行农业农村基础设施建设；支持“美丽乡村”建设，争取省级资金500万元，打造“漳浦县闽台妈祖田园综合实验区”；争取省级资金2910万元，县级配套资金727万元，用于一事一议财政奖补，涉及项目173个，提高农村生产生活条件，改善农村人居环境。投入资金3500万元，扶持壮大村集体经济，助推乡村振兴战略实施目标完成。

【地方政府债务风险防范】 2019年，漳浦县财政局加强地方政府债务风险预警，健全地方政府债务风险应急处理机制，规范政府举债融资防控债务风险。根据2019年财政部公布的债务情况，漳浦县综合债务率为26.43%，其中一般债务率49.9%、专项债务率24.7%，各项指标均低于风险预警线，债务风险可控。

【精准扶贫攻坚战经费投入】 2019年，漳浦县财政局统筹资金5409万元用于精准扶贫脱贫，支持漳浦县5个扶贫开发重点村、闽宁扶贫协作、云霄县对接帮扶、建档立卡贫困户增收脱贫项目和政府兜底保障。

【污染防治经费投入】 2019年，

漳浦县财政局争取中央补助资金847万元，用于土壤污染防治中重点行业企业用地调查、重金属污染防控和受污染耕地利用集中区建设。争取省级小流域以奖促治上级补助资金820万元，用于南溪（南浦段）小流域河道清淤、水生植物种植和安全生态水系项目建设。统筹资金240万元，用于三格化粪池新建改造；统筹资金516万元，用于镇村公厕建设补助，推进农村环境卫生整治，改善农村人居环境。投入资金400万元，用于集中式引用水源地水质自动监测站建设，保障城市供水水质。投入资金3000万元，专项用于矿山整治生态修复。投入资金2300万元，用于非洲猪瘟疫情防控及生猪养殖污染整治。

【民生支出倾斜力度加大】 2019年，漳浦县财政局在预算安排和库款拨付方面优先保障“三保”支出的原则下，重点支持农业农村、义务教育、卫生健康、社会保障、生态环保、群众文化和公共安全等民生领域支出，完成39.32亿元，比上年增长4.42%，占公共财政预算支出的比重81.97%。

【教育硬件基础设施经费投入】 2019年，漳浦县财政局加大公办幼儿园建设资金保障，投入资金1406万元，新建公办幼儿园3所，新增学位720个。扩大优质教育资源供给，投入资金371万元，提升普惠性幼儿园补助标准。改善教育硬件基础设施，投入资金1206万元用于漳浦一中、漳浦五中、绥安中学、达志中学和佛昙下苏小学校舍建设；投入资金902万元支持漳浦一中省级达标校申报教学设施硬件改善。

【文体惠民事业经费投入】 2019年，漳浦县财政局完善基层农村公共文化设施建设，投入资金165万元，用于补助农村基层综合文化服务中心示范点建设；投入资金100万元，用于补助农村体育场地基础设施建设及全民健身场地体育器材购置；投入资金50万元，用于“农家书屋”书籍购置。支持农村公益电影放映，投入资金47万元，放映场次3000多场，观影人次近24万人次。推动文化体育事业发展，支持筹备中华人民共和国成立70周年文艺晚会暨2019年“九龙江杯”群众文艺展演、2019“亲情中华杯”全国少年足球邀请赛、2019年漳州市少年儿童体育锦标赛等群众文化活动。做好文物保护修复，投入资金245万元，用于福建土楼之锦江楼修缮工程。拨付资金1.9亿元，推进县文体中心“一场三馆”工程建设。

【社会保障经费投入】 2019年，漳浦县财政局落实城乡低保特困人员生活保障政策，提高城乡集中供养护理人员基本生活标准，从983元提高至1147元和1065元，照料护理标准从720元和450元提高至840元和488元。兑现优抚安置政策待遇，支持符合条件的退役士兵参加企业职工基本养老保险和医疗保险。提高重点优抚对象抚恤补助标准，在原有基础上提高3%。提高大学生应征入伍一次性奖励标准，本科毕业生不低于1.20万元，专科毕业生不低于8000元，在校新生不低于5000元。实施积极的就业创业扶持政策，投入就业专项资金1040万元，用于公益性岗位补贴、一次性创业扶持补贴、“两节”期间服务企业用工奖励等其他就业补助项目。推进医药卫生体制建设，投入资金5360万元，完善全县医疗卫生单位基础设施。强化公共卫生服务保障，投入资金1004万元，保障基本公共卫生服务人均补助标准。

【公共服务经费投入】 2019年，漳浦县财政局投入资金3471万元，用于绥东花园、印石花园南区和翰林上座保障房等保障性安居工程建设。投入资金980万元，用于城市公厕提升改造，完成城区公厕33座，并实行24小时免费开放制度。投入400万元，用于垃圾填埋场渗滤液处理设施工程建设，改善城市人居环境。投入资金1282万元，用于国道324线至火车站给水管网、火车站至盘陀镇镇区给水工程和迎宾大道互通口台玻自来水管网改造工程。投入资金1.50亿元，推进鹿溪南岸金浦大桥建设，完善江滨片区南北岸交通基础设施建设。安排资金2028万元，用于“雪亮工程”报警监控系统工程，推进社会治安防控体系建设。安排资金3974万元，推进数字城管项目建设，打造“智慧漳浦”，提升城市管理和公共服务水平。

【国库集中支付改革】 2019年，漳浦县财政局扩大国库集中支付覆盖范围，完成乡镇卫生院、万安生态园管理中心、赤湖工业园管理中心以及南山华侨农场等一批单位纳入国库集中支付，并协助绥安工业区财政局加快完成国库集中支付。推动国库集中支付电子化改革，实现财政资金支付业务在财政、人民银行、商业银行、预算单位之间“全闭环”流转和监控，确保财政资金安全、高效运行。健全预算单位公务卡制度，出台《漳浦县财政局关于进一步完善公务卡制度改革工作的通知》，从6月起，所有预算单位严格执行公务卡改革制度，严格公务卡支出范围，规范预算单位现金支出。完成县辖所有社区的公务卡改革，规范社区资金管理。

【财政预算绩效管理】 2019年，漳浦县财政局落实预算绩效管理责任主体，健全部门上下协调、部门联动、层层落实工作机制。优化预算绩效管理流程，完善涵盖绩效目标管理、绩效运行监控、绩效评价管理、评价结果应用等各链条的管理流程，实现预算绩效管理“目标＋监控＋自评”流程全覆盖。完成预算绩效目标项目716个，涉及项目资金13.38亿元，覆盖率100%。

【财政存量资源配置优化】 2019年，漳浦县财政局健全存量资金清理常态化机制，加大财政资金统筹力度，优先保障民生事业，重点保障县委、县政府重大决策部署的项目支出；盘活低效、沉淀存量资金，提高财政资金使用效能，全年收回存量资金3.91亿元。盘活国有存量资产，促进集约发展，提高资源利用效率，推进存量安置房、店面及其他资产的处置。同年，拍卖国有存量资产收入8218万元，其中拍卖存量安置房100套，店面22间，拍卖收入7716万元；拍卖原赤湖国税分局办公场所收入502万元。

【财政监管长效机制构建】 2019年，漳浦县财政局开展会计信息质量检查和业务培训，协助单位做好新旧政府会计制度衔接；组织“1＋X”专项督查，落实中央八项规定精神，严肃财经纪律；开展对民生领域，尤其是扶贫领域财政资金管理使用情况专项检查，规范财政资金使用管理；加大对部门预决算公开检查力度，构建透明规范的财政预算管理体制。

（刘伟宏）

·税　务·

【概况】 2019年，漳浦县税收收入371613万元，比上年同期331359万元增收40254万元，增长12.15%。其中，市局口径税收收入240870万元（不含古雷），比上年减收3581万元，下降1.46%，完成年度税收收入目标238000万元(不含第四季度下达指标的免抵调库收入）的99.53%，缺口1130万元，慢时序进程0.47%；县政府口径收入235575万元，比上年增收1579万元，增长0.67%，完成调整后目标235000万元的100.24%，增收575万元，超时序进程0.24%；社会保险基金收入121660万元，比上年增收43700万元，增长56.05%；非税收入9083万元，比上年增收135万元，增长1.51%；免抵调库22000万元，出口货物退增值税31700万元。漳浦县税务机关共计减免税费2.74亿元，有效减轻企业负担、激发市场活力、促进经济平稳增长。

【鼓励科技创新企业所得税政策减税效应增强】 2019年，漳浦县鼓励科技创新企业所得税政策减税效应增强，2018年享受研发费用加计扣除的企业16户，全年研发费用加计扣4373.7万元，优惠税额1054.81万元；高新技术企业税收优惠税额221.66万元。有力促进制造业加快转型升级和创新驱动发展战略的实施。

【农产品增值税进项税额核定扣除办法落实】 2019年，漳浦县税务局开展2018年度农产品增值税进项税额核定扣除结算，进项税额转出2071万元。推行水果蔬菜加工行业试行农产品增值税进项税额核定扣除办法，进项税额转出480万元。

【出口退(免)税管理】 2019年，漳浦县税务局加快日常退税业务审核审批效率，确保8个工作日内完成。办理出口退税922户次，实现出口销售收入(单证齐全)折合人民币36.28亿元。加强出口退(免)税风险应对，实现评估税款156.69万元。规范出口函调管理，收到函调件62户次。按时做好手册核销工作，按时完成2018年度手册核销，调整免抵退额1652万元，进项税额转出0.9万元。

【城居“两险”征缴】 2019年，漳浦县税务局采取“政府主导、镇村联动、部门配合、税务征收、多元缴费”的征收模式，做好“两险”征缴。城乡居民基本养老保险入库5694万元，缴费率92.26%，城乡居民基本医疗保险入库18672万元，缴费率96.51%，城乡“两险”缴费率居全市中上水平。

【增值税改革减税效果明显】 2019年，漳浦县税务局以降税率为主，加计扣除、扩大抵扣范围为辅的增值税改革，实现制造业等主要行业税负明显降低，所有行业税负只减不增，持续减轻企业负担，全年累计实现增值税减税1.21亿元。

【小微企业普惠性减税效果向好】 2019年，漳浦县小微企业普惠性政策新增减税6745.42万元，个体经营和民营企业是最大受益群体，占全部减税额的84.49%。

【个人所得税改革受惠面扩大】 2019年，漳浦县个人所得税改革新增减税5081.48万元，人均减税727元，有6.99万人享受专项附加扣除。

【优化金三系统】 2019年，漳浦县税务局优化简化注销税务登记，办结注销税务登记1087户，其中即办995户、一般注销76户，容缺承诺注销16户。健全金三并库后欠税台账管理制度，对企业欠税100万元以上(个体10万元)的纳税人单独造册登记，同时制订欠税清缴计划，加强欠税清缴力度。加强对非正常户法人担任正常户五类人员清理。通过金三系统发出协助通知13份，非正常户法人担任正常户法人、投资人、财务人员、办税员、购票人的清理率达78.26%，超市局平均水平。

【办税场所升级】 2019年，漳浦县税务局打造标准化实体与网络化、自助化相结合的立体办税服务厅，构建“网上快办、自助为纳税人随办、窗口通办”纳税服务新格局。在县城城区原有办税服务厅基础上打造了“1+1+1”办税新模式，即1个全功能实体办税服务厅、1个24小时自助办税服务厅与1个电子税务局体验中心。结合“五个一”基层规范化建设，在各分局设置9个“闽税通”自助办税服务室，通过城区、乡镇办税场所的全方位整合改造，为纳税人提供便捷办税条件。

【办税服务】 2019年，漳浦县税务局推广“云闪付”“微信缴税”

4月30日，县税务局举行第28个全国税收宣传日暨落实减税降费，促进经济高质量发展系列活动 (县税务局 供图)

等税库银便民综合办税缴费平台，完善政务微信办税服务功能，让纳税人突破时空限制借助一台智能手机即可办理“预约办税”“发票代开”“发票查询”等业务。通过梳理涉税事项，细化推出便民办税服务措施4类13项79条，解决纳税人最迫切最直接的涉税问题。落实159项“最多跑一次”涉税事项，从根本上解决纳税人多头跑、重复跑的问题。“一窗受理、内部流转，限时办结、窗口出件”，最大限度压缩涉税办理时限，办税服务厅窗口开通率100%，位居全市行业首位。

【办税辅导】 2019年，漳浦县税务局采取纳税人学堂、上门一对一辅导、网络答疑等“线上+线下”的方式开展政策宣传辅导。同时利用手机短信、微信群、税企QQ群、二维码、邮寄送达等多渠道、多角度、多形式开展税收宣传。组织减税降费税收政策纳税人培训18场，2191户纳税户参训；组织城乡居民“两险”培训18场，1338人次参训，发送税收减税降费宣传彩信2.42万条，邮寄宣传资料8200家企业。

【漳浦OTO税收主题公园融平台上线】 2019年5月，漳浦县OTO税收主题公园融平台正式上线。公园融平台集税收知识课堂、减税降税案例、税收知识问答为一体，实现“线上线下”同步，不仅将税收主题公园搬到“线上”进行展示，同时，市民依托小程序就可一键获悉相关税收知识，包括税收专题课堂及减税降费新政策的相关内容。以更加亲民有趣、参与感更强的方式为纳税人打破时空限制学习税收知识创造了全新的体验。

（蔡燕美）

漳浦县工信局 漳浦县财政局关于下达2019年县本级促进电子商务发展专项资金的通知

各相关企业：

根据《漳州市人民政府关于印发漳州市推进电子商务和快递物流协同发展六条措施的通知》(漳政综〔2018〕105号)、《漳浦县工信局 漳浦县财政局关于做好2019年县本级促进电子商务发展专项资金申报工作的通知》(浦工信〔2019〕27号)，现下达你们促进电子商务发展专项资金26万元。以上资金由县本级年初安排的“促进电子商务发展专项资金”中列支，请及时办理项目拨付手续。

附件：2019年县本级促进电子商务发展专项资金下达表

2019年漳浦县本级促进电子商务发展专项资金下达表

单位：万元

序号	企业名称	申报项目	拟安排金额
合　计			26
1	福建善诚木业科技有限公司	对首次入驻重点外贸电商平台的，给予一次性1万元的平台服务费补助	1
2	中国邮政集团公司福建省漳浦县分公司	对电子商务综合服务企业(为电商企业提供平台开发、物流仓储、代运营、分销应用、广告设计、网络推广、拍摄等服务)年服务合同总金额超过100万元的，给予5万元奖励。	5
3	漳浦县中通快递有限公司	对本县电商渠道年发出农产品快件达到40万件的快递企业，给予20万元奖励。	20

金融

·综 述·

【概况】 2019年，漳浦县存款保持增长态势，但增速放缓，截至2019年年末，全县银行本外币各项存款余额359亿元，比上年增长6.6%，增速比上年下降2个百分点，2019年新增各项存款22.2亿元，比上年少增4.5亿元，从全市排位看，各项存款增速排位居全市第3位，增量居全市第2位；从区域分布看，据不完全统计，县域金融机构新增各项存款19亿元，比上年增长8%，古雷区域金融机构新增各项存款3.3亿元，比上年增长4%。贷款快速增长，增速保持较高水平，至年末，全县银行各项贷款余额296.7亿元，比上年增长15.8%，增速比上年上升16个百分点；同年新增各项贷款40.4亿元，超出全年规划新增30亿元的目标；各项贷款增速排位居全市第4位，比全市平均增速高4.3个百分点，增量居全市第2位；从区域分布看，县域金融机构新增各项贷款38.4亿元，比上年增长21.37%，古雷区域金融机构新增各项贷款2亿元，比上年增长2.6%。信贷资产质量“双升”，金融风险防控依然严峻。按银行五级分类统计口径，至年末，全县银行不良贷款余额7.73亿元，比上年增加6.18亿元，贷款不良率2.61%，比上年提高1.98个百分点，其中县域金融机构不良贷款余额2.46亿元，比上年增加0.87亿元，贷款不良率1.12%，比上年提高0.3个百分点，比全市平均不良率低0.05个百分点。

【综合评价】 2019年，漳浦县对辖区18家银行业金融机构、4家证券保险业金融机构2018年度执行人民银行政策和管理规定情况进行综合评价。综合评价评出银业机构A类机构4家、B类机构11家、C类机构3家；证券保险业机构B类机构2家、C类2家。对评价结果在全辖进行通报、抄送上级机构，对评为C类金融机构约谈负责人，指出存在问题，提出整改要求。

【支付结算管理】 2019年4月28日，福建省全面取消企业账户许可，漳浦县组织银行开展形式多样的取消企业账户许可相关政策宣传，采取多项措施保障业务平稳过渡，为企业开户提供服务。推进移动支付便民工程建设，推动银行制订工作计划，落实移动支付建设工作各项目标任务，在交通出行、校企园区、商超菜市、公共事业缴费、医疗卫生和旅游景区等便民场景进行重点推广，培育群众使用移动支付习惯。推进电子银行承兑汇票业务，至年末，漳浦辖区银行业金融机构银行承兑汇票电子化率达到100%。加强辖区人民币银行结算账户的管理，开展人民币银行结算账户年检，辖区账户年检率突破95%。推动银行卡助农取款服务点升级改造，完成银行卡助农取款服务点升级改造356个。开展对地方法人银行业金融机构的支付结算业务督察，对督察中发现的问题，要求银行对照督察结果进行整改。

【外汇业务】 2019年，漳浦县通过召开会议或到银行、企业开展政策解读、接受咨询、业务辅导等形式，抓好外汇管理政策的宣传引导。围绕漳浦县外汇服务营商环境建设情况开展调研，通过组织银行、企业召开座谈会，深入企业倾听反映和诉求，面对面征求企业的意见和建议，为企业提供优质高效服务。应用跨境资金流动监测系统，加大非现场监测力度，筛选异常主体继续开展有针对性的监测核查。针对异常交易主体和经办银行，及时开展对企业主体约谈和对银行窗口指导，防范异常购汇和资金流出。开展3场经常项目专项核查，开展3家企业经常项目定向与不定向随机抽查。10月，协助市中心支局对辖区1家支行违规外债开户情况进行现场检查。根据全省外汇管理工作要求和外汇形势的变化，有针对性地实施窗口指导，并从关注大额转向关注异常。抓好对辖内银行和企业的监测，督促银行强化真实性审核责任，促进境外直接投资真实性、合规性。

【电信网络新型违法活动防范和查处】 2019年，漳浦县贯彻落实《关于进一步加强支付结算管理 防范电信网络新型违法犯罪的通知》精神，利用春节、“3•15”“5•15”等各种宣传契机，组织各银行开展防范和打击电信网络新型违法犯罪宣传；同时要求各银行自行安排、灵活开展宣传活动，提高群众的防骗意识。关注辖区电信网络新型违法犯罪的动态，收集和向上级行报送银行成功堵截电信网络诈骗案件的案例。

【脱贫攻坚成果巩固提升】 2019年，漳浦县引导金融机构创新金融扶贫产品，用好用足扶贫小额信贷、农户小额信用贷款等政策，鼓励实施“产业扶贫＋金融”模式，建立金融支持与企业带动贫困户脱贫的挂钩机制。开展金融精准扶贫工作作风专项治理，按季开展金融精准扶贫贷款信息情况报送，及时掌握扶贫小额信贷使用和偿还情况，关注和防范扶贫领域的信贷风险，防范化解可能出现的风险。截至12月末，累计发放扶贫贷款1644户，比上年增加276户，累计发放贷款金额5549.86万元，比上年增加862.35万元。

【乡村振兴助推】 2019年，漳浦县指导各金融机构本着服务“三农”的理念，通过启动“金融＋党建”模式、推进乡村振兴服务平台建设、创新普惠金融知识教育模式等举措，补足金融服务农村农业发展短板，加大对乡村振兴战略的金融支持。截至12月末，全县涉农贷款比年初增加22.43亿元，比上年增长12.25%，其中农户贷款比年初增加12.87亿元，增长17.1%，农村小微企业比年初增加5.05亿元。增长25.96%。

【金融服务台创园】 2019年，漳浦县指导、督促涉农银行制定《台创园金融服务方案》，在贷款流程跟进、融资方式多样化、服务渠道优化等方面提升金融服务水平。推进台创园承包土地的经营权、农业设施、林权等涉农产农权抵押贷款业务的提质增量拓面。指导涉农银行通过引入政府增信机制，开办台农3户联保贷款等方式，解决担保难问题。截至12月末，新增10家台企授信金额2.05亿元；向台创园涉台企业和个人发放贷款33户，贷款余额2.57亿元。

【金融领域“扫黑除恶”和反洗钱】 2019年，漳浦县召开金融系统“扫黑除恶”专项斗争推进会。推动金融业与县司法局签订律师业、公证处反洗钱协作备忘录，联合印发《律师事务所、公证处反洗钱和反恐怖融资工作的指导意见》。督促金融机构强化资金监测，加强可疑交易线索的排查分析，密切与侦查、司法机构的工作协作，提升报案线索转化为案件率。收到反洗钱可疑交易线索9条，向公安机关移送4条。其中立案2条，对辖内30家金融机构开展反洗钱考核评级并及时进行通报，走访法人机构2家，对反洗钱工作进行检查和辅导，帮助其提升反洗钱工作水平。

【省农行“筑梦第一家园·我们在行动”发布会在漳浦举行】 2019年10月22日，农行福建省分行“深化闽台农业融合发展金融服务——筑梦第一家园•我们在行动”发布会在漳浦县举行。福建省副省长郭宁宁、中国农行副行长湛东升参加发布会。发布活动是农行服务“三农”、贴近“台农”、支持“小微”和落实乡村振兴战略的具体体现。在发布会上，农行省分行发布“深化闽台农业融合发展金融服务”有关政策措施，并与省农业农村厅签署深化闽台农业融合发展战略合作协议；相关支行也分别与漳浦台创园台企台农代表签订合作协议。

（漳浦银保监管组、人行县支行）

金融监管

【概况】 2019年，漳浦银保监管组围绕“全面从严治党、风险防控、金融服务、消费者权益保护工作”，结合县域银行保险业监管工作实际，形成“严厉监管、高效监管、责任监管、廉洁监管”的监管氛围，严格落实“综治”工作岗位责任制，确保金融安全无事故，实现漳浦金融稳定和刑事案件零发案率。

【金融风险监管】 2019年，漳浦银保监管组以“信贷文化建设”为抓手，结合整治乱象专项工作和对辖区邮储银行代理机构开展飞行检查，加强对各机构进行金融风险监管，整治金融乱象行为。督促辖内机构按序时完成股权问题整改，完善公司治理结构，加大对违规违纪员工处罚力度。联合县银行行业协会，推动辖区银行保险机构联合开展两场以“携手筑网•同防共治”为主题的金融知识宣传活动，发放金融知识宣传材料2万多份。

【风险防控】 2019年，漳浦银保监管组持续开展案防严管行动，要求2家法人机构落实案防内部制约机制和员工内部管理制度，建立关键岗位员工直系亲属经商名录；提升突击替岗占比，要求案防四项制度执行率达到100%，对多年未轮岗的部分科处负责人进行轮岗。保持案防高压态势和违规处罚，执行有案必罚、内外双罚，对发案机构“没一罚三”，对违规人员经济处罚按照“一个三倍”底线要求从严问责。

【技术手段监测】 2019年，漳浦银保监管组督促辖区银行机构强化监控视频改造，要求各银行业机构通过视频监控中心、基层网点负责人、管理型网点负责人、稽查部门、行领导“五道防线”的视频，进行实时监控和回放，利用技术手段提高风险监测水平，防控柜面操作风险，

【引领信贷投放】 2019年，县银保监管组推动辖区银行业尤其是推动农行、农商行、农信社及邮储银行等涉农金融机构统筹调度信贷资金，优先对“台创园”所在机构配置信贷规模；对“台创园”信贷业务优先审查审批，加大信贷投入。

【小微企业金融服务】 2019年，县银保监管组构建服务民营企业的长效机制，参加漳浦民营企业与银行座谈会对接会，推进续贷“名单制”管理，落实“明家底、主动提、真落实、严考评、见成效”的措施。

【县域保险监管】 2019年，县银保监管组根据市分局推进县域保险业监管工作有关事项的部署，勤调研，主动开展工作。每月至少挑选一至两家保险机构开展非现场巡查。非现场巡查做到“两带两知”，发挥走访巡查印证、核实功能，并做好相关问题的后续跟踪整改。

【消费权益维护】 2019年，县银保监管组联合县银行行业协会，开展县域主题金融知识宣传教育活动，维护辖区银行保险业秩序和社会稳定。督促指导辖内银行保险机构加强金融消费者权益保护工作，畅通渠道，主动接受社会监督，加强外部沟通协调，营造消费者保护的良好氛围。建立健全金融消费者权益保护工作机制，梳理金融消费者投诉处理工作流程。

（漳浦银保监管组）

银行业

【概况】 2019年，漳浦县有银行业金融机构18家，至年末，全县银行本外币各项存款余额359亿元，比上年增长6.6%；各项贷款余额296.7亿元，比上年增长15.8%。

【中国人民银行漳浦县支行】 2019年，中国人民银行漳浦支行引导辖内金融机构加大对规上企业和重点项目信贷投放，贷款余额15.4亿元，比上年增加1.37亿元；服务民营和小微企业，有49家实体经济与县域15家银行机构达成融资意向金额19亿元；

推动农村国债市场发展，辖区全年销售国债 26 笔 271.29 万元；办理普惠性减免退税 11471 笔 119.64 万元。

规上企业和重点项目信贷投放。2019 年，中国人民银行漳浦支行引导辖内金融机构加大对规上企业和重点项目信贷投放。截至 12 月末，全县规模以上企业得到银行授信 102 家，比上年增加 14 家，贷款余额 15.4 亿元，比上年增加 1.37 亿元。支持城建项目和工业园区基础设施开工建设的生产性重点项目 6 个，贷款余额 6.6 亿元，比年初增加 4.13 亿元。引导兴业银行加大企业技改支持，2 家科技创新型企业获得 8850 万元的省技改基金支持，13 家企业的技改项目进入《福建省重点技术改造项目清单》，总投资 17.46 亿元，助力漳浦县制造业提质增效补短板。

金融服务民营和小微企业。2019 年，中国人民银行漳浦支行指导金融机构增加贷款绩效中小微企业贷款的考核指标和免责条款，制定小微企业贷款专项考核及奖励制度，督促各金融机构特别是地方法人金融机构制定“敢贷、愿贷、能贷”长效机制。开展金融支持民营企业发展再行动信贷产品展示推介活动，有 2 家商会、11 家金融机构和 150 家民营企业主参加。召开推进高质量发展政银企融资对接会，有 49 家实体经济与县域 15 家银行机构达成融资意向金额 19 亿元，小微和民营企业占总对接融资额 53%。推动创新产品增量拓面，推进各金融机构加强与其他部门合作，与纳税、用电、公积金信息挂钩的信贷系列产品。截至 12 月末，漳浦县金融机构经营性贷款 83.7 亿元，比上年增长 23%，比年初增加 15.7 亿元，占全部新增贷款的 39%，呈现稳中向上的发展态势。

风险监测防范。2019 年，中国人民银行漳浦支行建立信贷资产质量监测机制，收到监测报表 228 份，专题报告 1 份，向金融机构发出风险提示 1 份。重点做好对银、证、保金融机构风险监测，开展对漳浦民生村镇银行压力测试，对 2 家大型民营企业风险开展监测，持续关注和跟踪腾龙化学重组进展情况。按季对全县 2 家地方法人金融机构开展 4 次央行评级，根据评级结果，2 家法人机构整体经营较稳健，评级结果排位靠前。

存款保险制度落实。2019 年，中国人民银行漳浦支行全方位、多渠道组织辖内各银行业金融机构，开展形式多样的存款保险制度知识宣传活动。组织辖内法人投保机构存保知识测试，有 36 名县支行和法人投保机构相关人员参加考试。完成全县 2 家投保机构 2018 年下半年、2019 年上半年存款保险保费交纳基数、保费数额等数据的申报、审核、汇总、上报工作。

人民币管理。2019 年，中国人民银行漳浦支行组织实施金融机构人民币流通标准化建设，强化现金供应工作管理。在重要时间节点开展人民币收付业务暗访 9 次，暗访网点 30 个，确保元旦至春节期间辖区旺季现金供应稳定。抓好硬币自循环工作，督促有关银行业金融机构配置硬币自助兑换机、硬币清分包装机、测量仪器等工具，提高辖区硬币自循环工作硬件服务水

10 月 11 日，漳浦县召开 2019 年推进高质量发展政银企融资对接会

（吴惠玲 摄）

平。做好整治非法使用人民币图样工作，建立辖区旅游景区整治拒收人民币现金监测机制。做好2019年纪念币发行和兑换的督查，主要做好兑换银行2019年普通贺岁纪念币、人民币发行70周年纪念钞、中华人民共和国成立70周年纪念币、泰山纪念币的预约及兑换工作的督查。加强日常反假货币管理，开展形式多样的反假货币宣传，查处假币犯罪。加强反假货币信息系统管理，做好货发二代系统反假子系统上线运行各项工作。做好2019年版50元以下各券别人民币发行前各项准备工作及发行后的情况跟踪，确保2019年版各券别人民币在漳浦县流通。

国库。2019年，中国人民银行漳浦支行落实国库各项规章制度，夯实核算基础，严守国库“资金安全”和“系统安全”两条底线。开展贴近民生、贴合地方特色的国债宣传活动，促进社会对国债知识的了解，带动农村地区国债销售，推动农村国债市场发展，辖区全年销售国债26笔271.29万元。做好辖区农村普惠金融服务，力促辖区城乡居民医保借助“农村普惠金融服务点”参保缴费取得成功，9月6日，开通首日辖区城乡居民医保借助农村信用社“农村普惠金融服务点”参保缴费成功58笔1.45万元。牵头组织漳州古雷港经济开发区财政局、税务局、古雷海关及部分金融机构等共同参与，开展“漳州古雷港经济开发区国库普惠金融服务示范区”建设。古雷辖区年度销售国债6笔60万元。跟踪分析减税降费政策实施和社保费征缴方式改革对企业负担的综合影响，及时协调税务、商业银行等加强审核，确保减税降费政策实施效果及时显现，实现退税快速、准确、安全办理。办理普惠性减免退税11471笔119.64万元。

征信管理。2019年，中国人民银行漳浦支行按照相关规定做好企业和个人信用查询工作，截至12月31日，受理企业信用报告查询212家次，比上年增长53.6%，受理个人信用报告本人查询2.05万次，比上年增长63%。加强对金融信用信息基础数据库接入机构的管理及信用信息安全管理。推进社会信用体系建设，做好农户经济档案建档，指导农信社开展“整村授信”。

（李建德、陈剑舟、杨智煌、陈进生）

【中国银行漳浦支行】 2019年，中国银行漳浦支行按照“三比三看三提高”要求，推促各项业务稳健发展。截至12月31日，本外币各项存款余额41.47亿元，较年初新增6.29亿元，市场份额占四大行27.55%，较年初增长3.05%；本外币各项贷款余额22.74亿元，比年初增加5.04亿，市场份额占四大行14.52%，较年初增长1.67%；信贷支持实体经济，公司贷款较年初增加2.31亿，市场份额提升1.67%。推出外贸通宝、结算通宝、税贷通宝等服务民营小微企业发展的信用类产品，支持纳税额和结算量较多的企业发展，对小微企业贷款利率持续执行2018年下调后的优惠利率，降低小微企业融资成本，普惠金融贷款较年初新增2877万，超额完成分行下达的全年计划。中行县支行还全部承担了房屋、土地抵押评估费

中行漳浦支行的工作人员在营业大厅为客户提供优质服务

（县中行 供图/摄于2019年7月）

和抵押手续费，推广无还本续贷业务，为5家小微企业续做无还本续贷2600万元。公司贷款零不良，零售贷款不良率0.32%，信用卡不良率3.39%，资产质量整体良好可控，全年实现税后利润5404万元。

（中行漳浦支行）

【中国工商银行漳浦支行】 2019年，中国工商银行漳浦支行本外币各项存款11.98亿元，贷款16.67亿元，存贷资产结构明显改善，信贷投放进一步向优良客户集中，逐步退出“散小差”劣质客户，有效规避经营风险；中间业务收入1452.44万元，继续保持发展；拨备前利润5508.97万元。牡丹借记卡营销9584张，个人理财销售8727万元，代理保险72万元，代发工资3993户。放宽个人住房按揭贷款，年末个人贷款余额8.58亿元，比年初增加2.05亿元。拓展普惠业务，新落地普惠贷款12户，年末贷款余额3899.7万元。营销私人银行客户20户、基金销售2989.62万元、信用卡9500张、分期付款5700万元。确保对公存款稳定增长。全年对公存款余额4.51亿元，比年初增加1.6亿元。

（工行漳浦支行）

【中国农业银行漳浦支行】 2019年，中国农业银行漳浦支行组织筹措资金，加大支持实体经济和“三农”力度，提升服务及创新水平；全年实现营业收入1.86亿元、拨备前利润1.43亿元、拨备后利润1.12亿元，净利润8477万元。各项贷款余额42.39亿元，比年初增加4.5亿元。

引存增存。2019年，农行漳浦支行新增对公结算账户560户，新增对公线上活跃客户411户。至年末，全行各项存款余额42.86亿元，比年初下降3.68亿元，其中储蓄存款31.03亿元，比年初增加2.66亿元；对公存款11.83亿元。

信贷投放。2019年，农行漳浦支行加大对古雷经济开发区、乡村振兴、小微企业等信贷资金的投放，累计获得资产业务项目审批金额274亿元。其中古雷石化炼化一体化项目获总行批复配套融资231亿元。惠农e贷增量，至年末，惠农e贷余额4.18亿元，比年初增加2.4亿元；特色产业快农贷余额2.73亿元，比年初增加1.28亿元。至年末，累计投放住房按揭贷款5.9亿元，余额15.72亿元，比年初增加4.84亿元。至年末，全行银保监口径法人小微企业贷款余额8309万元，比年初增加5880万元。

服务台创园。2019年，农行漳浦支行出台优惠政策，优化贷款流程等方式，提升对漳浦台湾农民创业园金融服务水平。至年末，累计为55户台企台农提供授信额度7.53亿元，比年初新增51户，授信金额增加6.99亿元；已用信31户，比年初新增28户，用信余额2亿元，比年初增加1.61亿元。

网络金融业务。2019年，农行漳浦支行将掌银作为对客户“必推荐”“首推荐”产品。至年底，个人重点客户群掌银有效渗率86.1%；存量个人消息服务有效客户12.25万户，成为全市唯一突破10万户的支行；实现ETC签约6606户。

个金业务。2019年，农行漳浦支行实现代销农银人寿保费

9月11日，县农行员工到石榴镇山城老区村开展“送金融知识进老区苏区”活动（县农行 供图）

338 万元，基金定投 1364 万元，个人贵宾客户数净增 1852 户，DCRM 数字化销售量 64020 万元。

零售产品营销。2019 年，农行漳浦支行通过开展保险、基金、贵金属业务等重点零售产品营销，提高零售业务中收贡献度。至年末，实现中间业务收入 4315 万元。其中，对公中收 1803 万元，零售中收 2512 万元。

风险管控。2019 年，农行漳浦支行做好信贷风险管控，抓好大额不良贷款呆账核销，至年末，新发生不良贷款 4980 万元，控制在全年计划 5593 万元范围内；完成不良贷款处置 1737 万元，不良贷款表内本息清收 664 万元，核销贷款现金清收 82 万元；不良贷款余额 5883 万元，不良贷款剪刀差余额 1385 万元。

（农行漳浦支行）

【中国建设银行漳浦支行】 2019 年，中国建设银行漳浦支行一般性存款时点余额 28.5 亿元，年度新增 5.16 亿元，新增额四行占比 79.84%，新增额居系统第三，当地四行第一；各项贷款时点余额 36.05 亿元，年度新增 5.21 亿元，其中公司贷款时点余额 9.12 亿元，年度新增 3.34 亿元；个人贷款余额 26.93 亿元，年度新增 1.87 亿元；全行不良贷款余额 485.48 万元；全年实现账面利润 8405 万元。成功申报生态开发项目市政道路 5.2 亿元，投放房地产企业信贷资金 1.74 亿元，光伏发电项目 1000 万元等。加大“三农”和小微扶持力度，小微企业快贷新增超 1 亿元。

3 月 15 日，县建行工作人员上街开展金融知识宣传　（县建行 供图）

（建行漳浦支行）

【中国农业发展银行漳浦县支行】 2019 年，中国农业发展银行漳浦县支行累计投放贷款 1.93 亿元，各项贷款余额 6.42 亿元，比年初增加 1.75 亿元，日均余额 5.03 亿元，比年初增加 1.08 亿元；各项存款余额 2.05 亿元，比年初增加 0.78 亿元；日均余额 1.82 亿元，比年初增加 0.55 亿元，无不良贷款。加快项目营销审批，新增营销审批项目 2 个，审批金额 9.4 亿元；储备培育项目 2 个，拟贷金额 10 亿元。

（农发行漳浦支行）

【中国邮政储蓄银行漳浦县支行】 2019 年，中国邮政储蓄银行漳浦县支行落实“一体两翼”

县农发行软件管理技术员指导员工进行新核心系统上线测试验证

（陈小燕 摄于 2019 年 7 月）

经营发展战略，改进服务质量，优化发展环境，实现收入8844万元，收入规模全省排名第9名；利润完成5845万元，全省排名第10位。做好个人金融业务。截至12月底，支行个人储蓄存款34115万元；信用卡总发卡数5064张。新开立机构账户6户，开立村财账户2户，完成缴费平台1户，开立农民工工资专户3户。截至12月底，期末余额35494万元。落实授信农业设施7笔，授信金额1980万元。加大清收力度，累计清收不良贷款1359.27万元，其中已核销收回613.86万元，完成率175.39%；信用卡累计收回90.74万元，完成率178.63%。

（邮储银行漳浦县支行）

【漳浦县农村信用合作联社】 2019年，漳浦县农村信用合作联社稳步推进改制农商行进程，实现新发展，至年末，全社总资产122.76亿元，各项存款余额104.6亿元，各项贷款余额53.4亿元，存款突破百亿大关，存贷款总量居县内各家金融机构首位；全县开设营业网点28个，从业人员318人，缴交税收1.77亿元；连续九年获评漳浦县“纳税大户”。

落实支农金融政策。2019年，县农信社加大信贷投放力度，支持中小企业和实体经济发展，至12月底，县联社小微企业贷款余额11.96亿元，涉农贷款余额49.71亿元，比年初增加4.95亿元，增幅11.06%，涉农贷款占比93.09%。

创新贷款产品。2019年，县农信社开发满足多元化的“银税通”小微专属贷款产品、“惠林贷”贷款产品、“万通宝”“福e贷”“农e贷”等新贷款产品，为社会提供更为适合便利的金融服务。至12月末，各项贷款余额53.4亿元，比年初增加5.39亿元，增幅10.09%，贷款市场占比18%。

助力乡村振兴。2019年，县农信社党委与各乡镇政府签订服务乡村振兴战略合作协议、联社党委下辖各支部与村支部进行党建结对共建，以此推动政银双方在产业振兴、壮大村财、农民增收、精准扶贫、信贷扶持等多方面深度合作，促进“万名金融助理驻万村”工程实施。至12月末，新增整村建档授信31个。整村授信后，全县各乡村新增授信用户数2089户，新增授信总金额2.66亿元，实际用信增加1.88亿元。

便民服务点。2019年，县农信社推进“金融服务不出村”工程，加快“小额支付便民点”暨“助农取款点”布设，实现县域内村村农村金融综合服务全覆盖。至12月底，联社在全县28个网点的265个建制村布设“助农取款点”263个，覆盖率达99.25%。

金融电子业务。2019年，县农信社通过手机银行、移动支付、贷记卡、etc等电子银行业务营销，提升农村金融服务的获得性。至12月末，全县所有电子渠道交易占比92.12%，上升1.98个百分点。

“一站式”金融服务。2019年，县农信社指派86名工作人员到216个建制村、25个社区（居）挂职担任“金融助理”，在各村设置“金融助理服务点”，为群众提供政策咨询、帮扶支撑、金融服务等。各金融助理驻村开展宣传活动18场，分发宣传折页、宣传单6000多份，采集客户信息9283多户，其中1969户农户获得贷款授信。

金融扶贫。2019年，县农信

5月31日，县信用联社与县委组织部和县乡村振兴办在县农村信用联社联合举行“党建＋金融”助推乡村振兴活动启动仪式　（县信用联社 供图）

社发放扶贫小额贴息贷款，支持贫困户、贫困村发展特色优势农业、农产品加工、电子商务、乡村旅游等特色产业，至12月末，累计发放扶贫贷款1644户，比上年度增加276户，发放贷款金额0.55亿元，比上年度增加0.086亿元，占建档立卡贫困户的20.64%。把扶贫同扶智相结合，开展生源地信用助学贷款业务和“福万通”慈善基金助学活动，帮助贫困家庭学子圆上学梦。至年底，新增捐助贫困学子40人，发放福万通慈善基金17万元；累计发放生源地助学贷款8829户，金额1.43亿元。

（县信用联社）

·保险业·

【概况】 2019年，漳浦县有保险业机构3家，至年末，人寿保险办理理赔案件2754件，赔付金额1325.49万元；人保财险保费收入10113万元，比上年增长23.93%；太平洋人寿保险完成长险新保1179万元，标保5702万元，续期保费8528.81万元，短险保费1025.16万元，赔付给付金额1532.38万元。

【中国人寿保险漳浦支公司】 2019年，中国人寿保险漳浦县支公司办理理赔案件2754件，赔付金额1325.49万元；全年保单借款件数为5674件，借款金额达7282.25万元；还款件数3163件，还款金额4052.96万元。满期给付件数（含养老保险）4791件，1076.16万元。实现股份总保费收入19632.86万元。其中，首年期交保费4592.35万元，比上年减少5.69%，其中10年期及以上期交保费3127.01万元，比上年增长40.22%；长险首年标准保费2746.45万元，比上年增长12.54%；短期险保费1703.46万元，比上年增长34.34%。全年接待临柜客户18844人次，其中理赔2754人次，给付金额1325.49万元；满期给付2440件，给付1329.62万元。

（柯淑丽）

【中国人保财险漳浦支公司】 2019年，中国人保财险漳浦支公司累计整体保费收入10113万元，比上年增长23.93%，超上年度基数1953万元；其中，车险累计保费7021万元，比上年增长27.69%，非车累计保费2223万元，比上年增长12.69%；农险累计保费869万元，比上年增长26.06%。进入福建省人保财险“亿元公司”行列。

（人保财险漳浦支公司）

【中国太平洋人寿保险漳浦支公司】 2019年，太平洋人寿保险漳浦支公司完成长险新保1179万元，标保5702万元；当年续期保费8528.81万元；短险保费1025.16万元；累计赔付给付金额1532.38万元。

（太平洋人寿保险漳浦支公司）

教育 科技

· 教育事业 ·

【概况】 2019年，漳浦县有各类学校570所，在校生151687人；其中，公、民办幼儿园376所，在园幼儿40554人；小学147所，在校小学生66559人；初中校32所，在校生28115人；高中校11所，在校生12589人；职校、电大分校、特殊教育学校、进修学校各1所；有专任教师8809人，其中，公办专任教师7029人，民办专任教师1780人。先后获得“国家级义务教育质量监测实施优秀组织单位”“漳州市高中教育教学质量先进县”“漳州市初中教育教学质量达标县”称号。

【学前教育】 2019年，漳浦县教育局着力抓好幼儿养成教育，贯彻落实教育部《幼儿园教育指导纲要（试行）》《3～6岁儿童学习与发展指南》，规范幼儿园保育教育管理。同年，新认定市级示范性幼儿园1所、县级示范性幼儿园6所、普惠性民办幼儿园132所，至年底，全县有省级示范性幼儿园3所、市级示范性幼儿园3所、县级示范性幼儿园24所、普惠性民办幼儿园147所，普惠性幼儿园覆盖率86.81%。推进公办幼儿园建设，提高公办幼儿占比，新改扩建、续建实验幼儿园夏商分园、第二实验幼儿园新园、佛昙第二中心幼儿园、第三实验小学附属幼儿园、城关中心幼儿园、前亭第二中心幼儿园、赤湖第二中心幼儿园、盘陀第二中心幼儿园、赤湖中心幼儿园等9所公办幼儿园，可提供学位2580个。至年底，全县有幼儿园300所（不含古雷港区），在园幼儿31190人，学前三年入园率98.63%。其中，公办幼儿园29所，在园幼儿6821人；民办幼儿园271所，在园幼儿24369人。

【小学教育】 2019年，漳浦县石斋小学等24所学校以100%的通过率通过省级“义务教育管理标准化学校”评估验收；至年底，全县有省级义务教育管理标准化小学30所。健全教育质量监测体系，促进教育质量提升，实验小学等12所小学接受国家级义务教育质量监测，绥安中心学校等18所小学接受省级义务教育质量监测，霞潭小学等2所小学接受市级学生体能检测，同时组织开展市级六年级质量监测和县级学生阅读能力评价。漳浦县义务教育质量监测工作得到国家教育部表扬，被评为“国家级义务教育质量监测实施优秀组织单位”。至年底，全县小学122

9月，新落成的实验小学城北分校正式开班办学 （县教育局 供图）

所（含教学点10个），教职工2485人，教学班1340个，在校小学生52728人；秋季毕业生8165人，招收新生9810人，全县学龄儿童入学率、毕业率均达100%。

【初中教育】 2019年，漳浦县中考综合比全市排名相比2018年进3位，被评为"市初中教育教学质量达标县"，长春中学等7所学校被评为"市初中教育教学质量信得过学校"，道周中学等15所学校被评为"市初中教育教学质量先进学校"，民族中学等16所学校被评为"市初中教育教学质量达标学校"；龙湖中学等10所学校通过省义务教育管理标准化学校建设验收，至年底，全县有省级义务教育管理标准化初中学校13所。全县有初中校23所（其中九年制初中校2所），教学班507个，在校生24138人，应届毕业生6302人，秋季招生数8611人，初中学额巩固率99.51%。

【高中教育】 2019年，漳浦县有高中校10所(其中，十二年一贯制2所，五中、六中、丹山中学保留高中建制，只招收初中生)，教学班231个，在校生11466人，应届毕业生4242人，秋季招生数3870人，高中毛入学率达97.85%。漳浦县高考本一上线人数707人（不含艺体），上线率17.85%，比上年增长2.06%；本科上线人数2520人(含艺体生405人)，上线率63.62%，比上年增长7.46%，有3名学生被清华大学、北京大学录取、1名学生被中国人民解放军空军航空大学录取、33名学生被复旦大学等名校录取、85名学生被985院校录取。获"漳州市高中教育教学质量先进县"称号，漳浦一中获"漳州市高考功勋学校"称号，漳浦二中等3所学校被评为"高中教育教学质量先进校"，道周中学等4所学校被评为"高中教育教学质量达标校"。

【职业教育】 2019年，漳浦职业技术学校是漳浦县一所集学历教育、职业培训、技能鉴定及校企合作办学为一体的综合性中等职业技术学校。学校开设有机电技术应用等10个专业，有教职员工135人，在校学生1971人，毕业生527人，招收全日制新生725人。学校着重于抓好技能型人才培养水平，根据职校专业设置特点与大专院校和企业合作办学，提升办学层次。与漳州职业技术学院、漳州理工职业学院联办"三二分段制"五年制高职，与北京翔宇通用航空集团、漳浦金仕顿大酒店、福建致易电子科技有限公司、漳浦敏捷动漫塑胶精品有限公司等企业合作"二元制"办学。毕业生就业率98%，在高职单招中，被本科院校录取3人，专科院校录取173人。

【成人教育】 2019年，漳浦县成人教育以漳浦电大为载体，电大学历教育涵盖理工、经济、艺术、医学等类别，开设本、专科专业21个，在籍学生2472人，春季电大开放教育招生342人，秋季招生424人，招生数居全省县级电大首位。12月，漳浦电大挂牌成立漳浦县老年网络大学，完善成人教育体系，形成以电大开放教育为主体，高校网络教育和函授教育、中职教育、社区教育等多类别、多层次的成人教育体系。

【师资队伍建设】 2019年，漳浦县教育局新招聘教师137人，遴选农村教师到县城学校任教60人，调配农村学校教师61人，调整支教教师4人，缓解全县教师地域性缺编和结构性缺编的问题。推行名师培养计划和名师带动工程，组织开展各级、各类培训18658人次，59名教师获评为省、市名师。至年底，全县有市级名师工作室1个、县级名师工作室37个，省学科带头人14人、市级研究型名师20人、市学科带头人200人、市级骨干教师494人、县级骨干教师1000余人。

【办学条件改善】 2019年，漳浦县教育局争取省级及以上补助资金2372万元，实施校舍建设项目58个。其中，中小学建设项目有49个，规划建筑面积19.70万平方米，投资4.33亿元；公办幼儿园建设项目有9个，规划建筑面积4.10万平方米，投资1.01亿元；提高教育信息化水平，同年，投入资金800多万元采购中小学教师商用一体机台式电脑1946台，实现电脑课生机比2∶1目标，开展中小学、幼儿园"三优联评"活动及"网络空间创建"比赛，有8位教师获省级表彰，22位教师获市级表彰。

【教育惠民政策落实】 2019年，漳浦县教育局坚持"保基本、兜底线、补短板"原则，落实教育多元扶持与资助政策。发放各类惠民资金13054.52万元，其中，拨发公用经费8077.31万元，惠及学生10.58万人；发放高中家庭经济困难学生助学金232.5万元，惠及学生1614人次；发放少数民族助学金92.88万元，惠及学生1605人次；发放学前教育助学金115.85万元，惠及学生1475人次；发放中职教育助学金34万元，惠及学生220人次；免除寄宿生住宿费，补助寄宿生营养餐费502.01万元，惠及学生1.18万人次，免除普通高中家庭经济困难学生学费44.99万元，惠及学生521人次；免除中职在校生学杂费400万元，惠及学生1971人；发放普惠性民办幼儿园补助经费830.54万元，惠及民办园173所幼儿1.95万人；发放新贷、续贷助学贷款2724.44万元（新贷928.07万元，续贷1796.37万元），惠及学生3774人（新贷1275人，续贷2499人）。

【学校德育】 2019年，漳浦县教育局推进社会主义核心价值观培育，开展"漳浦红色足迹——红色文化进校园""学习新思想，做好接班人""新时代好少年，我为祖国点赞""进入新时代，改革开新篇""五四爱国主义教育"等活动，帮学生扣好人生第一粒扣子。深化素质教育"三个一"工程建设，开展"讴歌新时代2019年漳浦县中小学生文艺调演""我和我的祖国全县学生合唱比赛""非遗进校园布袋木偶戏公益演出活动""双创文艺表演进社区进校园"等活动，推进素质教育。推进书香校园建设，组织开展"我与祖国共奋进""暑假读一本好书"主题征文、"歌颂祖国"经典诵读、"漳州市阅读之星""漳州市书香校园示范点"评选、"新时代好少年，我为祖国点赞"主题读书教育等活动，让校园处处有书声。有2所学校被评为"市书香校园示范点"，6所学校被评为"县书香校园示范点"，10名学生被评为"市阅读之星"，50名学生被评为"县阅读之星"，30名学生在市级演讲、朗诵和征文比赛中获奖。

【平安校园创建】 2019年，漳浦县教育局以创建平安校园为抓手，提升防范水平。开展"校车安全""扫黑除恶""防校园欺凌""食品安全""校园周边治安""消防安全"等专项整治工作，全年开展消防安全检查4次，检查学校439所，开展校车安全检查2次，检查学校105所，开展食品安全检查2次，检查学校439所，夯实校园安全防线；强化安全教育，定期组织广大师生开展防灾减灾、消防、应急等演练，共组织开展应急逃生演练1000余场，参与师生9万余人次，组织中小学生安全网上答题12万余人次；提升安防水平，争取县级配套资金120.75万元，新增配备保安人员85人，全县配备学校专职保安员202人，"一键式"报警装置、校园视频监控平台、校园重点部位视频监控实现双100%目标（100%安装、100%接入公安系统），全县有112辆国标校车100%配套北斗定位系统，全县校园100%实现封闭化管理。

【课后延时服务实施】 2019年，漳浦县教育局推进课后延时服务，春季试点在县城区开展课后延时服务；6月，采用向社会公开招投标的方式引进学生营养餐配餐公司，解决学校课后延时服务用餐问题；秋季开始，在全县范围内推行课后延时服务，至12月底，全县有136所中小学近5万名学生参加课后延时服务。

【家校共育】 2019年，漳浦县教育局搭建家校共育桥梁，结合"不忘初心，牢记使命"主题教育，在全县开展"百校千师访万家"活动，将"学困学生"等7类学生列为必访对象，将"指导家长用科学的方法教育孩子"等6方面列为必访内容。"百校千师访万家"活动期间，全县参与家访教师6271人次，家访学生82166人，实现家校共育目标。

（县教育局）

· 科学技术 ·

【概况】 2019年，漳浦县科技工作实施科技项目战略，加快科技进步，协助企业申报省级重点技改项目库10个，协助7家企业获省级科技创新券补助经费33.30万元、11家企业申报企业研发经费补助267.37万元；选聘16名台籍科技特派员派驻到有关乡镇场、建制村、作业区，助力乡村振兴；组织42名科技人员与18个乡镇场签订三方协议，并申报福建省科技特派员，做到省级科技特派员乡镇全覆盖。

【企业科技研发投入】 2019年，漳浦县完成规模以上工业企业R&D经费3.92亿元，比上年度的2.66亿元增长47.2%；规上工业企业研发投入占GDP比重1.07%，较上年度的0.78%提高0.29个百分点；新增研发投入超过500万元以上企业数26家，超额完成任务7家。

【高新技术企业申报】 2019年，漳浦县新增国家级高新技术企业任务7家，全年累计申报12家，超任务5家，完成年目标的171.4%；另外申报省级高新技术企业备案入库8家。

【技改项目申报】 2019年，漳浦县申报省级重点技改项目库10个，其中一季度推荐上报6家企业6个项目均批复入库，二季度推荐上报2家企业2个项目并均批复入库，三季度推荐上报1家企业1个项目并批复入库，四季度推荐上报1家企业1个项目待批复。福建福船一帆新能源装备制造有限公司“应用ISO9001体系和智能化过程管理打造绿色新能源装备”项目上报列入2019年度省级技术创新重大项目并获批复；漳州香洲皮革有限公司申报市级企业技术中心并通过评审认定；一帆新能源企业申报省级企业技术中心并通过评审；福建美一食品有限公司、漳浦盛新彩钢结构有限公司、福建善诚木业科技有限公司等3家企业申报并入选省级两化融合重点项目库；福建福船一帆新能源装备制造有限公司于3月通过国家两化融合管理体系贯标评定。漳州顺益食品有限公司、漳浦县达川食品工业有限公司、福建美一食品有限公司、漳浦县南顺时装针织有限公司等4家企业通过“专精特新”中小企业认定；致易电子获评“市级工业设计中心”，天福茶业有限公司获评为“省级工业设计中心”；漳州元新食品有限公司申报省级制造业产品单项冠军；合发汽车运输有限公司获评为国家AAA物流企业。福建福船一帆新能源装备制造有限公司、车城汽车配件（福建）有限公司等2家企业申报福建省智能制造试点示范企业与样板工厂（车间）。漳州香洲皮革有限公司、福建省丰盛食品有限公司、飞秒（漳州）服饰发展有限公司、漳浦南顺时装针织有限公司、漳州微水环保科技有限公司等5家企业进入中小企业科技评价体系；漳州香洲皮革有限公司、福建省丰盛食品有限公司、漳浦南顺时装针织有限公司等3家企业拟认定为省科技小巨人领军企业。推荐漳州大唐生物科技有限公司等8家企业申报高新技术企业备案；推荐福建福船一帆新能源装备制造有限公司等12家企业申报国家高新技术企业认定；推荐福建舜洋食品有限公司等2家企业申报市科技重大专项。

3月22日，12名在漳浦台创园创业的台商被漳浦县聘为科技特派员

（台创园 供图）

【国家科技优惠政策落实】 2019年，漳浦县科技局协助7家企业获2019年度省级科技创新券补助经费33.3万元；协助漳州香洲皮革有限公司等11家企业申报企业研发经费投入年度补助，申报补助金额267.37万元。组织申报2019年市中小企业创新

基金项目6个，其中漳州市源享商务咨询服务有限公司和福建美一食品有限公司入围市创新创业大赛决赛，均获得三等奖，各奖励10万元。帮助14家企业向县财政局拨付鼓励企业做大做强奖励及参展资金补助74万元，协助伟伊化纤兑现省级制造业单项冠军产品奖励50万元。

【科技和人才项目申报】 2019年，漳浦县科技局走访调研企业，了解企业技术需求情况以及人才情况。5月，邀请清华大学动力机械工程学系教授王伟中到机械制造企业为企业在生产过程中遇到的问题进行现场技术指导；推荐福建福船一帆新能源装备制造有限公司高险峰、漳州伟伊化纤有限公司吴咪咪申报“首席科技官”进入实地考察阶段，推荐漳州伟伊化纤有限公司吴健围申报“科技创业领军人才”。

【科技特派员下派】 2019年2月，漳浦县科技局选聘在漳浦县创业的台籍科技特派员16人，派驻到有关乡镇场、建制村、作业区，使之更好地发挥台籍科技人员技术优势，助力当地农村农业经济发展。组织漳州三本肥料工业有限公司、漳州钜宝生物科技有限公司、福建扬基生物科技有限公司、漳浦蜜原生态农场等4家企业，5个台籍科技特派员项目参加第十七届“6·18”科技特派员展馆参展。组织福建省科技特派员王威依托服务企业漳浦县蓝美水果专业合作社申报2019年漳州市科技特派员后补助项目“漳台水果优良品种栽培示范”。组织42名科技人员与18个乡镇场的建制村、作业区、企业签订三方协议，并申报福建省科技特派员，做到省级科技特派员乡镇全覆盖；申请省级科技特派员工作经费84万元。组织2个法人科技特派员团体分别与福建绿岭农业科技有限公司、福建壹诺食品有限公司签订三方协议申报省级科技特派员法人团体，具体是由漳州职业技术学院发起的“漳职院乡村振兴”，福建师范大学福清分校发起的“福建师范大学福清分校海洋与生化工程”2个省级科技特派员法人团体分别服务漳浦县的福建绿岭农业科技有限公司、福建壹诺食品有限公司。

【台胞科技特派员黄瑞宝获科技部表扬】 2019年11月，在科技部科技特派员制度推行20周年总结会上，台胞科技特派员黄瑞宝获科技部通报表扬，系福建省获通报表扬的唯一台籍科技特派员。黄瑞宝系钜宝生物科技有限公司董事长，2007年到漳浦创业后，利用周边人力物力资源，带动周边农民就业；利用企业优势，把最新品种及技术传授给周边18家蝴蝶兰种植大户，每年定期举办蝴蝶兰栽培养护知识培训，带动农户创收，推动了漳浦乃至漳州蝴蝶兰产业的发展。

（县工信局）

·气　象·

【概况】 2019年，漳浦县天气预报工作以服务社会民生为主线，健全灾害性天气防测服务及应急机构，修订完善气象服务平台手册，建立3个气象服务群，制作决策服务材料303期，发布预警信号526期，短时临近预报55次，发送预警短信14万条。

【气象防灾减灾服务】 2019年，漳浦县气象局健全灾害性天气防测服务及应急工作领导机构，修订补充完善气象服务平台手册，多次召开业务会议，组织业务人员进行相关应急演练，为气象服务做好准备。加强农村“六大员”管理与培训，发挥乡镇信息服务站的功能，推进气象灾害防御标准化乡镇建设。根据需要，在全县范围内组建3个气象微信服务群，对象涵盖县乡村三级领导、种植养殖大户、媒体记者、防灾减灾重要部门等，成员1000多人。

【气象灾害监测预警服务】 2019年，漳浦县气象局健全完善气象服务制度，发挥工作作为，利用微信、微博、抖音号等自媒体及乡镇气象信息服务站的功能，及时发布气象信息，服务社会。针对每次天气过程，及时做好短时临近天气预报、气象灾害预报预警服务。同年，制作决策服务材料303期，发布预警信号526期，短时临近预报55次，发送预警短信14万条，开展电话服务1200次。做好每周一期的水稻、青枣、蔬菜、铁皮石斛等农用天气预报服务专题，适时开展春耕春播、夏收夏种、秋收秋种服务及灾害监测预警评估。

【气象项目审批监管】 2019年，漳浦县气象局依据气象法律法规授予的职责，做好防雷装置设计审核、竣工验收、气球施放等行政许可审批。联合有关部门，对全县涉氨制冷企业、易燃易爆场所进行防雷安全监管，巡查存储危化品企业93家、加油站70家、民爆仓库7家、烟花爆竹仓库4家、危化品存储仓库7家、液化气仓库4家、加气站1家；受理审批防雷装置竣工验收1件，办结1件。

【气象科普宣传】 2019年3月21日，漳浦县气象局在盘陀镇后洞村开展气象科普知识助力新农村活动，现场设置宣传展板，散发宣传材料，科普讲解员以2019年世界气象日“太阳、地球和天气”为主题，讲解气象常识，普及防灾减灾知识。5月22日，县科技周期间，气象志愿者在实验小学分校为学生们进行气象科技科普宣传，发放各种科普宣传资料200多份。9月17日，“全国科普日”期间，在县城府前唐街广场开展气象科普宣传活动，赠送科普书籍200多册。

【季节气候状况评价】 2019年，漳浦县季节气候状况：

冬季(2018年12月至2019年2月) 冬季平均气温16.2℃，比历年平均偏高1.9℃，属异常偏高。2018年12月至2019年1月正常，2月显著偏高。最高气温27.6℃，出现在2月7日；最低气温6.4℃，出现在1月23日。降水量83.5毫米，比历年平均偏少48%，属偏少年份。其中，12月正常，1月显著偏少，2月显著偏少。日照时数282.6小时，比历年偏少69.7小时，属偏少，其中，12月偏少，1月正常，2月正常。

春季（3—5月） 春季平均气温21.9℃，比历年平均偏高1.9℃，属异常偏高。最高气温34.8℃，出现在5月19日；最低气温9.7℃，出现在3月8日；月际变化：3月平均气温显著偏高，4月平均气温偏高，5月平均气温异常偏高。降水量786.4毫米，比历年偏多178%，属异常偏多。月际变化：3月雨量异常偏多，4月正常，5月显著偏多；3月9日出现暴雨，降水量72毫米；4月19日出现暴雨，降水量75.5毫米，5月16日、20日出现暴雨，降水量分别为50.2毫米、62毫米。日照时数334.5小时，属正常年份。月际变化：3、4、5月日照正常。

夏季(6—8月) 夏季平均气温28.1℃，比历年平均偏高0.4℃，属正常。极端最高气温37.7℃，8月9—10日；极端最低气温19.9℃，6月16日；出现日最高气温≥35℃的高温天气15天。降水量481.2毫米，比历年偏少74.6毫米约13%，属正常。其中，6月偏少，7月偏少，8月正常。6月，受切变线南侧西南急流影响，县气象站过程雨量54.1毫米，以赤岭乡的149.9毫米为最大。受11号台风“白鹿”影响，8月24—26日全县普降暴雨到大暴雨，25日，县气象站降水94.5毫米，过程雨量108.8毫米，有18个雨量站过程雨量超过100毫米，以南浦乡184.8毫米为最大。日照时数553.2小时，比历年平均偏少43.5小时，属正常。

4月8日，福建省气象局党组书记、局长潘数大(右一)在县气象局工作调研

(陈英俊 摄)

秋季(9—11月)　秋季平均气温23.7℃，属正常。9月偏高、10月、11月正常。10月2日最高气温36.8℃，创历史同期最高纪录。“23型”秋寒出现在10月20日，“20型”秋寒出现在11月26日。降水量52.2毫米，比历年偏少40.30毫米约28%，偏少，9月显著偏少，10月显著偏少，11月异常偏少。9月11—10月4日连续24日无降水，10月6日至11月30日连续56日无降水，出现明显夏秋连旱。日照时数701.2小时，比历年偏多192.1小时，属异常偏多。9月异常偏多、10月正常、11月异常偏多。

【气象灾害】 2019年，漳浦县主要气象灾害有：

干旱　1—2月降水显著偏少，出现明显春旱天气。6月至12月28日降水明显偏少，9月11日至10月4日连续24天无降水，10月6日至12月4日连续60天无降水，仅10月5日在县城有短时降水，出现夏秋冬连旱天气。

强降水　受西南气流影响，3月8—9日全县普降暴雨，部分乡镇大暴雨。全县有19个雨量站达到100毫米以上，以官浔镇康庄村127.80毫米为最大。4月19日，受西南急流影响，全县普降暴雨，县气象站降水量75.5毫米，其中赤湖镇亭里降水量95.9毫米为最大。5月17—18日，受西南急流影响，全县普降中到大雨，局部暴雨，以长桥镇降水量89.1毫米为最大；19—21日，受切变线和冷暖交汇影响，全县普降大到暴雨，部分乡镇大暴雨上。过程雨量，全县有16个雨量站达到50毫米以上，其中有2个雨量站超过100毫米，以湖西乡119.8毫米为最大；26—27日，受南风急流影响，全县部分乡镇出现大雨到暴雨，局部大暴雨，过程雨量，全县有19个雨量站达到50毫米以上，其中有5个雨量站超过100毫米，以赤湖镇将军澳159毫米为最大。28—29日，受西南气流影响，全县普降大雨，部分乡镇暴雨，个别乡镇大暴雨，过程雨量，全县有8个雨量站达到50毫米以上，其中有1个雨量站超过100毫米，以长桥桥辉农场106.9毫米为最大。6月24—26日，受切变线南侧西南急流影响，本县气象站过程雨量54.1毫米，以赤岭乡的149.9毫米为最大。受台风影响，8月24—26日，全县普降暴雨到大暴雨，县气象站过程雨量达108.8毫米，有18个雨量站过程雨量超过100毫米，以南浦乡184.8毫米为最大。县气象站25日降水量94.5毫米。受低层切边影响，12月29日白天到30日早晨，全县普降大雨到暴雨，县气象站降水量为49.90毫米，以杜浔镇的81.5毫米为最大。

台风　2019年8月25日7时25分，第11号台风“白鹿”在东山县沿海再次登陆，受其影响，8月24—26日，全县普降暴雨到大暴雨，县气象站过程雨量达到108.8毫米，其中有18个雨量站过程雨量超过100毫米，以南浦乡184.8毫米为最大。全县各乡镇遭受不同程度灾害，造成的直接经济损失67.5万元；作物受灾面积40公顷，其中粮食作物10公顷；农作物成灾面积6.67公顷，其中粮食作物3.33公顷，因灾减产粮食2吨，农林牧渔业直接经济损失57.5万元。停产工矿企业3个，工业交通运输业直接经济损失10万元。

大风　8月22日10时至26日09时，极大风，沿海出现9～12级大风，以赤湖将军澳的35米/秒(12级)为最大；内陆出现7～9级风，以县城的22.1米/秒(9级)为最大。

(杨珂玲)

·防震减灾·

【概况】 2019年，漳浦县防震减灾工作做好地震应急救援宣传教育，发放各类宣传材料1万多份，群发宣传短信6000多条；做好台网管理和服务，完成179所乡镇村(社区)地震预警信息发布终端建设签约，完善地震宏观观测网及5个动物宏观观测点的观测员实时跟踪监测；强化应急救援队伍建设管理，提升地震应急救援能力。

【应急避难场所建设】 2019年，漳浦县地震办按照“十三五”规划要求，平均每个乡镇(街道)建成的地震应急避难场所不少于1处。全年新建地震应急避难场所3处。

【建设工程抗震设防管理】 2019年，漳浦县地震办宣传《中国地震参数区划图标准》(GB18306－2015)，加强一般建设工程抗震设防和重点项目地震安全性评价监管，提高各类建筑物防御地震灾害的能力。

【地震预警信息发布终端建设】 2019年，漳浦县地震办完成全县179所乡镇村(社区)的地震预警信息发布终端建设签约；协调运营商与剩余用户单位签订使用、安装协议，确保省监测中心震情不间断，省、市震情畅通。

【地震监测设施维护】 2019年，漳浦县地震办对区域内的地震烈度速报台、强震台和GPS基准站的地震监测仪器运行情况、辅助配套设施是否完善、观测点环境等进行全面巡查，对发现的问题及时整改，确保地震监测设施安全量。

【地震宏观监测点管理】 2019年，漳浦县地震办完善地震宏观观测网及5个动物宏观观测点的观测员实时跟踪监测，做好宏观点的观测资料上报。

【地震应急响应与处置】 2019年，漳浦县地震办执行24小时震情值班制度，加强节假日和特殊时期值班，保障地震安全。及时上报观测报表和地震异常现象，做好社会舆情监控。

【防震减灾宣传】 2019年，漳浦县地震办开展“防震减灾宣传月”活动，在“唐山地震纪念日”“科技宣传周”期间，深入学校、社区、机关、企事业单位宣传防震避震、应急避险、自救互救等知识。开展安全示范社区创建，向居民发放地震宣传手册，在县有线电视台播放科普宣传片。发放各类宣传材料1万多份，群发短信6000多条。

【防震减灾培训】 2019年，漳浦县地震办将防震减灾法律法规知识纳入县委党校各类培训班的培训内容。县防震减灾科普宣教团定期开展宣教团业务知识培训，在学校、社区举办防震知识讲座，传授应急救援知识。提高民众防震减灾意识和应急处置震害能力。

【防震减灾科普示范点创建】 2019年，漳浦县地震办重视国家级防震减灾科普示范点创建，调拨专项经费5万元用于地震安全示范社区创建、维护。推荐龙湖中学为创建国家防震减灾科普示范学校。通过创建科普示范学校，开展防震减灾科普教育活动，增强师生的防震减灾意识和自觉性。加强对漳州市蓝天救援服务中心的管理，带领救援队参与地震办日常的防震减灾活动，提高抗震救援能力。完善“三网一员”队伍建设，加强对“三网一员”业务培训；并借助其来自基层的优势，推动地震群测群防工作的开展。

(县地震办)

5月10日，县地震办在绥安镇府前世家居民小区举行地震疏散演练

(陈茜 摄)

文化 旅游

·文 化·

【概况】 2019年，漳浦县文化事业持续推进，组织群众性文化活动355场，其中芗剧团演出98场；开展美术、剪纸、器乐、声乐、舞蹈等艺术门类培训，学员400人次，受益学生5000多人次；公布漳浦剪纸、漳浦竹马戏、漳浦芗剧、漳浦大车鼓、漳浦南音等项目县级代表性传承人38人；投入资金300多万元，采购一批新书及完成对图书馆设施的更新和改造，日接待量从原来的100人次，增加到500人次以上；农村公益电影放映普及率达100%，全年放映农村公益电影3530场，县城放映266场；投入108万元，用于购置文物保护单位的防火安全、监控系统等设施。

【群众文化活动】 2019年，漳浦县文体旅局以中华人民共和国成立70周年为契机，开展丰富多彩的群众文化活动，先后主办、承办、协办大型活动57场，主要有："中华一家亲·2019海峡两岸各民族欢度'三月三'节暨福建省第八届'三月三'畲族文化节"，第十二届海峡两岸"少数民族丰收节"，漳浦县"农信杯"庆祝中华人民共和国成立70周年歌咏比赛，参加"我和我的祖国"2019年漳州市"九龙江杯"群众文艺展等；在市"九龙江杯"群众文艺展上，由漳浦县文体旅局选送的舞蹈《偶艺匠心》获第一名、器乐鸭母笛《忆乡音》获得第二名、声乐《新新漳浦人》获第六名。

【文化项目建设】 2019年，漳浦县文体旅局加大对全县基层综合性文化服务中心资金投入，年度累计完成投资720.7万元，占年计划投资的274.5%，综合考核位居全市第二名。至年底，有基层综合性文化服务中心105个，其中省级示范点3个、一般建设点102个（含古雷港经济开发区18个）。招标采购图书3.25万册，书柜87张，采购金额47.35万元，完成全县87个农家书屋图书及书柜配送；同时，按标准统一配置制度牌匾、文体器材等设备。配合县委宣传部开展"全民阅读、书香农村"活动，为全县20个配送点配送图书3.47万册。

【图书馆文化惠民工程】 2019年，漳浦县文体旅局投资300多万元，在县图书馆安装空调和安

4月7日，由县竹马戏保护中心编排的《蓝理将军》在省第八届"三月三"畲族文化节·第十二届海峡两岸少数民族丰收节演出 （县文体旅局 供图）

防系统，增设亲子阅读室和数字体验区，引进自助借还设施，增加数字体验设备，提高接待质量，办证量1258张，日接待读者最多为979人次。年接待读者9.6万人次，图书流通量12.2万多册次，移动图书馆和电子图书借阅机下载量6万多册次。先后举办元宵节有奖灯谜竞猜活动、“服务全民阅读 共创美好生活”为主题的4•23全民读书日活动、“读吧！福建”好书征集推荐等系列读者活动；举办“‘读中华经典 颂时代华章’——礼赞新中国70华诞”诵读比赛、“听名人故事 效先贤榜样”主题讲座、多主题展览活动、以“欢乐童年 放飞梦想”为主题的系列活动，引导更多的读者走进图书馆，推进全民阅读工作的开展。

【文物保护】 2019年，漳浦县黄道周讲学处被国务院批准为第八批全国重点文物保护单位，漳浦县国保增至6处，成为“福建文物第一大县”；赵家堡、怡安堡、锦江楼等国保登上全国学习强国APP的文物鉴宝、闽南文化平台。在全省率先建立重点文物保护单位安防实时监控系统，举办3期文化协管员参加的文物消防安全培训班，漳州市文物管理暨文物安全工作现场会在漳浦召开。举办漳浦文庙祭孔典礼，推出漳浦文庙、赵家堡、锦江楼等重点文保单位的在线VR全景导览，满足各界观众足不出户在线游览。完成省级文物保护单位六鳌城古城门修缮工程招标，启动修缮工作。

【竹马戏(芗剧)创作】 2019年，漳浦县竹马戏(芗剧)传承保护中心弘扬传承民族文化，创作表演反映优秀乡规民约、祖训家规传统美德的作品。全年业务演出75场，下乡公益演出23场。春节期间，举办漳浦县“玉猪送祝福 梨园贺新春”专场会演，打造漳浦县“千年戏曲”文化名片。演员杨海港、林志坚、蔡和邦等参加福建省第十四届“水仙花”节比赛，分别获银奖、铜奖；新创作的民乐鸭母笛《忆乡音》，参加漳州市第三届花样漳州“九龙江杯”比赛，获器乐类二等奖；《唐二携妻逛漳浦》《蓝理将军》剧目，参加福建省第八届“三月三”畲族文化节•第十二届海峡两岸少数民族丰收节；创作芗曲表演唱《行孝歌》、小品《拒毒》等作品，走进佛县东坂中学；芗剧《一代相国蔡新》在大南坂镇下楼村蔡新故居演出，剧目《黄道周》在东山、云霄、南靖、龙海等地巡回演出；创作编排《关爱生命安全出行》《拒毒》《远离毒品、珍爱生命》《唐二携妻逛漳浦》《门前三包》《美丽漳浦万万年》《人人争当创卫好市民》等参加县委文化“三下乡”活动；创排大型业务戏《李三娘》《双血衣》，复排《争婚记》《真王假婿》等剧目。竹马戏(芗剧)传承保护中心进驻新落成的府前唐街“净凉阁”文化广场，办公、排练、住宿条件全面改善。

【漳浦县开启“全民阅读·书香漳浦”系列活动】 2019年4月23日，漳浦县举行“全民阅读•书香漳浦”系列活动启动仪式，推动全社会参与形式多样的读书活动，坚定文化自信，活动现场赠书3000册。

(县文体旅局)

· 档案工作 ·

【概况】 2019年，漳浦县档案管理工作完成馆藏档案101万页扫描，馆藏档案数字化率90%；指导档案的收集、分类与归档整理，规范建档6000多卷(户)，接收单位文书、项目档案1690卷；做好档案利用服务，接待查档3900多人次，利用档案1400多卷，复印、摘抄4800多页。

【档案资源建设】 2019年，漳浦县档案馆加大档案接收力度，继续做好政府已公开信息接收工作。为促进各单位及时报送公开文件，实行每月督办、季度通报制度，推进已公开信息文件报送工作。同年，接收政府办、移民局、发改局等单位文书、项目档案1690卷，接收县支前办、县志委奖状等牌匾28幅；扩大档案资料征集范围，征集到《印尼华人史话》《金漳浦金未来》等特色书籍资料20多册；购置《习近平新时代中国特色社会主义思想学习纲要》《习近平关于“不忘初心、牢记使命”论述摘编》《不忘初心》等馆藏书籍70多册。

【档案安全管理】 2019年，漳浦县档案馆定期开展档案办公场所、库馆安全隐患排查，及时发现隐患，及时整改；落实库房清洁、温湿度监控、白蚁防治、药品投放等日常事务。汛期期间，转发省档案局办公室《关于加强汛期档案安全保管工作的通知》至县直单位和乡镇场，督促指导基层单位加强汛期检查防范，确保档案安全。加强档案数字化安全监管，开展档案数字化前涉密文件清查，对涉密材料妥善处理；分别向省、市档案馆报送馆藏档案数字化成果异地备份，确保档案信息安全。

【档案信息化】 2019年，漳浦县档案馆推进馆藏档案数字化进程，完成馆藏档案101万页扫描工作，馆藏档案数字化率90%，提升查档效率，减少查档的等待时间，较好保护档案实体。

【完成与古雷开发区档案业务对接】 2019年，漳浦县档案馆在古雷“区地合一”后，按照县委、县政府相关要求，将县档案局行使的利用档案馆保存的未开放档案的审查、对重大活动事项的认定，机关、团体、企业、事业单位和其他组织档案管理情况登记以及重大活动、重要会议建档情况登记，县（区）重点建设项目和重大科研项目档案保管情况登记以及竣工验收和成果鉴定档案的备案、资产与产权变动的县（区）属国有企业销毁档案备案、县（区）重点建设工程档案的专项验收等6项行政审批和公共服务事项委托漳州古雷港经济开发区办公室受理。

【业务培训】 2019年，漳浦县档案馆在县委党校举办的乡村党支部书记培训班及全县脱贫攻坚工作推进会上，向参训参会者讲授档案法规、业务知识，分发《档案常用文件汇编》《档案法规条例汇编》等资料；依托县扶贫办的脱贫攻坚QQ群，以PPT形式将精准扶贫档案整理规范要求发布在QQ群上，进行在线指导、咨询。

【调研指导】 2019年，漳浦县档案馆会同市档案局、县农业农村局深入乡镇、档案服务公司，面对面指导土地确权材料的收集、分类、归档整理，对存在的问题现场指出并要求立即整改，确保档案按规范要求整理，并同步做好数字化扫描。深入绥安开发区、台创园、深土镇、南浦乡等地，指导基层积存文件清理、土地确权、精准扶贫等规范建档6000多卷（户）。

【档案利用】 2019年，漳浦县档案馆持续执行查档“零收费”制度，接待查档3900多人次，利用档案1400多卷，复印、摘抄4800多页。其中民生档案的婚姻、土地、山林权等利用率依然比较高，为群众解决个人权益、社会保障和工作查考等提供大量真实可靠凭证。深挖馆藏档案资源，编研出版《漳浦县历届人大常委会工作报告汇编》。

【档案宣传】 2019年，漳浦县档案馆开展档案宣传活动，“6•9”国际档案日，在人流量较大的档案馆办公楼门口的电子显示屏上，滚动播放“6•9”宣传标语。同步通过县广播电视台、公众号、

12月11日，县档案馆与农村农业局联合举办精准扶贫档案管理交流会
（县档案局 供图）

手机短信、微信、网络等媒介进行宣传；组织档案人员走上街头闹市，在县实验小学门口、新都城市广场等人流密集处分发“我们共同的记忆——档案见证漳浦改革开放新征程”宣传册、《档案资料征集公告》《小红的兰台奇遇记》等宣传资料1000多份，现场为群众进行档案知识解说和疑问解答。

【档案馆新馆建设】 2019年，漳浦县档案馆协调各方推进档案馆新馆建设，至年底，档案馆新馆建设投入资金2148.5万元（中央预算内补助资金500万元），完成主体封顶、砌墙、消防管道铺设，进入初步装修阶段。

（县档案馆）

·党史研究和地方志编纂·

【概况】 2019年，漳浦县委党史和地方志研究室编纂出版《中共漳浦县委执政纪要》2018卷、《漳浦年鉴(2019)》；开展中华人民共和国成立70周年系列宣传活动，编印《漳浦县革命历史简编》；漳浦县革命历史纪念馆全年接待参观2000多人次，开展党史教育活动60多场次；开展爱国主义进校园、进社区、进乡镇活动；服务社会公众，接待群众来电、来访咨询20多人次，提供史志资料查阅20余人次。《漳浦年鉴(2018)》获全省一等奖。

【调查研究】 2019年，漳浦县委史志室履行对基层党史工作进行督促指导的职能，先后到车本村“红军之家”、南浦乡“红军楼”——中共漳州中心县委旧址调研，对上墙材料等进行指导，对与史料不符的及时纠正更换。结合调研，形成关于如何规范基层布馆的调研报告，整体规划、合理定位，规范红色场馆展览展示布馆工作等；全年开展家风家训、“两帝师”、蓝廷珍等调研6次，形成调研文章4篇、议案2条。

【执政纪要和年鉴编纂出版】 2019年，漳浦县委史志室出版《中共漳浦县委执政纪要》2018卷，全书35万字，分设重要讲话、重要文件、执政论坛、重大发展、党委党组工作、乡镇场党委工作、大事记7个栏目，系统记载2018年度漳浦县委执政实践，执政经验，执政规律，工作信息及执政成果，为撰写漳浦地方党史留存基础资料。按照“一年一鉴”工作要求，《漳浦年鉴(2019)》经中国文史出版社审核，于12月出版印刷，全书58万多字，全面客观地记载2018年漳浦县自然、政治、经济、社会、文化发展等方面的基本情况。

【中华人民共和国成立70周年系列宣传活动】 2019年，漳浦县委史志室以中华人民共和国成立70周年为契机，编印《漳浦县革命历史简编》1000册，全书全镜头勾勒漳浦人民革命的发生、发展轨迹，展现梁鹿儿女在中国共产党领导下为追求翻身解放奋勇斗争、百折不挠的精神风貌，图文并茂，将其作为漳浦县“不忘初心、牢记使命”主题教育学习用书发放至各参学单位。开展重走进漳红军路“传承红色基因 坚定理想信念”等宣传活

10月22日，县委史志室工作人员在绥安中学校园展示党史和地方志相关书籍，向师生发放宣传册　　（县委史志室 供图）

动 60 多场次。

【漳浦县革命历史纪念馆教育活动】 2019 年，漳浦县委史志室发挥县革命历史纪念馆和"以史鉴今，资政育人"作用，通过举办"传承红色基因，坚定理想信念"等红色文化主题活动，提供新颖的革命传统特色课程教育。全年，县革命历史纪念馆接待参观人员 2000 多人次，其中机关企事业单位、中小学生、非公企业组织等 800 多人次。

【爱国主义教育"三进"活动】 2019 年，漳浦县委史志室先后到绥安镇、北街社区、绥安中学、湖西乡后洞村开展爱国主义"三进"(进校园、进乡镇、进社区)宣传活动，现场赠送革命史、革命史简编、梁鹿魂、年鉴等党史地方志书。

【史志资料审核查阅服务】 2019 年，漳浦县委史志室为石榴镇山城村"山城烽火陈列馆"布展，协助霞美镇对虎硿岩广场进行设计，对全县涉及党史内容的文艺作品、新闻稿件进行审核把关。将史志书籍 2000余册整理上架，为社会公众史志咨询提供方便；同年，接待群众来电、来访咨询 20 多人次，提供史志资料查阅 20 余人次。

(陈厦屏)

· 新闻传媒 ·

【概况】 2019 年，漳浦县新闻报道宣传聚焦地方发展、关注社会民生，发挥新闻主阵地作用，加强与全国、省、市新闻媒体协作，开辟《大抓工业、勇当先锋》《献礼 70 年、奋进金漳浦》等 20 多个专栏；累计在市级以上媒体上稿 10535 篇，其中央级 486 篇(幅、条)，省级 3309 篇(幅、条)，市级 6740 篇(幅、条)，在全市宣传评比中总上稿量居全市第一。

【主题专栏开辟】 2019 年，漳浦县融媒体中心在漳浦广播电视台、漳浦新闻网、《金浦报》、金漳浦 APP 及漳浦县融媒体中心微信公众号开辟专题专栏、推出系列报道。陆续开辟《在习近平新时代中国特色社会主义思想指引下——勇当先锋、再创一流》专栏，跟踪报道各大项目建设进度；《开门红》系列报道，报道各乡镇推进项目建设，实现开门红成绩；开辟《大抓工业、勇当先锋》专栏，报道各乡镇重点工业企业、特色工业企业建设进度、成效；开辟《五彩党建更多姿、缤纷漳浦更多彩》党建专栏，报道各地党组织特色党建活动及党员风采；开辟《"不忘初心、牢记使命"主题教育进行时》专栏，报道各单位学习动态与特色；推出《献礼 70 年、奋进金漳浦》大型系列报道，展示中华人民共和国成立 70 年来金浦大地发生的沧桑巨变等。此外，还开辟《平安漳浦你我同行》《扫黑除恶专项斗争》《双创进行时》《双创曝光台》《整治"两违"保民生》《"双拥"共建谱新篇》等专题专栏、系列报道，弘扬正能量。

【矿山整治宣传】 2019 年 8 月，漳浦县落实中央环保督查反馈问题，全县生态环境大整治工作开展后，及时跟进，对全县矿山整治进度进行采访报道、正面回应整改工作。至 12 月 31 日，在市级以上媒体报道正面新闻信

10 月 16 日，行走中国·海外华文媒体漳州行一行到漳浦县开展采风活动

(县融媒体中心 供图)

息 112 条，其中电视 35 条，官方报纸 31 条，网络及微信公众号 46 条；在县级媒体刊播 156 条。其中，在生态环境部官方微博文章阅读量 15 万人次；在“新华社客户端”刊载《闽南漳浦县全面展矿山环境整治攻坚》报道，浏览量 105 万多次，《深刻吸取教训、动真碰硬整治——漳浦县全面展开矿山环境整治攻坚》，当日阅读量达 100 万+；在搜狐网报道阅读量 16 万人次。

【海峡两岸畲族文化节·少数民族丰收节宣传】 2019 年 4 月 7 日，中华一家亲•2019 海峡两岸各民族欢度“三月三”节暨福建省第八届“三月三”畲族文化节•第十二届海峡两岸少数民族丰收节在漳浦县举行。漳浦县融媒体中心明确 5 个宣传重点，制定 40 多项责任清单，管控节庆期间的网络舆情。邀请媒体记者共 28 个单位 46 人参与活动的宣传报道。活动期间，各级媒体报道 246 篇（条），其中市级以上报网类媒体上稿 83 篇（央媒 21 篇、省媒 12 篇、市媒 50 篇），广播电视类媒体播出新闻、专题 71 条（中央电视台 2 条、中央人民广播电台 5 条、福建广播影视集团 11 条、漳州电视台 9 条、漳州广播电台 5 条）。

【全国重点网络媒体漳州行大型采风活动】 2019 年 11 月 7 日，“E 路同行•‘漳’显魅力”2019 全国重点网络媒体漳州行采访团走进漳浦车本村，采访的媒体包括新华网、人民网、央视网、央广网等央级及全国各地重点新闻网络媒体等上百家。活动期间，各网络媒体围绕漳浦县“大抓工业、抓大工业”“红色文化”“互联网＋”“精准扶贫”“乡村振兴”等主题开展采访，报道漳浦县新变化、新发展、新成就。

【海外华文媒体漳州行（漳浦站）活动】 2019 年 10 月 16 日，海外华文媒体漳州行（漳浦站）活动在漳浦县进行，活动邀请 14 个国家和地区的 26 家海外华文媒体、中新社随团记者及市直媒体共 43 人参与采访报道。活动期间，播发中新社电讯通稿、中新网网稿、图片通稿、视频稿件 20 多篇（幅）；美国《美新社》《美中时报》《美南新闻》、英国《华闻周刊》、尼日利亚《西非华声报》、希腊《希华时讯》、韩国中外通讯社、澳大利亚《天和电视台》、匈牙利《联合报》、泰国《京华日报》等境外华文媒体也陆续播发漳州行（漳浦站）相关稿件累计 150 多篇（条）。

【向上合作与供稿】 2019 年，漳浦县融媒体中心加强与上级媒体联系及供稿，同年，与省新闻广播合作栏目《富美金漳浦》，每周两期，播出新闻专题 702 条。与漳州电视台合作栏目《新闻互联网漳浦篇》《看漳浦》，其中《新闻互联网漳浦篇》每期 6 条新闻；《看漳浦》每期时长 5 分钟以上；与漳州人民广播电台合作栏目《记者关注漳浦篇》《直播漳州漳浦篇》，其中《记者关注漳浦篇》每期时长 5 分钟以上，《直播漳州漳浦篇》每期 6 条新闻；网站 IP 访问数为 920 万个，PV（点击浏览量）为 19680 万人次，单帖点击率均上千，最高浏览量 33993 人次，按日均排名全网浏览量为全市前三名。2019 年，漳浦县“三抓三比、十项竞赛”新闻上稿总得分以压倒性优势，居全市第一名，在市级以上媒体上稿 10535 篇，其中，央级 486 篇（幅、条），省级 3309 篇（幅、条），市级 6740 篇（幅、条）。

【创优精品工程实施】 2019 年，漳浦县融媒体中心有 15 件次广播电视、新媒体作品获市级以上奖项，其中全国奖 4 件（一等奖 1 件、二等奖 1 件、三等奖 1 件、优秀奖 1 件），省奖 4 件（一等奖 1 件、二等奖 2 件、三等奖 1 件），获市奖 7 件（二等奖 2 件、三等奖 5 件）。其中，由县广播电视台与中央人民广播电台等大平台合作选送的广播剧《闽宁镇》获第十五届全国精神文明建设“五个一工程”奖，是福建省唯一获奖的广播剧。

（陈丽萍）

·旅游业·

【概况】 2019 年，漳浦县旅游产业通过完善旅游业基础设施，推进旅游产品的升级，强化旅游市场的宣传营销，推进旅游业的持续发展。接待旅游总人数 605.87 万人次，比上年增长 13.6%，实现旅游收入75.43亿元，比上年增长24.2%。

【旅游产业升级】 2019年，漳浦县龙美湾旅游区(2019年度省重点旅游项目)，年度计划投资1.5亿元，实际完成投资2.01亿元，完成游客接待中心及配套设施；七星海国际滨海旅游度假区(2019年度省重点旅游项目)，年度计划投资1亿元，实际完成投资1.27亿元，完成入园路路基、两边行人过道建设，完成主路施工200米；组织申报东南花都、天福茶观光工厂2个省级研学旅行示范基地培育项目；引导七星海滨海旅游度假区列入全国优选文化和旅游投融资项目名录、“五里三城”文化旅游区列入全省优选文化和旅游投融资项目名录；策划新的旅游项目列入省“五个一批”项目库、省旅游项目管理系统等平台。

【旅游品牌推介】 2019年，漳浦县文体旅局配合省、市文旅部门“全福游·有全福”“清新福建”“花样漳州”的宣传节奏，先后组织文旅企业派员参加“花样漳州·温暖中国年”(北京) 宣传推介活动、中国西北旅游营销大会暨首届丝绸之路文旅产业交易会、“花样漳州”(厦门) 文旅分享会、第十五届海峡旅游博览会、第十二届海峡两岸文化博览会、第十一届农博会·第二十一届花博会、第三届福建国际旅游生活展等国家、省、市大型宣传推介、节庆展会活动。举办“厦一站·漳浦”漳浦县旅游(内蒙古)推介会，宣传推广“花样漳州·唐郡漳浦”旅游品牌及滨海度假游线、人文宗教游线、生态温泉游线、乡村休闲游线、红色怀旧游线等主题旅游精品线路；与呼和浩特市旅游协会签订战略合作协议，成为全国第一个赴呼市举办旅游推介会的县级单位。

【旅游文化活动】 2019年，漳浦县文体旅局联合重点旅游乡镇、A级旅游景区举办闽台妈祖文化节、第六届漳浦(乌石)荔枝采摘节、穿越海丝旧镇成功定向挑战赛、漳浦乡村旅游文化节暨首届“六鳌地瓜”丰收节、第十一届海峡论坛·第六届海峡 (漳州)茶会、沙滩音乐嘉年华、梅花茶会、杜鹃花茶会等，开展文化旅游品牌宣传推介，吸引游客。联合各A级旅游景区组织开展“5·19”中国旅游日主题宣传和公益惠民活动；在漳浦县城投放50幅公交站台广告，在厦漳沿海大通道、漳浦迎宾大道等地部分区域设立大型高立柱旅游宣传公益广告牌5副；在中国网、搜狐网、“厦一站，漳浦”官方微信、抖音等平台发布旅游视频、旅游资讯、线路信息等。

【旅游景区质量提升】 2019年，漳浦县文体旅局对全县5个AAAA级景区进行明察与指导，重点检查景区的环境整治、旅游厕所、服务质量、市场秩序、安全管理、公共服务设施、智慧景区、游客中心、停车场管理、导游服务等，指导帮助景区对标整改，精准整治，确保景区提质达标。对4星级凯都大酒店进行明察与指导，确保其服务品质、运营质量得到全面提升；指导金仕顿大酒店成功创建“省级智慧饭店”，成为漳浦县第一家、漳州市第三家“中国五星级旅游饭店”；指导六鳌龙美湾旅游区 (抽象画廊)成功创建国家“AAA级旅游景区”；指导天福茶餐厅成功创建市级“花样漳州旅游特色餐厅”；指导前亭镇南厝民宿成功创建市级“花样漳州旅游特色民宿”。至年底，漳浦县以“5个AAAA、2个AAA、福建最多A”的资源优势和品牌厚度成为“全福游、有全福”重要板块。

(县文体旅局)

卫生 体育

·综 述·

【概况】 2019年，漳浦县卫生机构689个，医疗床位3504张，从业人员4822人，其中卫技人员3641人；卫生健康工作加快补短板项目建设，投资1686万元，新增医疗床位330张，在全市“三抓三比、十项竞赛”中获第一名；强化公共卫生保障，提高常住人口人均基本公共卫生服务经费，累计投入4942万元，建立常住人口健康档案80.35万份；县医院、中医院、妇幼保健院被评为第五批全国健康促进医院。全民健身场地建设有序进展，投入100万元，建成51个全民健身点；在漳州市率先创建5个全民健身示范点。

【公立医院管理制度改革】 2019年，漳浦县按照省、市医药卫生体制改革有求，完善现代医院管理制度；县中医院被确立为省级现代医院管理制度试点单位，县医院被确立为市级现代医院管理制度试点，试点工作顺利推进。对县医院、县中医院院长进行年薪制考核。

5月14日，漳浦县举行第四届全国“万步有约”健步激励大赛启动仪式
（县卫健局 供图）

【医药费用严控】 2019年，漳浦县卫生健康局坚持“三医联动”医改方向，发挥“药价保”联动优势，推动医疗服务价格、医保支付方式改革和职工医保基金的统筹调剂。同年，县级公立医院药占比（不含中药饮片）降至29.5%，百元医疗收入（不含药品收入）消耗卫生材料24.49元，药品耗材收入占比降至41.82%。

【县域医疗单位综合改革】 2019年，漳浦县卫生健康局提升医疗服务能力，县医院通过创建“三级综合医院”提高医疗服务效率，缓解患者“住院难”和“手术难”问题，确定日间手术病种19种，推进心血管介入诊疗和外周血管介入诊疗为代表的新技术20项，填补漳浦县医疗技术空白。依托全县5所二级医院与15个乡镇卫生院组建6个医疗联合体，县域内医疗机构住院率68.06%（医保数据），双向转诊18143人次。

【医德医风建设】 2019年，漳浦县卫健局把医疗质量管理纳入各医疗机构日常管理的主要内容，规范临床诊疗行为，保障医疗质量和医疗安全。以医疗卫生行风建设“九不准”作为行为规范的底线和刚性要求，加强医德医风教育，纠正医药购销和医疗服务中的不正之风，开展群众满意度调查工作，提高群众满意度。2019年全市满意度排名情况：县妇幼保健院第三，县中医院排名第四，县医院排名第十一。

【医疗补短板项目建设】 2019年，漳浦县卫健局医疗床位补短板支撑项目3个，年度计划投资1075万元，需增加床位215张。至12月底，完成投资1686万元，占全年投资计划的156.8%，新增床位330张，占全年任务数的153.5%。新增在建项目1个（漳浦天福医院），项目总投资3亿元，于4月开工建设，建成后可新增床位500张，至12月底，完成投资8174万元，完成年计划投资任务的544.9%。

【医院感染预防与控制】 2019年，漳浦县卫健局组织县级医院感染控制管理小组不定期对各医疗机构进行院感专项检查指导，开展2期院感控制知识培训，推进医院感染预防与控制工作科学、规范、可持续发展。完成全县所有医疗机构与漳州市医疗废物集中处置机构签订医疗废物集中处置协议，实现漳浦县医疗废物100%集中处置。加强医疗废物分类收集、贮存、转运等环节管理，落实“小箱进大箱”要求，针对小型医疗机构在医疗废物转运过程中存在泄漏风险，在527家村卫生所室、诊所配备医疗废物专用容器，避免医疗废物运送中发生泄漏。

【公共卫生保障】 2019年，漳浦县常住人口人均基本公共卫生服务经费提高到60元。项目总投资4942.56万元（不包含古雷港区下半年），拨付4942.56万元，拨付经费到位率100%。全县建立健康档案80.35万份，电子化建档率95.19%；预防接种建证率和接种率均95%以上，早孕建册率92.74%、产后访视率94.15%、新生儿访视率95.89%，儿管率92.62%；全县65岁以上老年人健康管理率73.39%，高血压患者规范管理率88.42%，糖尿病患者规范管理人率85.83%，严重精神障碍患者规范管理率91.82%，0～3岁儿童中医药健康管理率81.83%，老年人中医药健康管理率55.25%。落实2019年漳浦县重大妇幼公共卫生项目，完成免费产前血清筛查3654人，完成率121.8%；免费产前超声检查3349人，完成率111.63%；地中海贫血防控筛查3069对，完成率102.3%；延续宫颈癌检查601人，完成率100.17%；HPV检测5000人，完成率100%；乳腺癌检查1505人，完成率100.33%；增补叶酸5574人，目标人群叶酸服用率93.89%；免费孕前优生健康检查6969人，完成率87.1%。

【省级慢性病综合防控调查】 2019年，漳浦县推进全民健康生活方式，开展“三减三健”等专项行动，同步启动慢性病防控社会因素调查项目，根据抽样结果，选定绥安社区、旧镇镇、霞美镇、杜浔镇、赤湖镇5个监测点共1800名18岁以上居民作为调查对象，至年底完成调查工作。

【综合监管与服务】 2019年，漳浦县公共场所卫生监督量化管理率100%。强化卫生监督执法，立案查处10件，罚没款10.3万元。开展“减证便民”专项行动，行政服务窗口办理审批申请事项1090件，办结率、及时率均达100%。推行网上生育登记服务，指导办理一孩、二孩登记和再生育审批事项7563件，网上审批620件，按时办结率100%。做好权责清单和证明事项清理，梳理权责事项336项，100%以上的审批事项实现“一趟不用跑”和“最多跑一趟”。

【省级卫生乡镇（村、社区）创建】 2019年，漳浦县绥安、盘陀和石榴3个镇获得“省级卫生乡镇”称号。大南坂、佛昙、深土3个镇通过市爱卫办组织的专家评审小组考核，市爱卫办已申报省爱卫办对3个镇创建省级卫生乡镇予以命名。

【健康扶贫】 2019年，漳浦县采取大病集中救治一批，救治率99.8%；慢性病签约服务一批，签约率99.9%；重病兜底保障一批，救治率100%，推进健康扶贫工作的进展。

【计划生育】 2019年，计生统计漳浦县人口出生率 13.18‰，出生人口政策符合率 86.15%，出生人口男女性别比 114.06；免费孕前优生检测覆盖率 87.1%；发放各项奖励扶助金 3276.93 万元，奖励兑现率 100%。完成母婴设施建设，漳浦县医院妈妈小屋被省总工会和省卫健委授予福建省“我最喜爱的妈妈小屋”。把好“一票否决”关，审核把关个人 1791 人、单位 99 个，其中否决个人 3 人、单位 1 个。

【卫技人才建设】 2019 年，漳浦县卫健局到福建中医药大学、重庆医科大学开展现场招聘卫技人员，签约 4 名医学类硕士研究生；公开招聘编内人员 53 人，公开考试计划招聘编外医护人员 70 人。

【漳浦成立首批名医工作室】 2019 年 4 月 12 日，漳浦县医院、漳浦县中医院名医工作室挂牌成立，为漳浦县首批名医工作室。名医工作室覆盖骨科、神经外科、呼吸科、肛肠科等专业；通过邀请高层次专家进行坐诊，依托上级大医院的人才、技术、科研、管理等优势，使全县患者在家门就能享受到优质的医疗服务，降低外出就医成本。工作室还开通有网络预约平台，建立完善诊后随访模式，解决患者随访问题。至年底，建成名医工作室 5 个，其中国家级名医工作室一个（县中医院与福建中医药大学建立郑建儿科名医工作室），省级名医工作室 4 个（县医院分别与厦门大学附属第一医院教授徐兵和石桂秀建立徐兵血液病名医工作室、石桂秀风湿病名医工作室；县中医院与厦门大学附属中山医院夏春团队建立夏春骨科名医工作室，与福建医科大学附属协和医院官云彪团队官云彪外科名医工作室）；县妇幼保健院与漳州市妇产科主任李玲签订协议，通过带教提高妇产科的腹腔镜、宫腔镜等技术水平。

【公共体育设施建设】 2019 年，漳浦县全民健身场地建设有序进展，投入 100 万元，建成 51 个全民健身点。对全民健身路径进行隐患大排查、设备大维修、器材大更新。在全市率先创建 5 个全民健身示范点；配置 3 台直饮机，建成全市第一个全民健身场所便民饮水站。投资 212 万元，完成杜浔镇后姚村社区多功能运动场、深土镇山边村笼式足球场、霞美镇刘坂村笼式足球场、石榴镇象牙村门球场等 4 个全民健身场地设施建设。

（县卫健局）

·爱国卫生运动·

【概况】 2019 年，漳浦县爱国卫生运动以创建国家卫生县城为主线，开展宣传活动，分发宣传资料 5000 份；发动 90 多个单位 6000 多人参加除“四害”及公共场所环境卫生整治，投放药物 5300 公斤，清理垃圾 15 吨，消杀面积 52 万平方千米，“创卫”工作通过省级技术评估；开展创建省级卫生乡镇和村活动，3 个乡镇通过市爱卫办组织的考核验收，并由市爱卫办向省爱卫办推荐命名。

【爱卫月宣传活动】 2019 年 4 月，漳浦县在第 31 个全国爱国卫生月其间，对全县开展爱卫月活动工作进行部署安排，号召各乡镇（场）和各单位迅速行动起来。4 月 17 日，联合绥安镇政府、县疾控中心等单位，在绥安镇绥南社区开展以“共推‘厕所革命’、共促卫生健康、共建卫生县城”为主题的“爱国卫生月”宣传活动，通过设点、走访入户等形式，宣传爱国卫生运动的意义和卫生健康知识。现场还设置爱国卫生和卫生保健宣传展板 14 版供群众观看学习；向群众分发“人人动手 消灭四害”、《公民健康素养 66 条》等 18 种宣传资料 5000 份。

【病媒生物防治】 2019 年 3 月 15 日，漳浦县爱卫办联合绥安镇举行春季爱国卫生除“四害”工作启动仪式，并组织开展统一环境卫生整治和灭除“四害”活动，对县城区所有的大街小巷、公共场所进行除“四害”及环境卫生整洁行动。90 多个部门参与活动，人数 6000 多人，清理卫生死角 90 多处，清理垃圾 15 吨；投放鼠药 3200 千克、蚊蝇药 600 千克、蟑螂药 1500 千克，消杀面积 52.5 万平方千米。3 月 22 日，聘请“四害”消杀监测专业人员对县城区进行调查摸底，为灭除“四害”及合理用药提供科学依据。5月，通过招投标方式，对县城区“除四害”实行购买服务，投入83.68万元，在县城区增设添置灭鼠毒饵盒达1.1万个，以扩大灭鼠成果。7月、10月、12月，又分别在县城规划区进行3次大规模“除四害”消杀活动，有效控制降低鼠、蚊、蝇、蟑螂等有害病媒生物的密度。

【创卫工作通过省级技术评估】2019年，漳浦县通过组织动员各方力量，投入财力物力，大家动手，共同努力，推进创建国家卫生县城各项工作的开展。5月，省爱卫办创建国家卫生县城暗访组对漳浦县创建国家卫生县城工作进行暗访，对漳浦县建成区环境总体“四害”密度较低，未见活鼠，居民小区、公园、主次干道两边绿地、城乡接合部等处设有毒饵站的病媒生物防制工作及创建国家卫生县城效果给予肯定。7月23—25日，省爱卫办组织对漳浦县创建国家卫生县城工作进行技术评估。评估组采取听汇报、查资料、现场检查的方式，根据《国家卫生乡镇（县城）标准》，对漳浦县爱国卫生组织管理、病媒生物预防控制等9个方面的内容进行全面核查，认为漳浦县创建国家卫生县城工作基本达到《国家卫生县城标准》的要求，“四害”密度控制达标，县城区鼠、蚊、蝇、蟑螂的密度达到国家病媒生物密度控制水平标准C级要求。重点行业和单位防蚊蝇和防鼠设施合格率达到96%。

【控烟工作】2019年5月31日，漳浦县爱卫办在西湖公园北大门开展“世界无烟日”宣传活动。联合相关单位不定期对城区公共场所控烟进行监督检查，特别是加强对公共交通工具及车站的检查。完善禁烟标志，配备兼职控烟监督员，禁止乱扔烟蒂并对吸烟者进行劝阻。

（县爱卫办）

·疾病防控·

【概况】2019年，漳浦县疾病预防控制工作结合国家卫生县城和省级慢性病综合防治示范区建设，落实各项疾病预防控制措施，加大重点传染病、慢性病的防控力度，全县医疗机构疫情网络直报及时报告率99.97%，及时审核率100%，有效证件号完整率99.95%，综合率99.97%；免疫规划疫苗90%以上。儿童接种证查验率达100%，漏种疫苗补种率95%以上；从业人员预防性健康体检13615人。

【疾病监测】2019年，漳浦县疾控中心根据各季节疾病发生态势，有计划开展疾病监测。

霍乱监测　按照省、市监测方案要求，漳浦县于4月1日始开展肠道门诊，全县收集肠道标本723份，海产品427份，检验结果均为阴性；外环境水210份，检验结果均为阴性。

麻疹监测　疑似麻疹风疹病例报告16例，实验室检验结果为风疹8例，麻疹病例0例。根据省市监测方案要求，24小时调查率、48小时录入率、72小时血清送检率均达到100%。

手足口病监测　完成手足口病病例咽拭子61份，完成监测任务数；其中，肠道病毒通用核酸阳性42例，COXA16阳性12例，EV71阳性0例。

新破、麻疹、AFP监测　未发现疑似病例。

蚊媒监测　分别对盘陀、佛昙、旧镇、长桥、南浦、官浔、大南坂、湖西、佛昙、竹屿等乡镇开展蚊媒布雷图指数监测，布雷图指数分别为33、24、27、35、21、34、63、10、24、34、12。

食源性疾病监测　截至10月20日，累计报告食源性疾病病例441例。其中，县医院95例、中医院115例、妇幼保健院103例、第二医院48例、赤湖中心卫生院5例、杜浔中心卫生院16例、官浔中心卫生院5例、湖西卫生院4例、旧镇中心卫生院9例、前亭卫生院15例、沙西卫生院11例、深土中心卫生院3例、石榴卫生院5例、绥安社区卫生服务中心4例、霞美卫生院3例。

【疾病控制】2019年，漳浦县控制相应传染病达到省市下达控制指标，脊灰、白喉、百日咳、麻疹、流脑无发现病例。手足口病网络直报发病1674例，无重症及死亡病例。有效处置3起输入性登革热疫情。

【艾滋病感染者及病人管理】 2019年，漳浦县疾控中心落实国家“四免一关怀”政策，对符合条件抗病毒治疗的艾滋病感染者，抗病毒治疗率80%以上。定期对艾滋病病毒感染者和病人进行CD4检测，对其配偶进行艾滋病病毒抗体检测，对本人和配偶进行宣传教育，采取必要的预防措施，避免婚内传播，随访比例达90%以上。

【免疫规划实施】 2019年4月，漳浦县疾控中心对全县2014年1月1日至2018年12月31日期间出生的儿童进行国家免疫规划疫苗查漏补种活动。开展0～6岁流动儿童接种率调查，调查人数393人，含麻类疫苗、脊灰疫苗接种率95%以上，其他免疫规划疫苗90%以上。开展入托、入学儿童接种证查验，乡镇入托、入学儿童接种证查验率100%，漏种疫苗补种率95%以上。加强疫苗规范管理，做好一类疫苗预算、分发、运输及管理使用，同时宣传开展安全有效接种二类疫苗。至年底，上报并处置疑似疫苗异常反应33例。

【结核病防治】 2019年，漳浦县疾控中心按照全县结核病发生状况，依照相关规定，开展跟踪调查、药物医治。

病人发现　2019年1月1日至10月21日，县结防机构登记报告活动性肺结核病人287例，病原学阳性患者89例。

肺结核病人治疗管理　核查病人登记本、网络报告系统，治疗满一年肺结核病人转归情况，2018年1—9月，全县结防机构治管活动性肺结核病人243例，其中成功治疗175例，非结核死亡9例、丢失50例、诊断变更4例、不良反应1例、拒治2例，未转归2例，成功治疗率73.20%，未达到90%指标要求。

涂阳患者治疗满二、三个月阴转情况　核查病人登记本、网络报告系统：2018年10月至2019年6月，治疗满2个月涂阳病人76人，阴转42人，未阴转5人，未查29人，满2个月转阴率为55.30%。治疗满3个月，阴转43人，未查33人，满3个月转阴率为56.60%。

医疗机构报告可疑肺结核追踪　2018年12月1日至2019年8月31日，医疗机构报告可疑肺结核病人1089人，重复177人，实际报告912人，转诊到位512人，需追踪400人，追踪到位344人，未到位56人（拒绝就诊6人，外出3人，查无此人10人，死亡10人，其他27人）。转诊到位率56.1%、追踪到位率86%；总体到位856人，总体到位率93.9%，未达到95%指标要求。

涂阳病人密切接触者调查　2019年，漳浦县登记报告涂阳肺结核病人83人，登记密切接触者91人，已筛查91人，筛查率为100%。

12月1日，县疾控中心联合红十字会、古雷卫生院在新港城社区广场开展“社区动员同防艾、健康中国我行动”宣传　（蔡志云　摄）

【地方病、慢性病防治】 2019年，漳浦县疾控中心持续开展对地方病、慢性病的预防与治疗。

碘缺乏病防治　按照《福建省碘缺乏病监测实施方案》要求，配合市级专家完成碘缺乏病病情监测项目，在规定时间内将监测结果通过信息系统上报。开展第26届碘缺乏病防治日宣传活动。

地方性氟中毒防治　按照

《福建省饮水型地方性氟中毒监测督导方案(试行)》要求，对饮水型地氟病区村进行病情监测，调查监测村人口学资料、饮用水氟含量、改水工程规模、运行情况、供水范围以及受益人口等信息，及病区村全部8～12岁儿童氟斑牙患病情况，对25岁以上人群随机进行尿氟检测。病区调查75个饮水工程，其中石榴镇象牙圩中村饮水工程4个，水氟含量均达国家标准，合格率为100%；佛昙镇洞野村饮水工程71个，采集72份水源中有2份水源是高氟水，高氟水居民家中均有合格的饮用水源，不以高氟水作为主要饮用水源，水氟合格率为100%。

血防工作　通过钉螺标本及纸质材料对查螺人员进行钉螺知识现场培训，对2018年GPS采集的螺点进行导航查找，查螺面积31.25万平方米；重点对历史上有螺环境、可疑钉螺滋生环境等进行查螺，均未发现钉螺。对来自和往返血吸虫病流行区的人员，重点是外来从事农作物种植与收割、水产养殖、水上捕捞以及工程建设等流动人群，采用血清学方法进行血吸虫病筛查206人。

疟疾防治　漳浦县已在2014年通过市级消除疟疾考核验收。2019年，根据加强疟疾防治力度要求，制订工作计划，采取加强传染源搜索、印发宣传材料宣传教育、传疟媒介调查和流动人口管理等综合性抗疟措施，采集疟原虫血片362片，监测结果均阴性。3月发现一例输入性病例。辖区内未发生疟疾疫情的暴发流行。

鼠疫监测　巩固鼠疫防治成果，总结往年鼠疫监测经验，将监测点设在盘陀镇、赤土镇、旧镇镇，监测工作从4月1日开始，9月30日结束，全年捕鼠240头，采集血清240份，采集鼠肝脾169份，经检验结果均为阴性。

严重精神障碍患者排查和随访　对辖区内常住人口开展拉网式排查，对排查出的严重精神障碍患者按要求建档，及时录入“国家重性精神病基本数据收集分析系统”。各乡镇卫生院、社区卫生服务中心对辖区内纳入管理的病人每年至少进行4次随访；对病情不稳定或发现疾病有加重征兆的患者，及时进行危险性评估，并进行危机干预。至年底，系统累计建档患者3893人，全县患者在册率为4.24‰，年在管患者管理率95.69%，年在管患者规范管理率76.9%，服药率74.42%，规律服药率48.58%；精神分裂症患者服药率76.35%，精神分类症患者规律服药率50.28%。

麻风病防治　建立健全麻风病防治服务体系和防治服务保障，深入疫区各村各户开展线索调查，密切接触者及家属邻居检查，发现可疑线索对象及时反馈，及时复查，做到早发现、早治愈，控制传染源，降低患病率和畸残率。至年底，患病率已下降到10万分之一以下。全年治疗管理现症病人6例，无本县拿药病人，无新发病例。

死因监测　按死亡日期统计，截至10月20日，新增报告3340例死亡病例。按常住人口83.7万人统计，全年报告死亡率约为4.14‰；按户籍人口94.03万人统计，全年报告死亡率约为3.69‰；其中，男性1946例，女性1394例，无报告未知的性别；其中，县级医疗机构报告43例死亡病例(孕产妇死亡报告0例，5岁以下儿童死亡报告18例)。

【基本公共卫生服务】 2019年，漳浦县疾控中心依据职责，定期组织专业人员对各乡镇卫生院公共卫生工作进行每季度督导，在检查中发现问题及时给予指出并提出建议，督导结束后总结各方工作中的优缺点，整合资源并给予反馈。配合做好基层医疗卫生机构基本公共卫生服务项目的半年考核和年度考核工作。制订年度培训计划，持续对基层公共卫生专业人员进行业务培训。

【卫生监测】 2019年，漳浦县疾控中心对饮用水卫生、县城区域用水、学校卫生和公共场所卫生开展监测。

饮用水卫生监测　按照省饮用水卫生监测工作要求，于枯水期、丰水期各采集出厂水、末梢水的水质卫生监测，城乡管网、二次供水的水质卫生监测，每次采集22份水样，合计采集水样44份。农村集中式供水厂、学校自建水、分散式供水点的水质卫生监测，每次采集水样94份，合计采集188份。每季度对城市用户水龙头水质监测，每次采集水样12份、合计采集36份。完成饮水安全工程监测点基本情况调查，包括营运时间、水源类型、供水方式、供水范围、覆盖人口、水处理工艺及检测结果，通过网络上报省疾控中心。

县城区域用水监测　根据创建国家卫生县城要求，对县城区域每月进行饮用水卫生监测，采集出厂水9份，末梢水108份，二次供水53份，合计采集170份。

学校卫生监测　监测中小学校44所（小学30所、中学14所），幼儿园16所，监测教室人均面积、黑板、采光、照明、课桌椅等项目；并进行教学环境卫生监测。

公共场所卫生监测　对15家游泳场所池水水质进行卫生监测。对辖区内住宿、沐浴、歌舞厅（KTV）、美容美发、超市等场所进行卫生监测，监测105家，监测样品数146份、公共用品监测样品数515份。

【从业健康体检】　2019年，漳浦县由县医院体检中心开展对企业接害员工的职业健康体检，包括上岗前、在岗时及离岗前的职业健康体检，将体检结果形成职业健康体检报告后发送给企业。建立1人1档的健康监护档案，及时上报职业病网络直报系统。举办一期重点行业企业工作场所职业病危害因素监测培训班；根据职业病网络审核制度和要求，对各公司接触有毒有害因素人员体检情况进行审核。2019年，开展职业健康体检368人。开展食品、公共场所等相关行业从业人员预防性健康体检13615人，其中食品从业人员体检人数12574人，公共场所及其他工作人员体检人数1041人。

【健康教育】　2019年，漳浦县疾控中心利用各种媒介开展社会性健康教育与健康促进工作，在漳浦电视台开设健康科普专栏，播放流感预防、碘缺乏病、爱护视力等宣传短片7篇，每天在漳浦新闻播报前、后各播出2遍，时长1分钟，累计播出690余条次。发播手机宣传短信4条，累计200万条次；开展咨询活动15场，发放宣传材料25万张、宣传品45万份、参加咨询群众5000多人次。结合国家卫生县城创建，组织健康教育专业人员对机关、企事业单位、学校、医院、酒店、超市等公共场所进行督查指导，督导单位90多家，发放控烟宣传材料2万多份。

（县疾控中心）

·县级医疗机构·

【漳浦县人民医院】　2019年，漳浦县医院履行公立医院社会职能，以三级综合医院建设为目标，补短板、强弱项，医院总收入3.98亿元，其中医疗收入3.33亿元，比上年增长18.77%；固定资产4.31亿元，比上年增长0.94%；门急诊人次数561509人次，出院人数33795人次。医院获得“五星平安医院”称号，被授予福建省“我最喜爱的妈妈小屋”。

临床路径管理。2019年，漳浦县医院修订《临床路径管理委员会工作制度与职责》《临床路径管理办法》《临床路径统计工作制度》，临床路径管理率由2018年30.34%上升至39.95%。制定《漳浦县医院手术分级目录》，并根据各个医生的职称和技术能力进行分级授权管理。

医疗质量安全监管。2019年，漳浦县医院针对每季度出现的不良事件、缺陷病历、不合理用药及不合理处方进行分析，并予以处罚通报。落实护理核心制度，组织院感相关培训8次，开展为期1周的“手卫生宣传周”活动，提高手卫生依从性。2019年，上报医疗不良事件8例，护理不良事件102例，感染率为1.15%。院感、护理、输血三个部门通过省级质控检查。

预约诊疗平台功能提升。2019年，漳浦县医院通过医院微官网、公众号为患者提供线上门诊、医技检查预约诊疗服务。为4家医联体基层医疗机构预留10%的门诊号源。预约诊疗30379人次；门诊患者分时段预约检查就诊率100%；住院患者分时段预约检查率95.3%。

急诊急救服务模式创新。2019年，漳浦县医院建设“胸痛中心”“脑卒中中心”“创伤中心”，提高危重病人抢救成功率。医院被授予2019年6月至2022年6月的中国卒中中心联盟成员单位资格。选派1名医生外出学习脑血管介入诊疗。创新医疗服务模式，推行21个病种的日间手术，全年开展日间手术196台。

新技术开展。2019年，漳浦县医院开展新技术19项。其中超声科开展“孕妇中期妊娠22～26周胎儿超声排畸筛查”项目105例，填补医院产前诊断技术的空白；病理科开展免疫组织化学4108例，有效进行病理鉴别诊断。临床科室开展15项新技术，其中外一科开展9例“经腹腔镜结直肠肿瘤切除术”；神经外科开展7例“椎旁入路经微通道显微镜下脊髓内外肿瘤切除术”；骨科开展11例“颈椎前路手术治疗颈椎伤病”病例；急诊介入导管室开展28例“下肢深静脉血栓形成(DVT)腔内综合治疗”。

人才队伍建设。2019年，漳浦县医院采用人才招聘引进、在职继续医学教育，选送医务人员参加国家级、省级进修培训，创建名医工作室等形式，推进医院人才队伍建设，培育医院医学拔尖人才和学科带头人。招聘编内人员12人，其中内科心血管专业研究生1人，影像学、麻醉学、口腔医学本科生各1人，临床医学本科生8人。招聘编外护理人员34人。医师外出进修学习112人次，护士长、优秀护理骨干到省、市护理学会学习75人次，选送10名专科护士到上级医院进修，选派医生参加国家级、省级全科医生师资培训、考核。规培回院19人，外出规培11人。举办继续医学教育讲座40场，总参加人数3000余人次。全院发表论文37篇。

名医工作室建立。2019年，漳浦县医院建立骨科“芮钢名医工作室”、神经外科“林志雄名医工作室”、内科风湿免疫专业“石桂秀名医工作室”及血液病专业“徐兵名医工作室”。通过专家参与门诊、三级查房带教、病例讨论、业务讲座、手术示教、制定科室学科建设和人才培养规划等方式，提高学科建设水平，培养医院医学拔尖人才和学科带头人。

7月9日，漳浦县召开打击医疗欺诈骗保工作会议　（县卫健局 供图）

医改项目落实。2019年，漳浦县医院落实医改项目，推进规范临床路径管理、按病种收付费等各项医改项目改革。规范实施临床路径管理，全院11个临床科室116个病种纳入临床路径管理，病种入径人数1.35万人，管理率39.95%，实际完成人数1.24万人，完成率91.53%，占总出院人数比例的36.56%。推进按病种收付费改革，全院16个临床病区实施381种单病种收付费改革。同年，符合单病种收付费出院人数占总出院人数30.08%，按单病种付费出院人数占总出院人数20.33%。

医联体建设。2019年，漳浦县医院落实分级诊疗政策，与旧镇中心卫生院、漳州古雷港区医院、绥安社区服务中心、盘陀卫生院组建医疗联合体。借助漳州市分级诊疗平台和健康之路平台实现医院与漳州市医院、乡镇卫生院的双向转诊，促进医疗资源的纵向流动。落实《漳州市深化城乡医院对口支援工作方案（2016－2019年）》要求，在支援医院的帮助下，血透室、心血管内科、DSA等科室的学科建设明显加强，关节腔镜、椎间孔镜的使用得到推广。抽调骨干医生、护士和管理人员到乡镇卫生院开展门诊、门诊手术、查房、护理、院感方面的工作指导，提高乡镇卫生院的医疗服务质量。

（县医院）

【漳浦县中医医院】 2019年，漳浦县中医医院门诊人数21.85万人次，比上年增加2.07万人次；出院人数1.01万人次，比上年增加832人次；手术台数3147台，比上年增加1232台；药品耗材占比44.9%，比上年下降1.2%；药占比（不含中药饮片）24.2%，比上年下降1.9%；病床使用率84.3%，比上年增长3.5%；业务收入12948万元，比上年增长16.3%，其中医务性收入33.1%，比上年增长1%。公开招聘研究生1人，本科7人（其中临床专业6人），通过考试招聘（编外）护理、助产18人，通过劳务派遣招聘3人。

医联体建设。2019年，漳浦县中医院指派2名医师到宁夏海原县中医院对口帮扶1年。与厦门南普陀中医院共建，收到南普陀慈善会为漳浦县中院捐赠医疗设备价值100万元。推进城乡医院对口支援，与赤湖、霞美、深土、大南坂4家乡镇卫生院签订医联体，选派5名较有临床经验的副主任医师到基层乡镇卫生院开展门诊及业务指导和学术讲座，提升乡镇卫生院综合服务能力。

现代医院管理制度试点。2019年，漳浦县中医院被列为全省39家开展建立健全现代医院管理制度试点单位之一，实施工资总额核定和工分制、院长年薪制。落实便民惠民服务措施，实施分级诊疗，推动基层首诊、双向转诊，推行预约诊疗服务。实施临床路径管理，推进单病种定额付费；规范诊疗行为，控制医疗费用不合理增长等。

医学继续教育。2019年，漳浦县中医院投入医学继续教育培训经费13.6万元，开展学术讲座及新技术、新项目理论培训和学习，提高医疗技术和诊疗水平。组织院内培训学习18场，参加人数3000余人次，优秀率90%；组织医师三基操作及理论考核2场，通过率100%；组织护理人员技术操作培训和考试4场，合格率100%。选送到上级医院进修人员12人（其中，规培5人，进修7人），短期进修人员6人；参加省通讯医学教育155人，参加远程继续教育124人，参加公共课培训218人；到上级医院参加学术会议50人次，上级医院专家前去开展学术讲座和新技术培训7人次。

优质护理服务。2019年，漳浦县中医院注重日常护理工作的检查、督促、跟进，抓优质护理及操作规程，发现问题及时反馈整改。开展业务学习及专业技能培训考核，安排相关人员到市级医院进修5人，短期培训23人次；组织全院性护理人员学术讲座12场，参加人员1300多人次，组织护理三基、中医理论、技能操作考试7场，通过率100%。鼓励在职护理人员提升学历，有11人完成学历提升，其中8人专升本，3人中专升大专。组织护理人员参与志愿者服务队和义诊活动12人次，把护理工作延伸到社区惠及群众。

新技术、新项目开展。2019年，漳浦县中医院发挥中医药特色优势，提升服务能力，引进应用新技术、新疗法、新项目，提升诊疗水平。邀请省级名老中医（专家）到院坐诊，70余人次，诊治病人达2500人次。妇产科首次开展无痛分娩；麻醉科开展超声引导下锁骨臂丛神经阻滞麻醉；外科开展乳腺肿物微创旋切技术和大隐静脉腔内激光凝闭术。儿科与省人民医院儿科郑键主任团队合作、骨伤科与厦门中山医院骨科夏春主任团队合作、外科与省协和医院外科官云彪主任团队和省肿瘤医院柳硕岩主任团队合作，新建名中医工作室3个。

（县中医院）

【漳浦县妇幼保健院】 2019年，漳浦县妇幼保健院收治住院女性病人4858人，其中产妇数3768人，比上年减少88人；收治住院儿童病人3476人次，比上年增加632人，增长22%；医疗业务收入5591.33万元，比上年增加599.03万元；药占比25.7%，比上年上涨3.70%；卫生耗材占比4.12比上年，比上年下降0.68%。

妇女保健。2019年，漳浦县妇幼保健院有针对性地举办产科适应技术、妇幼重大公共卫生项目等培训，定期对乡镇卫生院产科医疗业务进行指导考核，分4期举办产科适应技术、妇幼重大公共卫生项目、国家基本公共卫生服务规范等培训。4次组织对各乡镇卫生院产科质量、基本公共卫生服务项目、妇幼重大公共卫生项目、信息等妇幼卫生工作进行指导和考核，及时发现问题，并给予针对性指导。邀请专家对当年发生的一例孕产妇死亡病例和医疗机构救治新生儿中较典型的案例进行评审，探讨孕产期保健工作中的不足、总结危重症孕产妇抢救、转诊流程和新生儿救治中的经验教训。

儿童保健。2019年，漳浦县妇幼保健院开展全县托幼机构保健人员培训，国家基本公共卫生及重大公共卫生服务项目、预防艾梅乙母婴传播培训。制定全县儿童保健考核标准，4次组织人员对各乡镇卫生院儿童保健工作进行督查与指导。开展托幼机构卫生保健，儿童在园体检2734人，护齿3422人，教师健康体检及健康证办理3317人。

妇幼重大公共卫生项目。2019年，漳浦县妇幼保健院按规定抓好农村妇女增补叶酸，农村“两癌”检查，地中海贫血筛查等妇幼重大公共卫生项目的筛查检查，为妇女幼儿的身体健康提供保障。农村妇女增补叶酸，全县叶酸应服用人数5321人。截至11月30日，新增服用叶酸人数4996人，服用率93.9%。农村孕妇和城市低保孕妇免费产前筛查和诊断，全县免费产前筛查项目任务数3000人，至年底，全部完成项目任务数。农村“两癌”检查，全县任务数：延续宫颈癌筛查600人，HPV5000人，乳腺检查1500人。至年底，全部完成延续宫颈癌筛查和HPV检测的标本采集；乳腺彩超由县妇幼院和绥安社区卫生服务中心、古雷港区卫生院、漳浦第二医院共同完成。预防艾梅乙母婴传播 全县接受产前保健人数8689人，孕期接受HIV抗体检测8307人，孕期检测率95.6%；发现阳性病例2例，指导其取药治疗，并定期进行产前检查与监测，其所生婴儿转诊儿保科继续随访。孕期接受乙肝表面抗原检测8046人，孕期检测率92.6%。县医疗保健机构乙肝表面抗原阳性产妇所生活产数811人，所生婴儿100%按规范注射乙肝免疫球蛋白和乙肝疫苗；孕期接受梅毒检测人数8039人，孕期检测率92.5%。对检出的阳性孕产妇均按高危孕产妇管理，规范指导用药、监测并进行产后随访。地中海贫血筛查全县任务数3000对，截至11月30日，免费筛查夫妇对数2702对。“三网监测” 全县育龄妇女死亡129人，孕产妇死亡1人，死亡率8.35/10万，孕产妇、儿童死亡率持续保持在较低水平。

婚前检查。2019年，漳浦县妇幼保健院选派1名专职人员进驻县行政服务中心民政窗口，对婚检及优生优育进行宣传，鼓励新婚夫妻进行婚前检查。县妇幼保健院婚检男应检数3825人，女应检数3825人，至年底，男实检数1784人，女实检数1785人，婚检率46.65%，疾病检出率4.88%。如期完成免费产前筛查任务3000例，完成宫颈癌筛查5601例，乳腺癌筛查1505例，地贫筛查2852对。

健康教育。2019年，漳浦县妇幼保健院投入宣教经费7.8万元，发放宣传折页2万多份，群发健康短信156万条。每星期定期举办3次孕妇课堂，由16名中高级职称医护人员组成讲师团队，对孕妇及家属进行健康知识传播，开课150次，听课人群近6000人次。

（县妇幼保健院）

·体 育·

【概况】 2019年，漳浦县体育工作以丰富群众业余生活、增强人民群众身体素质为目标，投入资金2100万元，用于落实县级“六个一”、乡镇级“四个一”、村级“三个一”体育场地建设；承办2019年“亲情中华杯”全国少年足球邀请赛，承办全国性体育赛事实现零的突破；漳浦籍帆船运动员卢云秀入选2020年东京奥运会。

【群众体育】 2019年6月1—2日，漳浦县举办2019年海峡两岸第二届游泳邀请赛，有福建、广东、浙江、江西、山东、香港、澳门、台湾等地36支游泳队近400名运动员参加比赛。承办全国性体育赛事实现零的突破，7月14—22日，成功举办由中国华侨国际文化交流促进会、福建省侨联主办，漳浦县人民政府承办的2019年“亲情中华杯”全国少年足球邀请赛,全国有8个省市的14支少年足球代表队、200多名运动员参加,西甲马竞足球俱乐部也派出2名教练员参与指导。漳浦县足协代表队参加2019年福建省足球协会超级联赛,获得亚军,并取得参加2020年中国足球协会会员协会冠军联赛的资格。在全市率先创建西湖公园全民健身示范点。

【竞技体育实力提升】 2019年,漳浦县输送的运动员林智彬在第二届全国青年运动会上获得男子皮划赛艇冠军、陈一诺获得女子跆拳道42公斤冠军;拳击运动员林鸿飞在海南举行的2019年白沙杯全国男子拳击冠军赛获得冠军;在漳州市青少年儿童锦标赛中,漳浦县代表队获得足球和篮球男子团体第一名,并代表漳州市参加福建省锦标赛,获得男子篮球第四名,队员蔡晨扬入选福建队参加全国U14少年篮球联赛,并获得东部分区冠军。

【陈桂玲摘取世界特奥会金牌】 2019年3月,漳浦籍运动员陈桂玲在阿联酋举办的第十五届世界夏季特殊奥林匹克运动会上,获田径女子100米和200米2枚金牌。世界特奥会是为智障人士设立的全球综合性赛事,该届特奥会于3月14日开幕,来自世界195个国家和地区的7500多名运动员对24个大项展开角逐。

【卢云秀取得东京奥运会入场券】 2019年9月上旬,在国际帆联世界杯——日本江之岛站的赛场上,代表队出战的漳浦籍运动员卢云秀在帆板女子RS:X级别项目上,再度扶压群芳,摘得该级别的的世界杯冠军,成功取得2020年东京奥运会入场券。为浦县历史上第二位取得奥运会入场券的运动员。卢云秀在当年进行的5场国际性大赛中,已经夺得3次金牌,银铜牌各1枚。

(县文体旅局)

7月14-22日,2019"亲情中华杯"全国少年足球邀请赛在漳浦县举行

(县文体旅局 供图)

社会民生

·人民生活·

【概况】 2019年,漳浦县财政用于民生领域支出39.32亿元,比上年增长4.42%,占一般公共财政预算支出的81.97%。城镇新增就业5549人,安置公益性岗位350个;城乡居民基本养老保险参保496242人,全县发放养老保险金38333万元,发放其他各类救助金7338万元。城乡社会消费品零售总额146.72亿元,比上年增长12.4%;用电量21.39亿千瓦时,比上年增长2.32%;年末,金融机构人民币储蓄存款余额2179101万元,比上年增长11.6%;城乡居民人均可支配收入28716万元。

【城镇居民生活收入与消费支出】 2019年,漳浦县城镇居民人均可支配收入39447元,比上年增长9.4%;城镇居民人均生活消费支出26514元,比上年增长11%。

【农村居民生活收入与消费支出】 2019年漳浦县农村居民人均可支配收入21700元,比上年增长9.8%;农村居民人均生活消费支出13645元,比上年增长9%。

·民政事务·

【概况】 2019年,漳浦县民政局发放农村低保救助资金4637万元,惠及8672户11587人;发放城市低保救助资金720万元,惠及1033户1303人;发放特困人员供养生活补助资金2372万元,惠及1885人;投资320万元,完成位于赤土乡原乡卫生院五星级养老服务照料中心建设;投资1362万元,完成养老服务照料中心和23所农村幸福院改扩建。及时足额发放各类优抚对象抚恤补助资金1038万元;办理国内公民结婚登记4221对,涉外结婚登记20对;落实殡葬惠民政策,减免火化基本费用616.36万元。

【规范城乡低保】 2019年,漳浦县民政局制定出台《关于再次梳理建档立卡贫困人口低保兜底保障工作的通知》,梳理未纳入低保保障的建档立卡贫困人口,对因病、因残、因学等符合低保条件的建档立卡贫困人口及时落实低保兜底保障,真正做到应保尽保。至12月底,全县农村低保对象8672户11587人,保障标准350元/人·月,发放低保救助资金4637万元;全县城市低保对象1033户1303人,保障标准420元/人·月,发放低保救助资金720万元。

【特困人员供养】 2019年6月,漳浦县民政局出台《漳浦县民政局关于做好城乡特困人员生活自理能力复核认定工作的通知》,对全县在册半护理和全护理的城乡特困人员生活自理能力复核认定。至年底,全县有特困人员供养对象1885人。其中,集中供养生活不能自理的特困对象101人,已集中供养68人,占集中供养率67.30%,平均保障标准1100元/人·月,发放特困人员供养生活补助资金2372万元。

【临时救助】 2019年,漳浦县民政局细化临时救助制度措施,形成"纵向贯通、横向衔接、二级联动、立体覆盖"的县、乡二级救助网络,实现应救尽救、托底救助。同年,临时救助城乡困难群众2617人次,发放临时救助金331万元;完善临时医疗救助制度,开展重特大疾病临时医疗救助，临时医疗救助281人次，发放临时医疗救助金78万元。

【残疾人两项补贴发放】 2019年，漳浦县民政局发放困难残疾生活补贴和重度残疾护理补贴3428万元，其中发放困难残疾生活补贴1777万元，发放重度残疾人护理补贴1651万元。

【防灾救灾】 2019年，漳浦县民政局落实自然灾害救助政策，规范冬春救助，发放中央自然灾害生活补助资金25万元，保障受灾群众基本生活。在佛昙镇、官浔镇、杜浔镇建设3个避灾点。

【儿童关爱服务】 2019年，漳浦县民政局在全县范围内开展困境儿童"留守儿童调查摸底"，将其列入全国信息管理系统，加强动态管理、关爱与服务。落实孤儿福利，全县在册孤儿42人，及时足额按900元/人/月标准发放基本生活补助款，合计发放生活保障金45.36万元；为8名参加中高考孤儿发放慰问金每人800元，合计0.64万元。推进农村留守儿童家园关爱保护示范点工作，在赤土乡建设留守儿童家园，作为县政府购买留守儿童关爱服务项目。对全县困境儿童进行新一轮摸底统计。

【养老补短板】 2019年，漳浦县民政局投资320万元，完成五星级养老服务照料中心建设，项目位于赤土乡原乡卫生院，占地面积1500平方米，建筑面积820平方米。投资1362万元，完成23所农村幸福院改扩建。完成居家养老专业化服务，规划政府购买居家养老服务经费400万元，覆盖全县213个村；至年底，已覆盖59个村，累计购买服务129.6万元，占年度计划的32.4%。

【敬老院社会化运营】 2019年，漳浦县民政局向乡镇发放敬老院建设及运营补助资金656万元，完成全县19个乡镇敬老院房屋建筑正常使用可靠性鉴定及消防设施安全评估，至年底，县社会福利中心和19所乡镇敬老院2个项目捆绑打包进行公开招投标，实现"公建民营"模式。

【养老服务设施专项整治】 2019年3月，漳浦县民政局对全县所有养老服务设施进行实地督查、全面核实。对排查出的3个问题，分别进行整改，社会福利中心经营管理于8月完成公开招投标；旧镇镇敬老院于8月完成建筑及消防两项评估，开始运营；古雷镇西林村幸福园已搬迁到新港城第七社区店面，各类活动室配套完成。

【失能老人护理补贴发放】 2019年，漳浦县民政局根据规定，以老年人服务券（卡）的方式向全县低保对象、计划生育特殊家庭中的132个符合条件的对象完全失能老年人每人每月发放200元护理补贴，累计发放22万元。

【优抚金发放】 2019年，漳浦县民政局及时发放各类优抚对象抚恤补助资金，向重点优抚对象发放抚恤补助资金734万元，向农村老兵发放老年生活补助金192万元，向老年烈士子女发放老年生活补助金14万元，向各类重点优抚对象发放"春节"慰问金、门诊补助金98万元。

【社区建设】 2019年，漳浦县民政局以城西社区、镇门社区为标杆，打造建设28个规范化社区，15个标杆社区。抓好"三社联动"工作，确定镇门社区为全县"三社联动"试点，

【农垦改革及社区居委会选举】 2019年，漳浦县民政局推进全县6个国有农场改革，在6个国有农场设置26个社区居委会，其中大南坂农场13个、前亭白竹湖农场3个、石榴石古农场3个、赤土万安农场4个、长桥长桥农场2个，赤岭玳瑁山农场1个。至年底，完成26个社区的设置及居委会选举，选举社区领导班子成员130人。向26个社区居委会发放统一社会信用代码证。

【界线管理】 2019年，漳浦县乡级行政区域界线41条，涉及21个乡镇，界线总长451.7千米。同年，按计划完成乡级界线联检22条。涉及绥安、盘陀、石榴、南浦、长桥、官浔、赤岭、湖西、赤土、马坪、六鳌、深土、旧镇、前亭、佛昙、大南坂16个乡镇，联检界线总长258.2千米，联检界

桩15颗（其中三面界桩11颗，双面界桩4颗），并形成界线、界桩记录表和联检工作报告。

【婚姻登记】 2019年，漳浦县民政局优化服务，婚姻登记处做到免填表免复印，结婚登记端口接入漳州通APP；在法定节假日等有纪念意义的日子，婚登人员提前部署，加班加点，做到政务服务+互联网，全方位疏通便民为民服务过程中的堵点难点问题。办理国内公民结婚登记4221对，离婚登记1432对，补发婚姻登记证995对；办理涉外、华侨、港澳台结婚登记20对，补办离婚登记18对。

【社会组织管理】 2019年，漳浦县民政局对社会团体和民办非企业单位进行年检工作，对年检材料逐一核实，确保材料真实性。对制度不健全、运作不规范，主要负责人频繁更换、缺位、离位，社会组织工作严重受影响的，及时指出，限期纠正。对2年以上（含2年）未报送年度工作报告、未履行年检义务的24家社会团体，列入活动异常名录，以公告方式向社会公众提醒告知。全县社会组织445家（社会团体98家，民办非企业单位347家），其中2019年登记社会组织7家，变更登记社会组织21家，注销社会组织14家，换证社会组织2家。配合组织部门抓好社会组织党组织工作，全县社会组织完成独立党支部10个、联合组织党支部16个、兼合组建党支部1个、派驻党建工作者79人，社会组织党建覆盖面达376家。

【殡葬改革】 2019年，漳浦县民政局制定出台《漳浦县民政局关于进一步推进深化殡葬改革工作的实施方案》，深化殡葬改革，做好殡葬惠民政策的落实，全县火化遗体4822具，减免火化基本费用616.36万元。遗体火化率、骨灰寄存率均达到100%。

【村规民约修订】 2019年，漳浦县出台《漳浦县民政局关于推进全县完善制订村规民约(居民公约)的实施方案》，完善"村规民约"样本，并下发到基层，引导各村在换届后修订完善《村民自治章程》和《村规民约》，通过村规民约制约村民各种铺张浪费活动。

【流浪乞讨救治救助】 2019年，漳浦县民政局按照"主动救助、自愿救助"的原则，做好流落街头的精神障碍患者救治救助。救助流浪乞讨人员80人次，其中60岁以上7人次，未成年人4人次，精神病人6人次，残疾人11人次，护送返乡9人次，接领返乡7人次，提供医疗救助25人次；在站滞留精神障碍患者19人，其中康宁医院13人，和康医院5人，深土敬老院1人；为在站托养人员办理落户12人。"寒冬送温暖"专项行动，帮助流浪、留守等困境儿童22人次。

（蓝阿劳）

· 人力资源和社会保障 ·

【概况】 2019年，漳浦县人力资源社会保障工作以保障民生、维护民利为重点，着力实现就业更加充分、社会保障更加有力、劳动人事维权更加和谐，全县职业培训1380人，城镇新增就业5549人，城镇登记失业率2.64%，控制在任务指标3.3%以下；落实稳岗就业优惠政策，发放补贴资金750.33万元；发放养老保险金38333万元，发放60周岁以上被征地农民社会养老保险金1923万元；完成11960名机关及事业单位非领导职务工作人员考核；创建和谐劳动关系，完成非公有制企业劳动合同签订30334人，企业集体合同签订2252人；检查各类用人单位57家，累计处理劳动人事争议案件165件。

【就业服务】 2019年，漳浦县人社局开展各类专项就业服务活动，先后组织"就业援助月""春风行动""新春招聘会""扶贫专场招聘会"等公共就业服务专项行动共26场次，用人单位累计200家，提供岗位3000个，求职人数5000余人，现场签订意向性用工协议2500人。拓展外地招聘，与绥安工业开发区联合，带领6家企业分赴陕西、云南等劳动力输出大省开展劳务合作；在陕西周至举办专场招聘会1场，提供就业岗位100多个，当场签订就业意向83人。

【就业援助】 2019年，漳浦县人社局开展"送政策、送岗位、送服务、送温暖"活动，对贫困家庭劳动力实施"一对一"帮扶，促进重点群体转移就业。开展零就业家庭摸底调查，加大对就业困难群体的扶持力度，出台就业扶持政策，通过上门走访、宣传各项就业政策、提供岗位信息等形式，帮扶329人安置公益性岗位就业，发放补贴金额206.63万元。开展免费职业技能培训、职业介绍等方式帮助实现稳定就业。全县实现城镇新增就业人数5549人，完成下达任务指标5800人的95.6%；下岗失业人员实现再就业1700人，完成下达任务指标1700人的100%；城镇就业困难对象再就业262人，完成市级下达任务指标350人的74.8%；"春潮行动"职业培训完成1380人，完成任务数1800人的76.6%；城镇登记失业率2.64%，控制在任务指标3.3%以下。

【稳岗就业优惠政策兑现】 2019年，漳浦县人社局落实困难人员灵活就业社会养老保险补贴政策，优化办事程序，受理就业困难人员灵活就业社保补贴申请2000人，发放补贴款696.68万元。支持企业落实稳岗补贴政策，受理企业的稳岗补贴申请8家，发放稳岗补贴款17.94万元。开展大学生创业资助补贴，扶持符合条件的自主创业大学生1人，发放创业资助补贴资金0.5万元。依托见证补贴系统，落实见证补贴政策，以职业资格证书和职业培训证书为基础，生成见证补贴信息，受理申请见证补贴有422人，发放补贴款35.21万元。

【社会保障体系健全完善】 2019年，漳浦县人社局推进全民参保精准扩面，继续提高城乡居民养老保险待遇，建立城乡居民养老保险和被征地养老保障正常调整机制。从1月1日起，全县城乡居民保基础养老金每人每月提高到133元，被征地农民养老保障金标准每人每月提高到300元。漳浦县企业养老保险参保人数78315人，其中，享受养老待遇人员18310人，发放养老金38333万元，基金征缴41646万元。为71312人办理工伤保险，征缴工伤保险基金1967万元，支付工伤保险费2354万元。按时足额为4287人次发放失业金802.03万元。全县已参保机关事业单位285个，参保人数13174人。城乡居民养老保险应参保人数403439人，已参保人数402019人，其中60周岁及以上有128138人，参保率99%。纳入被征地农民社会养老保障参保人数23309人，其中60周岁及以上5342人，被征地农民社会养老保险金发放1923万元。兑现特殊人群社保补贴，为12286名建档立卡、低保对象、特困人员代缴社保245.72万元。

【机关事业单位工资管理】 2019年，漳浦县人社局完成全县事业单位乡镇补贴统一调整到500元，办理机关事业单位职工调入变动313人、调出变动365人的工资基金增减，办理124名新录（聘）人员的工资核定，办理各项工资变动29666人次，办理20名职工辞职、辞退、解聘后的工资基金核减及相关待遇核定，办理94名转正定级人员的工资核定，办理116人的退休费核定，办理干部职工死亡工资核减91人，办理1名受处分人员的工资降低及2名开除核减。

【机关事业单位人员管理】 2019年，漳浦县人社局按照公开、平等、竞争、择优的原则，公开招聘事业单位工作人员281人，其中卫生系统62人，教育系统137人，机关事业单位62人。做好"三支一扶"人员的服务管理，至年底，在岗"三支一扶"毕业生有5名。为乡镇招用农业定向委培生8人。配合做好70名古雷港区"区地合一"人员转隶工作。完成2018年度全县政府序列行政机关及事业单位非领导职务工作人员考核，参加考核总人数11960人，其中考核优秀等次的2140人；考核称职等次的9544人；不定等次的234人；考核不称职等次的5人，未参加考核37人。办理干部职工退休66人，办理干部职工病故抚恤批复122人，审批遗属补助对象70人。审批退休干部职工高龄补贴261人，慰问退休干部129人次，探望住院干部10人；走访慰问17

名长期因病在家的老干部。

【人才引进】 2019年，漳浦县人社局建立各类人才信息数据库，实现企业与求职者资源共享。举办大中专毕业生供需见面会3场，244家用人单位提供财会等职业工种30个、就业岗位2000多个，1001人与企业达成意向性协议。开发高校毕业生就业见习岗位，聘请17名就业"红娘"，帮扶离校未就业高校毕业生实现就业。联合县委组织部、卫计、教育部门赴各高校开展人才引进，在东北师范大学、中国医科大学、四川大学等9所大学举行校园招聘活动，有118人达成交流意向，引进高层次、急需专技人才和优秀高校毕业生到漳浦县就业创业20人。其中，引进省级高层次人才8人、市级高层次人才6人、省工科类青年专业人才3人、漳州市主导产业技术人才3人。

【大中专毕业生人事管理】 2019年，漳浦县人社局做好大中专毕业生就业呈报、档案转递、转正定级、年度考核、职称确认、人才流动、就业咨询、就业指导等工作。同年进档2935份，出档742份，办理高校毕业生人事代理110人。

【劳动关系监管】 2019年，漳浦县人社局完成非公有制企业劳动合同签订30334人，签订率98.4%；企业劳动合同签订31089人，完成98.3%；企业集体合同签订2252人，完成99%。加大案件调处力度，累计处理劳动人事争议案件165件，结案141件，结案率85%。

【劳动监察执法】 2019年，漳浦县人社局先后开展工资支付、劳动力市场秩序清理整顿、女职工劳动权益保护、规范劳务派遣等专项检查，推进重难点欠薪案件的化解。对12家用人单位开展"双随机、一公开"专项检查，检查各类用人单位57家，发出询问通知书9份，限期整改指令书7份。加大劳动争议多元调处力度，至年底，受理劳动监察案件66件，涉及劳动者565人，所涉金额865万元。其中立案24件，涉及劳动者109人，所涉金额122.09万元。

【审核审批服务】 2019年，漳浦县人社局开通网上办事大厅通道，实行"受理—审批—办结"的办事流程，让群众"最多跑一趟、一趟不用跑"。实现"未成年工登记证"秒批业务，利用电子证照库完成数据共享，实现"一证办理，多窗调用"的新型审批方式；电子证照存量达到95224件，电子批文50件。对12家劳务派遣企业和6家民办职业培训机构开展督查，依法受理经营劳务派遣业务许可7件，民办职业培训学校业务1件，特殊工时10起、劳动合同鉴定2613件，办结率100%。

（县人社局）

·医疗保障·

【概况】 2019年，漳浦县参加城乡居民医保人数为792356人，基金收入59792万元，基金支出69857万元，累计结余21181万元；职工医疗保险参保人数71806人，职工统筹收入13032万元，全年统筹支出13610万元，年度结余-578万元。个人账户收入16919万元，个人账户支出13400万元，累计结余22686万元。全县参加职工生育保险49880人，比上年增加1186人，增长2.44%；生育保险基金收入1094万元，支出1017万元，本期结余77万元。公务员医疗补助收入8379万元，支出4585万元，本期结余3794万元。

【征缴扩面提升参保率】 2019年，医保漳浦管理部通过发送宣传短信、张贴宣传单、举办座谈会、进村入户宣讲等形式多渠道开展医保政策宣传，提高群众对医保政策的知晓率，提升群众参保率。针对城乡居民缴费移交税务部门，征管职责划转的新情况，多渠道多形式做好城乡居民医保缴费和医保政策宣传，发放宣传单近1000张，通过移动、联通、电信三大运营商2批次发送宣传短信160万条；深入各乡镇及各定点医疗机构举办业务培训会30场次。至年底，漳浦县实际参加城乡居民医保人数792356人，基金收入59792万元，基金支出69857万元，累计结余21181万元；职工医疗保险参保人数为71806人。完成2020年度城乡居民医保缴费561864人，完成目标任务的96.94%。

【健康扶贫】 2019年，医保漳浦管理部加强对完善后的精准扶贫医疗叠加保险政策、大病保险倾斜支付政策的宣传，发放《漳州市建档立卡贫困人口医疗保障政策宣传手册》8222份，确保建档立卡贫困户对医保扶贫政策知晓率达100%。落实贫困人口医疗保障救助，建档立卡扶贫对象参加城乡居民医保全部执行免缴政策，全县资助建档立卡扶贫对象参保11071人，资助参保个人缴费243.56万元。

加强动态管理，与县扶贫办建立适时动态联系沟通机制，做好建档立卡贫困人员的动态衔接管理，确保建档立卡贫困人员应保尽保、待遇应享尽享。至12月底，由县扶贫办提供的建档立卡人口10838人均已纳入参加基本医疗保险和享受基本医疗保险、大病保险、医疗救助、精准扶贫医疗叠加保险等多层次的医疗保障体系。

【基本医疗保险待遇】 2019年，医保漳浦管理部在原有城乡居民基本医疗保险政策基础上，提高建档立卡贫困人员的医疗保障待遇水平，提高“第一道”补助省、市两级报销比例、将“第二道”补助的疾病种类从原来的13种扩大到31种，实行“第三道”分档精准补助、落实支付倾斜政策。全年支付建档立卡扶贫对象住院、门诊特殊病种医疗补偿、大病保险、医疗救助、精准扶贫医疗叠加保险46764人次，支付医疗补偿、大病保险、医疗救助、精准扶贫医疗叠加保险补偿5633.97万元，总费用实际补偿比94.07%，目录内实际补偿比达100%。

【医保基金监管】 2019年，医保漳浦管理部做好定点医药机构准入审核把关，完成辖区内医药机构198家服务协议续签，新准入25家医药机构，主体变更5家，信息变更3家。执行医保基金使用管理政策，开展“打击欺诈骗保，维护基金安全”宣传月活动，公布举报电话，实行有奖举报，查处欺诈骗保行为。对辖区内198家定点医药机构开展全覆盖检查，处理定点医药机构168家，追回和拒付不合理费用649.14万元。处理定点医疗机构31家，其中暂停科室项目报销9家，终止项目报销1家，解除医保服务1家，行政处罚2家；处理定点药店77家。

【服务效能提升】 2019年，医保漳浦管理部开展减证便民服务，梳理清理政务服务，先后取消证明12项，压缩办结时限73.7%。参保登记、关系转移等9个服务事项实现即时办结；完成进驻事项12项，实现医保经办服务办事时间最短、材料最少、流程最简。启用窗口叫号系统，投放3台医保自助终端机，实现“一号申请、一窗受理、一窗通办”的集成服务模式，每天可为280多个参保群众提供服务。窗口还提供下班延时迟服务，直至最后一名群众满意离开，每天均延时服务量近10人次。推进“互联网＋医保”，推广“闽政通APP”和“医保电子票据”应用使用，为群众提供便捷的智能化医保服务。

（医保漳浦管理部）

· 民族宗教事务 ·

【概况】 2019年，漳浦县民宗局全力做好“三月三”文化节筹备工作，确保中华一家亲•2019海峡两岸各民族欢度“三月三”文化节在漳浦县顺利举行；及时做好少数民族发展项目的申报和扶持资金的下拨；建立宗教工作联席会议和乡、村两级工作责任制，推进和谐寺观教堂创建，倡导宗教界捐献公益事业款842.07万元。

【少数民族经济发展帮扶】 2019年，漳浦县民宗局进村入户查访核验，做好少数民族发展项目的审核申报，及时下达中央、省、市少数民族发展项目的资金。联合审计部门到各民族乡、村进行项目审计，确保各项资金正确使用。发现问题，及时整改。

【宗教工作机制加强】 2019年，漳浦县民宗局建立健全宗教工作联席会议，发挥各成员单位的工作职责，加强对宗教工作的指导协调。8月30日，召开民族宗教县、镇、村三级管理网络和镇村两级责任制工作会暨三级网络联络员培训会，明确县、乡、村三级宗教工作网络节点联络人、工作职责，确保网络互联互通，乡、村两级工作责任制到点到人。

【慈善捐助】 2019年，漳浦县民宗局倡导宗教界热心社会公益事业，全年捐献公益事业款842.07万元，其中，道教236.7万元、佛教263.56万元、基督教39.11万元、天主教场所2.万元、民间信仰场所300.6万元。

【浦台宗教文化交流】 2019年3月2日，漳浦雨雾顶三官大帝庙文化节在赤岭畲族乡山坪村雨雾顶三官大帝庙举行，台湾三官大帝信众专程前往参加活动。3月28日，台湾三王公信众到漳浦县湖西畲族乡丰卿村古公三王祖庙举行祖庙祭典暨各宫庙晋谒会香活动，台湾23座三王公庙代表，信众230人前去参拜，并带有46尊三王公神像到祖庙进香、交流。

【宗教活动场所管理】 2019年，漳浦县民宗局经上报漳州市民宗局批准，漳浦山城基督教聚会点、漳浦文卿基督教聚会点、漳浦后社天主教聚会点筹备为宗教活动场所，上报漳浦向阳寺试点登记为民间信仰场所，推选漳浦关帝庙、漳浦古公三王庙为漳州市民宗局优美民间信仰场所。

【海峡两岸少数民族交流座谈会在漳浦召开】 2019年4月8日，海峡两岸少数民族交流座谈会在漳浦县召开。座谈会主旨是深化闽台少数民族经济、文化交流与合作。国家民委港澳台办副主任兰海滨、福建省委统战部副部长翁雄宇、福建省民宗厅副厅长兰秀珍、连江县副县长谢志成、漳浦县副县长陈美慧出席座谈会并讲话，连江县、福鼎市、上杭县、漳浦县等4个海峡两岸少数民族交流与合作基地代表先后在会上作工作亮点、经验措施、工作计划交流发言。

（县民宗局）

·老龄事业·

【概况】 2019年，漳浦县老龄工作加快完善养老服务体系，已建居家养老服务站27个，实现居家养老服务站城市社区全覆盖；加强基层老年群众组织建设，已建立25个乡镇老年协会，316个村级老年协会；由乡镇便民服务中心负责老年优待证统一办理，做好高龄老人统计，发放高龄生活补贴1087.8万元。

【养老服务体系完善】 2019年，县老龄办参照省、市制定的“五有建设标准”“三个基本服务规范”要求，制定《漳浦县社区（村）居家养老服务工作考评方案》，对全县居家养老服务工作实施绩效考评。推动居家养老服务站不断增加、创新服务项目、服务模式。至年底，漳浦县建有居家养老服务站27个，实现居家养老服务站城市社区全覆盖，有超过1万个老年人享受居家养老服务。

【老年法律法规宣传】 2019年，漳浦县在春节、老年节等节点，以乡镇为单位，利用LED显示屏、横幅、宣传栏等媒介及组织人员在市场、街头开展《中华人民共和国老年法》《老年人权益

5月30日，县老年大学举办庆祝中华人民共和国成立70周年暨老年大学建校25周年文艺晚会 （林涛瑜 摄）

保护条例》等有关老年人法律法规宣传，在全社会营造尊老敬老的氛围。在6月10—16日全国第一个“老年健康宣传周”期间，绥安卫生服务中心在县城西湖公园东大门开展主题为“懂健康知识，做健康老人”义诊活动，分发《老年人健康保健手册》等宣传材料300多份。

【老年人权益保护】 2019年，县老龄办及时向高龄老年人发放高龄补贴，为老年人办理优待证提供便捷服务；对公共汽车拒载、怠慢老年人的情况，及时向公交公司反映，督促整改。与各乡镇便民服务中心的衔接，由乡镇便民服务中心负责所辖镇村老年人资料收集，定期统一到县老龄办办理老年优待证。

2019年漳浦县百岁及以上老年人简明情况表

表1

序号	姓名	性别	出生年月	周岁年龄	民族	健康状况	居住地(通讯地址)	新增
1	蔡　冷	女	1918.10	101	汉	差	绥安镇油车村78号	
2	黄川卿	女	1918.8	101	汉	一般	绥安镇仙阳路42-1	
3	曾敏英	女	1917.3	102	汉	健康	绥安镇许官巷造花巷10号	
4	吴　月	女	1918.5	101	汉	一般	绥安镇马坑村	
5	李松辉	男	1916.10	103	汉	一般	绥安镇印石花园12栋60	
6	黄　恋	女	1916.3	103	汉	一般	绥安镇麦埔村	
7	陈　妇	女	1918.3	101	汉	健康	绥安镇英山村	
8	郭婉真	女	1917.1	102	汉	一般	绥安镇印石花园12栋603	
9	林有仪	男	1917.1	102	汉	一般	绥安镇西湖路57号	
10	胡　戏	女	1918.12	100	汉	一般	绥安镇溪南村	
11	林　卿	女	1918.9	100	汉	一般	绥安镇北下巷8号	
12	涂有娘	女	1919.10	100	汉	健康	绥安镇万新广场7栋101	√
13	林理顺	男	1919.5	100	汉	一般	绥安镇寨窑村	√
14	卢　犇	女	1919.10	100	汉	半自理	绥安镇府前街104号	√
15	翁其合	男	1919.7	100	汉	健康	绥安镇大埔村2组	√
16	陈泥仔	女	1919.10	100	汉	半自理	绥安镇大埔村3组	√
17	王　红	女	1919.2	100	汉	瘫痪	绥安镇英山村	√
18	蔡　寸	女	1915.8	104	汉	一般	旧镇镇旧城村	
19	陈　贵	女	1916.3	103	汉	差	旧镇镇后垅村	
20	欧阳连	女	1916.9	102	汉	差	旧镇镇潭仔头村	
21	郑　夫	女	1918.7	101	汉	一般	旧镇镇浯江村	
22	郑令吓	女	1918.10	101	汉	一般	旧镇镇埔尾村	
23	杨　眉	女	1918.11	101	汉	一般	旧镇镇甘林村	
24	何妇来	女	1919.5	100	汉	差	旧镇镇梅竹村	√
25	张春秀	女	1919.8	100	汉	一般	旧镇镇寨内村	√
26	林　桃	女	1919.11	100	汉	半自理	旧镇镇城外村	√
27	林英吓	女	1919.3	100	汉	一般	旧镇镇下示村	√
28	许老狮	女	1916.7	103	汉	一般	石榴镇下车村	

续表 1

序号	姓 名	性别	出生年月	周岁年龄	民族	健康状况	居住地(通讯地址)	新增
29	张石榴	女	1917.11	102	汉	一般	石榴镇石榴村	
30	陈　水	女	1918.4	101	汉	失明	石榴镇温斗村	
31	陈　鹅	女	1919.11	100	汉	一般	石榴镇象牙村	√
32	蔡杏仔	女	1919.8	100	汉	健康	石榴镇温斗村	√
33	张伯全	男	1916.5	103	汉	一般	霞美镇巷仔村	
34	陈　看	女	1917.12	102	汉	差	霞美镇山前村	
35	林　仁	女	1917.5	102	汉	差	霞美镇巷内村	
36	蔡查谨	女	1918.10	101	汉	失明	霞美镇塔岭村	
37	林　瓶	女	1918.6	101	汉	差	霞美镇后辽村	
38	林　暖	女	1919.11	100	汉	一般	霞美镇溪仔村	√
39	林　绸	女	1919.9	100	汉	差	霞美镇山前村	√
40	蔡　茸	女	1919.4	100	汉	健康	霞美镇北江村	√
41	戴旧柳	女	1919.6	100	汉	健康	霞美镇北江村	√
42	林阿妹	女	1914.10	105	汉	健康	古雷新港城第九区 11 栋 403	
43	黄亚间	女	1919.1	100	汉	半自理	古雷新港城第六社区 1 栋 2802	√
44	林木甘	女	1919.5	100	汉	半自理	古雷新港城第六社区 2 栋 304	√
45	洪　面	女	1919.12	100	汉	差	古雷新港城第第十一社区 19 栋 102	√
46	林亚来	女	1919.10	100	汉	健康	古雷新港城第第十二社区 9 栋 1804	√
47	王楦木	男	1918.9	101	汉	一般	盘陀镇官陂村	
48	黄松根	男	1918.9	101	汉	健康	盘陀镇蒲野村	
49	陈老咯	女	1919.4	100	汉	健康	盘陀镇蒲野村	√
50	蔡荫仔	女	1919.8	100	汉	健康	盘陀镇蒲野村	√
51	蔡　成	女	1918.1	100	汉	一般	六鳌镇龙美村	
52	陈瑞珠	女	1915.1	104	汉	健康	湖西畲族乡苏溪村	
53	魏莲招	女	1915.9	104	汉	健康	湖西畲族乡苏溪村	
54	潘　杰	女	1919.7	100	汉	健康	湖西畲族乡城内村	√
55	黄金发	男	1919.7	100	汉	健康	湖西畲族乡岭脚村	√
56	蔡老淑	女	1917.1	102	汉	失聪	前亭镇江口村	
57	黄　加	女	1917.7	102	汉	一般	前亭镇庄厝村	
58	杨巧女	女	1917.3	102	汉	一般	前亭镇田中央村	
59	陈叶仔	女	1919.9	100	汉	一般	前亭镇文山村	√
60	杨定骨	女	1919.8	100	汉	一般	前亭镇后蔡村	√
61	兰份仔	女	1919.9	100	汉	一般	前亭镇圩仔村	√
62	陈阿娇	女	1914.9	105	汉	一般	沙西镇庄前村庄西 131 号	
63	陈涨水	女	1916.2	103	汉	一般	沙西镇下寨村一组	
64	方快贞	女	1916.5	103	汉	一般	沙西镇下寨村一组	

续表 1

序号	姓 名	性别	出生年月	周岁年龄	民族	健康状况	居住地(通讯地址)	新增
65	周老益	女	1917.3	102	汉	半自理	沙西镇白衣村	
66	林贵其	男	1918.12	101	汉	一般	沙西镇枋林村	
67	林　体	女	1918.8	101	汉	残疾	沙西镇庄前村	
68	李日老	男	1919.9	100	汉	半自理	沙西镇高山村	√
69	吴　钱	女	1919.8	100	汉	一般	沙西镇高山村	√
70	陈翁仔	女	1916.5	103	汉	一般	佛昙镇人坪村	
71	陈饮仔	女	1917.6	102	汉	一般	佛昙镇下苏村	
72	陈　迎	女	1919.9	100	汉	健康	佛昙镇岸头村	√
73	陈　芽	女	1919.9	100	汉	一般	佛昙镇中街 25 号	√
74	陈　允	女	1919.11	100	汉	失明	佛昙镇东坂村	√
75	杨六桂	女	1919.4	100	汉	健康	佛昙镇轧内村	√
76	魏招富	女	1916.4	103	汉	一般	深土镇塘头下社 379 号	
77	陈芍仔	女	1919.9	100	汉	健康	深土镇埭厝村	√
78	陈铨仔	女	1919.4	104	汉	半自理	赤岭畲族乡赤岭村	√
79	戴乌镭	女	1917.7	102	汉	半自理	马坪镇马圩村东郭 58 号	
80	邱豆针	女	1917.1	102	汉	一般	马坪镇后康村山尾 3 号	
81	黄绸娟	女	1919.4	100	汉	失明	大南坂农场场部 1 号	√
82	蔡　纹	女	1919.5	100	汉	残疾	大南坂农场上埔作业区	√
83	杨　术	女	1916.12	103	汉	一般	赤湖镇西潘村	
84	杨　晓	女	1916.8	103	汉	一般	赤湖镇西潘村	
85	谢　插	女	1917.7	102	汉	一般	赤湖镇东城村	
86	杨美英	女	1917.9	102	汉	一般	赤湖镇西城村	
87	杨水法	女	1916.8	103	汉	一般	赤湖镇半石村	
88	石现成	女	1917.1	102	汉	一般	赤湖镇亭里村	
89	杨水仔	女	1919.3	100	汉	健康	赤湖镇前张村	√
90	洪　执	女	1917.6	102	汉	差	杜浔镇后因村	
91	柯　藤	女	1917.11	102	汉	残疾	杜浔镇范阳村	
92	苏　兰	女	1917.8	102	汉	残疾	杜浔镇院边村	
93	彭秀英	女	1916.3	103	汉	差	杜浔镇文卿村	
94	张阿财	女	1918.5	101	汉	差	杜浔镇徐坎村	
95	姚　春	女	1918.2	101	汉	差	杜浔镇院边村	
96	林　纳	女	1918.3	101	汉	差	杜浔镇正阳村	
97	林　圈	女	1918.6	101	汉	差	杜浔镇后姚村	
98	林　晓	女	1919.3	100	汉	一般	杜浔镇文卿村	√
99	林　得	女	1919.8	100	汉	残疾	杜浔镇范阳村	√
100	黄阿尺	女	1919.11	100	汉	一般	杜浔镇林苍村	√

（老龄办）

· 老区建设 ·

【概况】 2019年，漳浦县老区建设工作以脱贫攻坚为主线，从基础设施、民生工程、产业振兴等方面争取资金，促进老区经济社会发展，完成老区村新建水泥路验收25.18千米，发放省、市、县水泥路建设补助资金185.9万元；按照省定定补标准，每月按时向革命“五老”“五老”遗偶发放生活定补款；开展精准扶贫，重点帮扶石榴镇龙岭村等5个市级扶贫村；推进红军闽南独立第三团成立“旧址”等4个项目的重建、重修。

【关爱革命“五老”及遗偶】 2019年，县老区办根据省定“五老”定补标准，每月按时向革命“五老”“五老”遗偶发放生活定补款，“五老”每人每月1370元，“五老”遗偶每人每月350元。元旦、春节期间，组织相关人员走访老区重点乡镇，逐家逐户慰问革命“五老”及“五老”遗偶，为他们送去健康和关怀。

【老区水泥路建设帮扶】 2019年，县老区办落实好全县123个老区基点村2018年完成的水泥路的里程及标准，并通过市级验收。至年底，完成验收25.18千米，发放老区基点村水泥路建设补助资金125.9万元。同时，争取省级切块补助资金30万元用于老区村基础设施建设，县级财政资金30万元用于老区基础设施建设配套补助，确保全县老区村水泥路建设帮到应补尽补。

【革命遗址重建重修】 2019年，县老区办配合有关单位向省、市相关部门申报争取革命旧址重建、重修工程项目款320万元，县财政配套30万元，合计350万元，做好位于绥安镇马坑村新厝顶自然村的红军闽南独立第三团成立“旧址”、位于霞美镇五社村“虎崆岩”的靖和浦苏维埃政府副主席吴庭坚烈士旧址、位于大南坂清泉岩的“红三团重组纪念亭”和车本村“红军烈士纪念园配套项目”等4个项目的重建、重修。至年底，“红三团”成立旧址、“红三团”重组纪念亭均已完工落成，霞美镇虎崆岩纪念广场二期工程进入收尾阶段。

（县老区办）

10月16日，位于大南坂清泉岩的红三团重建纪念亭举行揭牌仪式

（县老区办 供图）

乡镇（场）

·绥安镇·

【概况】 2019年，绥安镇完成固定资产投资15亿元；规模工业总产值3亿元，比上年增长275%；财税收入13.83亿元，比上年增长21%；工业项目投资额12.8亿元，工业技改12.8亿元，总技改15亿元；限上社会销售品零售总额15.6亿元；新增限上社零企业6家，净增文化产业法人单位数15家。拓宽招商引资渠道，开展招商活动12次，达成投资意向6个，实际到资0.8亿元。全镇经济社会工作在全县乡镇绩效考评中获得第一名。至年末，全镇30979户，118449人。

【营商环境保障】 2019年，绥安镇围绕市委“大抓工业，抓大工业”的战略部署，加强政企沟通联系，深入企业一线了解并协调解决企业发展壮大、转型升级中存在的问题，安排专人对接新进企业在审批进入、落地建设过程中所需的手续和难点问题，打造良好的营商环境，打通项目落地“最后一公里”。多措并举，完成麦埔溪河道整治、印池公园、印石花园南区安置房、景珑工贸和中心公园等12个项目征迁和遗留13年的110指挥中心安置地块及遗留多年的海西天然气管网二期、蓝溪御墅、文体中心建发合作项目征迁。摸排辖区内闲置劳动力并建立台账，组织辖区内企业到各社区村场开展招工，在满足企业用工需求。

【农业产业】 2019年，绥安镇实施点、线、面工程，以寨窑、罗山、京里、大埔、麦埔5个乡村振兴示范村为引领，提升大埔村休闲旅游特色乡村品位和内涵，带动全镇农业产业转型增效。加强农产品、水产品质量安全监管，开展质量安全定性检测，合格率达100%。加强森林防火及森林资源管理，按序时进度完成造林绿化任务，未发生森林火灾、非法占用林地、盗伐林木等现象，森林资源得到有效保护。

【脱贫攻坚】 2019年，绥安镇紧盯全镇137户贫困对象不松劲，完善贫困户“一户一档”，坚持脱贫不脱政策。精准定位贫困群众致贫原因，瞄准贫困群众精准帮扶，主攻产业扶贫软肋，发展特色种养、光伏扶贫等增收项目，增强“造血”能力。

【“创卫创城”】 2019年，绥安镇

11月8日，漳浦县乡村振兴暨农村人居环境整治工作现场推进会在绥安镇大埔村举行　　（绥安镇党政办 供图）

投入350万元用于“创卫创城”，开展控烟、健康卫生、“门前三包”等一系列“创卫”主题志愿宣传活动；组织镇村干部、群众开展除“四害”活动，建立健全背街小巷、城乡接合部、城中村、老城区和无物业小区的环境卫生整治长效机制。至年底，获得市级除“四害”先进城区和省级卫生社区(村)称号，创建国家卫生县城通过省级评估评审。

【生态环境】 2019年，绥安镇非法采矿、洗砂、石板材加工、木材加工等破坏环境、污染环境企业排查整治。高标准完成马头山矿区复垦复绿和防护栏建设；督促绿地建材有限公司完成设备拆除和复垦复绿。强化“两违”综合治理，拆除违章建筑总面积10.47万平方米，处置违法占地面积41.34万平方米，腾出土地面积41.34万平方米，拆后土地利用率达100%。落实河长制，投入230万元做好河道保洁和防护栏、警示牌等基础设施建设，发挥河道专管员队伍作用，做到河道、水库巡查全天候、全覆盖、无死角。推进生猪、牛蛙养殖污染整治扫尾验收和再排查再整作，辖区内生猪、牛蛙养殖污染均已整治到位。投入225万元推进马坑、查岭、寨窑、下店、和埔等5个铁路沿线村(场)的建筑立面改造、裸房整治、“平改坡”改造。

【村级办公条件改善】 2019年，绥安镇投资565万元的大埔村党群活动服务中心竣工并投入使用；完成下梧村、英山村、东街社区、城北社区、北街社区等村(社区)的办公场所修缮，推进马坑村党群活动中心重建工程。

【社会事业】 2019年，绥安镇加大校园基础设施建设投入，促进教育公平、均衡发展，提高教育教学质量。提升卫生计生服务能力，加大计生经费投入，提高计生服务质量，落实各项奖励扶持政策。开展金秋助学活动，投入4万元资助33名农村“二女户”和“独女户”准大学生。

【社会治理】 2019年，绥安镇落实安全生产“党政同责、一岗双责”机制，推进企业安全标准化建设，定期对加油站、非煤矿山、无物业住宅小区、超市、学校等场所进行安全隐患大检查，督促安全隐患及时整改到位。以鑫阳花园和惠民家园为试点，投入10万余元进行消防设施维修改造。以创新城乡社区网格治理“2+N”模式暨“社区(乡村)110”为抓手，构建城乡治理新格局。加强社会矛盾纠纷化解，化解信访积案7件；扫黑除恶专项斗争，组织4轮集中统一大排查，摸排上报涉黑涉线索5条。

【绥安镇上榜“中国乡镇综合竞争力百强”】 2019年1月，中国信息协会信用专业委员会和独立第三方机构竞争力智库在北京联合发布《中国乡镇综合竞争力报告》，揭晓“中国乡镇综合竞争力百强”榜单，“中国中部地区乡镇综合竞争力百强”和“中国西部地区乡镇综合竞争力50强”名单，绥安镇上榜中国乡镇综合竞争力百强，成为福建省4个上榜乡镇之一。

【大埔村入选全国乡村治理示范村镇】 2019年12月24日，农业农村部农村合作经济指导司公布全国乡村治理示范村镇入选名单，绥安镇大埔村榜上有名。大埔村在美丽乡村建设中，依托特色资源，在古厝墙面创作传统壁画，为古建筑披上“新外衣”，复原乡村美景，传递孝悌、法理、生态的主题，打造“形神韵皆美”的文化村落。

(林希超、陈文豪)

·旧镇镇·

【概况】 2019年，旧镇镇实现固定资产投资8.81亿元，占全年任务6.34亿元的139%；规模工业总产值2.38亿元，占全年任务2.9亿元的82%；税收入库3424万元，完成年任务3418万元的100.02%；出口创汇600万元；限额以上社会消费品零售总额3.7亿元。至年末，全镇19699户，80908人。

【项目建设】 2019年，旧镇镇组织开展招商活动12次，内资签约投资额实现13亿元。组织“赵家堡”、德林食品、白山鞍、贝尔光电、广昌记等5家公司参展5次。在建县级重点项目2个，年度计划投资 2000 万元的浯江溪河道整治工程和年度计划投资 1300 万元的“十三五”农村饮水安全巩固提升(一期)项目,完成投资 1470 万元。继续挖掘浯江流域的深厚人文底蕴,整合乌石妈祖、紫薇书院、东厝古村落、秀才村、天福石雕园、台玻观光园,推进闽台妈祖田园综合实验区项目建设。

【现代特色农业】 2019 年,旧镇镇创建以闽台妈祖、乌石荔枝为依托的现代田园产业综合体,开发新型可持续发展的绿色项目。引进漳州佳田农业开发有限公司,新建 6.67 公顷高优水果园区,采用绿色防控等新技术、新手段,实现产品无公害化、绿色化。引进汉农园农业公司,实现土地流转,增加就业创业机遇,调整农业产业结构,水果向高优品种发展。新建高优火龙果种植基地 9.33 公顷,集采摘、休闲观光于一体,并带动周边农户进行高优火龙果种植,形成产业效应。266.67 公顷高标准农田改造已开始动工,“十里瓜果长廊”有序建设中。

【扶贫攻坚】 2019 年,旧镇镇发放中央财政扶贫资金 37 万元,省级财政扶贫资金 4 万元,补助建档立卡贫困户 74 户;发放小额贷款 54 户共计 48.7 万元,雨露计划补助 16 户共计 4.8 万元,11 户建档立卡贫困户危房改造已全部完成。多方筹措扶贫资金,争取社会扶贫救助资金及物资近 10 万元。紧扣“一街、一镇、一区、一城”的发展格局及打造旧镇十大文化品牌的发展思路,发展壮大村集体经济,建立增加村集体收入和贫困户稳定脱贫的长效机制,推进扶志扶智,励和帮助有劳动能力的扶贫对象通过自身努力摆脱贫困,提高脱贫质量。

【乡村卫生】 2019 年,旧镇镇以创建国家卫生文明县城为契机,实施农村人居环境整治“一革命四行动”,落实考评奖惩机制,建立卫生长效机制,发动群众实行门前“三包”。配备 170 名村级保洁员,各村成立环境卫生监管机构,做到垃圾日产日清。完成三级化粪池新建改造纳管 300 个,村庄公厕 3 座。

【河道管理】 2019 年,旧镇镇落实河长制,选聘一支 11 人的河道专管员队伍,实行一日一巡查,及时发现问题,及时落实整改。成立 32 支护河队伍,开展河道清淤清障,查处非法采砂洗砂等违法行为,开展清“四乱”整治,促进生态环境不断好转。

【古村落修缮保护】 2019 年,旧镇镇对乌石妈祖庙周边环境进行整治,建设面积 1.07 万平方米的停车场。完成“中国传统古村落”后垅秀才村环境整治提升,完成省级文物保护单位浯江海云家庙修缮,山兜村海云岩登山步道建设基本完成,旧镇古街整理提升进入实质性阶段。

6 月 29 日,第六届漳浦(乌石)荔枝采摘节在旧镇乌石开幕

(陈海峰 摄)

【基础设施建设】 2019 年,旧镇镇全长 1.06 千米,总投资 350 万元的忠义路建成通车。投入资金 12 万元维修红卫水库,投入资金 1300 万元治理浯江溪,投入 1000 万元建设沿海片各村“农村饮水安全巩固提升工程”。总面积 266.67 公顷高标准农田改造、万安连接线旧镇段项目有序推进。

【社会事业】 2019 年,旧镇镇第三实验小学及附属幼儿园外装修完成;埔尾小学教学楼、长春小学综合楼、狮头小学综合楼、潭仔头综合楼主体竣工验收;东厝第二中心幼儿园动工。投资210万元建设7个幸福院,已竣工。建成公办村卫生所1家,在建1家。全镇城居保缴费率93.23%,城乡居民养老保险扩面参保率95%。以移风易俗为抓手,开展"过节不请客"宣传。全镇28个村所有民俗节日均没有出现群众相互宴请状况,节约资金近3000万元。引导社会各界捐资公益和奖教奖学,各村建立奖教奖学理事会,全镇筹集公益资金300多万元。

【安全生产】 2019年,旧镇镇落实"党政同责、一岗双责",开展安全大检查20多次,对辖区内327家生产经营单位进行安全隐患排查,督促整改落实,确保安全稳定。

【第六届漳浦(乌石)荔枝采摘节举办】 2019年6月29日,第六届漳浦(乌石)荔枝采摘节在旧镇乌石妈祖旅游区开幕。活动内容有现场采摘、品尝荔枝,评选"荔枝皇后""荔枝贵妃"和"荔枝贵人"及荔枝干果蜜饯、荔枝补血养颜佳品展览等。宾客还可参与"穿越海丝旧镇成功乡村定向挑战赛",游览乌石妈祖旅游区、探访石牛尾"秀才村"传统古村落。省文联副主席、省作家协会主席陈毅达,中国作家协会诗歌委员会副主任、中国诗歌学会副会长杨光等嘉宾参加。

(陈奕雄)

·六鳌镇·

【概况】 2019年,六鳌镇发挥滨海旅游的特色优势,发展临港工业、全域旅游,实现新形势下经济社会发展稳中求进;全镇固定资产投资突破3.43亿元,规模工业产值突破15.61亿元,限额以上社会消费品零售总额突破1.37亿元,税收突破5700万元,农村居民人均可支配收入1.85万元。至年末,全镇7322户,28763人。

【临港工业】 2019年,六鳌镇坚持"大抓工业,抓大工业"发展理念,总投资1亿元的市级重点项目福建福船一帆新能源分布式光伏发电项目已建成投产;总投资217亿元的三峡福建漳浦六鳌海上D区项目各项前期工作有序推进;厦门港古雷港区六鳌作业区4号泊位工程完成桩基静载,启动主体工程建设。大唐漳州风力发电有限责任公司获评2019年度漳浦纳税大户,福船一帆新能源被列为上市后备重点企业。

【现代农业】 2019年,六鳌镇农产品协会启动运营,着力做足做好"六鳌地瓜""六鳌紫菜"两大特色农产品文章,推进"六鳌地瓜"地理标志证明商标申请;对接京东、天猫等大型网超,签订特色农产品销售协议,特色农产品销售渠道不断拓宽。以第二轮六鳌百亩地瓜示范基地建设为平台,继续培育产量高、质量优、品种丰富的六鳌地瓜,提升产品效益。以举办漳浦县乡村旅游文化节暨首届"六鳌地瓜"丰收节为契机,提升"六鳌地瓜""六鳌紫菜"等特色农产品品牌,助推特色农产品进一步走出漳浦。

【全域旅游】 2019年,六鳌镇先

11月6日,六鳌镇举办首届紫菜美食节　(六鳌镇党政办 供图)

后举办漳浦乡村旅游文化节暨首届六鳌地瓜丰收节、首届六鳌紫菜美食节，提升六鳌对外知名度。国家AAAA级旅游景区翡翠湾良性发展，吸引越来越多的游客前来旅游观光；省级重点项目龙美湾旅游区获评国家AAA级景区，六鳌成为全省唯一拥有2个A级景区的乡镇。虎头山一级渔港旅游区自2018年7月对外营业后，就吸引大批游客慕名而来，成为六鳌新晋网红打卡点；六鳌古城基础设施不断配套完善，“旅游＋党建＋文化”特色日趋丰富。

【公共服务】 2019年，六鳌镇坚持脱贫不脱政策，巩固全镇130户建档立卡户脱贫成果。投入900多万元，新建镇级污水处理厂及管网工程和各建制村道路硬化工程；投入200多万元，基本完成第二中心幼儿园各项配套设施建设；筹资80万元成立淑华学校教育事业发展基金会。

【人居环境改善】 2019年，六鳌镇配套完善农贸市场设施，发动镇村干部职工集中利用一个月的时间对镇区街道两侧流动摊贩、超店面经营等乱象进行整治，解决镇区脏、乱、堵等问题。结合美丽乡村建设和乡村振兴示范村创建，投入资金120多万元，新建新厝休闲公园、旅游公厕，提升店下村党建示范点，镇村面貌得到较大改观。

【生态保护】 2019年，六鳌镇持续加大“两违”综合执法力度，拆除违建面积1.6万平方米，腾出土地面积3.13公顷；督促中央环保督察相关整治点投入资金750多万元，完成14家非法砂矿和2家石板材加工生产企业整改。

【漳浦乡村文化节暨首届“六鳌地瓜”丰收节举办】 2019年7月11日，2019漳浦县乡村旅游文化节暨首届“六鳌地瓜”丰收节在六鳌龙美湾旅游景区举行。活动以“鳌”游山海、心有所“薯”为主题，设置有六鳌地瓜烹饪大赛、现场农残检测、开心地瓜农场采摘体验、特色产品与电商平台、商超签约、逛六鳌“网红”打卡点、“醉美六鳌”全民手机摄影大赛等活动。活动由县文体旅局，六鳌镇党委、政府主办。六鳌地瓜年种植面积达933.34公顷，产量可达4.2万吨。搭乘电商快车，六鳌地瓜在京东、淘宝、天猫等各大电商平台和商超市场备受青睐，成为“网红”产品，销售网络覆盖全国各地，并远销韩国、日本及东南亚等地，年产值超过2.5亿元。

【中国·漳浦翡翠六鳌首届紫菜美食节在六鳌镇举办】 2019年11月6日，中国·漳浦翡翠六鳌首届紫菜美食节在六鳌镇翡翠湾滨海度假旅游区举行。美食节是一场以“紫菜＋文化＋创意”为核心的渔家习俗体验活动，现场以“才下渔船，就上舌尖，千年坚守，分享深海的喜悦”为主题，游客可览紫菜采收，看渔家歌舞，吃海鲜美食，玩主题乐园。六鳌紫菜是国家地理标志产品，六鳌有着上千年的紫菜养殖历史，其紫菜自宋时就已被列为贡品，清末民初更是出口东南亚，有“黑燕窝”之美誉，有紫菜“产量看霞浦，品质看六鳌”之美名。常年，六鳌紫菜养殖面积667公顷以上，产量达2500吨，年产值2亿元。

（六鳌镇党政办）

·深土镇·

【概况】 2019年，深土镇加快重点项目建设，实现固定资产投资4.54亿元，完成年任务的105%；规模工业产值1.88亿元，比上年增长24.3%；税收收入1660万元，比上年增长10.6%；出口创汇1.87亿元，限额以上社会消费品零售总额1.99亿元。至年末，全镇14720户，59148人。

【综合实力增强】 2019年，深土镇加快重点项目转化，项目建设有序推进，重点推进隆达昌农产品有限公司、隆凯环保设备制造有限公司、清大有机肥生产项目、汇泉冷链物流、碧水丹山小城镇综合体等重点项目前期进度，做好土地征迁及报批。其中隆凯机械已投产，碧水丹山文艺中心进入精装修阶段，隆达昌和汇泉冷链物流项目征地扫尾加速推进。开展招商活动6次，促进项目签约2个。

【脱贫攻坚】 2019年，深土镇

6 月 30 日,深土镇举行第一届旅游农产品推介会　　(深土镇党政办 供图)

“两不愁、三保障”工作稳步推进,产业、医疗、教育等多领域扶贫全面发力。累计发放中央财政、省级扶贫资金 61.38 万元,完成贫困户危房改造 9 户。

【美丽乡村建设】 2019 年,深土镇近院村乡村面貌明显提升,山尾村通过村企合作盘活旧小学打造兵者训练基地,实现村财增收 3.5 万元,并入选第五批中国传统村落名录。锦东村完成锦江楼及管理房修缮,拆除社内废旧房屋、猪圈、旱厕等,锦江楼景观工程开工建设。完成沿海大通道两侧裸房整治和平改坡,提升乡村“颜值”。

【镇区镇容整治】 2019 年,深土镇投入 80 万元,建设完成镇区道路中间隔离栏及重要路口标志标线工程,完善各村、中小学、幼儿园周边道路交通安全设施 200 多处,保障群众行车安全。对镇区农贸市场进行综合整治,取缔摊贩占道经营。

【“两违”管控】 2019 年,深土镇深化“百路千村”“两违”综合治理,以沿海大通道、省道漳东线、深六线以及项目区为重点,持续保持严管高压态势,加大拆违控违力度,确保“两违”零增长,实现无违建村创建 100%。

【环境卫生治理】 2019 年,深土镇按照创建国家卫生县城和省级文明县城的目标要求,在全镇范围内开展人居环境大整治行动,清除村内陈年垃圾和卫生死角,发动各村开展消杀活动。推进垃圾处置和污水处理,完成镇区污水处理厂征地及村级污水处理站选址。

【生态环境整治修复】 2019 年,深土镇开展矿产资源生态整治修复“百日行动”,摸排和整治非法采矿点、采砂洗砂场和石板材加工。按照“一矿一案一工作专班”要求,推进整治和复垦复绿。

【社会事业】 2019 年,深土镇投入 400 余万元,改造建设高标准农田 266.67 公顷; 投入 500 多万元,实施“十三五”安全饮水巩固提升工程,惠及锦东、东庵、南境、东吴、大肖、近院等 6 个村 1.52 万人口;浯江溪锦东段清淤工程和浯江溪左干渠清淤工程开工建设。投入 300 多万元,实施近院村旧水泥路路肩硬化及扩宽工程。近院村村级组织活动场所建成投入使用。举办第一届旅游农产品推介会,推介深土的特色农业品牌及旅游资源。

【社会治理】 2019 年,深土镇结合开展扫黑除恶专项斗争,在全镇范围内开展“大排查、大化解、大走访、大帮扶”活动,信访维稳工作持续向好,信访量同上年明显降低, 实现市积案 100%化解,初信初访件 100%化解,本级来信来访 100%调解成功,各村排查纠纷 100%调处成功的效果。

【山尾村入选第五批“中国传统村落”名录】 2019 年 6 月 6 日,住建部、文化和旅游部、文物局、财政部、自然资源部、农业农村部发布《第五批中国传统村落名录》,深土镇山尾村位列其中。

(戴湘瑜)

· 赤湖镇 ·

【概况】 2019 年,赤湖镇实现社会生产总值 65 亿元, 比上年增长5.5%;财税收入1.06亿元,首次突破亿元大关,比上年增长7.60%;规模工业年总产值32.8亿元(含赤湖工业园,下同),比上年增长4.12%;固定资产投资10.5亿元;社会消费品零售总额完成1.68亿元,比上年增长17.24%;外资到资422.1万元;出口创汇5亿元,完成年任务的123.76%;农村居民人均可支配收入2.24万元,比上年增长8%;下发中央、省级产业扶贫资金53.33万元,完成建档立卡贫困户危房改造9户。至年末,全镇16018户,62709人。被评为第十二届省级文明乡镇、省级农村宣传思想文化示范乡镇称号。

【生态环境治理】 2019年,赤湖镇以中央第二轮环保督查、国家森林督查、国家海洋督查为契机,全面取缔辖区内无证洗砂场、矿山,补植绿化苗木4万多棵,整治及复绿复垦面积近53公顷。集中区内49家石材企业通过环保验收、复电生产12家,签订退出协议的8家,转型3家,区外26家石材加工作坊全部关停整治。第二轮中央环保督察期间移交信访件6件,已办结5件。河长制工作成效代表漳浦县接受省级考核。

【七星海文旅小镇建设】 2019年,赤湖镇总投资43亿元、占地244公顷的七星海文旅小镇项目建设稳中有进,全年投入1.1亿元,实施游客接待中心改造升级,景观修复等建设。至年底,B区市政道路一标段、景观大道(B11线)、各类管道预埋等基本完工,游客接待中心完成主体框架设施。

【滨海旅游景区基础设施完善】 2019年,赤湖镇总投资1200万元的赤湖溪安全生态水系(除亲水桥外)项目通过上级验收,实现行洪安全与沿溪两岸生态保护的有机融合,并连接象山公园和法泉寺形成赤湖休闲旅游景观带。打造省级美丽乡村半石村新社家风堂、象山公园廉政文化园。北桥村获省级农村旅游村称号。

建设中的赤湖溪安全生态水系项目

(赤湖镇党政办 供图/摄于2019年5月)

【生态水系示范工程打造】 2019年,赤湖镇以"清溪绿脉、秀美赤湖"为主题,围绕构建"一溪一洲岛,两岸五节点"的总体布局,以水系为脉络,挖掘赤湖地域的人文特色,打造"水流自然、水质良好、生态环境宜人"的生态水系示范工程。示范工程项目占地面积3.47公顷,依赤湖溪浮岛外沿修建亲水广场20个,跨溪桥梁1座,闭合栈道2600米,总投资1500多万元。

【平安镇村建设】 2019年,赤湖镇建设视频监控路线133条,全部并入"雪亮工程"公安共享平台。打假工作常态化开展,出动巡查车辆302次,巡查人员6968人次。健全村级"二员"机制,开展信访积案、交通安全隐患专项治理等"八个专项行动",化解信访件17起。落实安全生产"一岗双责、党政同责",全年无发生重特大安全生产事故。

(杨维勇)

·佛昙镇·

【概况】 2019年,佛昙镇社会生产总值32.56亿元,比上年增长60%;财税收入5918万元,比上年减少35%;完成规模工业总产值86617.4万元,完成固定资产投资18899万元,限额以上社会消费品零售总额完成17792万

6月1日，福建省全民健身运动会（漳浦赛区）暨“欧唐杯”2019年海峡两岸第二届游泳邀请赛开幕式在佛昙镇举行　　（佛昙镇党政办 供图）

元，完成新增限上社零企业8家，新增规模以上工业企业1家；农村居民人均可支配收入1.88万元，比上年增长5.8%。至年末，全镇18710户，65204人。

【项目用地征迁】 2019年，佛昙镇推进重点项目征迁扫尾，为项目落地建设提供用地保障。漳浦县第二医院建设项目进展顺利、污水管网建设和污水处理站项目稳步推进、佛昙至沿海大通道连接线征迁按时交地、岱嵩村裸房整治及“平改坡”项目顺利完工。

【招商引资】 2019年，佛昙镇创新招商方式，提高招商的针对性、实效性，在漳浦县2019年第二季度集中签约活动上，签约总投资1亿元的江平生物科技有机肥生产项目已完成征迁交地；新引进的佛昙镇新农贸市场商业综合体项目规划投入3000万元，前期准备工作已陆续展开。

【精准扶贫】 2019年，佛昙镇完成国家扶贫网“两不愁、三保障”数据清理，完成镇、村干部及县直单位挂钩帮扶系统录入。分发二批中央专项资金62.92万元，扶持135户发展生产；补助危房改造对象10户，雨露行动补助贫困户子女9户；协助92户建档立卡贫困户获得贷款297.90万元。建档立卡贫困户动态调整后，全镇345户贫困户、880人全部脱贫。

【美丽乡村建设】 2019年，佛昙镇打造岱嵩村、整美村、东坂村、轧内村、大白石村和后许村6个乡村振兴示范品牌，以乡村振兴带动特色海岛游，以点带面推动农业产业项目转型升级。岱嵩村推进裸房整治和“平改坡”改造，完成全部129户改造，岱嵩一级渔港纳入省渔港建设规划；东坂村投入330万元进行道路整治加固护栏及绿化，建设河豚文化广场和竹脚埭排水排污工程，成功举办首届河豚文化节，“佛昙河豚”获得地理标志证明商标；整美村投入550万元建设元光公园和农贸市场。

【生态环境保护】 2019年，佛昙镇开展生猪养殖面源污染专项整治，关闭拆除生猪养殖（场）户9家，面积3700平方米，禁养区内全部关闭拆除。8处矿山整治点及9处洗砂整治点全部完成复垦复绿整改，种植绿化植被1.64万棵，复垦复绿面积44.23公顷。投入120万元对1.8千米佛昙湾进行清淤，清除淤泥2.1万立方米；集中开展海漂垃圾专项整治，10月，出动人员550人次，清理海漂垃圾200吨，清除海蛎壳1000多吨，清理杂土、乱石方块和建筑垃圾260车；推进农村污水治理，清理村内水塘47口，清理内沟渠71.2千米。

【环境卫生治理】 2019年，佛昙镇按照“村收集、镇转运、县处理”的模式，生活垃圾做到日产日清。开展“厕所革命”，完成改造三格化粪池60处、新建公厕4座；整治鸿江大街车辆乱停现象，投入18万元新建标准化停车场，占地面积1.33万平方米。

【"两违"整治】 2019年，佛昙镇加大"两违"治理，推进"百路千村""两违"专项行动，拆除违建面积7.21万平方米，腾出土地面积11.99万平方米。

【民生项目建设】 2019年，佛昙镇推进村级公益事业建设一事一议财政奖补项目，完成下坑、港头、岱嵩、人坪、石门、花林、洞野等7个项目的建设；投入资金11万元，整改消除道路交通安全隐患6处。深化平安村居（社区）和单位创建活动，全镇21个村（居）均建立并运用网格化管理平台，有监控探头308个，各村监控数均在10个以上。

【计生关怀】 2019年，佛昙镇加大计生经费投入，实施"两孩"政策，落实各项奖励扶持政策，开展生育关怀、安居工程、金秋助学等活动，慰问计生困难家庭88户，发放慰问金4.52万元。

【首届河豚文化节成功举办】 2019年4月27日，佛昙镇以"相约河豚村 共筑海洋梦"为主题的首届河豚文化节暨河豚产业人才论坛在东坂村松江书院开幕。文化节期间，还举行河豚美食厨艺展示、河豚系列产品展示、河豚书画剪纸作品展示及文艺晚会等活动。佛昙镇是福建省河豚养殖发源地，年产河豚3000吨，产值近3亿元，是福建省河豚育苗量最多、养殖面积、养殖产量最大的地区。东坂村养殖场被农业部授予"水产健康养殖示范场"。

（邱少伟）

·前亭镇·

【概况】 2019年，前亭镇完成固定资产投资9.05亿元，工业投资和技改投资4.44亿元，规模工业总产值24.4亿元，限上社会销售品零售总额4.73亿元。完成全年计划的116.5%，出口创汇1.64亿元。至年末，全镇10078户，36368人。

【发展要素保障】 2019年，前亭镇以列入厦漳经济合作区为契机，完善前亭工业园"三通一平"等各项基础设施，提升周边顶埕村、刘下村环境，为园区企业入驻创造良好的营商环境。协调推进滨海新城片区泰禾、明发、雅居乐、万新等地产项目的建设进度，加快新森海产品加工项目、中联海晟物流园等重点项目征地拆迁，力促项目早开工、早投产、早见效。

【镇容村貌改善】 2019年，前亭镇在"拆清楚、扫干净、摆整齐"的基础上，围绕"一革命四行动"的整治要求，强化措施，狠抓落实，突出抓好农村"厕所革命"、生活垃圾与生活污水治理、农房整治、村容村貌提升等工作。定期开展环卫整治行动，清理乱搭乱建。开展"百路千村"集中整治活动，以201县道两侧、沿海大通道两侧200米和港佛线两侧为重点，做到巡查全覆盖、执法常态化。处置"两违"50起，处置面积5.66万平方米，其中拆除面积4.8万平方米。全镇13个村均申报市级"无违建"村。

【生态环境治理】 2019年，前亭镇落实镇领导挂钩督办中央生态环保督察信访交办件和突出生态环境保护问题机制，对挂钩督办的中央生态环境保护督察信访交办件和突出问题，实行

4月3日，漳州市委书记邵玉龙（左四）在前亭镇工作调研

（前亭镇党政办 供图）

“四个一”(即:一周一检查、一会诊、一协调、一推动)工作机制,确保生态环境保护常态化、制度化。取缔关闭洗砂场12家,全部完成设备拆除并全部复绿到位;取缔无证石板材厂1家、无证机砖厂1家;关闭退养无证养牛场1家、退养无证养猪场2家;取缔非法经营屠宰场1家;拆除无证三合一板加工场1家、停产整顿持证矿山2家,并开展复绿工作,其中,永固基矿山已完成全部应治理面积7.33公顷的复绿工作;高远矿山应治理面积19.86公顷,已治理面积17.4公顷;督促1家有证养牛场和2家有证养猪场加强环保设施改善提升,规范3家有证企业的环保设施。至年底,所有信访件全部办结并送审通过,整改率100%。

【农业基础设施完善】 2019年,前亭镇建设东部自来水厂并投入使用,启动镇迎宾路道路改造建设,镇区10公顷储备用地完成征地及规划设计。投入160万元,实施高标准基本农田建设213.33公顷;投入230万元开展桥仔头村旧村复垦1.33公顷;后蔡、桥仔头、过港、崎沙等4个“乡村振兴示范村”建设项目全面铺开。

【精准扶贫】 2019年,前亭镇落实扶贫开发政策,做好对贫困户、五保户及残疾户的救助扶持。雨露计划补助6户2.1万元,发放小额信用贷款51户241.5万元;向180户贫困户发放中央第一批扶贫资金26万元;省级专项扶贫资金20万元用于开发8个公益性岗位,带动8个贫困户就业及道路硬化1条。巩固脱贫成果,镇级安排月收入750元以上的公益性岗位13个、村级4个,并鼓励当地企业吸纳贫困户就业;落实“教育扶贫”,通过教育扶持对适龄儿童在义务教育阶段进行补助,通过雨露计划,对建档立卡贫困家庭子女正在接受中、高职等职业教育和技工院校教育的,每人每年补助3000元,有6位学生享受补助;落实“安居工程”,2019年,建档立卡危房改造的有17户,已全部竣工;对符合条件的贫困户应保尽保,解决没生产劳动能力的贫困户的基本生活保障,建档立卡贫困户中有150户、221人享受低保政策,占比34.48%。

【学校基础设施建设】 2019年,前亭镇推进学校基础设施建设,投资250万元建设的过港小学教学楼,已投入使用;投资980万元的前亭第二中心幼儿园即将投入使用;投资466万元的刘下小学教学综合楼、投资310万元的江口中学食宿综合楼正在建设中;投资3000万元的前亭中心学校综合楼及教学楼项目已完成前期工作。开展“金秋助学”慰问,向14名优秀大学生、贫困大学生发放助学金3万元。

【卫健事业】 2019年,前亭镇投入近90万元用于卫生院综合楼配套及中医馆建设工程。完善全面两孩政策配套措施,落实计划生育系列奖励扶助,投入2.86万元用于对计划生育特殊家庭扶助关怀。

【平安建设】 2019年,前亭镇持续开展“平安和谐村居、平安家庭、平安校园、平安医院”系列创建活动,落实镇村干部包户到人做好走访宣传,投入7万元开展多维宣传,印发宣传彩页1.2万多份、开通平安挂机短信、平安彩铃等,群发平安“三率”宣传短信7538条,利用镇政府、学校、卫生院、派出所等多处LED屏滚动播放平安建设宣传标语。投入近20万元,建设镇综治中心雪亮工程监控设备,全镇161个高清监控画面已统一收编并接入镇综治中心及公安共享平台。

【安全生产】 2019年,前亭镇开展安全生产大检查专项整治行动,排查整改道路交通、非煤矿山、渔业船舶、消防安全、建筑工地、危险化学品及烟花爆竹等安全隐患。投入280万元用于港佛线(前亭段)、江口村及田中村路灯安装。投入95万元用于洛运村及刘下村道路拓宽及量化工程项目;投入150万元用于港佛线(大社、白竹湖路段)波形护栏及道路交通标志设施安装;投入495万元用于迎宾大道桥涵扩宽加深改造。全镇实现安全生产事故“零发生”。

(郑小平、杨劲煌)

·马坪镇·

【概况】 2019年,马坪镇实现社会生产总值7.63亿元,比上年增长9.5%;财税收入810万元,比上年增长25%;固定资产投资2.35亿元;限额以上社会消费品零售总额1.34亿元;农村居民人均可支配收入1.89万元,比上年增长10.1%。至年末,全镇5670户,19641人。

【重点项目推进】 2019年,马坪镇争取项目资金支持,加快项目建设进度,完工验收的项目有:投资2700万元的马坪堤防及护岸工程建设项目,投资190万元的"十三五"安全饮水提升工程建设项目,投资220万元的文安村至林埭村3.7千米单改双道路建设项目,投资180万元的寨仔山农民休闲公园一期建设项目。尚在实施推进中的项目:投资400万元的林埭村石碑至佛昙镇港头2.7千米海防道路建设项目,投资180万元的寨仔山农民休闲公园二期建设项目,投资380万元高标准农田建设项目,投资300万元建设林埭村、文安村污水处理站建设项目,投资60万元的马圩村美丽乡村建设项目,投资60万元的林埭村乡村振兴建设项目。

【现代农业】 2019年,马坪镇以"一村一品"为目标,推进农业特色化、高优化、规模化,重点发展杨梅、火龙果、百香果三大特色产业。支持种植大户扩大规模、提高品质,对三大产业进行规划组合,打造马坪万亩生态农业产业园。完善农业基础设施,投入380万元建设233.33公顷高标准农田,投入60万元开发新增耕地8公顷;整修机耕道路、打通排灌渠道淤塞,形成田道畅通、抗灾加强的农业设施网格。发展壮大电子商务,鼓励农产品销售从线下向线上延伸,支持发展农业物联网、"互联网+农业"等新型服务方式,拓宽农产品销售渠道。

漳浦县小河流清理典范——马坪镇堤防及护岸工程建设

(杨强彪 摄于2019年7月)

【脱贫攻坚】 2019年,马坪镇坚持问题导向,以"脱贫攻坚质量提升年"为抓手,聚焦"抓两业促增收",坚持"两不愁三保障"和饮水安全底线,建立健全挂钩帮扶机制,完成全镇131户400人贫困户建档立卡,做到每个建档立卡贫困户都有镇村干部挂钩帮扶,至年底已全部脱贫;坚持脱贫不脱政策,采取多种扶贫渠道,加大产业扶贫力度,发放2019年中央财政扶贫资金15万元,落实小额信贷续贷5户23万元。

【乡村环境】 2019年,马坪镇按照"蓝天、碧水、净土"的要求,开展环境污染整治攻坚战。清理拆除两违建筑55处,面积1.63万平方米;牛蛙退养5家,拆除牛蛙池2000平方米;生猪去功能化8家,整治面积1.5万平方米。落实河长制制度,清理河道水库养鸭15家;查处违法采矿采砂,关停辖区内7个洗沙场、1个无证矿山;推进矿山复绿,复绿面积13.33公顷。

【民生事业】 2019年,马坪镇投入10万元改建文安村幸福院、投入45万元扩建仙都村幸福院、投入24万元对马坪镇敬老院进行消防安全建设,全镇养老设施实行公建民营形式运行。投资300万元建设林埭村、文安村污水处理站，强化生活污水处理能力。按照“户集、村收、镇运转、县处理”的垃圾处理机制，各村建立卫生长效机制，全镇聘用专职保洁员及清运司机22人，对生活垃圾做到日产日清。

【教育公益事业】 2019年，马坪镇加快推进，成立马坪镇教育文化基金会，镇党委带头号召全镇党员和爱心人士捐款，募得爱心教育基金130万元，发放1.1万元，奖励优秀大学生11人；林埭村每年发放10万元奖教奖学金。企业爱心助学更加深入，厦门鹏拓塑胶制品有限公司资助本一大学生和贫困大学生共25人，发放助学金6万元。

【社会治理】 2019年，马坪镇投资20万元建设综治视频监控中心，24小时实时监控；成立综合巡逻大队，开展巡查1000余次，加强对制售假烟、非法集资、电信诈骗等违法犯罪活动和“两违”、违法采砂采矿采伐管控。排查各类矛盾纠纷38件（其中，书面调解23件、口头调解15件），调解成功38件，调解成功率达100%。

【工业产业实现“零”的突破】 2019年6月25日，马坪镇第一个工业项目——兴服饰开工建设，实现马坪镇无工业的历史性突破。一兴服饰项目占地2.47公顷。

（柯雪龙）

·官浔镇·

【概况】 2019年，官浔镇以“生态官浔，花木名镇”为主线，实现生产总值13.8亿元；规模工业产值7102.8万元；社会固定资产投资6.30亿元；社会消费品零售总额1.28亿元；农村居民人均可支配收入2.98万元。至年末，全镇6788户，24915人。

【项目建设】 2019年，官浔镇各村谋划62件为民办实事项目有序推进：官浔镇至“花都公路”连接线公路工程完成项目征迁用地，顺利施工；完成九龙江南溪（下炉－锦江段）安全生态水系建设，并代表漳浦县接受漳州市验收；开工投建二期安全生态水系，完成三期安全生态水系项目实施方案评审；推进“厕所革命”，完成春建村美丽乡村建设及溪坂、赵厝公厕新建项目。实施村级综合服务场所规范化提升建设，投入800万元完成溪坂村村级综合服务场所建设、投入150万元完成省炉村村级综合服务场所建设，投入40万元完成康庄村、赵厝村村部修缮。启动镇卫生院、派出所迁建。投入350万元，提升溪坂花木街市配套设施建设；投入200万元，完成下炉村农村安全饮水项目；推进省炉－春建高标准农田建设，郊野公园二期红霞登山步道项目建设竣工。

【土地确权后续工作完善】 2019年，官浔镇纠正证书错误和收集土地确权工作过程中出现的家庭成员地块等错误信息。引导农民对承包地进行合法规范的流转，各村建立土地流转台帐。及时处理调解农村土地流转承包合同纠纷。

【食品农产品质量安全】 2019年，官浔镇督导辖内生产经营企业建立生产记录档案，完善农产品质量安全可追溯平台建设。开展农业种植养殖污染治理和农产品质量安全定性检测，完成农产品质量安全监测指标，抽检农产品36份、农存残留检测和兽药残留检测530份。

【农业技术推广】 2019年，官浔镇建成康庄村大洋片优质稻新品种示范片70公顷，设立康庄村大洋片水稻病虫害绿色防控与专业化防治融合示范片45.33公顷，创建优质农产品标准化生产基地8公顷。

【帮扶政策落实】 2019年，官浔镇为贫困户提供资金支持，推动47户贫困户通过养殖鸡、牛、羊及种植苗木花卉，发展生产增收致富；为38户贫困户办理产业扶贫保险；联手厦门女企业家协会为50户贫困户捐赠丰盛的爱心年夜饭；联手麦田计划教育基金资助13名建档立卡贫困，每名学生教育资助2000～4000元，每年连续资助，直至完成大学学业；联手诚和木业有限公司，为无劳动能力的建档立卡贫困

官浔镇生态水系建设项目——南溪流域锦江桥头一瞥
（蓝亚杰 摄于2019年9月）

户提供每年5万元的爱心慰问。发放二女绝育奖励费41.65万元，投入5.4万元作为"生育关怀"金秋助学专项资金，表彰"阳光女孩"；为1023户办理计划生育家庭意外伤害保险；慰问计生困难户和失独家庭、留守老人、儿童、流出困难妇女、外来困难人员等37户，发放慰问金0.75万元，发放"幸福工程"项目款和小额贴息贷款合计42万元。

【美丽乡村建设】 2019年，官浔镇投入350万元，建设溪坂花木街市门前绿化、沿街花台，清理生产基地沟渠及环境卫生；整治花木生产基地，动员指导沿街20户居民的房屋按照设计方案分两批次建成斜坡屋顶，鼓励沿街花木企业在门前展示本地特色花卉苗木，形成前店后基地的经营模式。投入85万元，实施春建村美丽乡村建设。

【环境卫生整治】 2019年，官浔镇投入80万元，修缮镇垃圾中转站及支付日常运转经费，落实管护资金及管护人员。开展环境卫生专项整治百日行动，每月进行一次卫生大检查并通报检查情况。清理石头、柴草等废弃物124处，完成裸房整治56套，拆除村庄破旧房屋、残垣断壁30处；转运垃圾3700吨，清理沟渠10千米。完成三格化粪池改造189户。

【水流域环境整治】 2019年，官浔镇开展"河长制进校园、上市场、下农田"主题活动，成立老青少及巾帼4支民间护河队和9支村级护河队，建立一支由10人组成的河道专管员队伍。投入30万元安装"智慧监控"平台，投入15万建设护河队之家及配备巡河船只。辖区范围内南溪水质从劣Ⅴ类提升到Ⅳ类、Ⅲ类。

【农村面源污染环境保护】 2019年，官浔镇推进中央生态环保督察反馈问题整改，对全镇排查出来的非法取土点、洗砂场、石板材及木材加工场等42个整治点进行清场复绿，已全部整改到位。完成全镇牛蛙养殖场及生猪养殖场拆除，建立病死畜禽无害化处理长效机制，建设无害化处理池1座，对病死畜禽进行无害化处理。

【"两违"综合治理】 2019年，官浔镇建立健全机制，每月定期召开由镇城建、国土，各村主干参加的专题会议；建立日常巡查制度，分别在各个路段进行巡查管控。开展"两违"自查和督查，推进专项行动，累计出动车辆436车次、人员352人次，拆除建筑面积2.53万平方米，下达责令停工通知书28份。

【社会治理】 2019年，官浔镇加强社会治安综合治理工作，投资3万多元进行综治短信宣传，每季度对全镇9个建制村的综治横幅标语进行更换（每次50条）。在各学校开展综治"小手拉大手"活动，发动学生与家长进行交流。持续推进网格化、"雪亮工程"等各项综治设施建设，辖区有雪亮工程监控121个，全部连入镇监控中心；投入10万元，将视频监控打包由县电信部门对设备进行维护管理。投入320多万，对全镇交通安全隐患及X532、X513等路段破损路面进行治理和修复。落实镇每月2次、村每周1次的排查制度。每月15日为调解主任例会工作日，组织各村（居）调解主任进行业务培训、学习交流。设立镇信访评理室、村乡贤评理室制度，排查矛盾纠纷156件，调解纠纷156件，调解成功156件，调处率100%，调解成功率95%。

【村集体产权制度改革完成】 2019年10月，官浔镇9个建制村完成村集体股份经济合作改革，全镇认定集体经济组织成员2.5万人。各个村集体成员代表会议通过股份合作社章程，选举产生理事会和监事会。

(官浔镇党政办)

·长桥镇·

【概况】 2019年，长桥镇实现社会生产总值179242万元，比上年增长8.1%；财税收入10434万元，比上年增长2.80%；完成规模工业总产值23.21亿元，占全年任务的116.05%；完成固定资产投资完成5.54亿元，占全年总任务的107%；完成出口创汇1226万元，占全年任务的111.45%；完成限额以上社会消费和零售总额12407万元，占全年任务的88.62%；农村居民人均可支配收入2.49万元，比上年增长15%。至年末，全镇4757户，18760人。

【脱贫攻坚推进】 2019年，长桥镇对刚达脱贫线或超脱贫线的贫困户进行跟踪帮扶，鼓励贫困户通过发展产业致富。向贫困户发放中央财政专项扶贫发展资金12万元，补助23户；发放省级财政专项资金4.20万元，惠及14户；雨露计划资金1.20万元，补助贫困家庭学生4人。

【农村基础设施建设】 2019年，长桥镇对基础较好的东升村、长桥村、潭阳村进行美化提升，巩固“美丽乡村”建设成果；对列入“美丽乡村”新创建的溪内村，加大投入力度，实施一系列改造项目，已初见成效。甘棠村村级组织活动场所和甘棠小学教学楼建设已完工并投入使用；青果村、春光村村级组织活动场所已基本完成。文化广场、友爱村公厕、红色旅游道路等项目有序推进。

【文明乡风提升】 2019年，长桥镇推进村级宣传文化长廊建设，加强农村思想道德和公共文化宣传，培育村民文明乡风、良好家风、淳朴民风不断形成。开展移风易俗专项整治行动，破除陈规陋习，弘扬社会新风。深化乡村文明创建行动，以文明村镇、星级文明户等创建为载体，开展“五好家庭”“最美家庭”评选活动，树立村庄、家庭、个人等层面的先进典型，引领社会文明新风尚。

【人居环境整治】 2019年，长桥镇深化农村人居环境综合整治，抓好三格化粪池改造，农村公厕、镇区污水处理厂等设施建设。位于甘棠村、友爱村、长桥镇区的6座公厕已建设完成；潭阳村污水处理厂正由第三方中建公司统一设计中；三格化粪池完成210户。加强铁路沿线环境综合整治，完成铁路沿线整治3.1千米，其中整治裸房35栋1.44万平方米；垃圾清除3处5000吨；绿化面积3000平方米，水塔改造120个，“平改坡”屋顶改造43户7262平方米

【生态治理】 2019年8月，长桥镇在环保部通报后迅速行动，在全盘认领督察反馈的24个图斑

11月24日，长桥镇举办4年一次的“泗洲岩民俗文化节”

(长桥镇党政办 供图)

的基础上，深入拉网排查，确定35处生态恢复治理对象，设立三层岭矿区指挥部，抽调镇村精干力量23人成立工作专班，调集大型机械、运输车辆进驻矿区，密集开展集中攻坚，逐点推进整治修复，至年底，全镇矿山复绿完成88%，其中三层岭矿山复绿完成率95%，苗木存活率95%。

【泗洲岩民俗文化节举办】 2019年11月24日，长桥镇在友爱村的泗洲岩举办四年一次的泗洲岩民俗文化节，来自漳浦、芗城、龙海、平和等地50多个自然村的村民2万多人参加现场活动。泗洲佳庙始建于唐朝，是座历史悠久的文明古庙，不仅是香客朝拜圣地，更是进行革命传统教育的场所。1932年，中央红军进漳时，曾在该地设立指挥所，是一个红色革命根据地。1985年，泗洲岩被列为漳浦县文物保护单位。

（长桥镇党政办）

·石榴镇·

【概况】 2019年，石榴镇实现社会生产总值15.18亿元，比上年增长8.3%；财税收入2298万元，比上年增长6.8%；固定资产投资5.29亿元，规模工业产值5.02亿元；限额以上社会消费品零售总额9277万元，比上年增长20%；农村居民人均可支配收入1.83万元，比上年增长7.55%。至年末，全镇13521户，51775人。

【村级集体经济发展】 2019年，石榴镇用好扶持村级集体经济的政策，实施旧村复垦项目、新村建设；通过土地流转等多种方式不断壮大村集体经济，18个建制村集体经济均有所发展。

【脱贫攻坚】 2019年，石榴镇整合资金建立扶贫长效机制，发放140万元中央财政专项扶贫发展资金，其中100万元用于修建机耕路2条，40万元用于贫困户补助178人；发放省级资金12万元，修建公厕1座。持续跟踪帮扶巩固脱贫成效，特别是2018年刚达脱贫线或超脱贫线不多的贫困户，引导其发展产业。至年底，全镇落实产业帮扶196户、就业帮扶86户、安居帮扶184户。重点跟进贫困户危房修缮和改建，全镇任务数12户，已竣工11户，安置1户。

【污染防治】 2019年，石榴镇以改善农村人居环境为目标，推进农村生活污水治理、农村生活垃圾治理和农村“厕所革命”。投入70万元，建成三格式化粪池225口和5座公厕；农村污水处理设施列入漳浦县西北片区农村生活污水PPP工程建设；投入30万元实施镇区南环路路灯改造工程。开展河道污染整治、生猪和牛蛙面源污染整治和鹿溪流域水质提升专项整治，投入130.22万元对辖境内18千米河道水葫芦及漂浮物进行常态化打捞，水质得到全面提升，由原来的V类提升为IV类，部分III类以上。

【矿山修复】 2019年，石榴镇推进矿产资源生态整治，查处非法采砂采矿行为，与各村签订矿产资源监管责任状，每周对重点区域巡查不少于2次，对一般区域巡查不少于1次。推进矿产资源生态环境修复，以第二轮中央环保督察为契机，开展矿产资源生态环境修复“百日行动”，整治辖区内4处矿点，全部落实“两断三清”。制止非法采砂点2处，扣押挖掘机2部；完成矿产资源整治复绿面积5.69万平方米，关停小型家庭作坊式石板材加工点7家。

【乡村振兴】 2019年，石榴镇围绕“产业兴旺、生态宜居、乡风文明、治理有效、生活富裕”的总要求，以攀龙村、象牙村、胜利村、龙岭村和车本村为乡村振兴引领示范村。通过培育典型、发挥引领作用，推进乡村振兴战略全面实施。开展移风易俗专项整治行动，以崎溪村为示范，由石榴村、龙岭村带头成立村级公益理事会和红白理事会，在全镇各村推广“做节不请客、不吃节”“喜事新办丧事简办”的新风尚。开展乡村文明创建活动，以文明村镇、星级文明户等创建为载体，表彰一批“十星文明户”，并推送64户为县级十星文明户。

【“两违”整治】 2019年，石榴镇受理并办结“两违”举报案件4件，拆除“两违”118宗，面积4.01万平方米。

【民生工程实施】 2019年，石榴镇推进政府养老项目建设，完善石榴敬老院配套设施，已完成房屋和消防安全验收评估；长兴村、东山村、芳林村、象牙村4所农村幸福院建成并投入使用。推进乡村卫生服务室一体化建设，完成第二批9个村卫生室的建设和验收。攀龙村、下车村党群活动中心建成投入使用，温斗村党群活动中心开工建设。完成梅东、梅西、梅北、温斗4个村饮水工程建设；投资1113.12万元实施田寮村、石榴村、崎溪村面积463.8公顷高标准农田建设。

【安全生产】 2019年，石榴镇落实《地方党政领导干部安全生产责任制》，持续加强对矿山、洗砂场、木板材加工、石板材加工、建筑运输和非法加油点等重点行业、领域的监管，开展“三合一”场所、液化气零售点、商店、饭店和学校等重点场所隐患排查。开展安全联合大检查45次，发现问题37起，整改37起，未发生安全事故。被中共漳州市委、市政府授予2014—2018年度安全生产工作先进集体。

【平安建设】 2019年，石榴镇开展卷烟打假和查处涉麻制毒重点整治，对区域内实行“全天候”“无死角”“拉网式”巡查排查。组织镇村打假巡查1322次，出动巡查人员3225人次、巡查车辆385次。开展道安隐患排查及交通劝导，组织相关单位和人员在重点路段设卡管控，发挥农村交通劝导员作用，发现并排除道路安全隐患22处，投入整改资金16多万元。加强社会治理，投入2314万元开展平安校园实体化建设，完善中小学基础硬件设施；投入近5000万元完成农村平安视频监控、道路硬化、环境污染整治攻坚等平安建设实体化项目。

（许晖）

·盘陀镇·

【概况】 2019年，盘陀镇投资2814万元，有序推进重点项目建设；投入资金100多万元，改善人居环境；完成项目固定资产投资9.84亿元，完成规模工业产值33.9亿元；实现财税收入1.29亿元，比上年增长15.41%；完成限上社会销售品零售总额3.29亿元。至年末，全镇7271户，30320人。

【重点项目建设】 2019年，盘陀镇推进总投资6亿元的天福医院及养生文化村项目建设，完成项目征地近33.3公顷，医院主体建筑已建设四层；完成总投资2040万元、总面积1.13万平方米的漳州科技学院学生宿舍项目；完成投资270万元的产山、东林两个村组织活动场所建设；完成投资504万元的镇区及4个建制村的自来水工程。

【脱贫攻坚】 2019年，盘陀镇落实全镇117户354人贫困对象的帮扶责任人和帮扶措施，组织实施一批扶贫项目，至年底，已实现全面脱贫。落实造福工程扶贫搬迁对象8户21人，改善贫困户的居住条件；发放中央、省级财政扶贫资金三批次合计30.4万元，帮助贫困农户发展生产；落实2019年度新农合保险费年缴政策180元/人，所有贫困户均享受医疗叠加保险。

【乡村振兴】 2019年，盘陀镇突出抓好省级乡村振兴试点村官陂村建设，把官陂村作为“抓亮点、树典型、出精品”的重点示范村；投入资金210万元，实施村道路硬化、老年活动中心及公厕等项目建设。

【人居环境改善】 2019年，盘陀镇优化农村生活垃圾收集转运机制，投入资金100多万元，在各建制村推行垃圾清运规范化运作和镇区保洁卫生，新建、扩建垃圾池65个，垃圾中转站1座。投入资金600多万元，开展镇境内铁路沿线环境综合治理，整治铁路沿线裸房59栋，平改坡69户，屋面水箱104个。

【“河长制”落实】 2019年，盘陀镇悬挂相关宣传条幅100多条、广播宣传150余次、印发传单1000多份，营造河长制工作全社会参与浓烈氛围。加强动态管控，组建3支工作队伍，实行常态化巡查跟踪及整治。拆除盘陀溪流域两岸牛蛙养殖场24户、养鸭场6户、生猪养殖场22户，拆除面积7275平方米；清理17户反弹复养的牛蛙养殖场和3户生猪养

6 月 27 日，盘陀镇东林村党群活动服务中心落成投用

（盘陀镇党政办 供图）

殖场。盘陀溪流域水质明显提升，11 月达到省控III类水标准。

【土地资源管控】 2019 年，盘陀镇拆除违建 41 宗，建筑面积 1.49 万平方米，腾出土地面积 5.91 万平方米；登记危房户 60 户，拆除危房 60 座，拆除建筑面积 7280 平方米。经审核批准改建 60 宗，占地面积 6485 平方米。

【矿产资源秩序整治】 2019 年，盘陀镇细化矿山秩序整治任务，进驻矿区，挂图作战，开展生态修复工作。至年底，辖区内 2 个碎石场完成复绿 3.93 公顷，植树 1.5 万棵；5 家洗砂场、1 处取土点全部完成复耕复绿。2 件矿产资源信访件全部整改到位。

【教育基础设施建设】 2019 年，盘陀镇投资 482.67 万元建设盘陀中学综合楼；投资 304 万元建设盘陀中心学校；投资 225 万元建设东林小学；投资 256 万元建设蒲野小学；投资 244 万元建设象洞小学；投资 621 万元建设第二中心幼儿园。

【平安建设】 2019 年，盘陀镇投入资金 70 多万元用于平安创建。开展平安宣传、交通安全劝导、治安巡逻、打假巡查，在各村主干道张挂平安横幅 100 多条，喷刷平安建设、扫黑除恶固定标语 24 处，组织平安宣传进校园、进企业等大型活动 3 场，分发平安问卷入户调查 4 万多份。健全信访、矛盾纠纷排查调处化解机制，调解各类矛盾纠纷 93 起，其中，书面 21 起，口头调解 72 起，调解率 100%。

【产山村、东林村党群活动服务中心揭牌】 2019 年 6 月 27 日，盘陀镇产山村、东林村举行党群活动服务中心揭牌仪式。产山村党群活动服务中心于 2018 年 6 月开工建设，建筑面积 380 平方米，投资 160 万元；有办公室 8 间，为会议室、两委办公室、治安调解室、财务室、文体活动中心、人大代表室、便民服务中心、战备物资及防汛物资仓库。东林村党群活动服务中心于 2018 年 6 月开工建设，占地面积 500 平方米，建筑面积 350 平方米；有办公室 5 间，分别为会议室、文化、综治办公室、妇联、民兵办公室。

（林怡婧）

· 大南坂镇 ·

【概况】 2019 年，大南坂镇以“三抓三比、十项竞赛”活动为抓手，推进各项工作落实，完成固定资产投资 4.82 亿元，比上年增长 8.1%；规模工业产值 39.04 亿元，完成全年任务的 100%；社会零售额 5.2 亿元，完成全年任务的 125.06%；实现财政收入 2206 万元，完成全年任务的 136.17%。蝉联漳浦县乡镇“绩效考评”先进单位。至年末，全镇 3779 户，13787 人。

【经济发展】 2019 年，大南坂镇实施项目 23 个，总投资 6.2 亿元，其中工业项目 5 个，总投资 6.1 亿元；民生项目 12 个，总投资 813 万元。汽车 4S 产业园二期、丰收园扩建、达川二期、海新饲料、圣莎拉等重点在建续建项目有序推进。推进港城大道延伸段、江滨南岸规划东一路及港城大道连接线和金浦大道南段等重点项目的征迁。采取“走出去”“请进来”的招商模式，先后到深圳、东莞、泉州等地开展招商活动12次，签约引进项目5个，分别是海新饲料、鑫永信机械、正德生物燃料、华维复合材料、磐泰建材。

【生态环境整治】 2019年，大南坂镇落实中央环保督察反馈问题整改，依法强制拆除洗砂场1处、非法取土点1处、水泥砖厂1个和2艘废弃采砂船及闲置采砂设备，联合供电所对一处水泥砖厂进行断电处理。植树2600棵，复绿面积1.67公顷；同期，对辖区内4个过期矿山开展复绿，植树5610棵，撒播草籽9.5公斤，绿化面积3.77公顷。断电取缔非法木板材生产企业1家，移除相关生产设备；全部移除9家晒板场晒板设备架，拆除作业工棚500多平方米、水泥场地700多平方米，植树复绿16.87公顷。联合县工信局、市管所、供电所对辖区6家石板材加工作坊进行整治，完成断电断水6家、拆除大切机1家（其余5家无大切机）、清理产品1家。

【乡村振兴推进】 2019年，大南坂镇以乡村振兴“345”示范项目建设为抓手，投入400万元建设下楼溪安全生态水系，投资350万元建设紫色故里绿化亮化等景观配套工程，投资50万元建设清泉岩红三团纪念亭，投资40万元提升改造清泉岩公厕；投入500万元，实施蔡新故居周边整体形象提升工程；新建公厕3座，安排专人保洁管理；投入100万元，开展日常卫生保洁和购买垃圾清运服务。

【水资源整治】 2019年，大南坂镇投资184万元推进实施安全生态水系项目，投资200万元铺设镇区周边连通县城区污水处理管网2千米；投资50万元，实施龙潭溪、金岗溪支流清淤、河道整治，整治河道长3千米，建立河道打捞清理长效管理机制5千米，清理垃圾10.3吨。抽调镇班子成员、各社区（村）两委干部组成畜禽养殖联合巡逻执法大队，分两组对全镇范围内进行全方位无死角巡逻，坚决制止河道畜禽养殖，全镇牛蛙养殖无反弹复养现象。

【“两违”查控】 2019年，大南坂镇开展“百路千村”“两违”整治专项行动，对镇区主干道两侧违章搭盖、废弃店招、铁棚及占道经营等乱象进行全面彻底整治，拆除“两违”建筑95宗，面积2.4万平方米。开展厦深铁路大南坂段沿线环境综合整治，整治裸房7栋、面积3020平方米，“平改坡”17栋、面积3257平方米，整治屋顶水箱9个，绿化种植8500平方米。

【公共服务设施完善】 2019年，大南坂镇投入100万元，建设大南坂卫生院中医馆；投入61万元，新建金岗山、坑内幸福院；投入28万元，扩建修缮农一、新民幸福院；投入249万元，完成新民小学薄弱校改建工程。

【大南坂镇13个建制村改为社区】 2019年7月12日，经漳浦县人民政府批准，大南坂镇的小南坂村、大畲村、金刚山村、腊山村、青年山村、农一村、下楼村、刺塘后村、梧陂村、芳埔村、坑内村、上埔村、瓷窑村等13个建制村改为社区。同期，各社区依法选举产生社区居民委员会班子

6月16日，由漳州市纪委、市妇联、市文旅局主办的“孝廉文化讲堂”在大南坂镇蔡新故居前举行　　（大南坂镇党政办 供图）

及其他组织。

（翁源海）

·古雷镇·

【概况】 2019年，古雷镇全力服务开发区项目建设，推进项目、民生、社会治理"三大转型"，推动"区地合一"体制机制改革创新各项工作，圆满解决签约遗留问题111户；发放搬迁生活补助资金3634.64万元，确保全镇5647人、每月800元的搬迁生活补助款按时到位；力促搬迁居民转型就业，引导就业6915人、"零就业"家庭1669户。至年末，全镇9766户，46795人。

【征迁遗留问题扫尾】 2019年，古雷镇举全镇之力，对接化解搬迁、收海、收地遗留问题。圆满解决签约遗留111户；古雷石化园区800米卫生安全防护距离内的工具房全部清理完成；办理搬迁人口增补457件，发放搬迁人口生产生活补助551.65万元，保障搬迁群众安置到位。

【项目用地管控】 2019年，古雷镇强化古雷半岛陆域综合管控，查处非法采沙2起、抢种复耕4起；迁移项目规划建设红线区域内坟墓2480座，依法拆除林地范围内违建房屋2处，确保"芒果"、华能热电等项目无障碍落地。

【封关运行加快】 2019年，古雷镇引导返海从事渔业人员安全生产防范意识，对398艘乡镇船舶和10679个渔排的生产作业实行常态化安全监管。完善入关车辆登记报备制度，对新登记的2200多辆机动车实行"双证"核实，加快园区封关运行安定过渡，为石化基地创造安全营商环境。

【社会保障】 2019年，古雷镇5647人每月800元的搬迁生活补助款按时按额发放到位，其中新登记补助人员262人，发放补助资金3634.64万元。全镇城乡居民医疗保险和居民养老保险参保率保持百分百。对困难群体、特殊群体实施救助，扶持特困人员49户，发放扶助款67.06万元；纳入低保44户，发放低保资金21.55万元；重残生活补助363户，发放补助资金110.38万元；慰问优抚对象、困难户、扶贫户和现役军人家属共411户，发放慰问金25.8万元。

【转型就业】 2019年，古雷镇实施"党建＋转型就业"，对接企业55家，收集发布招聘信息85次，组织开展大型招聘会1场、小型招聘面试会5场，引导就业6915人。举办叉车司机技能培训1期，参训人员85人、持证率100%。

【民生项目】 2019年，古雷镇实施为民办实事民生项目，农贸市场建设摆上日程，新港城路灯绿化修缮完成，完成676套安置房修缮，福晟一期安置房由"限价商品房"变更为"商品房"。

【平安建设】 2019年，古雷镇投入165万元，建立镇、社区综治中心机构及17个社区网格的规范化建设。"平安社区""平安校园""平安企业"创建活动全面铺开并取得阶段性成效，一线信访就地化解，办结率100%；新港城266家沿街店面、355家小区内经营场所、37家学校及学生托管机构的安全隐患整改到位；

8月29日，漳州市委常委、古雷开发区党工委书记沈志平（右三），副市长、古雷管委会主任侯为东（右二）在古雷镇调研"区地合一"体制机制改革创新工作

（古雷镇党政办 供图）

公众安全感平安“三率”保持在较高水平并位居前列。成立“新港城110”，延伸治安管理，辖区治安持续向好。

【古雷“新港城110”勤务启动】 2019年5月，古雷“新港城110”勤务运行机制正式启动。古雷镇13个建制村完成整岛居民搬迁后，新港城是漳浦县首个农村城镇化居民住宅区。为规范、完善新港城巡逻防控，提高公安机关快速反应能力，古雷治安办以北坂边防派出所民警、辅警为主要成员，结合村两委、小区物业管理人员、企业内保人员等力量，与物业、企业形成联动，组建“新港城110”，为居民提供群防群治的方便与服务。

（黄铜印）

·杜浔镇·

【概况】 2019年，杜浔镇解决项目征迁遗留问题，完成项目征地105.2公顷；投入资金750万元，实施农田水利基本建设405.47公顷；发放耕地地力保护补贴资金265.4万元，惠及1.17万户农户；全年完成固定资产投资6631万元，实现规模工业总产值3945万元，完成社会消费品零售总额3.31亿元，财政收入2000万元。至年末，全镇17272户，72505人。

【现代农业提质增效】 2019年，杜浔镇把高标准农田作为加强农田水利基本建设的基础，完善投入机制和建设标准，发展高效节水灌溉，促进节水灌溉与农技、农艺、农机结合，提高水资源利用效率。投入380万元实施路边村、过洋村面积160公顷高标准农田建设，投入370万元实施范阳村面积245.47公顷高标准农田建设。

【精准扶贫】 2019年，杜浔镇持续加大扶贫力度，实施外部帮扶和内生动力“双轮驱动”，形成港区、镇、村三级232人挂钩帮扶网格，开辟公益性岗位安排贫困人口就业，落实发放各类专项资金、补助金，保障扶贫“输血”“造血”并行。至年底，全镇271户贫困户已按程序全部脱贫退出。

【项目征迁遗留问题解决】 2019年，杜浔镇树立属地主体意识，攻坚突破项目征迁遗留问题，为项目落地建设提供保障，完成项目征地105.2公顷，其中海园变电站、公共管廊二期、北部工业污水处理厂、华润燃气储备站等4个项目全部完成；古雷医院及配套道路、古雷石化园区安全检查站二期、后姚村搬迁扫尾、高速征管所、古雷半岛东侧陆域征收、石化企业服务中心及配套区一期项目、东港溪排涝及绿化工程、生态湖建设、古雷迎宾馆等9个项目进入扫尾阶段。

【生态环境整治】 2019年，杜浔镇开展城乡环境整治百日行动，重点整治省道漳东线杜浔段，清除道路两侧占道经营、乱堆乱放，拆除乱搭乱盖，清理店外店。强化矿山巡查管控，查处非法违法采矿，对辖区内各矿区制定生态修复方案，做好矿区覆土复绿。对东港、东溪、田墩溪、徐坎溪、龙湖陂等河流进行淤泥及垃圾清理整治。

【基础设施建设】 2019年，杜浔镇路边村、路打村党群活动服务中心相继建成投入使用，结束两个村长期无处办公的历史。建设徐坎小学、后因小学、路边小学、

6月10日，杜浔镇便民服务中心正式运行　（杜浔镇党政办 供图）

杜浔中心学校、浔阳中学等学校教学楼、综合楼。

【惠民政策落实】 2019年，杜浔镇发放耕地地力保护补贴资金265.4万元，惠及1.17万户农户，补贴耕地面积1936.59公顷。向考上本二院校的22名农村计生二（独）女学生发放“生育关怀·金秋助学”助学金2.2万元。

（杜浔镇党政办）

·霞美镇·

【概况】 2019年，霞美镇以纳入古雷港区为契机，落实高质量发展新要求，推进产业发展、村镇建设、乡村振兴、生态文明建设和谐发展。全年完成社会生产总值4.05亿元，其中规模工业总产值0.28亿元；固定资金投资2.67亿元，限额以上消费品总额1.1亿元。至年末，全镇15622户，66766人。

【农业生产条件改善】 2019年，霞美镇落实各项惠农政策，调整完善耕地地力保护2054.67公顷，发放补贴资金282.6万元，惠及1.11万户。申报一事一议项目11个，争取财政奖补资金160万元。投入资金480万元，对北江、后辽、溪仔、董门、眉田等村进行高标准农田改造。完善农田水利设施，“漳浦县2018年度高效节水灌溉项目”于5月完工验收，改善刘坂、董门、过田、后辽、溪仔、北江等村的农田水利基础设施条件。

【民生事业】 2019年，霞美镇聚焦社会民生热点、难点，力推民生事业改善。启动“十三五”农村饮水安全巩固提升二期工程，分二标段实施，已完成招投标并进入自来水管道铺设阶段。工程完成后可让5万多人口接通安全饮用水。建设沿海大通道霞美连接线南北两线，已通车；方便沿线村民的交通出行。

【脱贫攻坚】 2019年，霞美镇有52户贫困户享受小额扶贫贷款，10名贫困学生享受“雨露计划”补助政策；完成16户贫困户危房改造（其中改建5户，修缮11户），并通过第三方鉴定；发放扶贫资金37.76万元，77户种养殖户受益。全镇建档立卡贫困户有262人享受低保，34人享受五保等待遇，全镇建档立卡贫困户267户788人全部脱贫并巩固到位，实现“两不愁三保障”。

【生态环境治理】 2019年，霞美镇投入专项资金复绿治理矿山8处，治理恢复矿区生态环境。建立“两违”治理长效机制，强化“两违”督管，实行自拆与强拆相结合，常规巡查与集中整治相结合的方法，制止违法建设56处，面积5.12万平方米，拆除违法建设39处，面积4.78万平方米。落实“双河长制”，设置双河长7人，河道专管人员9人，河道监督员2人，每周巡河至少1次以上；构筑“县、镇河长＋河道专管员＋义务监督员＋河道警长”的河长制五级工作网络体系。10月，对河道专管员实行社会购买服务，以期提升管理质量。

【环境卫生整治】 2019年，霞美镇新建公厕5座，三格化粪池1300个；以城乡环境卫生整治百日行动为契机，动员各村开展卫生大清理，清除漳东线沿线、村主干道两侧杂物及各路口陈年垃圾和乱堆乱放等。其间，出动人员2340人次，机械用时640小时，清运垃圾940车，拆除违规广告牌486个。投建镇第二垃圾中转站，已投入使用，为霞美镇南片区8个村减轻因路远造成的垃圾转运费负担，实现全镇垃圾日产日清。

【安全生产】 2019年，霞美镇持续开展安全生产专项行动，出动督查人员2175人次，检查企业、商超、三合一等人员密集场所623处，整改一般隐患116处。开展道路安全执法检查32次，整改消防器材缺失等安全隐患17起。全年无重大安全生产事故发生。

（林伟钦、王鹭燕）

·沙西镇·

【概况】 2019年，沙西镇实现社会生产总值14.4亿元，比上年增长7.1%；财税收入583万元，可比增长6.3%；完成固定资产投资2.02亿元，完成限上社会消费品零售总额2.6亿元；农村居民人均可支配收入2.67万元，比上年增长9.2%。至年末，全镇12394户，50959人。

【项目建设】 2019年,沙西镇推进总投资3908万元的67项为民办实事项目建设。蓬山、高山、屿头、土楼、白衣5个建制村党群活动服务中心全部建成投入使用;沿海大通道连接线(屿头段)工程建设加快,项目征迁进入攻坚扫尾阶段。

【脱贫攻坚】 2019年,沙西镇加大力度,人员资金到位,多方位多形式推进精准扶贫工作面开展。实行挂钩帮扶确保每一户建档立卡贫困户有一名体制内干部职工挂钩帮扶,因户施策,制订帮扶计划和措施。根据区位优势,发放财政扶贫资金106.61万元,引导贫困户种植榕树,发展水产养殖,协助有劳动力的贫困户就业,引导6户贫困户到沙西镇顺新园艺场打零工,带动贫困户人均增收1000元/月以上;向116户建档立卡贫困户危房改造对象发放补助资金279.81万元,贫困户危房改造全部竣工,通过验收。

【人居卫生整治】 2019年,沙西镇按照古雷开发区城乡环境整治百日行动部署,以“漳东线、镇区、村级区域”3个板块为整治重点,围绕“拆清楚、摆整齐、扫干净、治污水、推机制”目标。投入卫生整治经费340万元,清理生活垃圾1312吨、清理村内水塘16口、清理村内水沟渠废弃物621.1吨、铺设排污管道2.30千米、清理榕树枝叶500吨,发动群众投工投劳4414人次,清理残垣断壁46处、铺设修补水泥路7.50千米,重点区域环境卫生状况明显好转。

【水环境治理】 2019年,沙西镇投入100多万元,对杜浔溪(沙西段)、沙西溪、埔里溪等河道进行加固清淤及水浮莲泛滥治理,改善河道生态环境;投入150万元,对杜浔溪沙西段、沙西溪、大坑溪、徐坎溪沙西段进行清淤,沙西溪监测断面水质由劣Ⅴ类提升至III类。投入120万元,用于沙西水闸、庄前五口闸应急加固。

【“两违”整治】 2019年,沙西镇按照“拆、防、化”的治理要求,实行包片分区,重点对漳东线、沿海大通道沙西段两侧红线内、海月岩景区及耕保区的巡控,拆除违建物6.21万平方米。疏堵结合,上报住房困难户98户,批准危房改造户98户。

【社会综合治理】 2019年,沙西镇落实初信初访和矛盾纠纷排查月调解工作制度,调处矛盾纠纷及历史遗留问题195起。有效化解高山村黄土海滩涂发包、庄前村浅海滩发包、屿头村什股海滩涂发包、沙西村什股海滩涂发包、涂楼村什股海滩涂和楼尾地滩涂发包所产生的社会矛盾。

【沙西镇教育事业发展促进会成立】 2019年7月,沙西镇举行教育事业发展促进会成立大会。大会通过《沙西镇教育事业发展促进会资金筹集方案》,并进行现场募捐,捐集教育资金16.67万元。至年底,镇教育事业发展促进会筹集教育资金340多万元;设有小学的村均相应成立教育基金会,募集村级教育基金200多万元

(林志勇、戴辉煌)

·南浦乡·

【概况】 2019年,南浦乡实现社会生产总值6.398亿元,比上年增长6.2%;财税收入598元,比上年减少4%;完成固定资产投资1.94亿元,占全年任务96.84%;工业固投完成18227万元,完成全年任务16000万元的113.92%;技改投资完成18227万元,完成全年任务12800万元的142.4%;农村居民人均可支配收入2.17万元,比上年增长9.8%。至年末,全乡3974户,14738人。

【脱贫攻坚】 2019年,南浦乡对全乡56户贫困户进行入户调查,把贫困户情况清单化,并逐一评审、把关、公示,严堵“人情卡”“关系卡”。按照因地制宜、分类指导的原则,根据致贫原因的不同,结合每一个贫困户实际情况和现实需求,为每一户制定出有针对性的、切实可行的帮扶规划。

【矿山整治】 2019年,南浦乡有持证矿山1家、非法洗砂场5家。持证矿山漳州嘉益矿业有限公司大偏山建筑用花岗岩(机制砂)应

治理面积9.22公顷，全部完成治理，其中申请报批临时生产及堆场用地2.9公顷，应复绿面积6.22公顷，实际复绿面积7.15公顷，超额完成复绿率14.8%。5家非法洗砂场的设备全部拆除并搬离现场，应治理复绿面积2.4公顷，全部复绿到位。同年，漳州市矿山整治现场会在南浦乡召开，会议要求全市的矿山整治标准推广参考南浦乡模式。

【村容村貌提升】 2019年，南浦乡建成省级公厕2座、市级公厕1座，完成三格式化粪建设50口；完成龙桥、大坪2个市级人居环境整治村的环境卫生整治。投入1250万元，建设完成南溪公园及南溪生态水系项目，实现流域水清、岸绿、景美。投入近100万元，用于全乡村级垃圾清扫及转运；建立环境卫生整治长效机制，按照“六个有”标准，落实每500个人配备1名保洁员，做到全乡各村垃圾及时清扫、收集、转运。

【生态环境保护】 2019年，南浦乡加强集中式生活饮用水源保护，开展流域水环境整治，有效改善水环境质量，实现南溪何寮上游水质提升至Ⅲ类。做好固体废弃物污染防治及工业危险废物无害化处置。对环境保护投诉案件、举报案件全部办理完成，并及时上报。

【乡风文明建设】 2019年，南浦乡以弘扬社会主义核心价值观、中华优秀传统文化为主题，完成8个村级宣传文化长廊建设。设立南浦村移风易俗宣传大厅，探索乡村移风易俗新模式，引导群众遏制婚丧嫁娶大操大办、厚葬薄养、人情攀比等陈规陋习，厉行勤俭节约。

【社会事业】 2019年，南浦乡累计发放临时救助资金10万元，帮助老弱病残等家庭70户70人。加快社会养老补短板建设；完成8个建制村农村幸福院建设，为村民提供集娱乐、休闲为一体的活动场所，服务设施覆盖率达89%。推进农村饮水安全巩固提升，国家建档立卡贫困人口饮水安全问题全部得到解决。

【“建设富美新南浦”系列文化活动】 2019年1月26日，南浦乡举办“深入实施乡村振兴战略 建设富美新南浦”大型文化宣传系列主题活动。活动在福建省全民健身运动会（漳浦赛区）暨第二届穿越龙溪古镇乡村定向挑战赛中拉开序幕，来自省内外各地650多人参加穿越赛。比赛分为18千米专业3人组和8千米亲子组，路线途经闽南竹器城、红军楼、古村落、万亩竹海、美丽乡村后坑村等景点。主题活动除定向挑战赛外，还举办“扬党旗红帆 促乡村振兴”文艺会演、书法家“送万福进万家”义写春联等项目。

（陈永连）

1月26日，南浦乡举办第二届穿越古镇乡村定向挑战赛　　（陈心逸　摄）

·赤土乡·

【概况】 2019年，赤土乡服务万安园区建设，实施乡村振兴战略，保持经济社会和谐稳定发展，实现规模工业总产值4.17亿元、固定资产投资14.55亿元、财政收入2611万元；加大“两违”管控力度，拆除“两违”建筑10起，面积2.19万平方米；强化矿区复垦复绿，完成复绿面积32.23公顷。至年末，全乡7409户，27870人。

【经济发展】 2019年，赤土乡用好扶持发展壮大村级集体经济的政策，实施旧村复垦项目、新村建设，通过土地流转、山林低产包等多种方式壮大村集体经济，11个建制村集体经济年经营性收入预计5万元。完成旧村复垦项目扫尾工作，7个村的新村建设逐步推进。下坂村土地流转试点项目顺利实施，完成面积16.4公顷土地流转，并租赁给福建荣冠环境建设集团有限公司，为村集体经济增收3万元；公司返聘12位村民，实现部分村民在家门口就业的愿望。水头村2个土地整理项目顺利推进，乡村振兴工作取得初步成效。

【园区建设用地征迁】 2019年，赤土乡完成万安园区启动区内6.51公顷土地征收和5户坟墓迁移，完成万安大道延伸段4.93公顷土地征收和1200多平方米的房屋征迁。

【城镇建设】 2019年，赤土乡实施农村“厕所革命”，完成80户三格式化粪池建设。清理乱堆乱放153处，每日收集转运垃圾20车。投入300万元，在溪东村建成以“廉政+党建+乡村旅游”为主题的县级廉政文化教育基地和党员教育基地，成为全县红色旅游路线首选。同年，接待机关单位访客11批450人次。

完善巡查管控制度，将全乡划分成3个片区，明确园区、乡政府、农场3支城建管控队伍分工和责任区划分，加强执法巡查，有效控制“两违”案件的发生。结合村容村貌提升行动，拆除“两违”建筑10起，面积2.19万平方米。疏堵结合，召开3次个人建房联审会，通过127户群众急需建房的申请，统一按照“闽南风、万安派”风格建房。

【环境污染治理】 2019年，赤土乡开展生猪和牛蛙面源污染整治，拆除生猪养殖场7家，关闭56家，牛蛙养殖场11家，实现禁养区内不留一头生猪，不养一只牛蛙。落实河长制，取缔浯江溪两侧500米内的污染源，实施浯江溪上游河道清淤和240多米的堤岸加固工程，促进浯江溪流域水质逐渐好转。

【生态环境改善】 2019年，赤土乡开展矿山整治，每周对重点区域巡查不少于2次，对一般区域巡查不少于1次，对巡查发现问题及时进行整改。对石材集中区内11家石材企业和石材集中区外的16家石材企业全部进行停电停产，对于整治不到位的一律不给予复电。捣毁作案工具空压机11台，扣押钩机和铲车11辆、运输车辆15辆，移送相关执法部门立案3宗。将辖区内矿区分成4个片区，开展矿山复垦复绿，建立矿产资源生态整治修复工作例会制度，及时进行汇总和协调。完成复绿面积32.23公顷，逐步解决矿山复绿的历史遗留问题。

【民生事业】 2019年，赤土乡投入300多万元，对赤土中学食宿综合楼进行提升改造，支持普惠性民办幼儿园建设；修建2.7千米的西洋村海防路；投入400万元，对浯源危桥进行改造；打好脱贫攻坚战，动态管理贫困人口；加强与宁夏扶贫协作和对口支援，派遣援宁干部持续推进闽宁扶贫协作。

(陈纯美)

·湖西畲族乡·

【概况】 2019年，湖西畲族乡实现社会总产值10.5亿元，比上年增长6.02%；财政总收入3664万元，比上年增长32.18%；完成规模工业产值64726.8万元，完成年目标任务63800万元的101.6%；项目总投资23695万元，完成年度投资任务31100万元的76.19%；农村居民人均可支配收入1.88万元，比上年增长6%。至年末，全乡7494户，28060人。

【规模工业】 2019年，湖西畲族乡辖内规模工业呈现有序发展态势，其中车城完成年目标任31232.4万元；海瑞完成年目标任14958.3万元；森发完成年目标任14608.9万元；美欣完成年目标任3827.2万元；均能完成县下达的指标任务。当年签约当年落地的蓝月亮、净得2个项目纳入市“三抓三比”考评的签约项目，年签约项目落地率达到100%。蓝月亮、坤洋、生态水系列入县重点项目，完成重点项目年度投资任务10547万元，超额完成重点项目投资任务。品芝峰首

4月7日，位于湖西畲族乡的闽台高优百果生态示范园开园
（湖西乡党政办 供图）

季完成出口创汇约5000万元，全年完成出口创汇约18500万元。组织车城、同正、绿盈、育培等企业参展8批次。

【现代农业】 2019年，湖西畲族乡引导农民根据市场需求及时调整种植结构，推进农业产业化、规模化发展，形成顶坛百果园、珍珠芭乐、丰卿鲜切花、山后粉红色火龙果、苏溪大棚蔬菜、岭脚蛋鸡的“一村一特色”产业格局，带动产业发展、促进群众增收和村财增收。其中，在蓝廷珍府第通过搭建台籍科技特派员蔡志阳的创业平台，创办闽台高优百果生态示范园，示范推广台湾高优水果品种和种植技术，引进黄晶果、牛奶果、巴西樱桃等近百个高优水果品种，发展现代特色农业产业；后溪村通过实施土地开发，以土地流转的方式，引进台湾凤梨等高优水果种植，实现年土地租金收入13.5万元；同时利用后溪工业集中区优势，用土地开发奖补资金建设3个大幅广告牌出租，年收入约5万元，取得实实在在创收成效。

【旅游产业】 2019年，湖西畲族乡实施旅游强乡富民工程，致力于发挥旅游资源优势，完善旅游基础设施配套，打造“精优”旅游品牌。依托“五里三城”发展全域旅游，推进赵家堡潘阳二湖整治、蓝廷珍府第党建文化科技园建设、诒安堡民宿开发、国保文物修缮以及“五里三城”旅游连接线道路建设等工程，完善基础设施配套，树立品牌形象和“全域旅游”意识，丰富旅游业态。以举办中华一家亲•2019海峡两岸各民族欢度“三月三”节暨福建省第八届“三月三”畲族文化节•第十二届海峡两岸少数民族丰收节分会场活动为契机，增强各民族间和海峡两岸同胞的友谊，同时也提高蓝廷珍府第和畲乡特色旅游产品及手工制品的知名度。

【矿产资源生态修复】 2019年，湖西畲族乡推进矿产资源生态整治，修复全乡持证矿山3家，已全面落实停产停电整改并复绿；对持已过期证的2家矿山，全部停产并完成废料清运和相关设施拆除。

【污染防治攻坚】 2019年，湖西畲族乡开展生猪和牛蛙养殖污染整治，完成生猪养殖污染面源整治8家，并经县职能部门验收通过；完成牛蛙污染整治8家，拆除养殖面积1.52万平方米。以施行河长责任制为抓手，推进安全生态水系项目实施，确保辖内水质安全达标。

（陈舒彦）

· 赤岭畲族乡 ·

【概况】 2019年，赤岭畲族乡生产总值4.8亿元，比上年增长9%；规模工业产值0.72亿元，比上年增长1.5%；社会固定资产投资1.83亿元，比上年增长6.4%；财税总收入722万元，比上年增长16.45%；社会消费品零售总额1.91亿元，比上年增长15.06%；农村居民人均可支配收入1.88万元，比上年增长9%。至年末，全乡4546户，16556人。

【项目建设】 2019年，赤岭畲族乡推进赤岭卫生院综合楼及配套设施、油坑村污水集中处理项目主体、赤湖溪赤岭段生态水系、土塔村安全饮用水巩固提升项目和美丽乡村、敬老院修缮改造、建设和拓宽农村水泥路5千米、油坑村移民项目提升等7个为民办实事项目建设，完成项目投资16000万元，占年度任务数的111.1%。外出招商引资10次。完成新批注册内外资本4200万元，外资100万美元，完成年任务2000万元的210%。签约项目4个，落地4个，完成年任务4个的100%。

【“两违”整治】 2019年，赤岭畲族乡开展“两违”专项整治，对镇区两侧、沿县道两侧及耕保区加强重点巡控，拆除违章建筑和处置违法占地总面积2.55万平方米；土塔、大行等4个村申报“无违建”村。

【贫困户救助帮扶】 2019年，赤岭畲族乡落实各项扶贫开发政策，做好对贫困户、五保户及残疾户的救助扶持。开展贫困户小额信贷，对符合贷款条件的对象，协助办理相关手续，完成小额信贷续贷39户，发放贷款120.3万元；产业扶贫66户，发放第一、二批中央扶贫资金26.5万元。

【乡村环境整治】 2019年，赤岭畲族乡定期开展环卫整治行动，出动铲车、挖掘机等机械，对房前屋后、农贸市场、池塘、污水池等卫生死角的陈年垃圾进行集中清理；按照“村收集、乡转运、县处理”的模式，健全生活垃圾转运市场化运作机制，聘用专职保洁员及清运司机28人，实现生活垃圾日产日清。

【农产品安全监管】 2019年，赤岭畲族乡加强农产品质量安全监管，开展质量安全定性检测，完成农产品质量安全定性检测235例；加强水产品质量检测，落实水产品安全责任，按规定完成抽检任务，抽检合格率达到100%。

【生态环境保护】 2019年，赤岭畲族乡建立完善网格化环保监管体系，开展矿山整治、污垃治理、工业污染整治，突出河道水面管控治理，完善河道漂浮垃圾打捞清理市场化运作机制，提升辖区内水流域水质。推进生猪养殖面源污染专项整治，拆除和关闭禁养区、可养区规模以下养殖场76场，减少存栏1.66万头，拆除猪舍1.28万平方米；开展牛蛙养殖整治，拆除牛蛙养殖场6家，拆除面积1.63万平方米。针对中央环保督察反馈的矿山开采领域污染问题，抓紧抓实蔡坑矿山生态修复整治；以蔡坑矿区整治为起点，全面摸排污染源，对全乡非法洗砂、非法取土、石板材加工、木板材加工等行为进行专项整治，按要求复垦复绿。至年底，全乡2家持证矿山、10家非法违法矿山、15家石板材加工企业、6家非法洗砂场、15家木板材加工企业已全部按要求进行整治，并按标准推进生态复绿。

【文化事业发展】 2019年，赤岭畲族乡弘扬祖地文化、畲族文化，开展族谱对接和续编；力促电影和电视剧《蓝理将军》开拍；编排大型芗剧《蓝门虎将》。4月7日，成功举办中华一家亲·2019海峡两岸各民族欢度“三月三”节暨福建省第八届“三月三”畲族文化节、第十二届海峡两岸少数民族丰收节赤岭畲族乡分会

4月7日，中华一家亲·2019海峡两岸各民族欢度“三月三”节暨福建省第八届“三月三”畲族文化节、第十二届海峡两岸少数民族丰收节赤岭畲族乡分会场系列活动在赤岭畲族乡石椅村蓝氏宗祠“种玉堂”广场举行

（赤岭乡党政办 供图）

场活动。

【安全生产】 2019年，赤岭畲族乡落实森林资源保护和防火责任，加强巡逻管理，及时查处非法占用林地行为。投入10多万元，配套道路交通警示灯、安全指示牌、减速带等安全设施，整改道路交通安全隐患。在重大节日及重点时期开展安全生产大检查5次，排查消防、三合一等隐患23处，全部督促整改到位。

【赤岭畲族乡获评“全国民族团结进步模范集体”】 2019年9月27日，全国民族团结进步表彰大会在北京举行，大会宣读了《国务院关于表彰全国民族团结进步模范集体和模范个人的决定》全国有665个模范集体、812名模范个人受到表彰。漳浦县赤岭畲族乡获评“全国民族团结进步模范集体”。赤岭畲族乡位于漳浦县东北部，面积101.04平方千米，辖9个建制村、6个场，人口1.65万人，其中畲族人口占90%，是福建省畲族人口比例最高的民族乡。近年来，赤岭畲族乡引导农民走现代农业富民之路，发展花卉、油茶、台湾高优农业，注册了“叭叭跑”“畲乡土鸡”“畲乡杨梅”“畲乡蜜柚”等品牌农业商标，推动畲乡社会经济稳步增长。

（蓝鸿博）

·万安农场·

【概况】 2019年，万安农场加强国有土地资源管理，完成工业园项目启动区1000公顷收地扫尾工作，征地18.94公顷，拆除“两违”建筑9宗，面积9181平方米，完成矿山堆场复绿17.33公顷；土地确权办证面积2671.13公顷，100%完成土地确权任务；关注民生福祉，先后投入资金3211万元，完成垦区危房改造60套。至年末，农场7879人，其中职工4146人（在职2696人，退休1450人）。

【工业园收地扫尾】 2019年，万安农场结合万安生态产业园基础设施建设和项目引进进程，明确时间节点，落实工作责任，实行签约、砍青、清表、迁坟、平整、交地“六举齐抓”土地征收新模式，确保按时完成项目用地征收。完成启动区1000公顷收地扫尾工作，征地18.94公顷，涉及122户，迁移坟墓17座。

【农垦农场改革】 2019年，万安农场根据《中共福建省委、福建省人民政府关于进一步推进垦区发展的实施意见》及漳浦县人民政府关于农垦国有农场社会职能改革实施方案要求，至年底，万安农场办社会职能改革已完成，农场所承担的社会管理和公共服务职能，主要包括社会治安综合治理、信访、养老优抚、民兵训练、文化体育、广播电视、计划生育管理、基本医疗、公共卫生、侨务、移民安置、林业养护、“三供一业”、辖区道路建设维护、农场带村、基础教育补助等各类社会行政性、事业性和服务性职能，全部一次性移交由赤土乡政府接收，归地方政府统一管理，纳入财政保障范围。并在12月24日，成立新景、古陂、龙安、万祥4个社区。

【国有土地管控】 2019年，万安农场加强农场国有土地资源规范管理，开展“两违”综合治理专项活动，及时查处非法占建、抢建，非法买卖及变相承包土地，非法采矿、开采高岭土等不法行为，管控好农场3000公顷国有土地资源。拆除“两违”建筑9宗，面积9181.58平方米。土地确权任务数2860公顷，核减面积188.87公顷。至年底，已办证面积2671.13公顷，100%完成土地确权任务。

【矿山堆场复绿】 2019年，万安农场矿山堆场复绿任务24.67公顷，至年底，按要求完成17.33公顷，其中植树8000株、种植油茶1万株。办理临时堆场用地2.92公顷。

【人居卫生整治】 2019年，万安农场开展农村生活垃圾综合整治，聘用专职卫生清运队伍和保洁人员对全场各区（村）生活垃圾实行日产日清。投入15万元，对全场脏、乱、差现象进行整治，改善人居环境。

【道路交通安全】 2019年，万安农场落实省、市、县关于道路交通安全综合治理“三年行动”精神，开展场区道路交通秩序专项整治，对辖区内隐患路段进行排查，投入5万元对各路段隐患点安装减速带、护栏、凸面镜等，消除安全隐患。

（万安农场）

·玳瑁山茶场·

【概况】 2019年，玳瑁山茶场完成工农业总产值7229万元，比上年增长5%。其中，工业总产值292万元，比上年增长5.5%；粮食总产量299吨，比上年增长1.5%；水果总产量3441吨，比上年增长4%；茶叶产量142吨，比上年增长6%。投入40万元，完成垦区危旧房改造2户。至年末，茶场899人，其中在职职工665人，退休职工234人。

【农业农村工作】 2019年，玳瑁山茶场引导全场5户茶叶加工户改进茶叶加工技术，提升茶叶质量；全场茶叶产量142吨，产值320万元。组织富余劳动力参加技术技能培训，实现劳动力转移38人。实施精准扶贫及返贫跟踪管理，至年底，全场12户29人已全部实现脱贫。开展生猪养殖污染整治，全场5场养殖场已全部退养，其中拆除1家（面积514平方米）、转型3家，拟转型1家。

【农场办社会职能改革】 2019年，玳瑁山茶场依照社区居民委员会选举的法律程序，于6月23日进行玳瑁山社区居委会选民登记、公告，7月22日选举产生玳瑁山社区主任、副主任、委员。11月2日，玳瑁山社区移交赤岭畲族乡人民政府统一管理，茶场社会职能全部剥离。

【作业区卫生维护】 2019年，玳瑁山茶场雇用4名卫生保洁员负责全场日常卫生清扫，每月组织各作业区进行卫生大扫除、清理水沟26次，不定期在各作业区进行“四害”消杀。

【平安建设】 2019年，玳瑁山茶场围绕维稳、信访、矛盾排查，化解民事纠纷2件。安排工作人员每月上山巡逻8次，杜绝制假行为发生。开展交通安全整治，每月组织道安人员上路劝导4次，查处无牌无证车辆14起，不带头盔的32起，超员的16起。

（蓝龙辉）

·南山华侨茶果场·

【概况】 2019年，南山华侨茶果场围绕“一场一品”的经济发展思路，进行产业结构优化，晚熟优质荔枝品种“南山双肩玉荷包”种植超过67公顷，年产值250万元；投入40多万元，实施侨村排污排水工程建设和村道维修改造，补齐民生短板；开展精准扶贫攻坚，对全场建档立卡8户贫困户落实资金扶贫、教育扶贫、就业扶贫。

【产业结构优化】 2019年，南山华侨茶果场推进产业结构优化调整，引导群众对果树进行高接换种、改良，重点发展晚熟优质荔枝品种“南山双肩玉荷包”；至年底，全场种植“双肩玉荷包”荔枝超过67公顷，初步建成名优荔枝示范基地。名优荔枝收入达250万元。

【排污排水建设】 2019年，南山华侨茶果场实施侨村排污排水工程建设，投资40多万元，铺筑管道569.6米，砌筑雨水井22座、混凝土出口2座、筑井24座，拆除旧管道56米、旧雨水井4座、筑井5座。

【村道维修改造】 2019年，南山华侨茶果场投入2万元，对石步溪至枋林村的村道进行维修改造，并安装路灯44盏，为村民夜晚出行提供交通安全保障。

【职工社保代缴标准提高】 2019年，南山华侨茶果场多渠道筹措资金，将全场老职工、二女结扎户和单女户个人社保应缴纳部分，由原来的每月每人代缴58.2元，提高到每人每月代缴484.2元，减轻职工负担。

（张燕丽）

·漳浦盐场·

【概况】 2019年，漳浦盐场产盐39538吨，完成年生产任务的82.89%，销盐59965吨，实现销售收入2221万元（含税），完成税收375万元，上缴职工社保金450.7万元，其中补缴或经济补偿办理退休职工 2004 年至 2006 年期间中断的社保金 65.3 万元。

【技术升级】 2019 年，漳浦盐场注重科技创新，运用先进生产方式，先后开发出优质细白盐、精制食盐、日晒盐等一系列市场竞争力强的新品种。利用省盐田技术改造补助资金，做好盐田技术改造、滩场以及生产配套设施维护等；投入技改资金 89 万元完成 39 坎结晶池的升级改造，投入 55 万元完成蒸发池施沙压实、道路维修、运输沟河道整治、排泄洪设施清障等。

【项目建设】 2019 年，漳浦盐场投入 56.84 万元完成第五工区道路改建工程建设，投入 17 多万元对雄厝村"幸福院"进行装修改造，投入 71.6 万元实施漳浦盐场南环岛路防护栏建设工程，投入 70 多万元建设雄厝自然村环社水泥路及基础设施配套，投入 55.46 万元建设"美丽竹屿·智慧盐场"互动电视平台。

【社会民生】 2019 年，漳浦盐场投资 4.48 万元，不间断更新文化长廊宣传内容，使其成为宣传文明新风和政策法规的阵地。推进平安盐场建设，开展扫黑除恶、打击电信诈骗及平安宣传宣讲活动，发放扫黑除恶宣传彩页 2000 张，调解矛盾纠纷 34 起，调解率 94%。

【打造全省最大渔光互补光伏发电站】 漳浦盐场自 2017 年 6 月建成福建省最大的近海光伏发电示范项目——漳浦竹屿 100 兆瓦项目一期 30 兆瓦近海光伏发电站并网发电后，已实现发电量 5000 万千瓦时。相当于节约标准煤约 2 万吨，减排二氧化碳约 5 万吨。由于项目采用"立体开发，统一管理，综合利用"的开发形式，形成空中发电、水下养殖、陆上旅游观光的模式，达到"一地多用，渔游光互补"的效果，提高项目的综合效益，实现社会效益、经济效益和环境效益的共赢。

（陈建党）

·中西国有林场·

【概况】 2019 年，中西国有林场年度资金收入 1412.51 万元。其中，销售收入 939.23 万元（木材销售收入 938.87 万元，相思树种子收入 0.36 万元），拨入专项经费 437.19 万元，电力公司线路走廊林补偿款 8.87 万元，租金收入 22.36 万元，其他业务收入 4.88 万元；年度资金支出 1867.91 万元，其中专项经费支出 523 万元。

【营林生产】 2019 年，中西国有林场提早部署年度造林工作，联系引进工队，于 5 月完成年度 156.67 公顷造林任务，完成率 100%。根据立地条件和林木生长情况确定培育目标和营林措施，采取割灌除草、化学除草、定株经营、追肥等营林措施开展森林抚育，完成年度森林抚育任务 866.67 公顷，完成率 100%。

【木材生产及销售】 2019 年，中西国有林场年度计划出材 1.08 万立方米，实际审批 1.22 万立方米，完成 1.22 万立方米。根据木材销售市场行情，适时开展木材销售，组织木材招投标 12 次，投标标底总金额 777.6 万元，中标总金额 938.87 万元，增加利润收入 161.27 万元。

【国家级良种基地管理】 2019 年，中西国有林场以国家技术标准和规范为依据，加强良种基地质量管理，探索良种基地集约经营管理技术，提升主要造林树种良种基地建设管理水平和生产供应能力，实现林木良种基地建设规范化、管理集约化、质量标准化。至年底，抚育管理作业面积 120.4 公顷，种子园采种和种子处理作业面积 12.27 公顷，培育卷荚相思苗木 6 万株，科研调查实验 23.87 公顷，卷荚相思苗木嫁接实验 1.33 公顷，建设温室大棚 768 平方米。

【速生丰产林示范片建设】 2019 年，中西国有林场加大速生丰产林示范片建设力度，建立 100 公顷速生丰产林示范片，实施复层林建设、定株经营、成林抚育等营林技术措施，确保示范片速生丰产达标。

【病虫害防治】 2019 年，中西林场防止病虫害的发展和蔓延，进行枯木清理及病虫害防治 202.4

公顷。其中，枯木清理 48.53 公顷，白僵菌粉投放 148 公顷，化学喷药 5.87 公顷，病虫害得到有效防控。

【“一场一景”建设】 2019 年，中西林场“一场一景”已完成 3.1 千米游步道建设（硬化 2 千米、山路 1 千米、鹅卵石路 100 米），良种简介牌 8 个，六角休闲亭 1 座，休闲长廊 3 座，形成初具规模的森林旅游景观。有近 1 万人次前往观光，同时惠及周边 5000 多名职工群众。

【防灾减灾】 2019 年，中西林场落实安全生产责任制，下达安全生产责任书，把安全生产责任细化到单位、人，层层抓落实。由场领导带队分组到各管护站、各生产点进行检查督促，发现问题，立即整改。年度制作宣传横幅 24 条，警示标语 60 个。将护林防火常态化、制度化、规范化，确保无火灾事故发生。

（中西国有林场）

下蔡国有防护林场

【概况】 2019 年，下蔡国有防护林场围绕林场改革、资源培育、发展生态林场和美丽林场，完成海边林空地补植套种 1.15 万株，其中木麻黄 7170 株，马占相思 4300 株；新造林晴天浇水 8.16 万株次，化学除草 8.67 公顷，苗木追肥 5.05 万株次，病虫害防治 44.53 公顷；林道维修 15.5 千米，排水沟维修 15.2 千米。全年经营总收入为 162.03 万元，其中土地承包款收入 40.19 万元，银行利息收入 121.84 万元；经营总支出 497.78 万元，其中管理费用 401.34 万元（含五小费 19.43 万元），营林投资 83.93 万元，营业外支出 12.51 万元。

【林场改革通过国家验收】 2019 年，下蔡林场按照《福建省漳浦下蔡国有防护林场改革实施方案》计划的时间节点，按时完成各项改革；根据省发改委、省林业厅相关文件要求，做好档案的收集整理，对照上级林业部门要求的材料清单充实改革材料，11 月，通过国家验收。

【“一场一景”建设】 2019 年，下蔡林场“一场一景”项目——滨海生态园位于古雷半岛浮头湾下蔡林场下吕工区，占地面积 10 公顷，计划投资 298 万元。生态园内空气清新，环境优美，是一座天然的森林氧吧。至年底，已完成项目的规划设计。

【森林资源管护】 2019 年，下蔡林场将护林防火采用社会购买服务的方式进行外包，与承包人签订责任书，促使护林员每日不定时进入林区巡查。林场成立检查小组，对各片区林地管护、森林防火进行常态性的督察检查，发现问题及时整改。在节假日和防火戒严期，将场部所有人员都安排到重点地段值班，对重要部位严防死守。联合霞美镇和森林公安派出所，对林区道路乱晒鲍鱼养殖袋、随意在林区内堆放鲍鱼盆等易燃物品的现象进行清理整治，消除火灾隐患；查处破坏林木案件 1 起。

（下蔡防护林场）

7 月 17 日，下蔡防护林场管理人员正在整治林区环境

（下蔡防护林场 供图）

附 录

·文献选编·

在漳浦县第十七届人民代表大会第四次会议闭幕式上的讲话

中共漳浦县委书记 戴平忠

漳浦县第十七届人民代表大会第四次会议，经过全体代表和与会同志的共同努力，圆满完成了各项议程，即将胜利闭幕。会议期间，代表们肩负全县人民的重托，以饱满的政治热情和高度负责的精神，忠实履行职责，依法行使权力，听取和审议了“一府两院”和县人大常委会的工作报告，并作出了相关决议，凝聚着全体代表的智慧，代表了全县人民的意愿，使党的主张通过法定程序转化为全县人民的共同意志和自觉行动。这次大会开得很成功，是一次凝心聚力、务实高效、团结奋进、共谋发展的大会。

2019 年，全县各级各部门深入学习贯彻习近平新时代中国特色社会主义思想和党的十九大，十九届二中、三中、四中全会精神，认真落实中央和省委、市委的决策部署，坚持新发展理念，坚持高质量发展落实赶超，深入实施“大抓工业、抓大工业”三年行动，持续深化“三抓三比、十项竞赛”活动，全县经济社会发展呈现总体平稳、稳中向好的良好态势。一年来，县人大及其常委会坚持县委领导，认真履行宪法和法律赋予的各项职责，服务大局凸显新作为，监督工作取得新进展，代表工作展现新成效，履职本领显现新提升，为推进我县经济、政治、文化、社会和生态文明建设作出了应有贡献。各位代表牢记使命，依法履职，积极建言献策，通过提出议案、建议、批评和意见，以及参加调研、视察、执法检查活动等有效途径，密切与人民群众的联系，充分发挥了代表在关注民生、服务发展、构建和谐等方面的积极作用。县委对人大的工作是满意的！借此机会，我代表县委，向县人大常委会和各位县人大代表表示衷心的感谢！

2020 年是全面贯彻落实党的十九届四中全会精神的关键一年，是“十三五”收官之年，是全面完成脱贫任务、全面建成小康社会的决胜之年。希望大家切实把思想和行动统一到中央和省、市、县委的决策部署上来，把智慧和力量凝聚到大会确定的目标任务上来，不断增强大局意识、责任意识，务实重行、真抓实干，团结动员全县广大干部群众，为建设新时代富美金漳浦再作新贡献、再创新业绩。

一要深化认识，坚定制度自信。党的十九届四中全会通过了《中共中央关于坚持和完善中国特色社会主义制度、推进国家治理体系和治理能力现代化若干重大问题的决定》，这是以习近平总书记为核心的党中央着眼党和国家事业发展全局作出的重大战略部署。人民代表大会制度作为中国特色社会主义制度的重要组成部分，是符合中国国情和实际、体现社会主义国家性质、保证人民当家做主、保障实现中华民族伟大复兴的好制度。我们要坚持“制度自信”，充分发挥人民代表大会制度这一根本政治制度作用，继续通过人民代表大会制度牢牢把国家和民族前途命运掌握在人民手中，把人民代表大会制度坚持好、完善好、发展好。

二要提高站位，坚持党的领导。坚持党的领导，是人民代表大会制度的一项重大政治原则，也是人大工作坚持正确政治方向的关键。县人大和广大代表，要坚持把深入学习贯彻习近平新时代中国特色社会主义思想和十九届四中全会精神作为首要政治任务，增强“四个意识”，坚定“四个自信”，做到“两个维护”，在政治立场、政治方向、政治原则和政治道路上始终同以习近平同志为核心的党中央保持高度一致，确保党始终成为引领人大事业发展的坚强领导核心。要树牢县四大班子“一盘棋”思想，真正把思想和行动统一到县委的部署上来，始终做到与党委同心、与大局同步、与人民同声。

三要齐心协力，主动服务大局。主动把人大工作放在全县发展大局中去思考、去谋划、去推进，切实做到依法行使职权从大局着眼、开展各项监督为大局助力、组织代表活动为大局服务。要紧扣县委的总体部署和目标任务，深入开展调查研究，提出含金量高的意见建议，特别是要围绕“重点区域”“大抓工业、抓大工业”“三大攻坚”、高质量发展落实赶超、生态环境保护、优化营商环境、民生改善等各项重点工作，多方位、多角度、多层面开展视察调研，察实情、建真言、献良策，为县委、县政府科学决策提供有力依据。

四要履职为民，践行初心使命。人民代表人民选，人民代表为人民。履职为民是宪法法律赋予人大常委会和人大代表的神圣使命。我们每一位代表都要树立“以人民为中心”的发展思想，忠实践行“人民选我当代表，我当代表为人民”的承诺，始终做到为民代言、为民办事、为民解忧。特别要聚焦困难群众“两不愁三保障”、补齐民生社会事业短板、加强生态文明建设、社会安定稳定等群众密切专注的领域，深入开展调研，强化督促检查，善做人民的倾听者，勇当群众的代言人，努力让改革发展成果更多、更好地惠及全县人民，不断提升全县人民群众的幸福感、获得感。

五要与时俱进，强化自身建设。我们要把加强自身建设摆在更加突出的位置，准确把握人大工作的新特点、新规律，弘扬担当作为精神和求真务实作风，把勤学习、善思考作为政治责任和精神追求，深入学习贯彻习近平新时代中国特色社会主义思想，认真钻研宪法法律法规和人大业务知识，不断提高依法履职的能力和水平，开创人大工作新局面。要深入落实全面从严治党要求，抓好人大机关干部队伍建设，始终以过硬作风、良好形象为人民用权、为人民履职、为人民服务，自觉接受人民监督，确保人大机关成为全面担负起宪法法律赋予的各项职责的工作机关，成为同人民群众保持密切联系的代表机关。

新时代赋予新使命，新使命呼唤新作为。让我们更加紧密地团结在以习近平同志为核心的党中央周围，紧紧依靠全县人民，不忘初心、牢记使命，团结拼搏、锐意进取，为决胜全面建成小康社会、加快建设新时代富美金漳浦而努力奋斗！

漳浦县人民代表大会常务委员会工作报告

（节选）

——在漳浦县第十七届人民代表大会第四次会议上

漳浦县人民代表大会常务委员会主任　刘达文

·过去一年的主要工作·

2019年，县人大常委会在县委的直接领导下，高举中国特色社会主义伟大旗帜，以习近平新时代中国特色社会主义思想为指导，坚持党的领导、人民当家做主、依法治国有机统一，依法行使监督、决定、任免等职权，着力推进高质量发展落实赶超，为新时代富美金漳浦建设作出了积极贡献。全年共听取和审议专项工作报告14项，讨论并作出重大事项决定、决议23项，形成审议意见10件40条；先后对4部法律法规实施情况进行检查，开展调研、视察和跟踪督查活动17次；任免国家机关工作人员51人次，全面完成县十七届人大三次会议确定的工作任务。

一、坚持县委领导，服务大局凸显新作为

围绕县委决策部署，主动服从服务全县经济社会发展，充分发挥县人大常委会的职能作用，服务大局凸显新作为。

（一）旗帜鲜明讲政治。深入学习贯彻习近平新时代中国特色社会主义思想和党的十九大，十九届二中、三中、四中全会精神，不断增强“四个意识”、坚定“四个自信”、坚决做到“两个维护”，始终在政治立场、政治方向、政治原则、政治道路同以习近平同志为核心的党中央保持高度一致。自觉把县委领导贯彻于人大工作的各方面和全过程，确保县委的主张经过法定程序成为全县人民的共同意志。完善向县委请示汇报制度，重大事项、重要工作、重要会议、重要活动及时主动报告，保障人大工作更好地围绕中心、服务大局。坚持党管干部与人大依法任免干部有机统一，严格依法做好人事任免工作，确保市委、县委推荐的人选通过法定程序成为我县国家机关领导人员，保障机构改革顺利推进。

（二）围绕部署抓落实。紧紧围绕中央和省委、市委、县委关于加强县乡人大工作和建设的决策部署，设立县人大法制、财政经济、社会建设以及监察和司法委员会，进一步健全县人大组织建设；全面落实县乡人大会议制度，保障县人民代表大会每年至少举行一次，乡镇人民代表大会每年召开两次；加强对乡镇人大及其主席团的工作指导，充分发挥县乡人大职能作用，推动地方人大制度与时俱进。根据县委工作安排，开展国家卫生县城和省级文明县城创建工作情况督查，助力省级文明县城创建持续深化；县人大常委会领导挂钩重点项目和联系乡镇，机关挂钩帮扶贫困户，助推目标任务顺利完成。

（三）聚焦主业促发展。听取和审议2018年度县本级决算报告并作出决议，审查批准县本级、绥安工业区管委会、古雷港经济开发区管委会2019年度预算调整方案，促进财政资金的安排和调整使用更加惠及民生。审查批准县本级政府债务限额管理及新增政府债券资金安排使用预算调整方案，新增政府债券资金主要用于精准脱贫、生态建设和环境保护、经济结构调整、农村公路、乡村振兴以及人居环境整治等项目建设。审查批准朝阳水库工程

PPP项目可行性缺口补助支出责任纳入县政府年度财政预算和中长期财政规划，大力支持县政府运用企业主体、政府引导、市场化运作的模式，实施全县人民盼望已久的民生工程。

二、围绕问题导向，监督工作取得新进展

坚持正确监督、有效监督，完善监督机制，推动人民群众关注的热点难点问题不断得到解决，监督工作取得新进展。

（一）加强法律监督，推动法律法规正确实施。按照突出重点、增强实效的原则，开展土地管理法、婚姻法、教师法“一法一办法”、就业促进法等法律法规实施情况的检查，分别形成执法检查报告，连同审议意见交执法机关办理。通过开展土地管理法执法检查，推动县政府及其有关部门健全完善土地管理机制、加强收储土地管理、规范农村建房、提升土地管理服务水平。通过对婚姻法实施情况的检查，推动县法院加大婚姻法宣传教育力度，深化人民调解、法律援助和救助工作，不断提升司法公信力，筑牢公平正义最后一道防线。与省、市人大常委会联动，开展教师法“一法一办法”执法检查，常委会组成人员针对检查中发现的问题，提出审议意见，督促县政府及有关部门进一步保障教师合法权益、促进教育均衡发展、提升教学质量。受市人大常委会委托，开展就业促进法执法检查，助推扩大就业、促进就业、统筹就业。

（二）加强工作监督，促进依法行政公正司法。听取和审议县政府关于2019年环境目标完成情况的报告，要求县政府及其有关部门围绕中央第二轮生态环境保护督察组反馈的问题及信访交办件和我县环境污染的突出问题，深化专项整治，提升治理效能，使人民群众切实感受到环境状况的改善。听取和审议漳浦医保局关于执行社会保险法情况专项工作报告，推动该局进一步落实社会保险法的有关规定，促进医保基金征缴管理使用更加规范、安全、有效，更好地维护人民群众的合法权益。听取和审议县检察院关于刑事案件认罪认罚从宽制度落实专项工作报告，督促县检察院贯彻宽严相济刑事政策，充分发挥刑罚的惩罚警示和教育矫正功能，提升司法质效和社会治理能力。

（三）完善监督机制，千方百计增强监督实效。开展村级组织建设、花卉产业发展、漳浦台湾农民创业园发展情况工作调研，组织对城市愿景、民营经济发展等视察，提出合理化建议，促进“一府两院”采取有力措施，改进相关工作。对自来水普及与饮用水安全、海洋与渔业、社会养老服务体系建设、城镇职工基本养老保险工作及食品安全“一法一例”、残疾人保障法、漳州市市容和环境卫生“门前三包”责任区管理若干规定执法检查工作整改情况进行跟踪督查，增强监督实效。主任会议专题听取报告机关关于“审议意见”研究处理情况的报告，更好地发挥“审议意见”的监督功能作用。把信访工作作为监督工作的重要组成部分，今年以来共接待群众来访32批62人次，受理群众来信40件，依法推动群众合理诉求有效解决，促进社会和谐稳定。

三、突出主体地位，代表工作展现新成效

围绕代表主体地位，不断加强和改进代表履职服务保障，有效激发代表履职热情，代表工作展现新成效。

（一）充分保障代表依法履职。进一步落实省人大常委会党组关于加强和改进人大代表履职有关工作的实施意见，积极主动为代表履职创造条件。加强代表履职培训，组织部分市、县代表到全国人大北戴河培训中心、深圳人大培训基地参加培训，不断提高代表的履职能力和水平。充分运用“福建省三级人大代表履职服务平台”，实现代表基本信息在线查询，为代表履职提供信息化服务。加强市、县代表专题调研和集中视察活动的组织工作，提高代表履职活动的针对性和实效性。

（二）不断拓展代表履职平台。加强平台建设，持续推进乡镇人大代表联系群众活动室建设和工作，进一步密切代表与人民群众的联系。县政府拨出专款支持乡镇人大代表联系群众活动室建设和工作，促进代表履职常态化、长效化。注重示范引领，设立县级代表联络处1个，村级代表联系点9个，不断拓展人大代表联系群众平台。持续深入开展“6·28代表统一活动日”活动，今年活动主题为“乡村振兴、代表有责”，代表们提出了“加快农村一二三产业融合，优化要素配置，转变经营方式”等建

议，促进了乡村振兴战略的深入实施。邀请代表列席县人大常委会会议、参加县人大常委会组织的调研、视察、执法检查和跟踪督查等活动，扩大代表对县人大常委会工作的参与度。各乡镇人大主席团还在县乡人民代表大会召开前夕，组织代表走访选民，通报工作、倾听呼声。

（三）切实提高建议办理质量。通过对代表建议会议集中交办、网上及时交办，增强办理工作的自觉性、主动性、时效性。开展代表建议办理工作检查，督促办理单位认真落实代表建议办理工作责任制，做到"责任、措施、质量"三统一。将与民生关系密切、迫切需要解决的代表建议作为重点督办件，由县人大常委会领导牵头督办，促进重点、难点问题的解决。听取和审议县政府关于县十七届人大三次会议代表建议办理情况的报告，推动代表建议办理工作从"答复型"向"落实型"转变，建议县政府将代表建议所需资金列入年度财政预算，为代表建议有效办理提供财力支持。县十七届人大三次会议期间，代表提出建议、批评和意见 94 件，办复率 100%，解决和部分解决占 79.80%，满意度 98.80%。

四、加强自身建设，履职本领呈现新提升

以政治建设为统领，认真贯彻"既要政治过硬，也要本领高强"的要求，深化"两个机关"建设，履职本领呈现新提升。

（一）加强理论武装。以"不忘初心、牢记使命"主题教育为契机，全面系统、持续深入学习宣传贯彻习近平新时代中国特色社会主义思想，认真学习贯彻习近平总书记在庆祝人民代表大会制度成立 60 周年的重要讲话精神以及对地方人大及其常委会工作的重要指示批示精神，全面兴起"大学习"热潮。按照学懂弄通做实的要求，坚持领导带头学、联系实际学、长期跟进学，自觉把习近平总书记关于坚持和完善人民代表大会制度的重要思想作为根本遵循，用于指导和推进新时代地方人大工作。

（二）加强机关建设。全面落实从严治党主体责任，主动落实党建主体责任和党风廉政建设责任制，坚持把纪律和规矩挺在前面，推动管党治党政治责任有效落实。改进调查研究方式，听真话、察实情，促使人大工作更好体现人民意志与利益。严格执行中央八项规定精神，认真落实市委机动巡察反馈意见，从严从实、真抓实干推进整改工作，并从建章立制上下功夫，不断巩固整改成果。坚持严管和厚爱相结合，激励机关党员干部新时代新担当新作为。

（三）加强制度建设。以地方人大设立常委会 40 周年为契机，对历年来县人大常委会规范性文件进行梳理，决定对县人大常委会议事规则等 6 件规范性文件进行修改。坚持以宪法和法律法规为依据，认真听取人大代表和各方面意见，将新修订的地方组织法、新实施的监察法等法律法规的规定写进规范性文件，同时，对工作程序进一步规范、对履职要求进一步明确，确保修订后的规范性文件更加依法、规范、实效、管用，更好地保障和规范县人大常委会依法行使职权、提高议事效率。

一年来，县人大常委会各项工作取得的成绩，是县委坚强领导的结果，是全体县人大代表、常委会组成人员和县乡人大干部共同努力的结果，是县政府、县监委、县法院和县检察院密切配合的结果，是广大人民群众、社会各界和县人大常委会老领导、老同志大力支持的结果。

在看到成绩的同时，我们也清醒地认识到存在的问题和不足，主要是：推动解决人民群众关注的热点难点问题的途径有待进一步拓宽；讨论决定重大事项的质量有待进一步提升；服务保障代表履职有待进一步完善；县人大常委会及机关的自身建设有待进一步加强等。我们将认真听取人大代表和各方面意见，不断加以改进和提高。

政府工作报告

（节选）

——在漳浦县第十七届人民代表大会第四次会议上

漳浦县人民政府县长 黄庆华

·2019年工作回顾·

2019年，是漳浦发展史上极不平凡的一年。我们在省委省政府、市委市政府和县委坚强领导下，高举习近平新时代中国特色社会主义思想伟大旗帜，全面贯彻党的十九大和十九届二中、三中、四中全会精神，深入开展“不忘初心、牢记使命”主题教育，坚持高质量发展落实赶超，坚决打好三大攻坚战[①]，扎实推进“大抓工业、抓大工业”，攻坚克难、奋勇拼搏，经济社会保持平稳健康发展。预计全年实现地区生产总值394.30亿元，同比增长8%；固定资产投资250亿元；规模工业总产值381亿元，同比增长9.20%；规模工业增加值108亿元，同比增长9.20%；一般公共预算总收入27.30亿元，同比增长4.60%；地方一般公共预算收入17.30亿元；社会消费品零售总额145亿元，同比增长11%；实际利用外资2.80亿元；出口总值41亿元；城镇居民人均可支配收入39231元，同比增长8.80%；农村居民人均可支配收入21748元，同比增长9.20%。指标稳中有进，工作富有成效：“大抓工业、抓大工业”效益凸显，天福集团纳税再上亿元，同溢堂荣获“中国驰名商标”；成功打通印石中路、金鹿东路等9条断头路，城市道路更加畅通；漳浦东部香山湾片区强势崛起，万新、明发、泰禾、雅居乐等项目快速推进，海岸新城初显魅力；获评省级森林县城，推荐为国家卫生县城，城市生活品质不断提升；响应国企“混改”[②]，组建龙睿智城混合所有制公司，推动漳浦智慧城市建设迈上新台阶；县行政服务中心和漳浦汽车站顺利搬迁扩容；朝阳水库PPP[③]项目正式签订投资合作协议，进入实质性实施阶段；成功举办第十届全国石斑鱼产业发展论坛、蝴蝶兰产业高峰论坛、佛昙河豚文化节、六鳌地瓜节、乌石荔枝节，漳浦农业品牌持续打响；成功举办2019海峡两岸各民族欢度“三月三”节，赤岭乡荣获“全国民族团结进步模范集体”；漳浦一中荣获“全国教育系统先进集体”，广播连续剧《闽宁镇》获得第十五届全国精神文明建设“五个一工程”奖，黄道周讲学处入选第八批全国重点文物保护单位，漳浦籍运动员卢云秀荣获世锦赛女子帆板冠军，漳浦文教体影响力逐步扩大。

这一年，我们顶住经济下行压力，凝心聚力抓发展，实体经济持续增长。

工业经济稳步提升。完成工业投资114亿元，同比增长12%，实现工业税收9亿元，同比增长22.30%。出台扶持工业发展和招商引资优惠政策“43条”，新增规模企业16家、总数达到262家。绥安工业区实现产值200亿元、税收4.90亿元，连续三年在全市工业园区建设竞赛稳居第一。赤湖工业园闲置土地处置进一步加快，实现产值27亿元、税收8500万元。万安工业园万福路、万钦路等市政道路PPP项目全面开工，融合创业园、移民创业园、污水处理厂等一批项目加快推进，具备承接大项目落地条件。全年签约项目27个、总投资125.5亿元，鹏利玩具、达川二期、政伸印刷等一批亿元项目开工建设，和丰食品、富洋皮革扩建、美佳金属等一批重点项目建成投产。营商环境不断优化，补办工业企业不动产证35家、20万平方米，处置闲置土地1000亩；兑现工业激励资金2750万元，减轻企业负担5000万元。

现代农业加快推进。实现农林牧渔总产值117亿元、增长3%。闽台兰花产业园开工建设，万辰生物科技被确认为省级优质农产品标准化示范基地，“佛昙河豚”获得地理标志证明商标。畜禽粪污资源化利用率达95%以上，化肥、农药使用实现零增长。脱贫攻坚成果持续巩固，发放财政专项扶贫资金1051万元，受益1581户、5077人。完成造林绿化2.40万亩，森林覆盖率达55%。六鳌一级渔港竣工投用，岱嵩、崂岈山一级渔港纳入省渔港建设规划。

第三产业不断发展。全年接待游客619万人次，实现旅游收入75.80亿元，分别增长16.20%、24.80%。金仕顿大酒店获评“五星级旅游饭店”，天福茶博物院入选省级养生旅游休闲基地，抽象画廊入选3A景区，七星海国际滨海旅游度假区加快推进。举办“亲情中华杯”全国少年足球邀请赛、海峡两岸游泳邀请赛、南浦“穿越龙溪古镇”等特色活动。电子商务加速发展，实现电子商务交易额42.40亿元、增长20.10%，绥安镇入选中国淘宝镇，六鳌地瓜、畲乡蜜柚、白山鞍老萝卜干等特色农产品成为“网红”。

这一年，我们直面生态严峻形势，痛定思痛抓整治，生态环境持续改善。

坚决扛起生态建设政治责任。第二轮中央生态环保督察给我们上了一堂深刻的警示教育课，暴露出我县在贯彻落实习近平生态文明思想方面存在巨大差距，在经济社会发展中长期存在“重规划、轻实施，重发展、轻保护”的严重问题。全县广大干部群众受到严重警醒、深刻反思，对环保督察组指出的问题全面认领、照单全收，以实际行动坚决扛起生态环境保护和生态文明建设的政治责任。

迅速打响矿山整治歼灭战。全县各级各部门敢于自亮家丑、直面问题，全面开展复垦复绿大行动。四个月来，顶高温、战酷暑，以宁可脱皮掉肉也绝不掉队的决心和勇气，组建13个工作专班、4个督查组统筹推进全县生态环境治理工作，连续下达7批核查整治任务清单，严肃整治持证矿山16家、非法矿山98个、矿产卫片图斑31个、废弃矿山23个、非法洗砂场101个、石板材加工厂299家，抓捕非法采矿案件犯罪嫌疑人73人，党纪政务立案9人，留置干部3名；查获涉案车辆765部，拆除涉矿违建9050平方米，种植绿化苗木129万株，完成复垦复绿11081亩，全县矿山无序开采现象迅速得到遏制，解决了几十年来久拖未决的矿山治理“老大难”问题。整治工作取得阶段性成效，得到上级肯定，全市全面提升矿产资源管理水平现场会在我县召开。

全面完善生态保护机制。以矿山整治专项行动为主抓手，举一反三，全面推动林业、海洋、水环境专项整治。从严从紧设立矿权，实施天上看、地上查、网上管，建立最严格的矿山监管机制。建设污染源大数据库，加大源头治理。

各位代表，绿水青山才是最好的金山银山，我们要知耻而后勇，变后进为先进，打一场生态环境保护的翻身仗，赢回“金漳浦”的千年美誉！

这一年，我们聚焦民生热点难点，想方设法抓投入，民生短板持续补齐。

城市更显宜居。投入23.70亿元，实施城建项目113个，威惠庙、旧县衙、和康大道三条城市中轴线脉络逐步彰显，蓝理路、府前唐街、武庙广场、印池公园、龙湖湿地生态园等一批市政项目相继建成，县城主干道全部实现“白改黑、上改下”[④]。新改建公厕64座，新增停车场3处、停车位219个。投入7000万元，完成县污水处理厂扩容提标改造。投入1亿元，实施“雪亮工程”[⑤]“数字城管”，治安防控更加立体化，城市管理更加精细化，刑事案件及治安案件大幅下降，平安三率[⑥]稳居全市第一。

乡村更加美丽。投入3600万元，打造湖西苏溪、石榴温斗、大南坂刺塘后等15个市级以上美丽乡村。官浔红霞、深土山尾、六鳌鳌西入选第五批中国传统村落。投入6000万元，实施“百路千村·两违”[⑦]专项行动，强化铁路、高速、沿海大通道“三线”环境综合整治，整治裸房92栋、平改坡235栋，拆除违建9320平方米。新建盘陀、赤土、深土3座乡镇生活垃圾转运站，绥安大埔在全市首推农村生活垃圾干湿分类。投入1.50亿元，加快推进湖西、前亭、佛昙等乡镇至沿海大通道连接线，万安高速互通口获批，群众出行更加安全便捷。投入1.60亿元，建设南浦、赤湖、长桥、湖西、官浔、赤岭、马坪等7个乡镇56公里安全生态水系，实施绥安、旧镇、大南坂等14个乡镇农村饮水安全项目。

民生更快补齐。全年财政用于民生支出39.30亿元、增长4.40%。荣获省级科普示范县，率先推行台籍科技特派员[8]制度，科技特派员实现行政村全覆盖。漳浦一中通过省一级达标校考评，新续建第二实验幼儿园新园、前亭第二中心幼儿园等9所公办幼儿园。文体中心加快推进，建成府前唐街净凉阁文化广场和87个基层综合性文化服务中心，县图书馆重装开放，闽台畲族文化馆修缮完成。迁建、续建县医院产科及手术室、县疾控中心实验大楼和县第二医院及官浔、六鳌、湖西、赤岭等一批乡镇卫生院主体工程，通过全国基层中医药工作先进单位复审验收。累计发放低保及特困人员保障金7075万元。改造提升养老服务中心7个、居家养老服务站11个，建设农村幸福院42个，建成赤土五星级养老服务照料中心，社会福利中心和乡镇敬老院实现“公建民营”[9]。组建乡镇退役军人服务站17个，投入1000万元为符合政府安置条件退役士兵进行社保接续。新增城镇就业5549人，帮扶安置公益性岗位350个。此外，顺利完成新一轮机构改革；古雷、杜浔、沙西、霞美四镇成建制委托古雷开发区管理，实行“区地合一”。统计审计、安全生产、食品药品、物价粮食、民宗外侨、双拥支前、网络媒体、工青妇残、老干老龄、老区老促等各项工作均取得新进展。

我们也清醒看到工作中存在的问题不足：经济总量小、大项目少、结构不优，加快高质量发展任务艰巨；民营企业发展还面临很多困难，传统产业改造提升缓慢；生态保护形势依然严峻，生态文明建设任重道远；民生短板突出，公共服务亟须提升；政府职能部门形式主义、官僚主义，不作为、慢作为依然存在，“四风”问题有所抬头，依法行政体系尚不完善，政府自身建设有待加强。我们要直面困难问题，采取针对性措施，认真加以解决。

·《政府工作报告》有关注解·

①三大攻坚战：即防范化解重大风险攻坚战、精准脱贫攻坚战、污染防治攻坚战。

②国企“混改”：指在国有控股的企业中加入民间（非官方）资本，使得国企变成多方持股，但还是国家控股主导企业，来参与市场竞争。

③PPP：(Public-Private Partnership)，又称PPP模式，即政府和社会资本合作，是公共基础设施中的一种项目运作模式。

④白改黑、上改下：水泥混凝土路面（灰白色）改建为沥青混凝土路面（黑色）；电线移入地下，使用地下管道电缆。

⑤雪亮工程：以县、乡、村三级综治中心为指挥平台、以综治信息化为支撑、以网格化管理为基础、以公共安全视频监控联网应用为重点的“群众性治安防控工程”。

⑥平安三率：群众安全感率、平安建设知晓率、政法机关执法满意率。

⑦百路千村·两违：把“两违”综合治理工作融入生态文明、乡村振兴战略、农村人居环境整治，以镇为单位至少选择一条贯穿全境的主干道，组成“百路”，并由“百路”沿线两侧途经行政村组成“千村”，以路为线，以村为点，沿线连片，两侧延伸范围内，拆除“两违”建筑、拆除铁皮搭盖、拆除围占圈地、拆除违规广告、整治垃圾污水、整治杂物废料、整治网线外机、整治裸房沟渠。

⑧科技特派员：经地方党委和政府按照一定程序选派，从事科技成果转化、优势特色产业开发、农业科技园区和产业化基地建设以及医疗卫生服务的专业技术人员。

⑨公建民营：政府出资修建养老机构，再通过委托管理、合作运营、购买服务等方式进行社会化运营。

政协第十四届漳浦县委员会常务委员会工作报告

（节选）

——在漳浦县政协十四届四次会议上

漳浦县政协主席　林培兴

·2019年工作回顾·

一、紧抓理论武装，增进各界共识

思想是行动的先导，理论是实践的指南。我们坚持把加强理论武装作为更好履职的前提，坚定政治立场，提高政治站位，始终保持人民政协事业沿着正确的政治方向发展。

（一）在学习引导中深化共识。一年来，按照“懂政协、会协商、善议政”的要求，组织学习《中共中央关于新时代加强和改进人民政协工作的意见》、习近平总书记在中央政协工作会议暨庆祝中国人民政治协商会议成立70周年大会上重要讲话精神，全国和省市地方政协工作交流会议精神。党的十九届四中全会召开后，我们把学习十九届四中全会精神当作首要的政治任务，在全县政协系统迅速掀起了学习宣传贯彻的热潮。通过多形式、多层次的学习培训活动，政协委员和政协干部进一步增强“四个意识”，坚定“四个自信”，做到“两个维护”。

（二）在履职实践中巩固共识。准确把握人民政协的性质定位、职能作用、工作原则，坚持围绕县委、县政府的中心任务谋划和推进政协的各项工作，做到县委决策的事，政协就坚决落实；政府部署的事，政协就全力助推；人民期盼的事，政协就积极反映。通过扎实开展调研视察、协商议政、提案督办、民主评议、走访联谊、扶贫济困等一系列丰富多彩的履职活动，“在学中干，在干中学”，让广大政协委员在知情明政中理性认识现实问题，在分析论证中探寻方式方法，在规范监督中促成问题解决，使我们业已形成的共识在改革发展的生动实践中得到不断巩固。

（三）在加强宣传中扩展共识。人民政协的宣传工作是党的宣传工作的重要组成部分。我们高度重视发挥新闻媒体的作用，不断加强和改进政协宣传工作，为人民政协事业发展赢得了更为广泛的社会认可和支持。一年来，我们通过电视台、报纸、网络及时宣传我们的履职作为和委员风采，并通过走访委员和异地商会，广泛宣传党的路线方针政策，宣传县委县政府的决策部署，通过一系列全方位、多角度的宣传，使社会各界对中国特色社会主义政治制度优越性的共识、政协履职为民的共识和对我县发展充满信心等共识得到了进一步的扩展。

二、紧扣发展主题，积极履职作为

（一）强化协商议政。围绕县委、县政府的中心工作以及全县经济、政治、文化、社会和生态文明建设中的重大问题，精心制定协商计划，不断丰富协商形式，努力提升协商能力，切实增强协商实效，推动了协商民主的广泛多层制度化发展。一年来，先后召开三次议政性常委会议，听取县教育、民政、文化体育旅游、卫生健康、社会保障、医疗保障、应急管理、行政服务中心等部门作工作情况通报，并围绕相关工作进行了专题协商。我们还与县政府召开了联席会议，就老旧住宅增设电梯、规范小区物业管理、绥东溪和南门溪污染整治、县城区停车位建设、加大教育事业投入、缓解看病贵看病难等六大热点难点问题进行了充分协商，达成了共识，推动了热点难点问题的有效解决。此外，我们先后就关帝文化公园征迁和建设工作、绥东溪污染源整治，与县政府分管领导和有关部门领导召开专题协商会议，达成一致意见，并多次组织有关部门和政协委员到现场进行视察。经过反复协商，有力推动了县城关帝文化公园建设和绥东溪污染源整治工作。

（二）强化民主监督。按照“在参与中支持、在支持中服务、在服务中监督”的要求，注重通过在各项履职活动中提出批评性、建设性意见，有效地强化民主监督，做到开展监督有计划、有题目、有载体，促进监督水平和监督实效的提高。充分发挥好提案监督作用，采取党政领导牵头办理、政协领导领衔督办等有效措施，强化“支持和鼓励民营企业健康发展”等重点提案的督办工作，促进了提案的办理落实。组织委员对《加强县城绥东溪治理的建议》进行带案视察，与提案承办单位开展提案办理协商，提出要排查排污企业、完善排污管网、增设污水处理站等建议，有力地促进了提案建议采纳落实。开展了优秀提案和提案承办先进单位、先进个人评选活动，激发了政协委员、承办单位参与政协提案工作的热情。一年来共立案提案 89 件，已办结的有 88 件，答复率、办结率和满意率均达到 99%。通过扎实有效办理，提案作为政协一项全局性工作的作用得到了充分发挥，产生了良好的社会效益。

（三）强化咨政建言。围绕“党政所想、发展所需、群众所盼、政协所能”的特点，先后组织政协委员、有关部门就食品安全、工业污水治理、农村人居环境整治、惠台政策落实情况、住宅小区公用电梯配置及运行等多个事关全县经济社会发展的重大课题和人民群众普遍关注的热点问题，深入实际开展专题调研或集中视察活动，形成 8 篇视察、调研报告，为县委、县政府科学决策提供重要参考。

三、紧密联系各方，广泛凝心聚力

（一）努力汇聚发展力量。注重加强同各社会团体、工商联和民族宗教界人士的协作交流，充分保障他们在政协履职的民主权利，邀请参加调研视察、座谈交流等活动 120 多人次，最大限度地支持他们为漳浦经济社会发展协商建言、献智出力。加强与非公企业、台资企业、异地商会、专业合作经济组织人士的沟通联系，积极构建“亲”“清”新型政商关系，组织召开台籍委员、企业家座谈会，就进一步改善营商环境、扶持壮大民营企业开展协商讨论，了解实情解难题、答疑解惑理情绪，竭力为县域经济快速发展提振精气神、汇聚新活力。

（二）努力增进社会和谐。通过开展委员大走访、大宣讲、大调研活动，鼓励委员走出去、下基层，及时向社会各界宣传习近平新时代中国特色社会主义思想和党的十九大、十九届四中全会精神，广泛听取和反映群众意愿呼声，协调化解各方面矛盾问题，充分彰显了政协组织联系社会各界、协调各方关系、维护和谐稳定的优势。加强与上级及兄弟县（市、区）政协的互动交流，先后配合省、市政协视察调研文物保护、少数民族文化保护传承与创新发展等工作；协助市政协在我县召开全市科教卫体委工作座谈会。配合浙江泰顺、江苏仪征、湖南岳阳、四川泸州、泉州惠安等 20 余个省内外兄弟县市政协考察团来我县就对台经贸、休闲农业、文化创意园等工作开展了实地调研；组织部分机关干部和政协委员赴浙江台州、宁德福安等地考察学习，进一步增进了政协对外宣传和互促互进。

（三）努力扩大社会影响。广泛发动社会力量开展文物研究、文化传承和文史挖掘，牵头组织古雷整岛搬迁纪实 4 本系列丛书、《漳浦关帝文化》征集编写。目前已编印出版《潮涌鼓擂》《漳浦文史资料》（第三十八辑）等 2 部书籍，《凤凰展翅——古雷整岛搬迁纪实》《古雷半岛民间信仰与社会变迁》正在进行审稿，即将付印。采编制作“政协委员风采”栏目 5 期，将委员议政建言当参谋、反映民意倾真情、立足岗位做贡献的宣传推向线上，提升了政协组织的社会关注度和对外影响力。持续宣传和倡导助力公益事业，一年来有刘跃平、方德华、吴志民、李瑞河、施结麟、释圣宇、黄全和、梁加辉、陈忠辉、张小聪、陈英雄、李加添、郑远达、陈建中、郑洪坤、朱珊珊、陈武奇、陈瑞章、邱俊晴、陈纪林、陈贵贤、陈万林、张群豪、陈典娘、林文贵、卢伟镇、陈国发、蓝建福、徐崇伟、杨鑫、刘计有、谢新华等一大批政协委员、社会贤达和爱心人士慷慨解囊，热心公益、崇德向善，用自己的实际行动凝聚强大的社会正能量，展示漳浦政协新气象、新面貌、新作为。

四、紧盯目标要求，提升工作水平

（一）夯实维护核心意识。把增强政治意识作为推动政协工作的核心要求，始终牢固树立“四个意识”、坚定“四个自信”，坚决维护习近平总书记核心地位、维护党中央权威及集中统一领导，坚持把习近平新时代中国特色社会主义思想作为政协各项工作的总纲，引导广大干部、政协委员旗帜鲜明地讲政治、讲立场、讲大局，在事关道路、制度、方向等根本问题上统一思想、步调和意志。坚持从严教育、从严要求、从严管理、从严监督政协机关干部。把强化干部队伍能力素质建设作为做好人民政协工作的重要支撑。我们始终把创学习型机关、做学习型干部作为管根本、利长远的大事来抓，让干部在学习中成长，在成长中进步，成为擅长“办文、办会、办事”的政协业务骨干。一年来，县政协机关有1名副处级领导干部和3名科级干部得到了组织重用，先后交流到了党政部门任职。认真落实政协章程关于委员的规定，完善委员履职档案，收集委员意见建议，加强委员联谊联络活动，强化委员学习培训和服务管理。

（二）夯实服务中心意识。我们向县委、县政府提出了进一步加强和改进政协工作的建议，并提请县委、县政府专题研究，县委、县政府及时帮助政协解决了履职中的困难和问题，为政协事业创新发展提供了坚强保障。一年来，县委、县政府领导参加政协的协商会议、调研视察、提案督办等履职活动十几人次，有力地推进了政协履职成果的有效转化，极大地激发了政协委员的履职热情。全县政协工作呈现出了党委重视、政府支持、政协主动、各方配合、社会关注的大好局面。这种关怀与支持，我们既要懂得感谢，也要好好珍惜，更应奋发有为。

（三）夯实自觉学习意识。严格按照“守初心、担使命，找差距、抓落实”总要求，以习近平新时代中国特色社会主义思想为主线，坚持把学习教育、调查研究、检视问题、整改落实贯穿始终，组织机关全体党员干部深学细研、笃行实干，推动主题教育走深走实，参政议政守初心、履职实践担使命，取得了明显成效。主题教育期间，县政协把《习近平关于“不忘初心、牢记使命”重要论述选编》《习近平新时代中国特色社会主义思想学习纲要》《中共中央关于坚持和完善中国特色社会主义制度、推进国家治理体系和治理能力现代化若干重大问题的决定》作为此次主题教育的必修课程，采取领导领学的方式，逐篇学，全覆盖，推动全体党员干部读原著、学原文、悟原理；我们还组织了七个专题的学习研讨，使每个参学人员都经受了一次思想洗礼，提升了理论素养；每位班子成员都带队开展专题调查研究，了解实情，倾听民意，为破解难题建言献策；对照党章党规并结合调研和广泛征求意见，深入检视查摆存在的问题；召开专题民主生活会和组织生活会，开展批评与自我批评，研究制定整改措施，推动整改落实。

在回顾总结取得成绩的同时，我们也清醒地看到存在的问题和不足，主要是：新形势下政协履行职能的形式和方法还需进一步探索，调研议政活动的广度深度和实效性还需进一步强化，政协协商民主的制度和机制还需进一步完善，联系和服务委员的平台还需进一步搭建等。对这些问题，我们要高度重视，认真加以整改。

新时代开启新征程，新思想指引新作为。我们要在县委的坚强领导下，以习近平新时代中国特色社会主义思想为统领，凝心聚力，履职尽责，以更加饱满的热情、更加务实的作风、更加优异的业绩，不断开创我县政协工作新局面，为建设新时代富美金漳浦做出新的更大的贡献！

漳浦县2019年预算执行情况及2020年预算

(草案)

漳浦县第十七届人民代表大会第四次会议审查了县财政局受县人民政府委托向大会提交的《漳浦县2019年预算执行情况及2020年预算草案的报告》。计划和预算审查委员会召开审查会议,结合各代表团的审查意见,提出审查结果报告如下:

一、关于2019年预算执行情况

2019年,县人民政府坚持以习近平新时代中国特色社会主义思想和党的十九大,十九届二中、三中、四中全会精神为指导,认真贯彻落实中央经济工作会议精神,按照县十七届人大三次会议的决议要求,坚持稳中求进工作总基调,实施积极的财政政策,强化预算执行管理,支持打好三大攻坚战,有效保障民生和社会事业补短板,圆满完成年度预算任务,为全县经济社会发展提供财力保障,同时,预算执行中仍存在一些问题,主要是:受经济下行和减税降费政策影响,财政收入增长放缓;重点支出资金需求加大,财政收支矛盾凸显;财政资源配置效率和资金使用效益不高,预算刚性约束力度有待加强。

二、关于2020年预算草案

计划和预算审查委员会认为,县人民政府提出的2020年预算草案贯彻了中央经济工作会议精神和“六稳”工作要求,统筹推进稳增长、促改革、调结构、惠民生、防风险、保稳定,预算安排和执行措施是可行的。建议批准县人民政府提出的《关于漳浦县2019年预算执行情况及2020年预算草案的报告》,批准2020年县本级预算草案。同时建议:

(一)积极培植财源,推动高质量发展　加大财源培植力度,围绕深化供给侧结构性改革,有效实施积极财政政策,精准落实好减税降费和财税优惠政策,促进中小微企业和现代服务业发展。积极培育新增长点,完善正向激励措施,落实创新驱动发展战略,加快现代化经济体系建设,大力发展四大新兴产业,延伸主导产业链和做大产业集群,着力形成稳定性强、贡献率高的优质税源财源。

(二)完善保障机制,加快补齐民生短板　完善重点支出多元化保障机制,从资金分配上重点向教育、医疗卫生、养老、城乡基础设施、生态环保、扶贫开发等经济社会发展的短板领域和薄弱环节倾斜,提高财政支出的公共性和普惠性。加大政府投入力度,改进财政支持方式,全力抓好2020年为民办“十件实事”的落实,保障重点支出需要。

(三)强化财政监督,加快建立现代财政制度　进一步认真落实人大预算审查监督重点向支出预算和政策拓展的要求。优化预算管理服务,精准分析财政收支形势,加强预算批复下达管理,盘活财政存量资金,提高执行效率。加快建成全方位、全覆盖、全监督的预算绩效管理体系,提高财政资金使用绩效。加大对重点领域、重点项目、重点资金的审计监督力度,确保资金使用规范安全有效。积极争取新增政府债券,保障合理融资需求。严格政府债务限额管理和风险源头管控,全力防范化解政府债务风险。

漳浦县 2019 年国民经济和社会发展计划执行情况及 2020 年国民经济和社会发展计划草案

（节选）

一、关于 2019 年国民经济和社会发展计划执行情况

2019 年，县人民政府坚持以习近平新时代中国特色社会主义思想和党的十九大，十九届二中、三中、四中全会精神为指导，全面贯彻落实中央和省委、市委、县委决策部署，认真执行县十七届人大三次会议有关决议，有效应对各种风险挑战，坚持高质量发展落实赶超，统筹推进稳增长、促改革、调结构、惠民生、防风险各项工作，经济社会平稳健康发展，新时代富美金漳浦建设迈出新步伐。同时，发展中还存在一些困难和问题，主要是经济下行压力依然较大；产业竞争力不强，工业基础薄弱，战略性新兴产业规模小；新增投产项目、特别是好项目偏少，支撑后劲不足；环境治理工作压力较大，高质量发展任务艰巨；民生领域补短板还需进一步补齐等。

二、关于 2020 年国民经济和社会发展计划草案

计划和预算审查委员会认为，2020 年是全面建成小康社会和“十三五”规划收官之年，县人民政府提出的计划草案以习近平新时代中国特色社会主义思想为指导，贯彻中央和全省经济工作会议精神，坚持稳中求进工作总基调，坚持新发展理念，坚持高质量发展落实赶超，准确把握重要战略机遇期新内涵，着力保持经济稳定增长，持续增加民生福祉，主要目标和工作安排符合中央精神，符合省委、市委、县委决策部署，是积极可行的。建议批准县人民政府《关于漳浦县 2019 年国民经济和社会发展计划执行情况及 2020 年国民经济和社会发展计划草案的报告，批准 2020 年国民经济和社会发展计划草案》。同时建议：

（一）夯实发展基础，推动经济高质量发展　突出重点领域发展，完善工业园区基础设施建设，引进一批规模大、效益好的工业企业，打造增长新引擎；突出产业转型升级，深化供给侧结构性改革，加快战略性新兴产业培育发展，推动先进制造业和现代服务业融合发展，壮大实体经济；突出重点项目建设，破解要素瓶颈，扩大有效投资。持续深化“三抓三比、十项竞赛”，推进“五个一批”项目，实施“十百千支撑工程”，大力实施乡村振兴战略。

（二）深化改革开放，增强创新驱动力　深化“放管服”改革，优化营商环境，强化“一把手”招商、以商引商、产业链招商。持续扩大对外开放，主动融入“海丝”核心区建设，支持企业拓展“一带一路”新兴市场，充分发挥我县对台特色和优势，做深做实浦台交流合作，促进外经贸稳定增长。激发市场主体活力，搭建创新创业平台，抢抓人才第一资源，持续增强创新驱动力。

（三）突出问题导向，坚决打好三大攻坚战　要巩固提高脱贫质量，注重扶持城镇困难群众，确保实现脱真贫、真脱贫、不返贫。要持续打好防范化解重大风险攻坚战，把防范化解金融风险和服务实体经济更好结合起来，有效控制不良贷款、化解政府债务、整治金融违规，维护良好金融生态。要打好污染防治攻坚战，坚持方向不变、力度不减，突出精准治污、科学治污、依法治污，推动我县生态环境质量持续好转。

（四）坚持以民为本，切实保障和改善民生　要发挥政府作用保基本，注重普惠性、基础性、兜底线，确保民生特别是困难群众基本生活得到有效保障和改善。要坚持就业优先战略，落实好促进就业创业政策，突出抓好重点群体就业工作，提高就业水平和质量。要织密织牢社会保障网，加强社会保障。要加快补齐民生短板，着力解决教育、医疗卫生、养老、食品安全等人民群众普遍关心的问题。要扎实推进“平安漳浦”建设，确保社会安全稳定。

2019年漳浦县国民经济主要指标情况表

指标名称	计量单位	全县	增长%	漳浦县辖	增长%	古雷开发区	增长%
地区生产总值	万元	5202979	7.20	4393262	6.80	809717	9.10
1.第一产业	万元	836771	3.90	671546	3.90	165225	3.70
2.第二产业	万元	1885670	5.20	1676221	5.40	209449	3.70
工业	万元	1583477	9.70	1421725	9.30	161752	13.70
建筑业	万元	343014	-4.10	295316	0.30	47698	-24.70
3.第三产业	万元	2480538	9.90	2045495	9.00	435043	13.70
人均地区生产总值	元	61061	5.70	—	—	—	—
农林牧渔业总产值	万元	1527166	3.90	1226031	3.90	301136	3.60
规模以上工业总产值	万元	6953997	10.90	3856308	9.80	3097690	13.90
全社会固定资产投资	万元	—	—	—	—	—	—
1.固定资产投资	万元	3899974	15.20	2533947	1.10	1366027	55.20
2.农村私人投资	万元	—	—	—	—	—	—
社会消费品零售总额	万元	1467193	12.40	—	—	—	—
财政总收入	万元	426202	30.80	272287	4.20	153915	138.30
地方级财政收入	万元	260106	22.20	173042	-1.60	87064	135.40
财政支出	万元	570529	15.50	482600	4.40	87929	177.50
金融机构人民币存款年末余额	万元	3571301	6.70	—	—	—	—
金融机构人民币贷款年末余额	万元	2965854	15.80	—	—	—	—
金融机构人民币储蓄存款年末余额	万元	2179101	11.60	—	—	—	—
实际利用外资(验资口径)	万元	158723	25.00	25707	-14.54	133016	37.30
出口总值	万元	424499	-13.70	—	—	—	—
城镇单位在岗职工平均工资	元	—	—	—	—	—	—
城镇居民人均可支配收入	元	39447	9.40	—	—	—	—
农村居民人均可支配收入	元	21700	9.80	—	—	—	—
居民消费价格指数(以上年同期为100%)	%	—	—	—	—	—	—
土地总面积	平方千米	2149.31	—	1701.34	—	447.97	—
年末户籍人口	人	944319	0.40	707294	0.30	237025	0.80
年末常住人口	万人	86.05	2.00	—	—	—	—
城镇化水平	%	54.60	2.10	—	—	—	—

·重要文件(通知)目录·

县委(县政府)出台的部分重要文件(通知)目录

日　期	文　号	文件标题
1月25日	浦委〔2019〕1号	县委、县政府关于漳浦县党政主要领导履行经济责任审计整改的报告
1月26日	浦委〔2019〕2号	县委、县政府关于漳浦县党政主要领导履行自然资源管理和生态保护责任审计整改的报告
1月30日	浦委〔2019〕3号	县委关于成立县委落实全面从严治党主体责任工作领导小组的通知
2月14日	浦委〔2019〕4号	县委、县政府关于表彰2018年度乡镇、县直机关绩效考评先进单位和纳税大户的决定
2月19日	浦委〔2019〕6号	县委、县政府关于成立闽宁对口扶贫协作工作领导小组的通知
3月20日	浦委〔2019〕7号	县委关于漳浦县诚信促进会换届有关事宜的批复
4月29日	浦委〔2019〕10号	县委关于印发《关于市委2018年度全面从严治党主体责任落实情况检查反馈问题清单和问责建议的整改任务与分解方案》的通知
5月20日	浦委〔2019〕11号	县委关于印发《关于落实省委2018年度全面从严治党主体责任检查移交问题清单和问责建议的整改任务与分解方案》的通知
5月20日	浦委〔2019〕12号	县委、县政府关于加强工业发展工作的实施意见
6月28日	浦委〔2019〕13号	县委关于表彰优秀共产党员、优秀党务工作者和先进基层党组织的决定
9月8日	浦委〔2019〕16号	县委、县政府关于表彰教育系统先进集体、优秀教师、优秀教育工作者的决定
9月12日	浦委〔2019〕17号	县委关于修订《漳浦县人民代表大会常务委员会主任会议议事规则》等6个规范性文件的批复
9月17日	浦委〔2019〕18号	县委关于印发《关于开展不忘初心、牢记使命主题教育的实施方案》的通知
9月27日	浦委〔2019〕19号	县委、县政府关于印发《关于规范公务员津补贴和事业单位实施绩效工资工作方案》的通知
10月19日	浦委〔2019〕22号	县委关于印发《落实市委机动巡察五组巡察漳浦县落实巡视巡察整改情况反馈意见的整改方案》的通知
10月30日	浦委〔2019〕23号	县委、县政府关于中央第二轮生态环保督察典型案例通报问题整改阶段性工作情况报告

续表

日　期	文　号	文件标题
10月9日	浦委〔2019〕26号	县委、县政府关于印发《漳浦县关于落实中央环保督察通报典型案例整改工作实施方案》的通知
11月27日	浦委〔2019〕27号	县委关于关于市委机动巡察五组巡察漳浦县反馈意见整改落实情况报告
11月27日	浦委〔2019〕28号	县委关于市委"机动式"巡察整改落实情况的通报
11月27日	浦委〔2019〕29号	县委关于市委"机动式"巡察整改落实情况党内通报和社会公开的情况报告
12月26日	浦委〔2019〕35号	县委、县政府关于成立县级融媒体中心建设工作领导小组的通知
3月1日	浦委发〔2019〕1号	县委、县政府关于印发《关于坚持农业农村优先发展做好"三农"工作的实施意见》的通知
1月18日	浦委发〔2019〕2号	县委关于转发《中共福建省委关于印发〈福建省县以上党和国家机关党员领导干部民主生活会实施细则〉的通知的通知》
1月25日	浦委发〔2019〕3号	县委、县政府关于印发《关于推进供给侧结构性改革总体方案(2019—2020年)》的通知
5月30日	浦委发〔2019〕4号	县委、县政府关于印发《漳浦县扶持工业发展及招商引资优惠政策》的通知

县政府出台的部分重要文件(通知)目录

日　期	文　号	文件标题
1月28日	浦政〔2019〕1号	县政府关于关于禁止野外用火的通告
2月15日	浦政〔2019〕3号	县政府关于划定县城区工程运输车管制区域的通告
4月2日	浦政〔2019〕6号	县政府关于恢复设立漳浦县眉力等十四个自然保护区、保护小区的通告
4月16日	浦政〔2019〕7号	县政府关于实施2019年度海洋伏季休渔制度的通告
11月25日	浦政〔2019〕14号	县政府关于开展清理取缔长袖定置网等违规违禁网具工作的通告
1月22日	浦政文〔2019〕15号	县政府关于漳浦县人民法院审判法庭及审批技术用房地块控制性详细规划的批复
1月28日	浦政文〔2019〕17号	县政府关于同意漳浦县西北片区村镇污水处理PPP项目合同的批复
1月28日	浦政文〔2019〕18号	县政府关于同意漳浦县东南片区村镇污水管理PPP项目合同的批复
2月21日	浦政文〔2019〕22号	县政府关于下达2019年度渔业安全生产和水产品质量安全生产责任书的通知

续表

日　期	文　号	文件标题
3月20日	浦政文〔2019〕36号	县政府关于印发漳浦县创建国家农业可持续发展试验示范区促进农业绿色发展先行先试工作方案的通知
3月28日	浦政文〔2019〕41号	县政府关于印发漳浦县矿产资源总体规划(2016—2020年)的通知
3月14日	浦政文〔2019〕42号	县政府关于印发漳浦县打赢蓝天保卫战三年行动计划实施方案的通知
4月2日	浦政文〔2019〕45号	县政府关于做好批而未供及闲置土地盘活处置工作的通知
4月16日	浦政文〔2019〕51号	县政府关于做好地方政府专项债券使用管理的通知
4月26日	浦政文〔2019〕52号	县政府关于提高漳浦县乡村教师生活补助标准的通知
4月23日	浦政文〔2019〕53号	县政府关于同意实施漳浦县省级森林县城建设总体规划(2018—2022年)的批复
4月15日	浦政文〔2019〕64号	县政府关于漳浦县六鳌一级渔港片区控制性详细规划的批复
5月30日	浦政文〔2019〕76号	县政府关于印发漳浦县创建省级森林县城实施方案的通知
6月12日	浦政文〔2019〕85号	县政府关于调整明确县政府领导班子成员工作分工的通知
6月11日	浦政文〔2019〕89号	县政府关于前亭镇总体规划修编(2017—2030年)的批复
7月29日	浦政文〔2019〕115号	县政府关于同意官浔镇总体规划(2011—2030年)修编工作的批复
7月31日	浦政文〔2019〕116号	县政府关于公布委托古雷港经济开发区管委会行使行政审批和公共服务事项目录的通知
8月30日	浦政文〔2019〕126号	县政府关于印发漳浦县推进工程建设项目审批制度改革实施方案的通知
9月23日	浦政文〔2019〕135号	县政府关于进一步做好2019年农村人居环境整治工作的通知
10月18日	浦政文〔2019〕142号	县政府关于同意漳浦县盘陀镇总体规划修编(2013—2030)局部进行调整的批复
10月29日	浦政文〔2019〕149号	县政府关于印发漳浦县2019年森林督查立查立改工作实施方案的通知
10月31日	浦政文〔2019〕152号	县政府关于进一步加强海域使用管理工作的通知
12月3日	浦政文〔2019〕160号	县政府关于印发漳浦县贯彻落实国家林草局驻福州专员办森林资源保护管理工作重点剖析反馈问题整改方案的通知
12月18日	浦政文〔2019〕169号	县政府关于下达2019年安全生产和消防目标责任的通知
12月30日	浦政文〔2019〕177号	县政府关于印发漳浦县稳定生猪生产保障市场供应三年行动计划方案的通知

县委办出台的部分重要文件（通知）目录

日 期	文 号	文件标题
3月7日	浦委办〔2019〕8号	县委办、政府办关于调整漳浦县领导包库、包堤的通知
3月7日	浦委办〔2019〕9号	县委办、政府办关于2019年漳浦县重点项目实行分级管理和建立领导挂钩责任制的通知
3月8日	浦委办〔2019〕10号	县委办关于落实2018年度县委书记抓基层党建述职评议问题整改责任清单的通知
4月2日	浦委办〔2019〕12号	县委办关于印发《漳浦县2019年督查检查考核年度计划》的通知
4月25日	浦委办〔2019〕15号	县委办、政府办关于印发《沿海大通道环境景观提升实施方案》的通知
5月28日	浦委办〔2019〕16号	县委办、政府办关于印发《漳浦县2019年三抓三比、十项竞赛活动工作方案》的通知
6月18日	浦委办〔2019〕18号	县委办、政府办关于关于成立漳浦县全域旅游产业发展领导小组的通知
8月1日	浦委办〔2019〕20号	县委办、政府办关于印发《漳浦县深入开展矿产资源秩序整治工作专项行动实施方案》的通知
8月1日	浦委办〔2019〕22号	县委办、政府办关于印发《漳浦县实施乡村振兴战略工作考评办法与激励机制（试行）》的通知
8月5日	浦委办〔2019〕23号	县委办、政府办关于印发《漳浦县矿产资源生态整治修复“百日行动”工作方案》的通知
8月14日	浦委办〔2019〕24号	县委办、政府办关于推行城乡社区网格治理“2+N”模式暨“社区（乡村）110”的通知
11月26日	浦委办〔2019〕30号	县委办、财政局关于下拨2019年第二批党建示范点建设补助经费的通知
12月14日	浦委办〔2019〕31号	县委办关于印发《漳浦县委常委会不忘初心、牢记使命民主生活会查摆问题及征求意见整改方案》的通知

政府办出台的部分重要文件(通知)目录

日　期	文　号	文件标题
2月15日	浦政办〔2019〕12号	政府办关于做好2018年土地例行督察及年度土地卫片整改工作的通知
2月16日	浦政办〔2019〕13号	政府办关于印发2019年县政府工作主要任务细化分解表的通知
2月19日	浦政办〔2019〕14号	政府办关于转发县人社局县财政局关于建立城乡居民基本养老保险待遇确定和基础养老金正常调整机制实施意见的通知
2月22日	浦政办〔2019〕16号	政府办关于印发漳浦县开展"百路千村""两违"综合治理环境提升行动工作方案的通知
3月5日	浦政办〔2019〕19号	政府办关于进一步加强矿产资源管控工作的通知
3月1日	浦政办〔2019〕23号	政府办关于印发漳浦县提升城市供水水质三年行动方案的通知
4月8日	浦政办〔2019〕33号	政府办关于印发漳浦县打好农业农村污染治理攻坚战实施方案的通知
4月12日	浦政办〔2019〕35号	政府办关于印发2019年漳浦县乡镇船舶和大中型"三无"船舶专项整治方案的通知
4月22日	浦政办〔2019〕38号	政府办关于印发漳浦县严厉打击非法违法采矿专项行动实施方案的通知
5月10日	浦政办〔2019〕41号	政府办关于印发漳浦县2019年土地矿产卫片执法监督检查工作方案的通知
7月3日	浦政办〔2019〕47号	政府办关于印发漳浦县2019年度乡镇河湖长制责任清单的通知
8月29日	浦政办〔2019〕55号	政府办关于印发漳浦县开展深化木材经营加工企业专项整治工作实施方案的通知
9月12日	浦政办〔2019〕61号	政府办关于漳浦县违建别墅问题清查整治专项行动的实施意见
10月24日	浦政办〔2019〕62号	政府办关于印发漳浦县矿产资源领域生态环境源头治理暨深化打击违法采矿专项行动工作方案的通知
12月9日	浦政办〔2019〕64号	政府办关于印发漳浦县全面提升持证矿山监管水平实施方案的通知
12月18日	浦政办〔2019〕66号	政府办关于印发漳浦县集中式饮用水源突发环境事件应急预案(修订)的通知
12月30日	浦政办〔2019〕70号	政府办关于印发漳浦县农村饮水工程运行管理办法的通知

· 机构领导人名录 ·

中共漳浦县委员会

县委书记、副书记、常委

书　记：戴平忠

副书记：黄庆华　简洪坤（9 月免）

常　委：黄国峰（6 月免）　黄海明
沈顺来　戴文利　林苏洪（女）
林志辉　韩晓东　田玉宝（挂职，4 月任）
杨艺明（6 月任）　叶　毓（9 月任）

中共漳浦县委系列单位

办公室

主　任：王永盛

副主任：黄毅卿（女）　林建国（7 月免）
邱长土（7 月任）　林天兴（7 月任）

组织部

部　长：沈顺来

副部长：陈耀胜　吴　佐　戴鹏毅　王任艺（4 月任）

组织员办公室

主　任：杨晓娟（女）

副主任：王秀茗（女）（5 月免）

宣传部

部　　长：林苏洪

常务副部长：王志勇

副　部　长：卢艺福　黄炳坤

统战部

部　　长：刘达文（6 月免）　杨艺明（6 月任）

常务副部长：邱志华

副　部　长：陈德贤　林飞跃

政法委员会

书　记：黄海明

副书记：王建峰　吴国豪　陈伟强　蔡义林　洪艺明

综治中心主任：林泽惠

农村工作领导小组办公室

主　任：何进祥（官浔锦江）

副主任：林荣斌　王亦成（7 月免）　张德生

机构编制委员会办公室

主　任：杨福山

副主任：王紫莛（女）　黄世哲

县直机关党工委

书　　记：沈顺来

常务副书记：杨历群

副　书　记：卢全胜　王炳建

纪 委 书 记：李庆川

老干部局

局　长：吴　佐

副局长：陈飞彪　刘哲勇

融媒体中心（广播电视新闻中心）

主　任：戴贵盛

副主任：杨立宏　曾惠龙　刘思考（7 月任）
薛敏灵（7 月免）

机关事业单位登记管理局

局　长：叶冠文

台港澳工作办公室

主　任：陈志勇（沙西）

副主任：林松山　许智富

台湾渔民事务工作站

站　长：张有嘉

机要局

局　长：杨志勇

保密办

主　任：王永华

信访局（县政府信访局）

局　长：陈永国

副局长：陈晓宏

党史和地方志研究室

主　任：陈俊雄（7 月任）

副主任:蓝晓君(女) 洪天德(7月任)
陈淑惠(5月免)

党校(行政学校)

校　　长:沈顺来(兼)
常务副校长:蔡立芬(女)
副 校 长:卢江艺(5月免) 陈俊雄(7月免)
陈艺红(女)(7月任) 柳小黑(7月任)

老龄工作委员会办公室

主　任:李文峰

县委巡察办公室

主　任:方晓明
副主任:陈志华(女) 柯生杭(4月任) 林为国(4月免)

县委巡察组

组　长:张达永 杨昆仲 陈国库(4月任)
林为国(4月任) 蔡联合(4月任)
卢志贤(4月任)
副组长:陈　琳(女) 蓝雅贞(女)(12月免)

漳浦宾馆

经　理:戴兆民(7月任)

单位党组

卫生健康局党组

书　记:郑煜辉
副书记:王木泉

人力资源和社会保障局党组

书　记:陈　斌
副书记:郑惠坚

农业农村局党组

书　记:何进祥(官浔锦江)
副书记:黄荣仙

水利局党组

书　记:陈森辉

文化体育和旅游局党组

书　记:林龙喜(7月免) 洪贵荣(7月任)
副书记: 蔡黎明 何清江

市场监督管理局党组

书　记:王志伟
副书记:吴立宏

民政局党组

书　记:王瑞东

财政局党组

书　记:陈奕雄

林业局党组

书　记:张齐嘉

自然资源局党组

书　记:陈建华(7月免) 林龙喜 (7月任)

发展和改革局党组

书　记: 吕坤新

工业和信息化局党组

书　记:蓝素梅(女)
副书记:许志刚 杨长泰

司法局党组

书　记:杨惠杰

环境保护局党组

书　记:李英明

住房和城乡建设局党组

书　记:许志明
副书记:翁慧建

交通运输局党组

书　记:卢辉达(7月免) 陈鸿辉(7月任)

海洋与渔业局党组

书　记:蓝永强

应急管理局党组

书　记:郑建南
副书记:洪立新

统计局党组

书　记:林亚扁

共青团漳浦县委党组

书　记:杨媛(女,1月免) 高聪伟(7月任)

县妇女联合会党组

书　记:何惠珠

县残疾人联合会党组

书　记:蓝振祥

工商业联合会(总商会)党组

书　记:林飞跃

审计局党组

书　记:陈衍龙

退役军人事务局党组
书　记：朱艺辉
城市管理局党组
书　记：陈进四
行政服务中心管委会党组
书　记：林秋德

漳浦县人大常委会

县十七届人大常委会主任、副主任
主　任：刘达文
副主任：王予军　张秀华（女）　王朱申　王赐义
　　　　杨艺明（6 月免）

人大常委会工作机构
办公室
主　任：杨和来
副主任：陈志勇（深土）
信访办公室
主　任：卢合智
人事代表工作委员会
主　任：黄录章
副主任：刘如洁（女）
监察和司法工作委员会（内务司法工作委员会）
主　任：陈志坚
副主任：杨达武
财政经济委员会
主　任：黄东辉
副主任：林志鹏
教育科学文化卫生委员会
主　任：何俊明
副主任：王秋月（女）
农村经济工作委员会
主　任：王少平
副主任：庄志华（5 月免）
华侨台胞民族宗教委员会
主　任：戴仲云
副主任：戴顺龙
城乡建设环境资源保护委员会
主　任：吴秀莲（女）

第十七届人民代表大会专门委员会
法制委员会
主　任：王予军（兼）
副主任：陈志坚　黄金聪
财政经济委员会
主　任：王朱申（兼）
副主任：陈衍龙　黄东辉（兼）
社会建设委员会
主　任：张秀华（兼）
副主任：何俊明（兼）　王　鸿（女，5 月免）
监察和司法委员会
主　任：王予军（兼）
副主任：陈志坚（兼）　黄金聪（兼）

漳浦县人民政府

县长、副县长
县　长：黄庆华
常务副县长：黄国峰（6 月免）　叶　毓（9 月任）
副县长：陈美慧（女）　郑世然　陈伟红　蓝主保
　　　　陈伟强　陈志伟　冯建辉（6 月任）
　　　　金钟河（4 月免）
县长助理
陈阳升（6 月免）　许坤煌（1 月任）

县政府系列单位
政府办公室
主　任：陈志元
副主任：洪贵荣（7 月免）　陈永国　王万主（7 月任）
　　　　林晓斌（7 月任）　谢晋安（挂职，7 月任）
外事办公室
主　任：陈志元
侨务办公室
主　任：杨腾飞
县行政服务中心
主　任：林秋德
副主任：林耀文　余进耀
县机关效能建设办公室
主　任：林忠来（10 月免）

发展和改革局

局　长:吕坤新

副局长:林广雄　何进祥(官浔红霞)　林庆永

粮食和物资储备局

局　长:吕坤新(兼)

副局长:黄加进

工业和信息化局

局　长:许志刚

副局长:林寿明　刘　海　陈春阳　蔡昭生　涂惠宗

招商服务中心

主　任:陈国辉(7 月任)

科学技术局

局　长:杨长泰

副局长:蔡昭生(兼)

知识产权局

局　长:郭镇东(兼)

商务局

局　长:许志刚(兼)

副局长:涂惠宗(兼)

教育局

局　长:胡建水

副局长:朱炉堃　杨惠聪　陈秋绒(女)

民族与宗教事务局

局　长:蓝宗武

副局长:何子达

公安局

局　长:陈伟强

政　委:陈德林

副局长:陈北河　林长盛　张文芳　侯志斌(挂职)　陈坤山　黄瑞文　黄伟峰(挂职)　张泓涛(挂职)

民政局

局　长:王瑞东

副局长:林国平　林绍东　黄成福　洪志敏(7 月免)

革命老区根据地建设办公室

主　任:许耀和

副主任:赵永庆

司法局

局　长:杨惠杰

副局长:许剑平　吴明坚　陈胜湖

财政局

局　长:陈奕雄

副局长:李建华　陈顺利　黄文元　张　玮(挂职)

人力资源和社会保障局

局　长:陈　斌

副局长:刘景文　洪元峰

县退管办

主　任:范志军

机关社保中心

主　任:陈　力

自然资源局

局　长:陈建华(6 月免)　林龙喜(7 月任)

副局长:陈国裕　林伟雄　杨国友　曾宪梁(7 月免)

监察大队大队长:徐建帝(7 月任)

监察大队教导员:洪天德(7 月免)

规划办主任:柯建龙(7 月任)

不动产登记管理局

局　长:林伟雄(兼)

不动产登记中心

主　任:杨林辉

住房和城乡建设局

局　长:许志明

副局长:陈海滨　胡茂辉　陈琪斌(兼,5 月免)

住房保障和房产服务中心

主　任:陈晓武(7 月任)

人民防空办公室

主　任:许志明(兼)

副主任:陈海滨(兼)　胡茂辉(兼)

城市管理局

局　长:陈进四

副局长:陈顺庆(7 月任)　吴镇杰(12 月任)

市容管理处

主　任:刘智阳(7 月任)

副主任:邱来武(7 月任)　吴银锋(7 月任)

交通运输局

局　长:卢辉达(7 月免)　陈鸿辉(7 月任)

副局长:刘俊育　管建亮　郑福安
交通执法大队长:黄维跃(7月免)　陈向东(7月任)
运管所长:洪德两(7月免)　林旺城(7月任)

水利局

局　长:陈森辉
副局长:郑荣裕　蔡荣辉　蓝和阳
　　　　柯建龙(7月任,挂职)

库区移民开发管理局

局　长:柯毅嵘(女,7月任)

林业局

局　长:张齐嘉
副局长:柯文森(8月免)　林武强　黄维跃(7月任)

公安森林分局

局　长:陈志良
教导员:杨道德

农业农村局

局　长:何进祥(官浔锦江)
副局长:张德生　林荣斌　王亦成(7月免)
　　　　何朝政　(7月任)
育种繁育场场长:戴森河(7月任)

农业机械管理站

站长:陈龙伟(7月免)　林征明(7月任)

海洋与渔业局

局　长:蓝永强
副局长:洪俊杰　陈建榴　陈志华(7月免)
　　　　刘建德
海洋执法大队教导员:郑向阳

市场监督管理局

局　长:王志伟
副局长:蔡益华　蔡世坤　蔡海东
食品药品安全总监:詹富强

卫生健康局

局　长:郑煜辉
副局长:赵　文　林兰福　黄旺寿

审计局

局　长:陈丽蓉(女)
副局长:陈励明　杨爱香(女)　陈龙春
联席办主任:黄婷华(女,7月任)

统计局

局　长:林亚扁
副局长:陈洁秋(5月免)　林跃民

国家统计局漳浦调查队

队　长:喻武东
副队长:林水金　方文忠

生态环境保护局

局　长:李英明
副局长:陈捍南　尤芳艺　彭展科
监测中心主任:刘贵熊

文化体育和旅游局

局　长:林龙喜(7月免)　洪贵荣(7月任)
副局长:何亚万(7月免)　林坤荣(挂职)
　　　　王耀庭(挂职)　戴惠芬(女,7月任)

应急管理局

局　长:洪立新
副局长:许志强　江少红(女)　游瑞元　魏海泉

退役军人事务局

局　长:朱艺辉
副局长:朱冬龙　洪宗华

档案局(档案馆)

局长、馆长:王朱林
副馆长:林桂荣(女)

二轻工业联社

主　任:林连络(7月免)　陈志勇(7月任)
副主任:陈宝玉(女,7月任)

供销合作联社

主　任:张家生(7月免)　陈裕斌(7月任)
副主任:何明松(5月免)　戴江艺
　　　　陈志勇(7月免)　郑林山(7月任)
　　　　黄建兴(7月任)

地震办公室

主　任:陈熊武
副主任:徐慧卿

园　区

绥安工业区

书　　记:涂平辉
副 书 记:卢辉达(7月任)

纪委书记:郑贵德
主　任:涂平辉(7月免)　卢辉达(7月任)
副主任:洪旺枞　许志远　林兴林(5月免)
吴志阳(7月任)　陈培强(7月任)
陈海田(12月任)

台湾农民创业园(长桥农业园艺科技合作园区)

书　　记:杨海峰(1月免)　郭武军(1月任)
副 书 记:陈鸿辉(7月免)　林建国(7月任)
纪委书记:陈顺泉
主　　任:陈鸿辉(7月免)　林建国(7月任)
副 主 任:林汉辉(7月任)

万安生态产业园

主　任:戴文利(兼,7月免)　黄乙滨(7月任)
副主任:邱志远(7月免)　黄乙滨(7月免)
陈艺新　杨智远(7月任)
杨汉全(7月任)

赤湖工业园

主　任:杨亚中
副主任:张党恩(6月免)　陈海田(12月免)

政协漳浦县委员会

主席、副主席

主　席:林培兴
副主席:吴水跃　何北贡　张少榕(女)
蓝振强(6月免)　涂平辉(6月任)

政协工作机构

办公室

主　任:陈世杰
副主任:陈伟斌(5月免)

文化文史和学习委员会

主　任:林惠云

提案委员会

主　任:蓝建进(7月免)　何亚万(7月任)

法制与社会事务委员会

主　任:林建耀 (12月任)

台港澳侨联络委员会

主　任:林建耀(12月免)　蔡红茂(12月任)
副主任:陈一华(女)

经济委员会(经济与科技委员会)

主　任:陈挚纯(女)
副主任:周壮丽(女)

教科卫体委员会

主　任:邱广生

民族与宗教委员会

主　任:林长贤(7月免)　蓝建进(7月任)

农业和农村委员会

主　任:林甲主
副主任:蓝雅贞(12月任)

委员工作室

主　任:蓝玉瑛(女)
副主任:陈俊武

纪检　监察

县纪律检查委员会书记、副书记

书　记:林志辉
副书记:林锦泉　程伟平

县纪委工作机构

办公室

主　任:陈锦坤

组织部

部　长:张舒娴(女,4月任)

宣传部

部　长:王超英(女,4月任)

信访室(举报中心)

主　任:张志强

第一纪检监察室

主　任:潘渝文(4月免)　林永强(4月任)

第二纪检监察室

主　任:陈巧超(4月任)

第三纪检监察室

主　任:王　宁

第四纪检监察室

主　任:陈志东(4月任)

第五纪检监察室

主　任:杨永华(4月任)

第六纪检监察室
主 任：尤逸君(10月免)
第七纪检监察室
主 任：陈锦华(4月任)
干部监督室
主 任：尤逸君(4月免) 潘渝文(4月任)
案件审理室
主 任：林跃辉
案件管督管理室
主 任：涂林鹏派(4月任)
党风政风监督室
主 任：陈琳贵(4月任)
县监察委员会
主 任：林志辉(兼)
副主任：林锦泉(兼) 程伟平(兼)
驻县委办纪检监察组
组 长：陈坤谋
常务副组长：洪玲玲(女)
驻县委组织部纪检监察组
组 长：陈锦辉
常务副组长：陈志民
驻县委宣传部纪检监察组
组 长：黄丙章
常务副组长：陈来顺
驻县委统战部纪检监察组
组 长：黄海南
常务副组长：刘伟长
驻县委政法委纪检监察组
组 长：陈进财
常务副组长：陈国库(4月免) 郑坤川(4月任)
驻县人大常委会机关纪检监察组
组 长：林进三
常务副组长：丛美红(女)
驻县政协机关纪检监察组
组 长：林居南
常务副组长：陈旺宝
驻县政府办纪检监察组
组 长：陈艺伟 (4月任)
常务副组长：赵杰铭
驻县发展和改革局纪检监察组
组 长：张少珍(女)
驻县工业和信息化局纪检监察组
组 长：洪立学
驻县卫生健康局纪检监察组
组 长：王屯辉
常务副组长：吴耀坤
驻县教育局纪检监察组
组 长：李旺万
驻县自然资源局纪检监察组
组 长：郑毅兴
常务副组长：刘 强
驻县住房和城乡建设局纪检监察组
组 长：陈春龙
常务副组长：何立志
驻县农业农村局纪检监察组
组 长：陈艺伟(4月免) 陈健东(4月任)
驻县市场监督管理局纪检监察组
组 长：王耀清
常务副组长：黄光明
驻县人民法院纪检监察组
组 长：蔡和备
驻县公安局纪检监察组
组 长：陈少任
常务副组长：许木林

群众团体

总工会
主 席：刘达文(兼，6月免) 杨艺明(兼，6月任)
常务副主席：翁永金
副主席：吴龙颜 蔡景龙 高亚益(兼职)
共青团漳浦县委员会
书 记：杨 媛(1月免) 高聪伟(7月任)
副书记：李富家 卢大玮(7月任)
陈赞敏(10月免) 刘智阳(挂职)
林智勇(挂职) 蔡永法(挂职)
妇女联合会
主 席：何惠珠(女)
副主席：林丽琴(女) 李 芸(女，7月任)

简瑞斌(女)(12 月免)
陈秀菊(女,12 月任,挂职)
何丽娜(女,12 月任,挂职)
黄华丽(女,12 月任,挂职)

文学艺术界联合会

主　席:陈玉宝
副主席:陈建新

工商业联合会(总商会)

会　长:陈典平
第一副会长:黄河生(兼)
专职副会长:黄文海

归国华侨联合会

主　席:戴艺文(7 月任)
副主席:王杰秀(女)

台湾同胞联谊会

会　长:张　群(女)

残疾人联合会

理事长:蓝振祥
副理事长:林玉法　郑元顺

关心下一代工作委员会

第一主任:沈顺来
主　任:李宋保

老区建设促进会

会　长:戴全成

科学技术协会

主　席:刘添顺
副主席:林建宗　林育珍(女,5 月免)

计划生育协会

会　长:吴水跃(兼)
常务副会长:吴森明
副　会　长:李文胜　洪月卿(女,5 月免)
洪振垣(兼)　郑惠坚(兼)

社会科学界联合会

副主席:林杜鸿　刘兆民(兼)　蔡立芬(女,兼)

企业与企业家联合会

会　长:杨安乐(7 月免)　陈少华 (7 月任)

爱国卫生运动委员会

主　任:戴文利(兼)
常务副主任:王木泉(兼)

红十字会

会　长:戴文利(兼)
常务副会长:蔡美兰(女)

法院　检察院

人民法院

院　长:郑通斌(1 月免)　邱小斌(1 月任)
副院长:林龙法　杨毅波　林伟文

人民检察院

检　察　长:吴锦棋(12 月免)　欧阳伟(12 月任)
副检察长:林　海　陈永强　何　维(挂职)
王惠明(7月任)
纪检组长:许九德(4 月免)

省、市驻县机构

漳浦县税务局

局　长:朱平然
副局长:石文城　孙振华　周毓文　杨少民
黄军华(女)　郭建武　张家平　施自生
纪检组长:聂志腾

漳浦医疗保障局

局　长:王　鸿(女,5 月任)
管理部主任:薛怀东(7 月任)

气象局

局　长:戴群春
副局长:杨珂玲(女)
纪检书记:陈瑞林

盐务局

局　长:蔡春枝
副局长:王鹰鹏

烟草专卖局(烟草公司)

局长　经理:张族云
副局长:陈　昌
副经理:郭勇强
纪检员:陈艺惠

住房公积金漳浦管理部

副主任:黄豪琛

漳浦公路分中心(公路局)

主　任:徐伟民

副主任：林树盛　郑和友　陈秋伟

邮政漳浦分公司

总经理：陈武跃

电信漳浦分公司

总　经　理：杨火灶（2月免）　黄小辉（2月任）

副总经理：陈进发（9月免）　曾　强（9月免）
　　张永宝　陈绍山（9月任）
　　蔡嘉俊（9月任）

国网漳浦县供电有限公司

总经理：张世达

书　记：李郭然

副总经理：黄添印　徐辉明　林志国

纪委书记：吴琳丽（女）

福建移动通信有限公司漳浦分公司

总经理：黄狄超

中国联通有限公司漳浦分公司

总经理：王鑫钢

金　融

银监漳浦办事处

主　任：陈志杰（6月免）　李仕坤（6月任）

人民银行漳浦县支行

行　长：陈汉伟

副行长：郑文贵　林建南

中国银行漳浦县支行

行　长：曾定江

副行长：陈红丽（女）　何红慧

工商银行漳浦县支行

行　长：邱金城（5月免）　李全君（5月任）

副行长：梁学耘　柯益民（6月免）　林　瑜（5月任）

农业银行漳浦县支行

行　长：陈智来（6月免）　黄镇平（6月任）

副行长：黄镇平（6月免）　王建东　吴建勇
　　林哲伟（6月任）　林晓敏（8月任）

建设银行漳浦县支行

行　长：饶凤蔚（7月免）　杨雨露（7月任）

副行长：赵子荣（3月免）　宁淑梅（女）
　　王建国（3月任）

县农村信用合作联社

理事长：何清忠

主　任：林丰然

监事长：林亚坚

副主任：黄柳华（女）　唐镇松

中国邮政储蓄银行漳浦县支行

行　长：林建寿（7月免）　黄瑞力（7月任）

副行长：蔡晓明　蓝玉云（女，7月任）

中国人寿保险漳浦县支公司

经　理：周友福

副经理：蔡泰宝（10月免）　邱王源（11月任）
　　杨小强　（11月任）

中国财产保险漳浦支公司

经　理：黄珊珊（女）

副经理：陈振裕　卢李曲　林　绿（10月任）

直属教育、卫生单位

漳浦一中

书　记：陈荣龙

校　长：吴金祥（4月任）

县人民医院

书　记：陈汉毅（7月任）

院　长：陈汉毅（7月免）　黄志武（7月任）

县中医院

书　记：陈古树（7月免）　黄剑明（7月任）

院　长：卓　斌

疾病防控中心

主　任：吴镇杰（12月免）

妇幼保健院

书　记：黄　芙（7月免）　许合利（7月任）

院　长：方日明（7月免）　王景云（7月任）

乡　镇　场

绥安镇党委、人大、政府负责人

党委书记：洪和亭

人大主席：刘秋玲（女）

人大副主席：许月华（女）

党委副书记、镇长：王上飞

党委副书记：王基旺（5月免）　曾志元

陈长安(6月免,挂职)
陈裕斌(6月免,挂职)
纪委书记:陈健东(4月免) 洪栋梁 (4月任)
组织委员:吴志阳(7月免)
宣传委员:黄贵义
政法委员:曾志元(兼,12月任)
党委秘书:王朝晖
党委委员:林艺强(兼武装部部长)
李正庭(4月任,挂职)
陈惠龙(6月免) 黄乙滨(6月免)
太耀坤(4月免)
副镇长:杨瑞峰 刘镇洁

旧镇镇党委、人大、政府负责人

党委书记:张晓龙
人大主席:林中华
党委副书记、镇长:柯文伟
党委副书记:赵卫强(5月免) 林艺武
许志远 高志强(8月免)
纪委书记:林纯伟
组织委员:胡志阳
宣传委员:蓝小裕
统战委员:王典林
政法委员:林艺武(兼,12月任)
党委委员:林志阳
党委秘书:陈少斌(5月免)
副镇长:王典林(科技,兼) 李 芸(女,7月免)

六鳌镇党委、人大、政府负责人

党委书记:林龙喜(1月免) 杨振有(1月任)
人大主席:林海坤
党委副书记、镇长:陈志民
党委副书记:刘建发(5月免) 戴智渊
纪委书记:洪栋梁(4月免) 陈长裕(4月任)
组织委员:蔡睿遒
宣传委员:林开通
统战委员:陈晓琼(女)
政法委员:戴智渊(兼,12月任)
党委委员:洪 正(武装部部长)
党委秘书:陈绍龙
副镇长:陈永源 洪 正(兼,科技)

深土镇党委、人大、政府负责人

党委书记:蓝汉义
人大主席:王志永
党委副书记、镇长:郑建南(1月免)
黄艺军(1月任)
党委副书记:林朝波(5月免)
纪委书记:戴伟泉
组织委员:林智贤
宣传委员:陈许凤(女)
统战委员:陈志惠
政法委员:林智贤(兼,12月任)
党委委员:郑辉强(武装部部长)
党委秘书:陈银国(5月免)
副镇长:陈永平

赤湖镇党委、人大、政府负责人

党委书记:叶达国
人大主席:黄进源
党委副书记、镇长:陈建才
党委副书记:吴少甫 蔡志毅(12月免)
纪委书记:陈志刚
组织委员:温晓暄
宣传委员:林志成
统战委员:杨添福
政法委员:吴少甫(兼,12月任)
党委委员:张泽强(7月免)
党委秘书:洪清江
副镇长:陈珠娟(女)

佛昙镇党委、人大、政府负责人

党委书记:陈志勇(1月免) 杨海峰(1月任)
人大主席:陈伟滨
党委副书记、镇长:林秋德(1月免)
郑贵林(1月任)
党委副书记:吴伟强 蓝武艺(1月免)
纪委书记:薛迎滨
组织委员:蓝进强
宣传委员:戴艺文(7月免)
统战委员:吴凌云
政法委员:吴伟强(兼,12月任)
党委委员:林剑军(武装部部长) 陈志勇(赤湖)

副镇长:陈志勇(兼,赤湖) 李顺福

前亭镇党委、人大、政府负责人

党委书记:王添文

人大主席:林凯恒

党委副书记、镇长:洪立新(1 月免)

陈再荣(1 月任)

党委副书记:李向阳(5 月免) 杨东军(综治计生)

纪委书记:陈聪明(4 月免) 林介光(4 月任)

组织委员:王小波

宣传委员:赵雪林

统战委员:王 芳(女)

政法委员:杨东军(兼,12 月任)

党委委员:王榕鑫(武装部部长)

党委秘书:陈瑞武

副镇长:赵雪林(兼科技) 唐品涛

马坪镇党委、人大、政府负责人

党委书记:杨水寿

人大主席:卢海堤

党委副书记、镇长:郑乾元

党委副书记:陈华东(5 月免) 郑艺真(女,5 月免)

纪委书记:陈维通

组织委员:林周兴(7 月免)

宣传委员:陈毅谦

统战委员:陈华东(武装部部长,5 月免)

副镇长:林庆丰 陈毅谦(兼)

官浔镇党委、人大、政府负责人

党委书记:蔡燕斌(女)

人大主席:林振华

党委副书记、镇长:朱艺辉(1 月免)

柯志伟(1 月任)

党委副书记:许艳霞(女) 陈中坚(5 月免)

纪委书记:林加成

组织委员:林水林

宣传委员:黄依俊

统战委员:邝 斌

政法委员:许艳霞(女,兼,12 月任)

党委委员:黄进民(武装部部长)

党委秘书:陈文来

副镇长:林水林(兼) 杨国原(10 月免)

长桥镇党委、人大、政府负责人

党委书记:陈湘海

人大主席:蔡炳煌

党委副书记、镇长:郭武军(1 月免)

林志强(1 月任)

党委副书记:邱宝清(5 月免) 陈唐盛(综治计生)

纪委书记:蔡剑义

组织委员:罗悄袖(女)

宣传委员:郑志华

统战委员:罗悄袖(女,兼)

政法委员:罗悄袖(女,兼,12 月任)

党委委员:李团寿(武装部部长)

副镇长:李团寿(兼) 陈启孟 林晓军

石榴镇党委、人大、政府负责人

党委书记:李伟国

人大主席:林志强(1 月免) 黄俊斌(12 月任)

党委副书记、镇长:蔡森梅(女)

党委副书记:吴锦州(5 月免) 邱志平

纪委书记:涂秋生

组织委员:陈建洪

宣传委员:何远平

统战委员:何朝政(7 月免)

政法委员:邱志平(兼,12 月任)

党委委员:陈加元(5 月免)

党委秘书:刘秋明

副镇长:陈建洪(兼) 郑 琼(女)

盘陀镇党委、人大、政府负责人

党委书记:许坤煌(1 月免) 许达武(1 月任)

人大主席:柯志伟(1 月免) 蔡志毅(12 月任)

党委副书记、镇长:许达武(1 月免)

杨 媛(女,1 月任)

党委副书记:陈水城(5 月免)

纪委书记:陈琳贵(4 月免) 陈聪明(4 月任)

组织委员:蔡海利

宣传委员:柯美华(女)

统战委员:林天兴(7 月免)

政法委员:蔡海利(兼,12 月任)

党委秘书:林艺明

副镇长:蔡海利(兼) 黄晓莹(女,5 月免)

大南坂镇党委、人大、政府负责人

党委书记：王志明
人大主席：吴逢日
党委副书记、镇长：吴海洲
党委副书记：陈再荣（1 月免）　刘达宏（5 月免）
　　林兴林（5 月免，挂职）
纪委书记：杨永华（4 月免）
组织委员：谢志民
宣传委员：邱耀斌（兼武装部部长）
政法委员：谢志民（兼，12 月任）
副镇长：陈炎辉　许建有　郑国连（7 月免）

古雷镇镇党委、人大、政府负责人

党委书记：卢建明
人大主席：郑贵章
党委副书记、镇长：魏国华
党委副书记：林其安　许开有（综治计生）
　　张庆东（8 月免，挂职）
组织委员：邱远章
宣传委员：胡艺发
统战委员：黄华芬（女）
党委秘书：杨春金
党委委员：林志辉（武装部部长）
副镇长：邱远章（兼）　洪朝福

杜浔镇党委、人大、政府负责人

党委书记：林振宗
人大主席：王洪德
党委副书记、镇长：李相武
党委副书记：方志坚　林伟杰（综治计生）
纪委书记：陈满海
组织委员：林立维
宣传委员：王武乾
统战委员：陈晓冬
党委秘书：黄建生
党委委员：黄攀辉（武装部部长）
副镇长：黄建生（兼）　洪素芯（女）

沙西镇党委、人大、政府负责人

党委书记：何胜火
人大主席：陈志坤
党委副书记、镇长：涂文胜
党委副书记：郑贵林（1 月免）
纪委书记：陈安宏
组织委员：郑秋强
宣传委员：林加金
统战委员：吴瑞宏
党委秘书：陈长法
党委委员：林志文（武装部部长）
副镇长：陈长法（兼）　陈杰辉

霞美镇党委、人大、政府负责人

党委书记：郑建和
人大主席：王荷明
党委副书记、镇长：蔡小彬
党委副书记：洪文胜（综治计生）
纪委书记：黄耀文
组织委员：王连城
宣传委员：蓝智煌
统战委员：郑汉鹏
党委秘书：周诗明
党委委员：陈志卫（武装部部长）
副镇长：郑汉鹏（兼）　卢春华（女）

南浦乡党委、人大、政府负责人

党委书记：洪逸峰
人大主席：陈长兴
党委副书记、乡长：蔡泉江
党委副书记：张华东（5 月免）　陈耀兴（综治计生）
纪委书记：翁国安
组织委员：林柱宗（7 月免）
宣传委员：蔡明辉
统战委员：陈道林
政法委员：陈耀兴（兼，12 月任）
党委委员：徐文献（武装部部长）
副乡长：陈道林（兼）　张捷平　张金兰（女）

赤土乡党委、人大、政府负责人

党委书记：陈结定
人大主席：林乙平
党委副书记、乡长：陈智海
党委副书记：陈俊龙（综治计生）
纪委书记：黄俊斌（12 月免）
组织委员：黄惠芬（女）

宣传委员：何时昕
统战委员：魏建孟
政法委员：陈俊龙（兼，12月任）
党委委员：陈剑锋（武装部部长）
党委秘书：蔡雨来
副乡长：魏建孟（兼）　林空印

湖西畲族乡党委、人大、政府负责人

党委书记：戴厝魁
人大主席：陈江山
党委副书记、乡长：蓝周全
党委副书记：林建伟（综治计生）　王万主（7月免）
纪委书记：陈振华
组织委员：蓝志清
宣传委员：杨正寅
统战委员：蓝阿伦（7月免）
政法委员：林建伟（兼，12月任）
党委委员：吕火良（武装部部长）
党委秘书：蓝米湖
副乡长：蓝志清（兼）　郑雯蓉（女，7月免）

赤岭畲族乡党委、人大、政府负责人

党委书记：林惠明
人大主席：卢进才
党委副书记、乡长：蓝素梅（女，1月免）
蓝武艺（1月任）
党委副书记：柯建有（5月免）　蓝永义（综治计生）
纪委书记：陈安华
组织委员：蓝长和
宣传委员：何来福
统战委员：蓝长和（兼）
政法委员：蓝永义（兼，12月任）
党委委员：陈和生（武装部部长）
副乡长：陈银发　陈智慧

长桥农场党总支、场负责人

书　记：林添国
场　长：卢赞阳

玳瑁山茶场党支部、场负责人

场　长：蓝跃中

南山茶果场党支部、场负责人

书记、场长：林子豪
副场长：冯道东　谢晋安

中西林场党委、场负责人

书记、场长：何明辉
副书记：林国华　张发金（兼纪委书记）
漳浦盐场党委、场负责人
书记、场长：杨跃进
副书记：薛艺伟（兼纪委书记）

下蔡林场党支部、场负责人

书　记：林国华
副书记、场长：邱佳辉

（注：本名录除收录各单位副科级以上领导外，还收录各农林盐茶场负责人。同职务人员做适当归类，不作为排序依据。单位排名顺序不分前后）

·副高级以上专业技术职务人员名表·
（2019年）

姓　名	工作单位	专业技术职务	任职资格确认时间
张　蓉	县疾控中心	副主任医师	2018—01—04
黄睿强	前亭卫生院	副主任医师	2018—01—04
何基春	赤岭卫生院	副主任医师	2018—01—04
郑荣花	绥安中心学校	高级教师	2019—02—12
杨招娣	绥安中心学校	高级教师	2019—02—12
何春玲	县实验小学	高级教师	2019—02—12
许遵照	绥安中心学校	高级教师	2019—02—12
胡幼华	石斋小学	高级教师	2019—02—12
王惠玉	绥安京里小学	高级教师	2019—02—12
何英泉	官浔中心学校	高级教师	2019—02—12
张昌茂	赤土中心学校	高级教师	2019—02—12
黄碧珠	佛昙代卿小学	高级教师	2019—02—12
蓝明辉	湖西中心学校	高级教师	2019—02—12
林贤源	杜浔中心学校	高级教师	2019—02—12
陈惠娇	锦屿中心学校	高级教师	2019—02—12
王碧松	佛昙中心学校	高级教师	2019—02—12
徐阳春	南浦中心学校	高级教师	2019—02—12
庄朱坤	前亭中心学校	高级教师	2019—02—12
钟育华	县特殊教育学校	高级教师	2019—02—12
许毅云	石榴中心学校	高级教师	2019—02—12
林鸿彬	杜当北坂小学	高级教师	2019—02—12
林梅香	大南坂中心学校	高级教师	2019—02—12
许德鸿	赤湖北桥小学	高级教师	2019—02—12
林建忠	霞美中心学校	高级教师	2019—02—12
林丽娟	县实验幼儿园	高级教师	2019—02—12
史玉涛	县少年儿童业余体校	高级教练员	2018—12—26
陈荣龙	漳浦一中	中小学正高级教师	2019—04—09
许美香	县竹马戏传承保护中心	二级演员	2019—04—19
陈勇鹏	达志中学	中学高级教师	2019—06—12
林秋香	县进修学校	中学高级教师	2019—06—12

续表

姓　名	工作单位	专业技术职务	任职资格确认时间
陈建龙	刘坂学校	中学高级教师	2019－06－12
魏艺芬	刘坂学校	中学高级教师	2019－06－12
张三捷	刘坂学校	中学高级教师	2019－06－12
庄益丁	深土镇经管站	农业技术高级职务	2019－08－14
黄桂万	深土镇文化站	副研究员	2019－09－24
陈惠源	县职业技术学校	中等职校高级讲师	2019－11－22
林艾菲	县机关干部业余学校	中等职校高级讲师	2019－11－22
许程生	县医院	主任医师	2019－11－26
张名福	县妇幼保健院	主任医师	2019－11－26
黄森城	县疾控中心	主任医师	2019－11－26
胡国贤	县中医院	副主任药师	2019－11－26
陈艺平	县疾控中心	研究员	2019－11－26
黄连娘	县第二医院	基层高级卫生技术职务	2019－11－26
郑一贤	县医院	副主任医师	2019－12－28
庄永智	赤湖中心卫生院	副主任医师	2019－12－28
蔡俊伟	石榴卫生院	副主任医师	2019－12－28
许毅霆	古雷港区医院	副主任医师	2019－12－28
蔡金和	县第二医院	副主任医师	2019－12－28
洪乐金	县医院	副主任医师	2019－12－28
白丽燕	县医院	副主任医师	2019－12－28
王荣平	县医院	副主任医师	2019－12－28
张丽森	古雷港区医院	副主任医师	2019－12－28
阮珉红	县妇幼保健院	副主任医师	2019－12－28
翁跃泉	南浦卫生院	副主任医师	2019－12－28
陈泽平	县第二医院	副主任医师	2019－12－28
张任飚	县妇幼保健院	副主任技师	2019－12－28
张秀茹	旧镇中心卫生院	副主任技师	2019－12－28
梁朝君	县医院	副主任技师	2019－12－28
黄峰川	县中医院	中医副主任医师	2019－12－28
林文川	县中医院	中医副主任医师	2019－12－28
杨锦生	县中医院	中医副主任医师	2019－12－28
杨志武	县医院	中医副主任医师	2019－12－28
林铜柳	旧镇中心卫生院	中西医结合副主任医师	2019－12－28
杨志伟	县第二医院	中西医结合副主任医师	2019－12－28

续表

姓 名	工作单位	专业技术职务	任职资格确认时间
洪小凤	官浔中心卫生院	中西医结合副主任医师	2019—12—28
林妙香	县中医院	副主任护师	2019—12—28
陈丽萍	县中医院	副主任护师	2019—12—28
陈晚华	南浦卫生院	副主任护师	2019—12—28
商龙月	县医院	副主任护师	2019—12—28
谢敏华	盘陀卫生院	副主任护师	2019—12—28
蓝晓芸	县第二医院	副主任护师	2019—12—28
曾燕珠	县妇幼保健院	副主任护师	2019—12—28
陈金梅	县妇幼保健院	副主任护师	2019—12—28
林小玲	县中医院	副主任护师	2019—12—28
张惠香	绥安社区卫生服务中心	副主任护师	2019—12—28
蓝燕琼	县医院	副主任护师	2019—12—28
黄秀观	县医院	副主任护师	2019—12—28
陈秀秀	县医院	副主任护师	2019—12—28
林俊杰	古雷港区医院	基层副主任医师	2019—12—28
林明生	赤湖中心卫生院	基层副主任医师	2019—12—28
陈琼慈	县妇幼保健院	基层副主任医师	2019—12—28
陈碧云	县妇幼保健院	基层副主任医师	2019—12—28
陈太国	赤湖中心卫生院	基层副主任技师	2019—12—28
陈建勋	官浔中心卫生院	基层副主任技师	2019—12—28
林艳芬	县妇幼保健院	基层副主任护师	2019—12—28

·荣 誉·

2019年获市厅级以上表彰的单位名表
（按颁奖时间顺序排列）

获省部级以上表彰的先进单位名表

获奖单位	获奖名称	颁奖单位	颁奖时间
旧镇司法所	全国先进司法所	司法部	2019－06
县人民法院	第一届全国法院审制管理优秀业务单位	最高人民法院	2019－07
县融媒体中心作品《闽宁镇》	第十五届精神文明建设“五个一工程”优秀作品奖	中宣部	2019－08
赤岭畲族乡	全国民族团结进步模范集体	国务院	2019－09
县人民法院作品《执心而行》	全国法院系统优秀原创歌曲征集活动三等奖	最高人民法院	2019－09
县人武部	正规化建设先进单位	福建省军区	2019－12
县消防大队	2019年度全国消防监督管理工作先进单位	国家救援局	2019－12

获市厅级表彰的先进单位名表

获奖单位	获奖名称	颁奖单位	颁奖时间
县人民检察院	2018年全省检察新媒体建设“60强”	省人民检察院政治部	2019－01
县水利局	全省水利系统先进集体	省人社厅、水利厅	2019－01
农行漳浦支行	2017－2018年度“惠农e贷”业务先进单位	农行省分行	2019－01
县信用联社	福建农信2019年度经营管理十强	省信用联社	2019－03
县民政救助管理站	全省民政系统先进集体	省人社厅、省民政厅	2019－04
县烟草局稽查大队	工人先锋号	省总工会	2019－04
县图书馆	第二届福建支学好书榜活动优秀组织奖	省图书馆、省作协	2019－04
县融媒体中心	2018年度十佳报道组	福建日报社	2019－05
县妇幼保健院团支部	省五四红旗团（总）支部	共青团福建省委	2019－05
中行漳浦支行营业部	“安康杯”竞赛先进班组	省总工会、省应急管理厅	2019－05
中行漳浦支行营业部	2019年省行开门红中银智慧付全省明星网点	中行省分行	2019－05

续表

获奖单位	获奖名称	颁奖单位	颁奖时间
市监局党组	先进基层党组织	中共漳州市委	2019—06
人社局党组	先进基层党组织	中共漳州市委	2019—06
旧镇东厝村党支部	先进基层党组织	中共漳州市委	2019—06
赤湖前湖村党支部	先进基层党组织	中共漳州市委	2019—06
大南坂镇人民调解委员会	2016—2018 年度人民调解先进集体	省司法厅	2019—06
县住建局	全省住房城乡建设系统先进集体	省人社厅、省住建厅	2019—07
县医院	“我最喜爱的妈妈小屋”	省卫健委、省总工会、省妇联	2019—07
县计生协会	全省计划生育协会先进单位	省人口和计划生育领导小组	2019—08
赤土卫生院	节约型公共机构示范单位	省机关事务局、省工信厅、省财政厅	2019—08
县融媒体中心作品《青山青史》	2018 年度福建省广播电视艺术奖广播文艺节目一等奖	省文联、省电视艺术家协会	2019—09
县应急局	2014—2018 年度安全生产工作先进集体	漳州市委、市政府	2019—11
县消防大队	2014—2018 年度安全生产工作先进集体	漳州市委、市政府	2019—11
教育局	国家级义务教育质量监测实施优秀组织单位	教育部基础教育质量监测中心	2019—11
县融媒体中心作品《闽宁镇》	第十九届中国广播剧专家评析特等作品	中国广播剧研究会	2019—11
县信用联社	福建农信诞生 70 周年先进集体	省信用联社	2019—11
县科协	2019 年福建省全国科普日活动优秀组织单位	省科协	2019—12
供电公司配电带电作业班	先进班组	国网省电力公司	2019—12
农行漳浦支行	“中国梦·劳动美”决胜掌银营销先进支行	农行省分行	2019—12
大南坂公路站	2019 年全省普通公路系统“平安班站”	省公路事业发展中心	2019—12
县医院	第五批全国健康促进医院	省卫健委	2019—12
县中医院	第五批全国健康促进医院	省卫健委	2019—12
县妇幼保健院	第五批全国健康促进医院	省卫健委	2019—12

2019年获市厅级以上表彰的个人名表

（按颁奖时间顺序排列）

获省部级以上表彰的先进个人名表

获奖姓名	工作单位	获奖名称	颁奖单位	颁奖时间
孙志华	县人武部	后勤装备管理先进个人	福建省军区	2019—01
张勇军	县人民法院	荣誉太平奖章	最高人民法院	2019—01
薛建龙	县人民法院	荣誉太平奖章	最高人民法院	2019—01
林智勇	县电力公司	优秀共产党员	国家电网有限公司	2019—06
张族云	县烟草局	全国行业第十七届劳动模范	国家烟草局	2019—04
庄智敏	县卫健局	中国好人榜（助人为乐）	中央文明办	2019—09
陈伟杰	县检察院	全省检察机关第十八期司法警察培训班优秀学员	省检察院	2019—11
何　维	县检察院	全国维护妇女儿童权益先进个人	全国妇联	2019—12
苏奋勇	县人社局	全国人社系统2017—2019年度优秀服务先进个人	人社部	2019—12
王蔗龙	县市监局	全国个私协会系统先进工作者	市场监督总局、中国个体劳动者协会	2019—12

获市厅级表彰的先进个人名表

获奖姓名	工作单位	获奖名称	颁奖单位	颁奖时间
郑技坤	县法院	全省法院先进个人（并记个人三等功）	省高级人民法院	2019—01
林悦欣	县检察院	全省检察机关“正义与梦想”主题征文活动三等奖	省人民检察院政治部	2019—01
谢　敏	县检察院	2018年全省检察新媒体建设“60强”先进工作者	省人民检察院政治部	2019—01
杨素洪	中行县支行	2017—2018年度中行福建省分行青年岗位能手	中行省分行	2019—02
朱景鑫	县人民银行	2018年度福建省人行科技工作先进个人	人行福州中心支行	2019—03
黄瑜玲	县民政局	全省民政系统先进工作者	省人社厅、省民政厅	2019—04
黄智渊	中行县支行	2018年度财务条线优秀个人	中行省分行	2019—04
张坤团	县疾控中心	中国居民先进个人	中国疾控中心慢病中心	2019—04
何艳丽	县疾控中心	中国居民先进个人	中国疾控中心慢病中心	2019—04
蓝　岚	县疾控中心	中国居民先进个人	中国疾控中心慢病中心	2019—04
郑春梅	县疾控中心	中国居民先进个人	中国疾控中心慢病中心	2019—04
李富家	团县委	全省共青团系统先进工作者	团省委、省人社厅	2019—05
施旭梅	县电力公司	2017—2018年度财务工作先进个人	国网省电力公司	2019—05

续表

获奖姓名	工作单位	获奖名称	颁奖单位	颁奖时间
林玉法	县残联	全省残联系统先进工作者	省人社厅、省残联	2019—05
吴可彦	县残联	全省自强模范	省残工委	2019—05
郑志依	中行县支行	2019 年省行级“开门红”手机银行业务先进个人	中行省分行	2019—05
林跃辉	县纪委	优秀党务工作者	中共漳州市委	2019—06
林永民	县委统战部	优秀党务工作者	中共漳州市委	2019—06
齐家彦	县检察院	优秀党务工作者	中共漳州市委	2019—06
王添文	前亭镇	优秀党务工作者	中共漳州市委	2019—06
蔡睿遒	六鳌镇	优秀党务工作者	中共漳州市委	2019—06
许火土	深土镇示埔村	优秀共产党员	中共漳州市委	2019—06
陈晓辉	县电力公司	优秀共产党员	中共漳州市委	2019—06
黄炳坤	县检察院	全省检察机关司法警察优秀教练员	省检察院司法警察总队	2019—06
陈美林	县公安局	个人二等功	省公安厅	2019—08
李继伟	县公安局	新中国成立 70 周年大庆安保维稳工作成绩突出个人	省公安厅	2019—08
王水山	县公安局	新中国成立 70 周年大庆安保维稳工作成绩突出个人	省公安厅	2019—08
洪碧琼	中行县支行	2018 年度全辖报网宣传优秀通讯员	中行省分行	2019—08
陈镇强	霞美计生协	全省计划生育协会先进个人	省人口和计划生育领导小组	2019—09
杨福来	县人大	福建省人大系统先进工作者	省人大常委会办公室、省人社厅	2019—10
何进祥	县农业农村局	2018 年度全市“三抓三比、十项竞赛活动”三等功	市人民政府	2019—10
黄支娟	县农业农村局	2018 年度全市“三抓三比、十项竞赛活动”三等功	市人民政府	2019—10
陈洁秋	县统计局	2018 年度全市“三抓三比、十项竞赛活动”三等功	市人民政府	2019—10
杨艺东	盘陀镇	2018 年度全市“三抓三比、十项竞赛活动”三等功	市人民政府	2019—10
刘天瑞	旧镇镇	2018 年度全市“三抓三比、十项竞赛活动”三等功	市人民政府	2019—10
林连和	大南坂镇	2018 年度全市“三抓三比、十项竞赛活动”三等功	市人民政府	2019—10
杨顺良	大南坂镇	2018 年度全市“三抓三比、十项竞赛活动”三等功	市人民政府	2019—10
赵俊俏	湖西畲族乡	2018 年度全市“三抓三比、十项竞赛活动”三等功	市人民政府	2019—10
李　闳	县林业局	全省林业系统先进工作者	省人社厅、省林业局	2019—0
柯毅群	县电力公司	优秀班组长	国网省电力公司	2019—12
蔡雪英	漳州公路中心	福建省公路系统《公路人故事》演讲比赛优秀选手	省公路中心	2019—12

2019年度漳浦县纳税500万元以上企业名录
(60家)

纳税1亿元以上企业(4家)

漳州市烟草公司漳浦分公司
漳浦县农村信用合作联社
万新集团
天福集团

纳税5000万元至1亿元企业(1家)

福建泰信置业有限公司

纳税1000万元至5000万元企业(20家)

国网福建省电力有限公司漳浦县供电公司
漳浦县碧桂园房地产开发有限公司
龙睿集团
际诺思(漳州)轻工制品有限公司
福建锦溪房地产开发有限公司
漳州润丰吉祥房地产开发有限责任公司
漳州佳利伟业置业有限公司
漳州钱隆房地产开发有限公司
同溢堂药业有限公司
漳浦美伦房地产开发有限公司
漳州花都高尔夫置业有限公司
漳浦金座置业有限公司
福建泰庆皮革有限公司
漳州现代田园城市开发有限公司
漳州信德皮革有限公司
漳浦县碧桂园联创房地产开发有限公司
福建瑞森皮革有限公司
福建和进食品制罐工业有限公司
漳州香洲皮革有限公司
中国邮政集团公司福建省漳浦县分公司

纳税500万元至1000万元企业(35家)

漳浦联创世纪置业投资有限公司
福建弘安建筑有限公司
革新(漳浦)金属制造有限公司
漳州仂山开发建设有限公司
漳浦长德商贸物流开发有限公司
漳浦县达川食品工业有限公司
漳浦华顺置业有限公司
漳浦臻阳房地产开发有限公司
漳浦龙麟水泥有限公司
漳州富洋皮业有限公司
漳浦夏商置业发展有限公司
漳浦国源房地产开发有限公司
漳浦县碧合房地产开发有限公司
漳浦民生村镇银行股份有限公司
漳州市阳光皮革制造有限公司
漳浦翔通宝达建材有限公司
漳州市恒立欣房地产开发有限公司
车城汽车配件(福建)有限公司
龙成房地产(漳浦)有限公司漳浦绿洲分公司
漳浦发展水务有限公司
福建大佳建设工程有限公司
漳浦天鸿制衣有限公司
南太武(漳浦)建材有限公司
漳州市捷茂房地产开发有限公司
福建漳州农村商业银行股份有限公司漳浦支行
安逸派(厦门)工贸有限公司漳浦分公司
漳浦盈丰房地产开发有限公司
漳浦致远皮革有限公司
台玻福建光伏玻璃有限公司
漳浦丽都房地产开发有限公司
大唐漳州风力发电有限责任公司
福建诚艺建筑有限公司
福建九龙江南山发展有限公司
漳州顺益食品有限公司
漳州伟浩化纤有限公司

索　引

说　明

一、本索引采用主题词分析法，按主题词首字汉语拼音字母顺序排列。

二、栏目、分目标题用黑体字。“专记”“大事记”内容不作索引。

三、索引主题词后的数字表示页码，数字后的 a、b、c 表示栏别左、中、右。

四、空一字起排的款目为上一主题的“附见”。

A

安全隐患排查　(55b)
安全生产宣教　(57a)
“安全生产月”活动　(57a)
安全培训　(57a)
“安居工程”　(75c)
安全风险细化　(81b)
按纲施训　(94a)
安全管理　(95a)
安全生态水系建设　(101c)
安全生产检查　(111b)
安全生产经营检查　(118b)
安全生产监管　(128b)
爱国主义教育“三进”活动　(169a)
爱国卫生运动　174b
爱卫月宣传活动　(174c)
艾滋病感染者及病人管理　(176a)
安全生产
　旧镇镇　(197a)
　前亭镇　(203c)
　石榴镇　(209a)
　霞美镇　(214a)
　赤岭畲族乡　(220a)

B

“不忘初心、牢记使命”(1)
病死猪无害化处理　(105b)
不动产登记　(132a)
办税场所升级　(146c)
办税服务　(146c)
办税辅导　(147b)
保险业　156a
办学条件改善　(158c)
病媒生物防治　(174c)
殡葬改革　(185b)
滨海旅游景区基础设施完善　(200b)
帮扶政策落实　(205c)
病虫害防治　(222c)

C

村级干部管理　(29a)
承担行政职能事业单位改革　(33b)
初信初访办理　(39c)
产业助力　(41c)
城乡建设　(50a)
参政议政　(60b)
财务、经审工作　(67c)
创新大赛参与　(71a)

残疾人就业保障金征收 (75a)
残疾人康复 (75c)
残疾人专项调查 (75c)
城乡社区网格治理“2+N”模式暨“社区(乡村)110”建设 (87b)
畜禽粪污资源化利用 (98b)
朝阳水库项目建设持续推进 (101c)
畜禽粪污染资源化利用整县推进项目实施 (104c)
窗口服务优化 (110c)
赤湖工业园 (115a)
出口贸易 (116a)
出口企业回归引导 (116c)
参展观展 (116c)
城市商业提档升级 (117c)
储备粮轮换 (119a)
储备粮管理 (119a)
城乡建设 121
城市功能完善 (121c)
“厕所革命”推进 (123a)
财政审计 (141c)
财政税务 143
财政 143a
财政收入保障机制 (143a)
财政推动经济高质量发展 (143b)
财政推促乡村振兴战略实施 (143b)
财政预算绩效管理 (145a)
财政存量资源配置优化 (145b)
财政监管长效机制构建 (145b)
出口退(免)税管理 (146a)
城居“两险”征缴 (146a)
初中教育 (158a)
成人教育 (158b)
创优精品工程实施 (170c)
创卫工作通过省级技术评估 (175a)
从业健康体检 (178a)
陈桂玲摘取世界特奥会金牌 (182b)
城镇居民生活收入与消费支出 (183a)
残疾人两项补贴发放 (184a)
失能老人护理补贴发放 (184b)
村规民约修订 (185b)
慈善捐助 (189a)
“创卫创城” (195c)
村级办公条件改善 (195a)
赤湖镇 200c
村集体产权制度改革完成 (207a)
长桥镇 207a
村级集体经济发展 (208a)
产山村、东林村党群活动服务中心揭牌 (210b)
村容村貌提升 (216a)
赤土乡 216c
城镇建设 (217a)
赤岭畲族乡 218c
赤岭畲族乡获评“全国民族团结进步模范集体” (220a)
产业结构优化 (221b)
村道维修改造 (221c)

D

地理位置 (14a)
地形地貌 (14a)
对外及对港澳台经济 (18b)
督查成效 (22b)
党内政治生活 (28a)
队伍监管 (28c)
党员干部身心健康咨询室成立 (29c)
党的创新理论大学习 (29c)
对外宣传 (30c)
“大学习”热潮 (35c)
党建指导 (36a)
党建示范点建设 (36a)
党校(行政学院)工作 37a
对外培训 (37c)
动态管理 (42a)
代表工作 48b
代表依法履职服务保障 (48b)
代表履职平台拓展 (48c)
第三产业 (49b)

第十一届海峡论坛•第六届海峡(漳州)茶会 (52b)
“打非治违”专项行动 (56c)
调研与考察 (59a)
对外文化教育交流与合作 (63c)
到漳浦考察团对接服务 (66a)
调查研究 (72b)
第三代残疾人证换发 (75a)
队伍建设 (78a)
第三届企联理事大会 (79a)
“打伞破网” (82a)
多元调解机制 (82c)
党对全面依法治县的领导 (83c)
“大抓工业、抓大工业”服务保障 (90a)
动物卫生监督执法 (105a)
动物产品检疫 (105a)
电力行业管理 (111a)
电力工业 112a
电网建设 (112b)
电力营商环境优化 (112c)
电力服务提质提升 (112c)
电力安全生产 (113a)
对外及对港澳台经济贸易 116a
打假追刑 (120a)
贷款发放 (125a)
代理金融业务 (129b)
电信 129c
电信漳浦分公司 (129c)
地质灾害防治 (132c)
地籍管理 (132c)
大气污染治理 (134b)
地方政府债务风险防范 (143c)
电信网络新型违法活动防范和查处 (149a)
地震预警信息发布终端建设 (164a)
地震监测设施维护 (164a)
地震宏观监测点管理 (164a)
地震应急响应与处置 (164a)
档案工作 166c
档案资源建设 (166c)
档案安全管理 (167a)
档案信息化 (167a)
调研指导 (167c)
档案利用 (167c)
档案宣传 (167c)
档案馆新馆建设 (168a)
党史研究和地方志编纂 168a
调查研究 (168b)
地方病、慢性病防治 (176c)
大中专毕业生人事管理 (187a)
大埔村入选全国乡村治理示范村镇 (195c)
第六届漳浦(乌石)荔枝采摘节举办 (197a)
大南坂镇 210c
大南坂镇13个建制村改为社区 (211c)
杜浔镇 213a
道路交通安全 (221c)
玳瑁山茶场 221a
打造全省最大渔光互补光伏发电站 (222a)

E

儿童关爱 (70b)
2000多辆涉案机动车辆集中销毁 (88a)
二轻联社 (112a)
儿童关爱服务 (184a)
2019年漳浦县国民经济主要指标情况表 (237)
2019年获市厅级以上表彰的单位名表 (259)
2019年获市厅级以上表彰的个人名表 (261)
2019年漳浦县纳税500万元以上企业名录 (263)

F

服务定居台胞 (31b)
服务信息库建立 (38c)
法律法规实施监督 (47b)
非煤矿山安全监管 (55c)
抚恤优待 (58a)
服务台胞台商 (66b)
服务平台完善 (72c)
扶残助残 (75a)

扶残助学 （75b）
法制教育 （78a）
法律援助 （80b）
法治 81
法治政府建设 83b
法治建设体制完善 （83c）
法律服务进企业（园区） （85a）
服务“古雷体制机制创新” （85b）
法院 90b
法治营商环境营造 （90b）
法治宣传教育 （93b）
非洲猪瘟防控 （105c）
服务平台完善 （111c）
法治烟草建设 （120a）
房屋征收 （124a）
房地产项目建设 （124b）
房地产市场运行 （124b）
非法采矿领域整治 （132b）
发展规划 136a
风险防控 （150a）
防震减灾 163c
防震减灾宣传 （164b）
防震减灾培训 （164b）
防震减灾科普示范点创建 （164c）
防灾救灾 （184a）
服务效能提升 （188b）
扶贫攻坚 （196b）
佛昙镇 200c
发展要素保障 （202b）
封关运行加快 （212a）
防灾减灾 （223a）
附录 224
法院 检察院 （250b）
副高级以上专业技术职务人员名表 256

G

工业 （18a）
固定资产投资 （18b）
国内贸易 （18b）
公务员管理 （28c）
各领域党建机制完善 （29b）
工商联组织建设 （31b）
古雷港区机构编制划转 （32c）
规范公益类事业单位名称 （33c）
公告颁布 （44b）
工业经济 （49a）
工贸行业安全监管 （56b）
光荣院管理 （58c）
工资集体协商 （67a）
关爱帮扶女职工 （67b）
共青团漳浦县委员会 68a
关爱困境青少年 （68b）
关爱妇女身心健康 （70b）
革命遗址修复及重建 （78b）
关怀服务 （80c）
规范性文件管理制度落实 （84a）
公共法律服务体系健全完善 （84c）
公安 85b
公共安全 （86b）
公共法律服务 （93c）
国防动员潜力数据核查 （94c）
果蔬一、二、三产业融合发展项目建设 （98a）
工业 110
工业技改 （110b）
工业设计创新 （110c）
工业园区 113a
供销贸易 117c
规划与建设 121a
规划编制 （121a）
工程质量安全监督 （123b）
公租房配租与租金收缴 （124a）
归集扩面 （124c）
管理机制创新 （126c）
耕地保护 （131a）
规划编制 （136a）
赶超项目 （136c）
工业产品质量监管 （138b）

固定资产投资审计 (142b)
公共服务经费投入 (144c)
国库集中支付改革 (145a)
鼓励科技创新企业所得税政策减税效应增强 (145c)
个人所得税改革受惠面扩大 (146b)
高中教育 (158a)
高新技术企业申报 (160a)
国家科技优惠政策落实 (160c)
公立医院管理制度改革 (172b)
公共卫生保障 (173b)
公共体育设施建设 (174b)
规范城乡低保 (183b)
关爱革命“五老”及遗偶 (193b)
革命遗址重建重修 (193c)
古村落修缮保护 (196c)
公共服务 (198a)
工业产业实现“零”的突破 (205a)
官浔镇 205b
公共服务设施完善 (211c)
古雷镇 212a
古雷“新港城 110”勤务启动 (213a)
规模工业 (217c)
工业园收地扫尾 (220b)
国有土地管控 (220c)
国家级良种基地管理 (222c)

H

环境保护 (19b)
海峡两岸少数民族交流会在浦召开 (66b)
红十字宣传 (76b)
户政管理 (87c)
化肥、农药使用实现零增长 (98b)
海洋与渔业 99c
海洋生态改善 (101a)
河长制施行 (102c)
蝴蝶兰产业融合 (106c)
花卉展区 (108b)
“花样漳州”文旅展区 (108c)
惠企政策宣传 (111c)
“惠农工程”建设 (118a)
海域海岛管理 (132b)
环保督察 (135a)
环保审批 (135b)
环境保护宣传 (135c)
海峡两岸畲族文化节•少数民族丰收节宣传 (170a)
海外华文媒体漳州行(漳浦站)活动 (170b)
婚姻登记 (185a)
海峡两岸少数民族交流座谈会在漳浦召开 (189b)
河道管理 (196c)
环境卫生治理
深土镇 (199b)
佛昙镇 (201c)
环境卫生整治
官浔镇 (206a)
霞美镇 (214c)
“河长制”落实 (209c)
惠民政策落实 (214a)
环境污染治理 (217b)
湖西畲族乡 217c
获省部级以上表彰的先进单位名表 (259)
获市厅级表彰的先进单位名表 (259)
获省部级以上表彰的先进个人名表 (261)
获市厅级表彰的先进个人名表 (261)

J

建置沿革 (15b)
经济社会发展 18a
交通与邮电 (18b)
金融 (18c)
教育 (18c)
基层组织设置 (28b)
机构编制 32a
机构改革后续工作 (32b)
机构编制法定化 (34b)
精神文明建设 34b

机关党建 35c
纪律检查督查 (36b)
教学基地建设 (38a)
精准服务 (39a)
基础业务规范化 (40b)
教育保障 (41b)
就业保障 (41b)
决定和决议 (43a)
建议办理质量提升 (48a)
决策部署落实 (48b)
监督检查 (55a)
军休所事务 (58b)
纪检监察 61
监督检查 61b
监督全面覆盖 (61b)
监督首责强化 (61b)
纪检队伍建设 (62c)
接待与服务 (64c)
基层团组织建设 (68b)
巾帼大学习活动 (69c)
建设生态家园巾帼行动 (70a)
基层科普阵地创建 (70c)
接待联谊 (72a)
就业创业 (75b)
“99 公益日”活动 (76c)
基地建设 (77c)
教育扶贫 (78c)
健康成长培训 (80b)
计生宣教 (80c)
基层治理模式建设运行 (83a)
交通安全 (86c)
警务改革 (87c)
检察 88a
检察改革 (89b)
接受监督 (89c)
基层司法三大平台建设 (92b)
军事 94
基层武装机构规范化建设 (94b)
节能减排 (112a)
进口贸易 (116b)
精准营销 (119b)
净化市场 (119c)
精益管理 (120a)
假冒“闽盐”牌加碘盐查处 (120c)
建筑业 123a
建筑垃圾清理 (125c)
交通邮电 127
交通运输 127a
交通项目建设 (127a)
交通行政执法 (128c)
寄递业务 (129a)
建设用地保障 (131c)
集约节约用地 (132a)
经济管理 136
简政放权 (137b)
价格管理 139b
价格监测 (139b)
价格认定 (139c)
经济普查 (141a)
经济责任审计 (142a)
精准扶贫攻坚战经费投入 (143c)
教育硬件基础设施经费投入 (144a)
金融 148
金融服务台创园 (149b)
金融领域“扫黑除恶”和反洗钱 (149c)
金融监管 150a
金融风险监管 (150a)
技术手段监测 (150b)
教育科技 157
教育事业 157a
教育惠民政策落实 (159a)
家校共育 (159c)
技改项目申报 (160b)
季节气候状况评价 (162a)
建设工程抗震设防管理 (164a)
健康扶贫
　卫生体育 (173c)
　医疗保障 (188a)

计划生育　(173c)
疾病防控　175b
疾病监测　(175b)
疾病控制　(175c)
结核病防治　(176b)
基本公共卫生服务　(177c)
健康教育　(178b)
竞技体育实力提升　(182a)
敬老院社会化运营　(184b)
界线管理　(184c)
就业服务　(185c)
就业援助　(186)
机关事业单位工资管理　(186b)
机关事业单位人员管理　(186c)
基本医疗保险待遇　(188a)
旧镇镇　195c
基础设施建设　(196c)
精准扶贫
　前亭镇　(203a)
　佛昙镇　(201b)
　杜浔镇　(213b)
计生关怀　(202a)
教育公益事业　(205a)
教育基础设施建设　(210a)
经济发展　(210c)
基础设施建设　(213c)
“建设富美新南浦”系列文化活动　(216c)
经济发展　(217c)
技术升级　(222a)
机构领导人名录　(243)
纪检 监察　(248b)
金融　(251a)

K

矿藏　(15a)
科技　(18c)
科研与调研　(38a)
困难归侨侨眷帮扶　(64b)
科普中国乡村(社区、校园)e站建设　(70c)
科普活动　(71a)
课题调研　(77c)
科技培训　(78c)
库区移民工作　(103a)
库存粮食大清查　(118c)
矿产资源管理　(132a)
矿产资源生态整治修复“百日行动”　(133c)
课后延时服务实施　(159c)
科学技术　159c
科技和人才项目申报　(161a)
科技特派员下派　(161a)
矿山整治宣传　(169c)
控烟工作　(175b)
矿山修复　(208c)
矿产资源秩序整治　(210a)
矿山整治　(216c)
矿产资源生态修复　(218c)
矿山堆场复绿　(220c)

L

旅游胜地　(17a)
旅游　(18b)
领导职数规范管理　(34a)
老干部工作　38b
老干部思想政治工作　(38c)
离退休党组织建设　(39a)
老年大学建设　(39a)
领导批示件督查　(53a)
《烈士英名录》编撰　(58a)
联谊交流　(59b)
来访接待　(63b)
劳动竞赛　(67b)
劳模事务　(67b)
“两纲”目标达标促推　(69c)
联络联谊　(71b)
老区村贫困帮扶　(78c)
立体联动巡防体系　(87b)

利民举措优化 (91b)
粮食生产 (97c)
龙头企业、农业品牌数量递增 (98a)
林业 98c
林业体制改革 (98c)
林木采伐限额管理 (99a)
林业产业 (99a)
林业科技 (99b)
林业执法 (99c)
两岸产学交融 (106c)
两岸技术交流 (107a)
粮食储备 118c
老区苏区奔小康展区 (109b)
粮食联合储备库启用 (119a)
零消终端升级 (119b)
绿地养护 (122c)
路灯夜景维护 (125b)
“两违”整治
  市政管理 (125c)
  佛昙镇 (202a)
  石榴镇 (208c)
  沙西镇 (215b)
  赤岭畲族乡 (219a)
联通漳浦分公司 (130c)
旅游业 170c
旅游产业升级 (171a)
旅游品牌推介 (171a)
旅游文化活动 (171b)
旅游景区质量提升 (171c)
卢云秀取得东京奥运会入场券 (182c)
临时救助 (183c)
流浪乞讨救治救助 (185b)
劳动关系监管 (187a)
劳动监察执法 (187b)
老龄事业 189b
老年法律法规宣传 (189c)
老年人权益保护 (190b)
老区建设 193a
老区水泥路建设帮扶 (193b)
六鳌镇 197b
临港工业 (197b)
“两违”管控 (199b)
“两违”综合治理 (206c)
“两违”查控 (211b)
旅游产业 (218b)
林场改革通过国家验收 (223b)

M

民生保障 (19b)
民营企业引才引智 (31c)
民生领域编制方式创新 (34a)
民主协商 (60a)
民主监督 (60c)
漠视群众利益问题整治 (61c)
民商纠纷化解 (90c)
矛盾排查与多元调解 (92c)
民兵整组 (95a)
民企制造业项目对接 (110c)
民爆生产销售企业监管 (111a)
“闽盐”宣传 (120b)
民生服务项目落实 (126b)
民生支出倾斜力度加大 (144a)
免疫规划实施 (176a)
民政事务 183b
民族宗教事务 188c
美丽乡村建设
  深土镇 (199a)
  佛昙镇 (201b)
  官浔镇 (206a)
民生项目建设 (202a)
马坪镇 204a
民生事业
  马坪镇 (204c)
  霞美镇 (214b)
  赤土乡 (217c)
民生工程实施 (209c)
民生项目 (212c)

木材生产及销售 (222c)

N

农业 (18a)
农业发展 (49a)
农业农村 96
农村改革创新 (9a6)
农村饮水安全 (96b)
农产品质量安全管控 (96b)
牛蛙养殖整治 (96c)
农村水利水电安全生产 (102b)
农机推广与服务 103b
农机化统计 (103c)
农机购置补贴政策落实 (103c)
农机业务办理 (104a)
农机安全宣传教育 (104b)
农博会·花博会 107c
农业产业化龙头企业展区 (108c)
农村市场体系建设 (117c)
农产品流通体系 (117c)
农民专业合作社发展 (118a)
农村公路桥梁建管养 (128a)
农产品增值税进项税额核定扣除办法落实 (145c)
农村居民生活收入与消费支出 (183a)
农垦改革及社区居委会选举 (184c)
农业产业 (194b)
农业基础设施完善 (203a)
农业技术推广 (205c)
农村面源污染环境保护 (206b)
农村基础设施建设 (207b)
农业生产条件改善 (214a)
南浦乡 215c
农产品安全监管 (219b)
农垦农场改革 (220b)
农业农村工作 (221a)
农场办社会职能改革 (221a)
南山华侨茶果场 221b

P

浦台宗亲交流 (65c)
浦台宫庙文化交流 (65c)
浦台港澳体育交流 (66a)
浦台青年创新创业大赛举行 (66c)
浦台青年就业创业能力提升 (68c)
贫困女大学生帮扶 (70b)
“平安农机”创建 (104b)
品牌培育 (119b)
PPP 项目 (137a)
平安校园创建 (159b)
浦台宗教文化交流 (189a)
平安镇村建设 (200c)
平安建设
  前亭镇 (203c)
  石榴镇 (209a)
  盘陀镇 (210b)
  古雷镇 (212c)
  玳瑁山茶场 (221b)
盘陀镇 209b
贫困户救助帮扶 (219a)
排污排水建设 (221c)

Q

气候 (14c)
全面深化改革 (20c)
全面从严治党 (21b)
侨益依法维护 (31b)
全国少年足球邀请赛在漳浦县举行 (52c)
侨务 64a
侨胞参与家乡公益事业 (64c)
青年交流平台创建 (68a)
青少年科学工作室创建 (71a)
侨益维护 (71b)
企业项目申报 (79c)
企业展示展销 (79c)

全面依法治国新理念新思想新战略宣传贯彻 （83a）
秋季重大动物疫病防控 （105b）
前亭工业园 （115c）
企业一般程序注销上线运行 （139a）
企业审计 （142c）
企业科技研发投入 （160a）
气象 161c
气象防灾减灾服务 （161c）
气象灾害监测预警服务 （161c）
气象项目审批监管 （162a）
气象科普宣传 （162a）
气象灾害 （163a）
群众文化活动 （165a）
全国重点网络媒体漳州行大型采风活动 （170a）
群众体育 （181c）
全域旅游 （197c）
七星海文旅小镇建设 （200b）
前亭镇 202b
群众团体 （249b）

R

人文地理 （15b）
人口 （16a）
软弱涣散基层党组织整改 （29a）
人才精准引进 （29b）
人事任免 （44a）
人大监督 47b
人大建议决策 48a
人才引进
　台港澳事务 （66a）
　人力资源和社会保障 （187a）
人道救助 （76a）
认罪认罚从宽制度落实 （88c）
人民武装 94a
人民防空 95b
人防工程建设 （95b）
人防工程质量监督 （95b）
人防工程维护管理 （95c）
燃气安全保障 （125c）
人民生活 183a
人力资源和社会保障 185c
人居环境改善
　六鳌镇（198a）
　盘陀镇（209c）
人居环境整治
　长桥镇（207c）
　沙西镇（215a）
　万安农场（220c）
荣誉 259

S

水文 （14b）
思想政治建设 （20a）
生态文明建设 （21b）
思想教育培训 （28b）
示范载体 （29a）
生产经营类事业单位改革 （33b）
事业单位登记管理服务 （33c）
市委第七轮县级交叉巡察 （36c）
送教下乡 （37c）
社区服务老干部 （39a）
社会帮扶 （41c）
审议意见 （43b）
社会民生监督 （48a）
社会民生
　漳浦县人民政府 （49c）
　漳浦盐场 （222a）
生态建设 （50b）
“三月三”畲族文化节 （52a）
首推“行政审批＋金融服务” （55b）
群众团体 67
送温暖活动 （67a）
商会组织建设 （72c）
社科普及宣传周 （77b）
扫黑除恶
　法治综述 （81c）

公安　(85c)
生态环境执法　(87a)
社会治安防控　(87a)
社会稳定维护　(88b)
诉讼监督　(88b)
社会治理参与　(89a)
扫黑除恶专项斗争推进　(89c)
“三大攻坚战”检察服务　(90a)
审判管理　(91c)
诉源治理　(91c)
司法数据资源共享　(91c)
司法体制综合配套改革　(92a)
司法能力培训　(92a)
司法行政　92b
社区矫正与安置帮教　(92c)
森林县城、乡村创建　(96c)
水稻生产全程机械化示范县创建　(97a)
省级优质农产品(食用菌)标准化示范基地创建　(98a)
省级水果产业园项目建设　(98b)
森林防火　(99b)
森林病虫害防治　(99c)
水产品质量安全　(100c)
水域滩涂养殖证审核　(100c)
水利　101b
水利规划　(101b)
水利投入　(101b)
水利改革　(101c)
水土保持　(102a)
水库安全　(102a)
水资源管理　(102c)
水质监测　(102c)
水利行政审批　(103a)
生猪养殖场建设标准制定　(104c)
石材加工行业管理　(111b)
绥安工业开发区　(113a)
商务贸易　116
商业贸易　117a
“三农”服务渠道拓展　(118b)
食品安全整治　(118b)
食盐质量专项检查　(120b)
市场巡查　(120c)
施工许可和竣工备案　(121b)
市政设施维护　(122c)
市政管理　125a
市容秩序整治　(125b)
室内装饰装修规范　(126a)
市场环境清洁　(126b)
生态环境保护　134a
生态项目申报　(135b)
市场监督管理　137c
食品安全“一品一码”追溯体系建设　(138a)
食品药品安全监管　(138a)
事中事后监管　(138b)
商标品牌战略实施　(138c)
“四上”企业申报　(140b)
审计　141b
社会保障经费投入　(144b)
税务　145b
省农行“筑梦第一家园·我们在行动”发布会在漳浦举行　(149c)
师资队伍建设　(158c)
史志资料审核查阅服务　(169a)
省级慢性病综合防控调查　(173b)
省级卫生乡镇(村、社区)创建　(173c)
社会民生　183
社区建设　(184c)
社会组织管理　(185a)
社会保障体系健全完善　(186b)
审核审批服务　(187b)
少数民族经济发展帮扶　(188c)
绥安镇　194a
生态环境　(195a)
社会事业
绥安镇(195b)
旧镇镇(197c)
深土镇(199c)
南浦乡(216b)

社会治理
　绥安镇(195b)
　深土镇(199c)
　马坪镇(205a)
　官浔镇(206c)
绥安镇上榜“中国乡镇综合竞争力百强” (195b)
生态保护 (198a)
深土镇 198c
生态环境整治修复 (199b)
山尾村入选第五批“中国传统村落”名录 (199c)
生态环境治理
　赤湖镇 (200a)
　前亭镇 (202c)
　霞美镇 (214b)
生态水系示范工程打造 (200c)
生态环境保护 (201c)
首届河豚文化节成功举办 (202a)
食品农产品质量安全 (205c)
水流域环境整治 (206b)
生态治理 (207c)
泗洲岩民俗文化节举办 (208a)
石榴镇 208a
生态环境整治
　大南坂镇 (211a)
　杜浔镇 (213c)
水资源整治 (211b)
社会保障 (212b)
沙西镇 214c
水环境治理 (215b)
社会综合治理 (215b)
沙西镇教育事业发展促进会成立 (215b)
生态环境保护
　南浦乡(216b)
　赤岭畲族乡(219b)
生态环境改善 (217b)
速生丰产林示范片建设 (222c)
森林资源管护 (223c)
省、市驻县机构 (250b)

T

体育 (19b)
统战工作 31a
脱贫攻坚 41a
退役军人事务 57b
退役官兵安置 (57b)
退役士兵社保接续 (57c)
退役士兵高职扩招 (57c)
提案工作 (60c)
台港澳事务 65b
“天福杯”海峡两岸名茶邀请赛颁奖典礼在浦举行 (66c)
台胞帮扶 (72a)
突出问题整治 (85c)
特色现代农业暨农业绿色发展项目竞赛 (97c)
屠宰行业监管 (106a)
台农生产资金帮扶 (107b)
台农用电优惠政策落实 (107b)
台资企业钜宝公司 33 个植物品种获国家授权保护 (107c)
拖欠民营企业、中小企业账款清偿 (111c)
特色品牌打造 (117b)
停车场建设 (123a)
提取管理 (125a)
土地开发整理 (131)
土地出让与收储 (131c)
土地例行督察反馈问题整改 (133a)
土地卫片执法督查 (133b)
土壤污染治理 (134c)
统筹协调 (137c)
特种设备安全监管 (138a)
统计 140a
统计数据审核 (140a)
统计服务 (140b)
统计法规宣传教育 (140c)
统计执法监督检查 (141a)
脱贫攻坚成果巩固提升 (149a)

台胞科技特派员黄瑞宝获科技部表扬 (161b)
图书馆文化惠民工程 (165c)
体育 181c
特困人员供养 (183c)
脱贫攻坚
绥安镇 (194c)
深土镇 (199c)
马坪镇 (204c)
石榴镇(208b)
盘陀镇(209b)
沙西镇(215a)
南浦乡(215c)
赤土乡(214b)
土地确权后续工作完善 (205b)
脱贫攻坚推进 (207a)
土地资源管控 (210a)

W

为了生活更幸福更安逸(5)
文物古迹 (16a)
文化 (19a)
文明县城创建 (34c)
未成年人思想道德建设 (35a)
文明单位创建 (35b)
网上信访受理 (39c)
“五个一”服务实施 (54a)
危险化学品安全综合整治 (55c)
慰问部队和漳浦籍现役军人 (58a)
文史征集编写 (59a)
外事·侨务·港澳台事务 63
外事 63a
外事工作机制建立健全 (63a)
五四运动100周年系列活动 (69a)
为青少年办实事好事 (78b)
为企业搭建融资平台 (79b)
未成年人检察品牌培育 (88c)
违禁药物使用专项整治 (106a)
万安生态产业园 (114b)
外贸政策落地落实 (116c)
外贸指标监测 (117a)
物业管理 (124b)
违章行为查处 (125b)
卫生设施投入 (126a)
污染源普查 (135a)
“五个一批”项目 (136c)
污染防治经费投入 (143)
文体惠民事业经费投入 (144b)
外汇业务 (148c)
文化旅游 165
文化 165a
文化项目建设 (165b)
文物保护 (166a)
完成与古雷开发区档案对接 (167b)
卫生体育 172
卫技人才建设 (174a)
卫生监测 (177c)
稳岗就业优惠政策兑现 (186a)
卫健事业 (203b)
文明乡风提升 (207b)
污染防治 (208b)
污染防治攻坚 (218c)
文化事业发展 (219c)
万安农场 220a
文献选编 224

X

县情概览 14
行政区划 (15c)
选拔任用 (28c)
宣传工作 29c
宣讲宣传 (30a)
县级党政机构改革 (32a)
乡镇机构改革 (32b)
巡察工作 36c
县委第七轮常规巡察 (36c)
县委第八轮常规巡察 (36c)

县委第九轮常规巡察 (37a)
县委专项巡察 (37a)
信访工作 39c
信访积案化解 (40a)
信访矛盾化解 (40a)
信访法治宣传 (40c)
信访评理室建设 (40c)
县第十七届人民代表大会第四次会议 (44c)
县十七届人大常委会会议 (45a)
项目建设 (50a)
县政府全体会议 (50c)
县政府常务会议 (50c)
县档案馆、图书馆信息公开查阅点公开情况 (53c)
“雪亮工程”“数字城管”实施 (53c)
行政审批 54a
消防救援 (56c)
县纪委十三届四次全体会议 (61a)
新加坡侨生到漳浦开展文化交流活动 (65a)
乡村振兴巾帼行动 (70a)
学会服务站 (71a)
协会活动 (74a)
学会管理 (77c)
协调解决企业难题 (79c)
协会基层建设 (80a)
行业整治 (82b)
行政审批项目清单清理规范 (84b)
行政复议 (84c)
行政应诉 (84c)
“宪法宣传周”活动 (85a)
刑事犯罪依法惩治 (90c)
信访诉求回应 (91b)
现代渔业 (100a)
畜牧卫生监督 104b
现代农业“五新”展区 (108b)
“线下”市场拓展 (117a)
“线上”拓展市场 (117b)
销售服务 (118a)
项目报批管理 (121a)
行政许可事项办理 (124a)
闲置土地清理 (131c)
县城东线排洪渠污水处理站建成运行 (135c)
项目竞赛 (137a)
向上争取资金 (137a)
消费维权 (139b)
小微企业普惠性减税效果向好 (146a)
乡村振兴助推 (149b)
小微企业金融服务 (150b)
县域保险监管 (150b)
消费权益维护 (150c)
学前教育 (157a)
小学教育 (157)
学校德育 (159a)
新闻传媒 169b
向上合作与供稿 (170b)
县域医疗单位综合改革 (172c)
县级医疗体系 178b
乡镇场 194
项目建设
　旧镇镇 (195c)
　官浔镇 (205b)
　沙西镇 (215a)
　赤岭畲族乡 (219c)
　漳浦盐场 (222a)
现代特色农业 (196a)
乡村卫生 (196b)
现代农业
　六鳌镇 (197c)
　马坪镇 (204b)
　湖西畲族乡 (218a)
项目用地征迁 (201a)
学校基础设施建设 (203b)
乡村环境 (204c)
乡村振兴
　石榴镇 (208c)
　盘陀镇 (209c)
乡村振兴推进 (211a)
项目用地管控 (212a)

现代农业提质增效 (213a)
项目征迁遗留问题解决 (213b)
霞美镇 214a
乡风文明建设 (216b)
乡村环境整治 (219a)
下蔡国有防护林场 223a
县委(县政府)出台的部分重要文件(通知)目录 (238)
县政府出台的部分重要文件(通知)目录 (239)
县委办出台的部分重要文件(通知)目录 (241)
乡镇场 (252b)

Y

意识形态工作责任制落实 (30b)
移风易俗开展 (34c)
医疗保障 (41b)
依法行政监督 (47c)
议案、建议、提案办理 (53a)
应急管理 55b
烟花爆竹安全监管 (56a)
优抚褒扬 (57c)
拥军优属 (58b)
院士站建设 (71a)
应急救护培训 (76c)
依法行政助力 (91a)
营林造林 (98c)
渔港建设 (100a)
渔业安全监管 (100b)
渔业违法行为查处 (100c)
依法治水 (102c)
园区项目建设 (106b)
“一带一路”展区 (108c)
亿元项目签约 (116b)
烟草专卖 119b
盐业管理 120b
园林管理 (122c)
有形建筑市场规范 (123b)
运输行业规范 (128b)
邮政 129a
邮务业务 (129b)
移动漳浦分公司 (130a)
饮用水水源保护 (134a)
“一窗受理、并行办理”新模式施行 (139a)
预包装食品经营许可“告知承诺制”改革 (139a)
业务指导培训 (140a)
优化金三系统 (146b)
引领信贷投放 (150b)
银行业 150c
应急避难场所建设 (163c)
业务培训 (167b)
医药费用严控 (172c)
医德医风建设 (172c)
医疗补短板项目建设 (173a)
医院感染预防与控制 (173a)
养老补短板 (184a)
养老服务设施专项整治 (184b)
优抚金发放 (184c)
医疗保障 187c
医保基金监管 (188b)
养老服务体系完善 (189c)
营商环境保障 (194a)
园区建设用地征迁 (217a)
营林生产 (222b)
“一场一景”建设
　中西国有林场 (223a)
　下蔡国有防护林场 (223b)

Z

自然地理 14a
中国共产党漳浦县委员会 20
主要会议
　中国共产党漳浦县委员会 (22b)
　漳浦县人民代表大会 (44c)
　漳浦县人民政府 (50c)
　政协漳浦县委员会 (59b)
中共漳浦县委全体会议 (22b)

中共漳浦县委常委(扩大)会议　(23a)
组织工作　27c
主题教育(27c)
阵地建设　(29a)
中华人民共和国成立70周年宣传教育活动　(30c)
漳浦县新社会阶层人士联谊会成立　(31c)
综合行政执法改革　(33c)
重点领域编制保障　(33c)
志愿服务　(35a)
专题培训　(37b)
中华人民共和国成立70周年活动　(39b)
重大活动期间维稳工作　(40c)
资金保障　(41a)
社会帮扶　(41c)
整改落实　(42b)
漳浦县人民代表大会　43
专题调研、视察督查　(44b)
漳浦县人民政府　49
重要活动　52a
组团参加第十五届海峡旅博会　(52b)
政务监督　53a
综合性工作督查　(53a)
政府信息公开　53b
政府信息主动公开　(53b)
政府信息依申请公开　(53b)
智慧漳浦建设　53c
政府网站和政务新媒体统一平台建设　(54a)
自选动作创新　(55a)
漳浦县消防指挥中心项目开工　(57b)
政协漳浦县委员会　59
政协第十四届漳浦县委员会第四次会议　(59b)
政协十四届常委会会议　(59c)
政府、政协联席会议　(60a)
政治协商　60a
专项整治　61c
正风肃纪整治　(62a)
治理体系创新　(62b)
《漳浦华侨史》编印完成　(65a)
漳浦籍爱国侨领王加禄事迹图片展在漳州图书馆开展　(65a)
漳浦县总工会　67a
职工素质建设　(67c)
漳浦县妇女联合会　69a
漳浦县妇女第十七次代表大会　(69b)
漳浦县科学技术协会　70b
漳浦县归国华侨联合会　71b
漳浦县台湾同胞联谊会　71c
征文活动参与　(72b)
漳浦县工商业联合会(总商会)　72b
漳浦县文学艺术界联合会　73a
作品创作　(73b)
志愿服务　(74b)
漳浦县残疾人联合会　75a
漳浦县红十字会　75c
漳浦首例大器官捐献成功　(77a)
漳浦县社会科学界联合会　77a
资料收集　(77b)
漳浦县关心下一代工作委员会　77c
主题教育　(78a)
漳浦县老区建设促进会　78b
漳浦县企业与企业家联合会　79a
政策法律宣传　(79b)
漳浦县计划生育协会　80a
政治风险防范　(81a)
重点矛盾处置　(81c)
重点时段防范稳控　(81c)
治安整治　(82a)
治安防控　(82c)
治安乱点净化　(86a)
执行攻坚　(91a)
战备建设　(94a)
征兵工作　(95a)
种植业　97b
漳浦县开展海域增殖放流行动　(101a)
中小河流治理　(101c)
中央环保督察反馈问题整改　(103a)
重要农时机械化生产活动　(103c)

漳浦台湾农民创业园 106b
招商引资 (110b)
综合改革推进 (118a)
专卖规范建设 (119c)
专项检查 (123c)
住房保障与房地产 123c
住房公积金管理 124c
资金监管 (125a)
重大节日客运保障 (128c)
漳江湾特大桥全线贯通 (128c)
资源环境保护 131
自然资源管理 131a
自然资源执法监察 (133a)
重点项目 (136c)
专项整治 (138c)
重大项目审计 (141b)
重大政策落实情况审计 (141)
专项资金审计 (142c)
增值税改革减税效果明显 (146a)
漳浦 OTO 税收主题公园融平台上线 (147c)
综合评价 (148b)
支付结算管理 (148b)
中国人民银行漳浦县支行 (150c)
中国银行漳浦支行 (152c)
中国工商银行漳浦支行 (153a)
中国农业银行漳浦支行 (153a)
中国建设银行漳浦支行 (154a)
中国农业发展银行漳浦县支行 (154b)
中国邮政储蓄银行漳浦县支行 (154c)
漳浦县农村信用合作联社 (155a)
中国人寿保险漳浦支公司 (156b)
中国人保财险漳浦支公司 (156c)
中国太平洋人寿保险漳浦支公司 (156c)
职业教育 (158b)
竹马戏(芗剧)创作 (166b)
漳浦县开启“全民阅读·书香漳浦”系列活动 (166c)
执政纪要和年鉴编纂出版 (168b)
中华人民共和国成立 70 周年系列宣传活动 (168c)
主题专栏开辟 (169b)
漳浦县革命历史纪念馆教育活动 (169a)
综合监管与服务 (173c)
漳浦成立首批名医工作室 (174a)
漳浦县人民医院 (178b)
漳浦县中医医院 (180a)
漳浦县妇幼保健院 (180c)
征缴扩面提升参保率 (187c)
宗教工作机制加强 (188c)
宗教活动场所管理 (189a)
漳浦乡村文化节暨首届“六鳌地瓜”丰收节举办 (198b)
中国·漳浦翡翠六鳌首届紫菜美食节在六鳌镇举办 (198b)
综合实力增强 (198c)
镇区镇容整治 (199a)
招商引资 (201a)
镇容村貌改善 (202c)
重点项目推进 (204a)
重点项目建设 (209b)
征迁遗留问题扫尾 (212a)
转型就业 (212b)
作业区卫生维护 (221b)
职工社保代缴标准提高 (221c)
漳浦盐场 221c
中西国有林场 222b
在漳浦县第十七届人民代表大会第四次会议闭幕式上的讲话 (224)
漳浦县人民代表大会常务委员会工作报告(节选) (226)
政府工作报告(节选) (229)
政协第十四届漳浦县委员会常务委员会工作报告 (232)
漳浦县 2019 年预算执行情况及 2020 年预算(草案) (235)
漳浦县 2019 年国民经济和社会发展计划执行情况及 2020 年国民经济和社会发展计划草案(节选) (236)

重要文件(通知)目录　238
政府办出台的部分重要文件(通知)目录　(242)
中共漳浦县委员会　(243a)
漳浦县人大常委会　(245a)
漳浦县人民政府　(245b)
政协漳浦县委员会　(248)
直属教育、卫生单位　(251b)